Stürner / Azzola / Perathoner / Happacher

Schadensrecht – Steuerrecht – Verfassungsrecht

Jahrbuch für Italienisches Recht

Im Auftrag der Deutsch-italienischen Juristenvereinigung (Vereinigung für den Gedankenaustausch zwischen deutschen und italienischen Juristen e.V.) herausgegeben von Professor Dr. Dr. h.c. mult. Erik Jayme, Professor Dr. Dr. h.c. Heinz-Peter Mansel, Professor Dr. Dr. h.c. Thomas Pfeiffer und Professor Dr. Michael Stürner zusammen mit dem Vorstand der Vereinigung Professor Dr. Günter Hirsch (Präsident), Professor Dr. Dr. h.c. Peter Kindler (Generalsekretär), Rudolf F. Kratzer, Dr. Stefan Dangel, Professor Dr. Michael Stürner, Professor Dr. Walter Odersky (Ehrenpräsident)

Band 33/34

Wissenschaftliche Redaktion:

Prof. Dr. Michael Stürner, M. Jur. (Oxon) Universität Konstanz

Schadensrecht
Steuerrecht
Verfassungsrecht

von

Michael Stürner/Julius Azzola/
Christoph Perathoner/Esther Happacher

Zitiervorschlag:
Jahrbuch für Italienisches Recht 33/34 (2020/21) S. oder JbItalR 33/34 (2020/21) S.

Anschrift der Redaktion:
Prof. Dr. Michael Stürner
Universität Konstanz
Lehrstuhl für Bürgerliches Recht,
Internationales Privatrecht und Rechtsvergleichung
Fach 109
78457 Konstanz

E-Mail-Adresse der Redaktion:
michael.stuerner@uni-konstanz.de

Bibliografische Information der Deutschen Nationalbibliothek
Die Deutsche Nationalbibliothek verzeichnet diese Publikation in der Deutschen Nationalbibliografie; detaillierte bibliografische Daten sind im Internet über <http://dnb.d-nb.de> abrufbar.

ISBN 978-3-8114-5911-3

E-Mail: kundenservice@cfmueller.de
Telefon: +49 6221 1859 599
Telefax: +49 6221 1859 598

www.cfmueller.de

Satz: Strassner ComputerSatz, Heidelberg
Druck: Stückle Druck und Verlag, Ettenheim

Vorwort

Die Corona-Pandemie hat viele Bereiche des öffentlichen Lebens vorübergehend zum Erliegen gebracht. Auch das Jahrbuch blieb hiervon nicht unberührt. Angesichts der pandemiebedingten Verschiebung des für Oktober 2020 geplanten XXVIII. Kongresses der Associazione per gli scambi culturali tra giuristi italiani e tedeschi und der Vereinigung für den Gedankenaustausch zwischen deutschen und italienischen Juristen e.V. haben sich die Herausgeber des Jahrbuchs entschlossen, die Bände 33 und 34 in einem Doppelband zusammenzuführen. Dieser dokumentiert eines der Referate, die auf der Arbeitstagung der deutschen Vereinigung gehalten wurden, welche virtuell am 8. Oktober 2021 stattfand.

Ein thematischer Schwerpunkt dieses Doppelbandes liegt auf dem praktisch sehr bedeutsamen Schadensrecht. Ein Beitrag widmet sich in vergleichender Perspektive dem in Deutschland jüngst eingeführten Hinterbliebenengeld und analysiert die ersten instanzgerichtlichen Urteile dazu (*Stürner/Azzola*). Ein weiterer Beitrag thematisiert die praktisch bedeutsame Ersatzfähigkeit des Haushaltsführungsschadens nach Verkehrsunfällen (*Cuenca Pinkert/Mansel*). Ebenfalls diesem Bereich zuzuordnen ist ein dritter Beitrag, der sich mit der Notwendigkeit einer gerichtsmedizinischen Einstufung (*accertamento medico-legale*) im Rahmen der Bemessung von Schmerzensgeld befasst (*Stürner/Veigel*). Von aktueller Bedeutung sind die Entwicklungen im italienischen Steuerrecht, das den Versuch unternommen hat, „Superreiche" zur Ansiedelung in Italien zu bewegen (*Perathoner*) sowie im italienischen Verfassungsrecht, wo die jüngst vorgenommene Verkleinerung des Parlaments Signalwirkung gerade auch für Deutschland haben sollte (*Happacher*). Ein weiterer Beitrag befasst sich mit dem strafrechtlichen Schutz von Minderheiten (*Perathoner*). Schließlich wird noch die Umsetzung der EU-Richtlinie zur Prozesskostenhilfe in Deutschland und Italien thematisiert (*Gasparinetti*).

Auch dieser Doppelband beinhaltet eine umfangreiche Dokumentation der deutschen Judikatur und Literatur zum italienischen Recht und zum deutsch-italienischen Rechtsverkehr. Sie soll vor allem der Praxis einen schnellen Zugriff auf aktuelle Entwicklungen verschaffen. Die Rechtsprechungsübersicht haben für diesen Band Frau stud. iur. *Noemie Nowack* und Herr stud. iur. *Roman Gilberg* erstellt. Für die Literaturübersicht zeichnen Frau stud. iur. *Julia Poppe* und Frau stud. iur. *Maren Vogel* verantwortlich. Die Arbeiten am Heidelberger Institut wurden wie schon in den vergangenen Jahren in dankenswerter Weise von Herrn Wiss. Ass. Priv.-Doz. Dr. *Hannes Wais*, LL.M. (Cambridge) koordiniert. Um das Sachverzeichnis hat sich Frau stud. iur. *Sophie Noyer*, Köln, verdient gemacht. Für die redaktionelle Arbeit und die Drucklegung hat Herr Ref. iur. *Johannes Veigel*, Konstanz, erneut wertvolle Unterstützung geleistet.

Allen gilt unser herzlicher Dank für die geleistete Arbeit. Wie jedes Jahr ist daneben dem Verlag C.F. Müller und hier vor allem Frau *Gabriele Owietzka* für die große Flexibilität und die hervorragende verlegerische Betreuung zu danken.

Konstanz, im November 2021

Für die Herausgeber
Michael Stürner

Inhalt

III. Entscheidungen

IV. Rechtsprechungsübersicht

V. Deutschsprachiges Schrifttum zum italienischen Recht

VI. Anhang

Abkürzungen

Es wird verwiesen auf das Abkürzungsverzeichnis in Band 17.

I. Abhandlungen

Michael Stürner/Julius Azzola

Das Hinterbliebenengeld im Spiegel aktueller Rechtsprechung*

Inhaltsübersicht

I. Problemstellung

Das wegen des Verlustes eines nahen Angehörigen erlittene Leid ist unermesslich. So unermesslich, dass es sich – im wahrsten Sinne des Wortes – nicht bemessen lässt, jedenfalls nicht in Geld. Anders als bei Vermögensschäden, dem danno patrimoniale, wo der Schadensersatz eine Reparation des erlittenen Vermögensnachteils leistet, gibt es bei seelischem Leid gerade keinen monetären Kompensationswert. Man spricht daher vom Nichtvermögensschaden – danno non patrimoniale. Hier ist in den vom Gesetz bestimmten Fällen, insbesondere bei einer Verletzung des Körpers, der Gesundheit, der Freiheit oder der sexuellen Selbstbestimmung, eine billige Entschädigung in Geld zu leisten (§ 253 BGB). Beim Verlust eines nahen Angehörigen liegt aber typischerweise gerade keiner der genannten Tatbestände vor – regelmäßig mangelt es an einer Verletzung des Körpers des Angehörigen. Nach herkömmlicher deutscher Rechtslage bestand mithin im Ausgangspunkt keine Ersatzpflicht.

* Dem Beitrag liegt ein Vortrag zugrunde, den der *Erstverfasser* unter dem Titel „Il risarcimento per i superstiti nel sistema tedesco della responsabilità civile" in einem Webinar der Associazione per gli Scambi Culturali tra Giuristi Italiani e Tedeschi am 27. November 2020 gehalten hat. Er dankt Avv. *Linda Lettieri*, LL.M., sehr herzlich für die Übersetzung des Vortragsmanuskripts ins Italienische.

Mit dem am 22. Juli 2017 in Kraft getretenen „Gesetz zur Einführung eines Anspruchs auf Hinterbliebenengeld“ hat der Gesetzgeber eine neue Kategorie des Entschädigungsanspruchs in § 844 Abs. 3 BGB verankert. Er reagierte damit auf eine weithin als unbefriedigend wahrgenommene Rechtslage sowie auf die Rechtsprechung des Europäischen Gerichtshofs für Menschenrechte, wonach die nationale Rechtsordnung nach Art. 13 der Europäischen Menschenrechtskonvention – dem Recht auf wirksame Beschwerde – nahen Angehörigen eines Getöteten jedenfalls bei einer möglichen staatlichen Mitverantwortung für den Todesfall auch einen zivilrechtlichen Geldanspruch einräumen müsse.[1] Um die Neuregelung und ihr Anliegen verständlicher zu machen, soll zunächst die vorherige Rechtslage skizziert werden.

II. Frühere Rechtslage

Nach dem bis zur Reform geltenden Recht boten sich dem Hinterbliebenen letztlich drei verschiedene Wege zu einer Entschädigung: (1) reguläre deliktische Ansprüche wegen eigener Körperverletzung, (2) durch Erbfolge übergegangene Ansprüche des Getöteten sowie (3) besondere deliktische Ansprüche, etwa hinsichtlich der Beerdigungskosten oder entgangener Unterhaltsansprüche.

1. Eigene Ansprüche nach allgemeinem Deliktsrecht, §§ 823 Abs. 1, 253 Abs. 2 BGB

Der deliktische Grundtatbestand des § 823 Abs. 1 BGB verpflichtet denjenigen, der vorsätzlich oder fahrlässig das Leben, den Körper, die Gesundheit, die Freiheit, das Eigentum oder ein sonstiges Recht eines anderen widerrechtlich verletzt, den anderen zum Ersatz des daraus entstehenden Schadens. Nach §§ 823 Abs. 1, 253 Abs. 2 BGB können Angehörige damit eigene Gesundheitsschädigungen geltend machen. In der Literatur hat sich hierfür den Begriff der sog. Schockschäden eingebürgert; in den Kommentierungen zu § 823 BGB wird hierzu regelmäßig eine eigene Fallgruppe ausgewiesen. Haftungsauslösend ist für diesen immateriellen Schadensersatz nicht die Tötung einer anderen Person, sondern die eigene Gesundheitsschädigung: Der Tod muss einen pathologischen Gesundheitszustand hervorgerufen haben. Dieser Umstand wird nach der deutschen Rechtsprechung allerdings an hohe Hürden geknüpft; Ersatzansprüche für Schockschäden wurden nur in seltensten Fällen gewährt. Trotz lauter Kritik aus dem Schrifttum ist der BGH bis zuletzt nicht von seiner restriktiven Linie abgewichen. In einem viel zitierten Urteil vom 27. Januar 2015 hat der 6. Zivilsenat des BGH Leitlinien aufgestellt, unter welchen Umständen ein solcher Schockschaden vorliegen soll.[2]

Der Entscheidung lag folgender Sachverhalt zugrunde: Ein alkoholisierter PKW-Fahrer S kam mit deutlich überhöhter Geschwindigkeit von der Fahrbahn ab und kollidierte mit der Motorradfahrerin F, die auf der Gegenfahrbahn unterwegs war. F trug bei der Kollision tödliche Verletzungen davon. Der vor F fahrende Ehemann M war von S nur

1 EGMR, Urt. v. 17.3.2005, Bubbins ./. Großbritannien, Nr. 50196/99, Rn. 166 ff.; EGMR, Urt. v. 3.4.2001, Keenan ./. Großbritannien, Nr. 27229/95, Rn. 125 ff.

2 BGH, Urt. v. 27.1.2015, VI ZR 548/12, NJW 2015, 1451.

knapp verfehlt worden und musste sodann den Unfall seiner Frau mit ansehen. Bei M wurde eine akute Belastungsreaktion diagnostiziert. Auf Anraten des behandelnden Arztes zog der traumatisierte M aus der in seinem Eigentum stehenden Familienwohnung aus. Außerdem musste er seinen Beruf als LKW-Fahrer aufgeben, da er unter fortdauernden Angstzuständen, Schweißausbrüchen und Zittern im Straßenverkehr litt und infolgedessen nicht mehr in der Lage war, ein Fahrzeug zu führen. Zu dem Vorliegen eines Schockschadens führte der Senat aus:

„Danach begründen seelische Erschütterungen wie Trauer und seelischer Schmerz, denen Hinterbliebene beim (Unfall-)Tod eines Angehörigen erfahrungsgemäß ausgesetzt sind, auch dann nicht ohne Weiteres eine Gesundheitsverletzung im Sinne des § 823 Abs. 1 BGB, wenn sie von Störungen der physiologischen Abläufe begleitet werden und für die körperliche Befindlichkeit medizinisch relevant sind. Die Anerkennung solcher Beeinträchtigungen als Gesundheitsverletzung im Sinne des § 823 Abs. 1 BGB widerspräche der Absicht des Gesetzgebers, die Deliktshaftung gerade in § 823 Abs. 1 BGB sowohl nach den Schützgütern als auch den durch sie gesetzten Verhaltenspflichten auf klar umrissene Tatbestände zu beschränken und Beeinträchtigungen, die auf die Rechtsgutverletzung eines anderen bei Dritten zurückzuführen sind, soweit diese nicht selbst in ihren eigenen Schutzgütern betroffen sind, mit Ausnahme der §§ 844, 845 BGB ersatzlos zu lassen. Psychische Beeinträchtigungen infolge des Todes naher Angehöriger, mögen sie auch für die körperliche Befindlichkeit medizinisch relevant sein, können daher nur dann als Gesundheitsverletzung im Sinne des § 823 Abs. 1 BGB angesehen werden, wenn sie pathologisch fassbar sind und über die gesundheitlichen Beeinträchtigungen hinausgehen, denen Hinterbliebene bei der Benachrichtigung vom tödlichen Unfall eines Angehörigen erfahrungsgemäß ausgesetzt sind."

Im Fall wurde eine solche Gesundheitsbeeinträchtigung anhand der International Statistical Classification of Diseases and Related Health Problems festgestellt. Dabei handelt es sich um die internationale statistische Klassifikation der Krankheiten und verwandter Gesundheitsprobleme der WHO. Dieser Fall, in welchem letztlich das Vorliegen eines Schockschadens bejaht wurde, zeigt exemplarisch die hohen Anforderungen, die von der Rechtsprechung an das Vorliegen einer gesundheitlichen Beeinträchtigung im Sinne des § 823 Abs. 1 BGB gestellt werden. Dahinter steht das Anliegen, das darin verkörperte System einer enumerativen Aufzählung von Rechtsgutsverletzungen nicht zu sprengen. In vergleichbaren Fällen, in welchen der nahe Angehörige nicht am Unfallort zugegen ist, wird daher in den meisten Fällen keine Gesundheitsbeeinträchtigung vorliegen und lediglich von einer „normalen" Trauerreaktion ausgegangen. Die infolge einer fremdverursachten Tötung von Hinterbliebenen erlittene Trauer und das seelische Leid wurden vom früheren Recht demnach als entschädigungslos hinzunehmendes Schicksal angesehen. Ansprüche konnten nur Personen geltend machen, die zu dem Opfer in einer persönlichen Nähebeziehung standen, insbesondere also Ehegatten, auch Lebenspartner, und Kinder bzw. Eltern.

2. Ansprüche aus ererbtem Recht

Neben dem vergleichsweise seltenen Vorliegen eines Schockschadens konnten die Hinterbliebenen auch Ansprüche aus ererbtem Recht geltend machen, sofern dem Verstorbenen ein eigener Schadensersatzanspruch zustand. Auch dieser liegt allerdings nicht immer vor, wie sich an folgendem fiktiven Beispiel[3] zeigt:

Ein Unternehmensberater sucht einen Baumarkt auf, um sich das dortige Angebot von Sanitärbedarf näher anzusehen. Als er eine Duschwanne in Augenschein nimmt, stürzt von der hohen Regalwand, vor der er gerade steht, ein schweres Waschbecken herab und trifft ihn am Kopf. Das Waschbecken war von einem sonst sehr tüchtigen und zuverlässigen Baumarktmitarbeiter nicht ordnungsgemäß in das Regal gestellt worden. Die Kopfverletzungen sind so schwer, dass der Unternehmensberater sofort das Bewusstsein verliert und zwei Tage später stirbt. Hier fragt sich, ob seinen Erben Ansprüche gegen den Betreiber des Baumarktes zustehen.

Nunmehr geht es nicht um eigene Ansprüche der nahen Angehörigen, sondern um die Zahlung von Schmerzensgeld an die Erben für die Verletzung von Körper bzw. Gesundheit eines Menschen, der aufgrund dieser Verletzung sofort das Bewusstsein verloren und es bis zu seinem zwei Tage später eingetretenen Tod nicht wiedererlangt hat. Nach deutschem Recht kommt hier zunächst ein Anspruch des Getöteten aus vorvertraglichem Verschulden – culpa in contrahendo (§§ 280 Abs. 1, 241 Abs. 2, 311 Abs. 2, 253 Abs. 2 BGB) – des Baumarktbetreibers in Betracht, der durch Erbfolge übergegangen sein könnte. Nach § 1922 BGB tritt der Erbe mit dem Erbfall in das gesamte Vermögen des Erblassers samt dessen Verbindlichkeiten ein. Auch ein dem Erblasser als Ausgleich für einen immateriellen Schaden zustehender Schmerzensgeldanspruch ist vererblich.[4]

Vorliegend ist allerdings fraglich ob dem Verstorbenen ein solcher Schmerzensgeldanspruch tatsächlich zustand. Der Umstand, dass der Getötete aufgrund einer sofort eingetretenen Bewusstlosigkeit nach dem Unfall überhaupt nicht mehr in der Lage war, irgendwelche Schmerzen zu empfinden, könnte den Schmerzensgeldanspruch obsolet werden lassen.

Der Schmerzensgeldanspruch hat eine Doppelfunktion: Er hat auf der einen Seite die Funktion, einen angemessenen Ausgleich für diejenige „Lebenshemmung" zu bieten, die nicht vermögensrechtlicher Art ist.[5] Bildhaft ausgedrückt: Der Schädiger, der dem Geschädigten über den Vermögensschaden hinaus das Leben schwer gemacht hat, soll nun durch seine Leistung dazu helfen, es ihm im Rahmen des Möglichen wieder leichter zu machen.[6] Gleichzeitig soll der Ersatzanspruch aber auch dem Gedanken Rechnung tragen, dass der Schädiger dem Geschädigten für das, was er ihm angetan hat, Genugtuung schuldet.[7] Dies spricht dafür, dass § 253 Abs. 2 BGB nicht nur auf die Wiedergutmachung bezüglich tatsächlich erlittener Schmerzen oder Leiden abzielt.

---

3 Nach *Kornblum/Stürner*, Fälle zum Allgemeinen Schuldrecht, 9. Aufl. 2022, Fall 7.

4 Palandt/*Weidlich*, 80. Aufl. 2021, § 1922 Rn. 27.

5 BGHZ 18, 149, 154; vgl. auch MüKo-BGB/*Oetker*, 8. Aufl. 2019, § 253 Rn. 10.

6 Vgl. nur Palandt/*Grüneberg*, 80. Aufl. 2021, § 253 Rn. 4.

7 BGHZ 18, 149, 154.

Die Genugtuungsfunktion dürfte hier allerdings bei der Bemessung einer solchen Entschädigung in den Hintergrund treten, schließlich kann diese bei dem Geschädigten ihren Zweck wegen dessen mangelnden Empfindungsvermögens nicht mehr entfalten.[8]

Wie bereits dargestellt, hat die Entschädigung nach § 253 Abs. 2 BGB aber auch eine Ausgleichsfunktion. Grundvoraussetzung hierfür könnte sein, dass der Geschädigte überhaupt in der Lage ist oder war, Schmerzen oder einen anderen Verlust zu empfinden. Daran dürfte es aber in der Regel fehlen, wenn er unmittelbar nach der fraglichen Verletzung bewusstlos wird und das Bewusstsein bis zu seinem Tod nicht wiedererlangt. Wie diese Tatbestände insoweit exakt zu beurteilen sind, ist strittig. Die Rechtsprechung hatte lange Zeit in Fällen, in denen die betreffende Verletzung die Wahrnehmungs- und Empfindungsfähigkeit des Verletzten weitgehend zerstört hatte, große Abstriche beim Schmerzensgeld vorgenommen und es teilweise sogar bis auf einen mehr oder weniger nur noch symbolischen Betrag herabgesetzt.[9] In einem Fall, in dem der Verletzte 45 Minuten nach dem Unfall in ein künstliches Koma versetzt wurde, aus dem er nicht mehr aufwachte, und zehn Tage später gestorben war, hat der BGH die Zubilligung eines beträchtlichen Schmerzensgelds mit der Begründung gerechtfertigt, der Verletzte sei unmittelbar nach dem Unfall noch bei Bewusstsein gewesen und habe sowohl körperliche Schmerzen als auch Todesangst empfunden.[10]

Der BGH hat jedoch in einem anderen Fall, in dem ein Kind durch einen Behandlungsfehler des Geburtshelfers einen schweren Hirnschaden erlitten hatte, der zum weitgehenden Verlust der Wahrnehmungs- und Empfindungsfähigkeit führte, so dass es weder körperlich noch seelisch unter dieser Beeinträchtigung litt, ausdrücklich festgestellt, man verkürze unzulässigerweise die Funktion des Schmerzensgeldes, wenn man dem Empfinden dieses Schicksals die zentrale Bedeutung beilege.[11] Dem ist zuzustimmen: Wollte man die Funktion der Entschädigung ausschließlich auf den Ausgleich tatsächlich erlittener Schmerzen beschränken, so müsste sich diese beim weitgehenden Verlust der Wahrnehmungs- und Empfindungsfähigkeiten bis auf Null reduzieren, weil der Geschädigte infolge der Verletzung überhaupt keine Schmerzen empfindet. Diese Konsequenz widerspräche jedoch der Ausgleichsfunktion der Entschädigung.[12]

Etwas anderes gilt allerdings in denjenigen Fällen, in denen die Verletzungshandlung sofort zum Tode führt, bzw. wenn die schweren Verletzungen bei durchgehender Empfindungslosigkeit des Geschädigten alsbald den Tod zur Folge haben und dieser nach den konkreten Umständen, insbesondere wegen der Kürze der Zeit zwischen Schadensereignis und Tod, sowie nach dem Ablauf des Sterbevorgangs derart im Vordergrund steht, dass eine immaterielle Beeinträchtigung durch die Körperverletzung als solche nicht fassbar ist.[13] Hier ist nach Auffassung des BGH die Zubilligung eines Schmerzensgelds grundsätzlich nicht mehr gerechtfertigt. Ausschlaggebend ist dabei, ob die Verletzungen und der Tod

8 MüKo-BGB/*Oetker*, 8. Aufl. 2019, § 253 Rn. 45; *Looschelders*, Schuldrecht AT, 18. Aufl. 2020, Rn. 1057 ff.

9 Vgl. die Nachweise bei BGHZ 120, 1, 5 f.; BGHZ 138, 388, 391 f.

10 BGHZ 138, 388, 390 ff.

11 BGHZ 120, 1, 5.

12 MüKo-BGB/*Oetker*, 8. Aufl. 2019, § 253 Rn. 45.

13 BGHZ 138, 388, 394. Das Schrifttum teilt im Wesentlichen die Auffassung des BGH, s. nur Palandt/*Grüneberg*, 80. Aufl. 2021, § 253 Rn. 19. Vgl. zu alledem auch *G. Wagner*, JZ 2004, 319.

sich praktisch als einheitlicher Vorgang darstellen. Ist dies der Fall, stellt die Körperverletzung gegenüber dem alsbaldigen Tod keine fassbare immaterielle Beeinträchtigung dar.[14] Vielmehr muss der Geschädigte noch eine nennenswerte Zeit gelebt haben.[15]

In dem vorliegenden Fallbeispiel hatte der Getötete zwar sofort das Bewusstsein verloren und war, ohne es wieder erlangt zu haben, zwei Tage später gestorben. Tod und Verletzungen kann man insoweit jedoch wohl nicht als einheitlichen Vorgang ansehen; anders wäre es, wenn der Getötete direkt an der Unfallstelle gestorben wäre. Die Körperverletzung stellt folglich gegenüber dem Tod eine fassbare immaterielle Beeinträchtigung dar, so dass hier schon aus diesem Grunde ein Schmerzensgeld zuzusprechen wäre.

Dieser Fall zeigt jedoch, dass auch ein ererbter Anspruch zumindest dann wegfällt, wenn der Verstorbene nicht zunächst bewusstlos ist, sondern sofort verstirbt. Demnach ist auch die Variante eines ererbten Anspruchs nicht in allen Fällen sicher.

3. Weitere Ersatzansprüche, §§ 844 Abs. 1 und 2, 845 BGB

Als dritte Möglichkeit steht den Hinterbliebenen noch der materielle Schadensersatzanspruch auf Ersatz der Beerdigungskosten (§ 844 Abs. 1 BGB), für entgangene Dienste (§ 845 BGB) sowie auf Ersatz des entzogenen Unterhalts (§ 844 Abs. 2 BGB) zu, Letzterer allerdings nur bei bestehender Unterhaltspflicht des Verstorbenen gegenüber dem Hinterbliebenen.

4. Bewertung

Im internationalen Vergleich wurde in der Literatur daher in den Fällen fremdverursachter Tötung immer ein fehlender immaterieller Schadensersatzanspruch der Hinterbliebenen bemängelt. Deutschland wurde zum Teil mit Verweis auf andere europäische Rechtsordnungen als „letzter Mohikaner" bezeichnet.[16] In der Tat: Eine rechtsvergleichende Umschau bietet ein weitgehend einheitliches Bild. Der gesamte romanische Rechtskreis erkennt ein Angehörigenschmerzensgeld an, allerdings in unterschiedlicher Ausgestaltung. Am weitesten geht wohl Frankreich, wo auch bei schweren Verletzungen naher Angehöriger der Trauerschaden wie jeder andere *dommage moral* ersetzt wird und bei Tötung der Kreis der Ersatzberechtigten weit gefasst ist. Auch das italienische Recht kennt mit dem *danno da perdita del rapporto parentale* eine ersatzfähige Kategorie des Nichtvermögensschadens. Dieser kann den bei Verlust einer nahestehenden Person entstandenen „Gefühlsschaden" (vulgo: Trauer) als *danno morale* ersetzen, darüber hinaus einen medizinisch feststellbaren Gesundheitsschaden (*danno biologico*), aber auch Beein-

14 BGHZ 138, 388 ff.

15 PWW/*Luckey*, BGB, 16. Aufl. 2021, § 253 Rn. 17.

16 Vgl. *Huber*, in: FS Schwintowski, 2017, S. 920. Rechtsvergleichender Überblick bei *Kadner Graziano*, RIW 2015, 549, 555.

trächtigungen der Persönlichkeitsentfaltung (*danno esistenziale*).[17] Im Common Law ist das Angehörigenschmerzensgeld (*damages for bereavement*) anerkannt,[18] auch die anderen Rechtsordnungen des germanischen Rechtskreises kennen entsprechende gesetzliche Regelungen, etwa die Schweiz (wie in Frankreich auch bei schweren Verletzungen) oder Griechenland, während in Österreich die Entschädigung ohne spezialgesetzliche Regelung erfolgt.[19]

Eine Reform des deutschen Rechts schien daher überfällig. Der Absturz des Germanwings-Flugs 9525 in den französischen Alpen am 24. März 2015, den ein suizidaler Kopilot verursachte, hat den Stein dann letztendlich ins Rollen gebracht.[20] Bei solchen Massenschäden war es schwer zu vermitteln, dass die Hinterbliebenen von Opfern aus anderen Staaten – Anwendbarkeit ihres Rechts vorausgesetzt – großzügiger entschädigt würden als deutsche Staatsangehörige.[21] In der Folge wurde der von den Fraktionen der CDU/CSU und SPD eingebrachte Entwurf eines „Gesetzes zur Einführung eines Anspruchs auf Hinterbliebenengeld" am 18. Mai 2017 im Deutschen Bundestag einstimmig verabschiedet.

III. Die Einführung eines Anspruchs auf Hinterbliebenengeld

Die Reform erweiterte § 844 BGB um einen Absatz 3, in welchem das „Hinterbliebenengeld" verankert wurde. Dieser bestimmt wie folgt:

„Der Ersatzpflichtige hat dem Hinterbliebenen, der zur Zeit der Verletzung zu dem Getöteten in einem besonderen persönlichen Näheverhältnis stand, für das dem Hinterbliebenen zugefügte seelische Leid eine angemessene Entschädigung in Geld zu leisten. Ein besonderes persönliches Näheverhältnis wird vermutet, wenn der Hinterbliebene der Ehegatte, der Lebenspartner, ein Elternteil oder ein Kind des Getöteten war."

Mit dem Hinterbliebenengeld erhalten erstmals nur mittelbar Betroffene einen Anspruch auf Ersatz ihres Nichtvermögensschadens bei einer fremdverursachten Tötung. Inhaltsgleiche Regelungen finden sich in zahlreichen Spezialgesetzen, die besondere Anspruchsgrundlagen insbesondere für Gefährdungshaftung enthalten, so etwa für die Produkthaftung (§ 7 Abs. 3 ProdHG), die Umwelthaftung (§ 12 Abs. 3 UmwHG) oder die Haftung im Straßen- oder Luftverkehr (§ 10 Abs. 3 StVG bzw. § 35 Abs. 3 LuftVG). Die Regelung stellt damit eine Ausnahme von dem oben skizzierten Grundsatz dar, die Deliktshaftung nur auf die unmittelbare Verletzung eines der benannten Rechtsgüter des § 823

17 Siehe die Darstellung bei *Behr*, Schmerzensgeld und Hinterbliebenengeld im System des Schadensrechts, 2020, S. 203 ff.; zum *danno biologico* vgl. *Mansel/Seilstorfer*, JbItalR 22 (2010), S. 95, 103 f.; zum *danno morale* vgl. *Mansel/Seilstorfer*, JbItalR 22 (2010), S. 95, 105 f.; zum *danno esistenziale* vgl. *Monateri*, JbItalR 24 (2011), S. 19, 21 ff.; allgemein zum Ersatz immaterieller Schäden nach italienischem Recht bereits *Winkler*, JbItalR 9 (1996), S. 135, 137; *von Bar*, in: FS Deutsch, 1999, S. 27, 34.

18 Für England: sec. 1A (3) Fatal Accidents Act 1976; dort wird die Ersatzsumme auf 12.980 GBP festgelegt. Siehe auch *Cox v. Ergo Versicherung AG* [2014] United Kingdom Supreme Court (UKSC) 22; dazu *Wagner*, ZEuP 2015, 869.

19 Vgl. dazu *Katzenmeier*, JZ 2017, 869, 875 m.w.N.

20 Zur Entstehungsgeschichte *Behr*, Schmerzensgeld und Hinterbliebenengeld im System des Schadensrechts, 2020, S. 207 ff.

21 *Weller/Rentsch/Thomale*, NJW 2015, 1909.

Abs. 1 BGB zu beschränken (Unmittelbarkeitsgrundsatz). Es wird nun eine Ersatzpflicht für Einbußen normiert, die die Schwelle zur Rechtsgutsverletzung nicht erreichen. Insoweit kann man das Hinterbliebenengeld nach § 844 Abs. 3 BGB – wie den Anspruch Dritter auf Ersatz materieller Schäden nach §§ 844 Abs. 1 u. 2, 845 BGB auch – als einen Fremdkörper im geltenden Haftungssystem bezeichnen.[22] Entschädigt wird seelisches Leid, also im Unterschied zur bisherigen Rechtslage gerade die „normale" Trauer eines Dritten ohne medizinisch feststellbare Auswirkungen.

1. Keine Einbeziehung schwerer Verletzungen

Die Bezeichnung „Hinterbliebenengeld" soll klarstellen, dass der Anspruch nicht auch Angehörigen von schwer Verletzten, sondern nur Hinterbliebenen in Todesfällen zusteht, und dass dieser nicht als Ausgleich für erlittene Schmerzen, sondern in Anerkennung ihres seelischen Leids gewährt wird. Das Gesetz schränkt den Begriff des seelischen Leids bewusst nicht ein und sieht insbesondere kein Mindestmaß vor. In der Gesetzesbegründung heißt es dazu:

„Die seelischen Belastungen von Menschen, die einem schwer Verletzten besonders nahestehen, sind zwar oftmals nicht weniger groß als jene, die die Hinterbliebenen eines Getöteten erleiden. Dem überlebenden Geschädigten stehen allerdings eigene Schmerzensgeldansprüche nach § 253 Absatz 2 BGB gegen den Verantwortlichen zu, so dass schon jetzt Ansprüche wegen der Beeinträchtigung immaterieller Interessen bestehen können. Zudem vermeidet die Festlegung auf das in Todesfällen zugefügte Leid drohende Abgrenzungsschwierigkeiten zwischen schweren Verletzungen, bei denen zugefügtes Leid einen Anspruch auf Hinterbliebenengeld auslösen würde, und solchen Verletzungen, bei denen dies nicht der Fall wäre."[23]

2. Anspruchsberechtigte

Anspruchsberechtigt sind die Hinterbliebenen, die zur Zeit der Verletzung zu dem Getöteten in einem besonderen persönlichen Näheverhältnis standen. Nach § 844 Abs. 3 S. 2 BGB wird ein solches besonderes persönliches Näheverhältnis vermutet, wenn der Hinterbliebene der Ehegatte, der Lebenspartner, ein Elternteil oder ein Kind des Getöteten war. Andere Personen müssen die Umstände, aus denen sich ihr besonderes persönliches Näheverhältnis zu dem Getöteten ergibt, positiv darlegen und gegebenenfalls beweisen. Umgekehrt kann es auch bei den in Satz 2 genannten Personen an einem persönlichen Näheverhältnis fehlen. Dieses kann im Prozess von dem Anspruchsgegner nach § 292 Satz 1 ZPO widerlegt werden.

In § 844 Abs. 3 S. 1 BGB ist für das Vorliegen eines besonderen persönlichen Näheverhältnisses die Intensität der tatsächlich gelebten sozialen Beziehung maßgeblich. Diese muss den in Satz 2 aufgeführten Fällen vergleichbar sein. Wenn das der Fall ist, können zum Beispiel Partner einer ehe- oder lebenspartnerschaftsähnlichen Gemeinschaft, Ver-

---

22 *G. Müller*, VersR 2017, 321, 322; *Katzenmeier*, JZ 2017, 869, 871. Anders etwa MüKo-BGB/*Wagner*, 8. Aufl. 2020, § 844 Rn. 97.

23 RegE BT-Drs. 18/11397, S. 9.

lobte (auch i.S. des LPartG), Stief- und Pflegekinder sowie Geschwister des Getöteten anspruchsberechtigt sein.[24] Anderen Personen als Ehegatten, Lebenspartnern, Eltern und Kindern bleibt es unbenommen, das Näheverhältnis darzulegen und gegebenenfalls zu beweisen. In welchem Umfang solche Ansprüche erfolgreich vor Gericht durchgesetzt werden können, wird die Rechtspraxis in der Zukunft zeigen. Es kann als sicher gelten, dass ein Näheverhältnis dann allenfalls ausnahmsweise und bei Vorliegen ganz besonderer Umstände anzunehmen ist. Ansonsten würde eine Ausuferung der Haftung drohen.

3. Beschränkung auf außervertragliche Haftung

Die Neuregelung sieht ein Hinterbliebenengeld nur im Rahmen der außervertraglichen Haftung vor. Der Reformgesetzgeber hielt eine Ausdehnung auch auf vertragliche Verhältnisse nicht für erforderlich. Er begründete dies im Wesentlichen damit, dass vertragliche und deliktische Haftung weitgehend parallel laufen und ein zusätzlicher vertraglicher Anspruch auf Hinterbliebenengeld daher kaum eigenständige Bedeutung hätte.[25] Eine Ausnahme gilt nur für den Dienst- und Arbeitsvertrag: Verletzt der Arbeitgeber seine hinsichtlich von Leib und Leben des Arbeitnehmers bestehenden Schutzpflichten, so kommen kraft Vertrags auch die Vorschriften über das Hinterbliebenengeld zur Anwendung (§ 618 Abs. 3 BGB).

4. Ausnahme im Luftverkehr

Wie bereits angedeutet, war unter anderem der Flugzeugabsturz der Germanwings-Maschine im März 2015 für die Gesetzesneuordnung ausschlaggebend. Dementsprechend soll auch in diesen Fällen das Hinterbliebenengeld gewährt werden, obwohl es sich hier gerade um eine vertragliche Haftung handelt. Doch schließen internationale Verträge wie das Warschauer Abkommen oder das Montrealer Übereinkommen allgemeine deliktsrechtliche Ansprüche des nationalen Haftungsrechts aus, so dass Hinterbliebene insoweit rechtlos stünden, als aus diesen Übereinkommen kein Anspruch folgt. Insofern wurde die Haftung des Luftfrachtführers aus Beförderungsvertrag auch auf das Hinterbliebenengeld ausgeweitet (§§ 49, 35 Abs. 3 LuftVG).[26]

5. Verhältnis zu den weiteren Anspruchsgrundlagen

Man kann nun durchaus die Frage aufwerfen, wie sich das Hinterbliebenengeld in das System der oben skizzierten allgemeinen Ansprüche einfügt. Im Hinblick auf das vererbte Recht und die weiteren Ansprüche aus §§ 844, 845 BGB dürfte klar sein, dass das Hinterbliebenengeld schlicht neben diese Ansprüche tritt. Fraglich ist allenfalls das Verhältnis zwischen einem Anspruch aus §§ 823 Abs. 1, 253 Abs. 2 BGB wegen eines Schockschadens und dem Hinterbliebenengeld. Nach den Vorstellungen des Gesetzgebers soll ein Anspruch auf das Hinterbliebenengeld nur bestehen, wenn der Hinterbliebene

24 Vgl. dazu *Katzenmeier*, JZ 2017, 869, 875 m.w.N.
25 RegE BT-Drs. 18/11397, S. 9.
26 RegE BT-Drs. 18/11397, S. 9.

keinen eigenen Schmerzensgeldanspruch aus einem erlittenen Schockschaden hat:[27] Damit läge wohl eine Art Konsumtion des schwächeren Hinterbliebenengeldes durch den stärkeren Schockschaden vor. Das kann man angesichts der unterschiedlichen Anknüpfungspunkte beider Tatbestände durchaus kritisch sehen.[28]

Für das erste oben dargestellte Fallbeispiel würde die Konsumtionslösung bedeuten, dass dem Motorradfahrer M kein Hinterbliebenengeld zustünde. In einem solchen Fall könnte der Hinterbliebene allenfalls seinen Parteivortrag dahingehend gestalten, dass sich aus den vorgetragenen Tatsachen rechtlich kein Schockschaden mehr ergibt. Dann bestünde für M ein Anspruch auf das Hinterbliebenengeld. Doch wäre das im Ergebnis kaum sinnvoll, denn letztlich wird der Richter das Hinterbliebenengeld in die Bemessung des Schockschadensersatzes ohnehin mit einbeziehen. Im zweiten Fallbeispiel könnten die Erben des Getöteten nach der neuen Rechtslage neben den ererbten Ansprüchen auch ein angemessenes Hinterbliebenengeld verlangen, soweit ein persönliches Näheverhältnis vorlag.

6. Anspruchshöhe

Die Bestimmung der Anspruchshöhe obliegt im Streitfall den Gerichten. Der Reformgesetzgeber hat sich damit gegen gesetzlich fixierte Pauschalbeträge entschieden. In der Gesetzesbegründung wird für die Bemessung auf die von der Rechtsprechung entwickelten Grundsätze zur Bemessung der Höhe des Schmerzensgeldes bei Schockschäden verwiesen. Dabei ist allerdings zu berücksichtigen, dass der Anspruch auf Hinterbliebenengeld gerade keine außergewöhnliche gesundheitliche Beeinträchtigung voraussetzt:[29] Mithin sollten die Ersatzsummen im Rahmen des Hinterbliebenengeldes in der Tendenz großzügiger ausfallen als nach der bisherigen Rechtsprechung zu den Schockschäden.

IV. Das Hinterbliebenengeld in der Rechtspraxis

Wie die Neuregelung in der Praxis aufgenommen wurde, soll nun eine kurze Rechtsprechungsrundschau zeigen. Seit der gesetzlichen Einführung des Hinterbliebenengeldes sind nur wenige Fälle gerichtlich entschieden worden: Die Datenbank juris weist für die Suche nach Entscheidungen zu § 844 Abs. 3 BGB nur 34 Treffer aus. Wie vorsichtig sich Gerichte im neuen Rechtsrahmen bewegen, zeigt etwa eine Entscheidung des LG Tübingen.[30]

1. Die Entscheidung des LG Tübingen vom 17. Mai 2019

Dieser Entscheidung liegt folgender Sachverhalt zugrunde: Im Juli 2017 war der Verstorbene K auf seinem Motorrad unterwegs gewesen, als der Beklagte B unter Missachtung des Vorfahrtsrechts des Verstorbenen links abbog und die Fahrlinie des K kreuzte. Es kam zum Zusammenstoß beider Fahrzeuge. K starb noch am Unfalltag. Der Verstorbene

27 RegE BT-Drs. 18/11397, S. 12.
28 BeckOGK-BGB/*Eichelberger* (Stand 1.9.2021), § 844 Rn. 242: Parallelität beider Ansprüche.
29 RegE BT-Drs. 18/11397, S. 14.
30 LG Tübingen, Urt. v. 17.5.2019 – 3 O 08/18, NZV 2019, 626.

hinterließ eine Ehefrau und zwei volljährige Töchter und zwei volljährige Söhne, die nunmehr die Kläger sind. Auch der Bruder des Verstorbenen, der am Unfalltag ebenfalls auf dem Motorrad hinter dem Verstorbenen gefahren war, beteiligte sich an der Klage. Der Beklagte wurde wegen fahrlässiger Tötung verurteilt, wobei das Gericht ein grob fahrlässiges Verhalten feststellte und mehrere Auflagen nach Jugendstrafrecht verhängte. Mit der Klage begehrten die Kläger ein „Angehörigenschmerzensgeld" sowie materiellen Schadensersatz.

Für die Ehefrau des Verstorbenen hielt das Gericht ein Hinterbliebenengeld von 12.000,- Euro für angemessen. Mangels konkreter Tabellen in der Gesetzesbegründung orientierte es sich an der allgemeinen Kostenabschätzung, die in jedem Gesetzgebungsvorhaben vorzunehmen ist. Dort lässt der Gesetzgeber erkennen, dass er von 10.000 Euro je Getötetem ausgeht.[31] Dabei nimmt die Gesetzesbegründung die Rechtsprechung zu Schockschäden als Bezugspunkt. Das Hinterbliebenengeld für das nicht pathologisch festgestellte Leid sollte nach der Einschätzung des Gerichts wohl mit einem geringeren Betrag bemessen werden.

Das Gericht weist zudem auf die Ansicht *Wagners* hin, nach welcher mit der Einführung des Hinterbliebenengeldes insgesamt psychische Beeinträchtigungen als Verletzung immaterieller Rechtsgüter (der Seele, der Psyche) rechtlich aufgewertet hätten werden sollen.[32] Danach müssten 10.000 Euro bei nahen Angehörigen die Untergrenze darstellen. Andererseits gebe *Müller* zu bedenken, dass eine Kommerzialisierung persönlicher Schicksalsschläge vermieden werden und daher moderate Beträge als angemessen zu sehen sein.[33] Da hier keine einheitliche Tendenz zu erkennen ist, orientierte sich das Gericht stark an der Struktur des überkommenen Schadensersatzrechts:

„Bezogen auf das deutsche Recht geht das Gericht zunächst von § 253 BGB aus, wonach immaterielle Schäden nur im Ausnahmefall mit Geld aufzuwiegen sind. Ein weit über 10.000,- Euro hinausreichender Betrag würde der Rechtsprechung zu den „Schockschäden" widersprechen und das gewachsene Gefüge der Schmerzensgeldzuerkennung strapazieren. Es kann nicht sein, dass Schockschäden als unmittelbare Beeinträchtigung einen geringeren Ersatzanspruch auslösen als die hier zu erörternde Reflexbeeinträchtigung. Auf der anderen Seite sind die Beeinträchtigungen durchaus anerkannt und vom Gesetzgeber ein Ersatzbedürfnis gesehen worden."

Das Gericht verweist zudem auf die vom BGH zuerkannte Doppelfunktion des Schadensersatzrechts, das gleichermaßen Ausgleichs- und Genugtuungsfunktion beinhaltet, und hält es für sachgerecht, diese beiden Funktionen bei der Bemessung zu berücksichtigen. Für die Ermittlung der tatsächlichen Höhe des Hinterbliebenengeldes seien allerdings die maßgeblichen Umstände des Einzelfalles zu berücksichtigen. Anspruchserhöhend wirkte hier insbesondere der Umstand, dass eine langjährige Ehe gegeben war; anspruchsmindernd dagegen, dass die Ehefrau den Tod nicht miterlebt hat, sondern ihr die Nachricht überbracht wurde.

Den klagenden Kindern sprach das Gericht ein Hinterbliebenengeld in Höhe von jeweils 7500 Euro zu und damit weniger als der Ehefrau. Dies begründet es damit, dass diese, da

31 Siehe RegE BT-Drs. 18/11397, S. 11.

32 *G. Wagner*, NJW 2017, 2641, 2645.

33 *G. Müller*, VersR 2017, 321, 325.

jünger, nicht genauso lange mit dem Getöteten zusammengelebt haben wie die Ehefrau. Auch waren alle Kinder bereits über 20 Jahre alt; mithin war die Zeit, in der die Kinder auf die Fürsorge des Vaters angewiesen waren und mit ihm üblicherweise in einem gemeinsamen Haushalt leben, vorbei.

Bezüglich des Bruders, welcher nicht unter die gesetzliche Vermutung eines nahen Angehörigen fällt, hat das Gericht festgestellt, dass dieser als „Lieblingsbruder" des Verstorbenen (bei sieben Geschwistern) auch in einem besonderen persönlichen Verhältnis zu diesem stand. Das Hinterbliebenengeld wurde daher auf einen Betrag von 5.000 Euro festgelegt.

2. *Weitere Entscheidungen*

Auch die weitere Rechtsprechung zeigt, dass die deutschen Gerichte das Hinterbliebenengeld eher restriktiv handhaben. So hat etwa das LG Osnabrück[34] in einem Adhäsionsverfahren einem erwachsenen Sohn mit seltenem Kontakt 2.000 Euro zugesprochen, das LG München II[35] der Schwiegermutter immerhin 3.000 Euro. 5.000 Euro gab es für die Mutter eines erwachsenen Sohnes,[36] den erwachsenen Bruder mit wöchentlichem Kontakt zum Getöteten[37] und die fünf Jahre bzw. 13 Monate alten Enkelkinder.[38] 7.500 Euro wurden dem Vater volljähriger Kinder zugesprochen,[39] 8000 Euro dem erwachsenen Sohn eines Getöteten,[40] 12.000 Euro der Ehefrau der Getöteten nach langjähriger Ehe.[41] Das OLG Koblenz stellte – wie schon zuvor das LG Tübingen – auf den in der Gesetzesbegründung erwähnten Betrag von 10.000 Euro ab und sah darin eine „Richtschnur" oder „Orientierungshilfe".[42] Ebenso judizierte kurze Zeit später auch das Schleswig-Holsteinische OLG und bemaß das Hinterbliebenengeld für eine erwachsene Tochter mit 10.000 Euro.[43] Soweit ersichtlich den höchsten Betrag hat bisher das LG Leipzig zugesprochen:[44] In diesem Fall wurde den Eltern einer von einem LKW überfahrenen minderjährigen Tochter eine Entschädigung von 15.000 Euro gewährt. In gleicher Höhe hat wenig später das LG Regensburg in einem Adhäsionsverfahren der Tochter der Getöteten einen Anspruch auf Zahlung von Hinterbliebenengeld zuerkannt.[45] Die Abweichung von der vom Gesetzgeber bei 10.000 Euro aufgestellten „Richtschnur" hat das Gericht damit begründet, „dass sich mit dem Tod ihrer Mutter in der Wahrnehmung der Adhäsionsklägerin nicht etwa nur ein allgemeines Lebensrisiko, wie etwa im Fall eines fahrlässig

34 LG Osnabrück, Urt. v. 9.1.2019 – 3 KLs 4/18, SVR 2020, 139.

35 LG München II, Urt. v. 17.5.2019 – 12 O 4540/18, SVR 2020, 274.

36 LG München II, Urt. v. 17.5.2019 – 12 O 4540/18, SVR 2020, 274.

37 LG Tübingen, Urt. v. 17.5.2019 – 3 O 108/18, NZV 2019, 626.

38 AG Passau, Urt. v. 3.12.2019 – 11 C 721/19 und 11 C 722/19.

39 LG Tübingen, Urt. v. 17.5.2019 – 3 O 108/18, NZV 2019, 626.

40 LG Paderborn, Urt. v. 31.1.2020 – 4 O 372/19.

41 LG Tübingen, Urt. v. 17.5.2019 – 3 O 108/18, NZV 2019, 626.

42 OLG Koblenz, Urt. v. 31.8.2020 – 12 U 870/20; sowie nachfolgend OLG Koblenz, Urt. v. 21.12.2020 – 12 U 711/20. Ähnlich zuvor bereits LG Tübingen, Urt. v. 17.5.2019 – 3 O 108/18, NZV 2019, 626; LG München II, Urt. v. 17.5.2019 – 12 O 4540/18, SVR 2020, 274 sowie LG Wiesbaden, Beschl. v. 23.10.2018 – 3 O 219/18.

43 OLG Schleswig-Holstein, Urt. v. 23.2.2021 – 7 U 149/20.

44 LG Leipzig, Urt. v. 8.11.2019 – 5 O 758/19, DAR 2021, 95.

45 LG Regensburg, Urt. v. 16.12.2020 – Ks 103 Js 28875/19.

verursachten Verkehrsunfalls oder infolge der Verletzung von Verkehrssicherungspflichten, realisiert hat. Vielmehr hat – so hat sie es in der Hauptverhandlung formuliert – der Angeklagte ihr, die wie er wusste, sonst keine näheren Verwandten in Deutschland hat, willentlich ihre Mutter genommen".[46]

Die bisher entschiedenen Fälle spielen soweit ersichtlich fast alle im Bereich des Verkehrsunfallrechts. Ein im Nachgang zum Germanwings-Unglück, das ja für die Reform mitursächlich gewesen war, vor dem LG Düsseldorf geführtes Verfahren endete übrigens mit einem Vergleich. Details zur Höhe der Ansprüche sind nicht an die Öffentlichkeit gelangt.[47] Ein zweites Verfahren vor dem LG Essen endete mit einer Klageabweisung: Das Gericht konnte keine pflichtwidrige Handlung der Beklagten feststellen.[48] Ohnehin wäre das neue Hinterbliebenengeld intertemporal auf den vor Inkrafttreten der Reform eingetretenen Unglücksfall nicht anwendbar gewesen.

V. Internationales Privatrecht

Die hier behandelten Fallkonstellationen können durchaus auch grenzüberschreitende Dimension haben: Wenn etwa der Unfall, bei dem ein Angehöriger getötet wurde, im Ausland passiert ist, stellt sich die Frage, welchem Recht Ersatzansprüche Hinterbliebener unterstehen. Aus Sicht des EuGH[49] wird die Ersatzfähigkeit mittelbarer Schäden im Ergebnis unselbständig angeknüpft.[50] Das anwendbare Recht richtet sich somit nach dem Recht, das auf die deliktischen Folgen des Unfalls selbst anwendbar ist (Art. 4 Abs. 1 Rom II-VO). Begründet wird dies u.a. mit Verweis auf den Wortlaut des Art. 2 Abs. 1 Rom II-VO, wonach der Schaden *sämtliche* Folgen der unerlaubten Handlung umfasst, und dem für die Rechtsanwendung zentralen Kriterium der Vorhersehbarkeit des anwendbaren Rechts (Erwägungsgrund Nr. 16 Rom II-VO). Auch ergebe sich aus Art. 15 lit. f Rom II-VO, dass der Kreis der Ersatzberechtigten nach dem einheitlichen Deliktsstatut zu bestimmen sei.[51] Damit unterstünden sowohl das Hinterbliebenengeld nach § 844 Abs. 3 BGB wie auch etwaige Ansprüche wegen Schockschäden demjenigen Recht, das nach Art. 4 Rom II-VO auf den Primärschaden anwendbar ist.[52]

Gegen eine solche Einheitsanknüpfung lässt sich der allgemeine Grundsatz anführen, dass jedes deliktische Rechtsverhältnis einer eigenen Grundanknüpfung unterliegt.[53] Aus

46 Vgl. LG Regensburg, Urt. v. 16.12.2020 – Ks 103 Js 28875/19, Rn. 601.

47 Siehe https://rsw.beck.de/aktuell/daily/meldung/detail/schmerzensgeldstreit-nach-germanwings-absturz-endet-durch-vergleich.

48 LG Essen, Urt. v. 1.7.2020 – 16 O 11/18, ZLW 2020, 658 = BeckRS 2020, 17643. In der Berufungsinstanz wurde die Entscheidung bestätigt: OLG Hamm, Urt. v. 14.9.2021 – 27 U 84/20, BeckRS 2021, 26185.

49 EuGH, 10.12.2015, C-350/14 – *Lazar*, NJW 2016, 466 Rn. 22 ff.

50 *Wurmnest*, LMK 2016, 376926.

51 EuGH, 10.12.2015, C-350/14 – *Lazar*, NJW 2016, 466 Rn. 26 f. unter Verweis auf die Kommissionsbegründung, wonach das Deliktsstatut auch die Frage umfassen soll, welche Personen, die nicht unmittelbares Opfer geworden sind, Ansprüche auf Ersatz der entstandenen materiellen wie immateriellen Schadenspositionen geltend machen können.

52 So auch Teile der Literatur, s. etwa BeckOK-BGB/*Spickhoff*, 59. Edition, Stand 1.8.2021, Art. 4 Rom II-VO Rn. 7; BeckOGK/*Rühl*, Stand 1.12.2017, Art. 4 Rom II-VO Rn. 67. In Extremfällen soll über die Ausweichklausel des Art. 4 Abs. 3 Rom II-VO geholfen werden.

53 BeckOGK/*Rühl*, Stand 1.12.2017, Art. 4 Rom II-VO Rn. 95.

Sicht des anspruchsberechtigten Hinterbliebenen ist die Frage der Haftung des Schädigers für den Primärschaden eine Vorfrage, die nach den allgemeinen Grundsätzen selbstständig anzuknüpfen ist. Da bei den sog. Schockschadensfällen eine eigene psychisch-physische Verletzung vorliegt, ja geradezu konstitutiv für den Anspruch ist, erscheint es vorzugswürdig, das hierauf anzuwendende Recht nach den Art. 4 ff. Rom II-VO eigenständig zu ermitteln.[54] Davon zu unterscheiden wäre das Hinterbliebenengeld nach § 844 Abs. 3 BGB: Dieses knüpft an die primäre Schadensverursachung an und setzt gerade keine eigenständige physische Rechtsgutsverletzung voraus. Mithin unterstehen solche Ansprüche dem auf den Primärschaden anwendbaren Recht.[55] Die davon zu separierende Frage, wer Angehöriger bzw. Hinterbliebener im Sinne der einschlägigen Anspruchsnormen ist, wird als Vorfrage selbstständig angeknüpft.[56]

VI. Ausblick

Dieser kurze Abriss zeigt, dass die Reform womöglich geringere praktische Auswirkungen hat als man vielleicht vermuten könnte. Die Rechtsprechung verhält sich zurückhaltend; die Fälle sind vergleichsweise selten. Hohe Summen werden nicht ausgeurteilt. Eine andere Frage ist, ob sich die neue gesetzliche Regelung auf die Versicherungspraxis ausgewirkt hat. Das gewachsene System des Deliktsrechts als solches bleibt durch die Reform jedenfalls erhalten. Einen adäquaten Ersatz für ein verlorenes Menschenleben kann es nicht geben. Mit dem Hinterbliebenengeld erfolgt jedoch immerhin die Anerkennung, dass seelisches Leid als solches einer billigen Kompensation bedarf. Es steht zu vermuten, dass sich die ausgeurteilten Summen mit der Zeit etwas erhöhen werden, wenn auch vielleicht nicht so drastisch wie dies beim Schadensersatz für Persönlichkeitsverletzungen zu beobachten ist. Die bisherige Entwicklung ergibt hierfür indes noch keine deutlichen Anhaltspunkte: In den seit 2020 ergangenen und veröffentlichten Urteilen wurden bis auf die wenigen dargestellten Ausnahmen nie mehr als 10.000 Euro zugesprochen. Präventionsanreize gehen vom Hinterbliebenengeld ohnehin nicht aus, so dass eine ökonomische Steuerungsfunktion auch bei steigenden Ersatzsummen nicht zu erzielen sein wird.[57] Aus vergleichender Perspektive lässt sich aber festhalten, dass das deutsche Recht durch die Reform nunmehr zur großen Mehrzahl der anderen europäischen Staaten aufgeschlossen hat.

---

54 *Czaplinski*, Das Internationale Straßenverkehrsunfallrecht nach Inkrafttreten der Rom II-VO, 2015, S. 253 ff.; Erman/*Stürner*, 16. Aufl. 2020, Art. 15 Rom II-VO Rn. 18.

55 BeckOK-BGB/*Spickhoff*, 59. Edition, Stand 1.8.2021, Art. 4 Rom II-VO Rn. 7.

56 *Jayme*, IPRax 2018, 230.

57 MüKo-BGB/*Wagner*, 8. Aufl. 2020, § 844 Rn. 94.

*Christoph Perathoner**

Die italienische Pauschalbesteuerung für zuziehende „Superreiche“

Inhaltsübersicht

* Mag. phil. Mag. iur. Dr. iur. Christoph Perathoner, LL.M. (Eur. Law) ist ein zu den Höchstgerichten zugelassener Rechtsanwalt (*avvocato cassazionista*) in Italien und niedergelassener europäischer Anwalt in München/Deutschland. E-Mail: christoph.perathoner@perathoner-partner.com.

I. Einleitende Bemerkungen[1]

Seit geraumer Zeit versucht der italienische Gesetzgeber über die Einführung verschiedener Steuerbegünstigungen Human- und insbesondere Finanzkapital nach Italien zu bringen.[2] Man erhofft sich dadurch vor allem wirtschaftliches und finanzielles Wachstum. Eine Pauschalbesteuerung ausländischer Einkünfte in Art. 24 *bis* TUIR[3] soll nunmehr auch vermögende in- und ausländische Privatpersonen und ihre Familien anregen, einen steuerlichen Wohnsitz in Italien zu begründen.

II. Grundgedanken

1. Normzweck

Die Ansiedlung großer Privatvermögen in Italien stellte dabei insbesondere auf Investitionen durch Personen mit hohen ausländischen Nettoeinkünften ab, die angesichts eines erhöhten Lebensstandards und gesteigerten Konsumverhaltens das allgemeine Steueraufkommen unterstützen sollten.[4] Vielfach handelt es sich dabei nicht nur um Personen, die ihr Vermögen geerbt haben, sondern um Menschen mit überdurchschnittlichen unternehmerischen Fähigkeiten, welche ihnen ermöglichten, ein derartiges Privatvermögen zu erwirtschaften und von denen entsprechende Tätigkeiten auch in Italien zu erwarten wären. Im Ergebnis beabsichtigte man so, neue Arbeitsplätze schaffen zu können.[5] Erleichtert wurde deshalb zunächst die Verlegung des Wohnsitzes und die Ausstellung längerer Aufenthaltstitel für Investoren.[6] Während die Errichtung eines steuerlichen Wohnsitzes in

1 Der vorliegende Beitrag stellt die Schriftfassung eines am 8.10.2021 vor der Arbeitstagung der deutsch-italienischen Juristenvereinigung gehaltenen Vortrags dar.

2 Art. 44 Decreto-Legge 31.5.2010, n. 78: Misure urgenti in materia di stabilizzazione finanziaria e di competitività, in: Gazzetta Ufficiale 31.5.2010, n. 125 (Forscher/innen und Dozenten/-innen); Art. 16 Decreto Legislativo 14.9.2015, n. 147: Disposizioni recanti misure per la crescita e l'internazionalizzazione delle imprese, in: Gazzetta Ufficiale 22.9.2015, n. 220 (Arbeitnehmer/innen, Selbständige, Profisportler/innen); Art. 24 *ter* Decreto del Presidente della Repubblica 22.12.1986, n. 917: Approvazione del testo unico delle imposte sui redditi (TUIR), in: Gazzetta Ufficiale 31.12.1986, n. 302 (Rentner/innen).

3 *Testo unico delle imposte sui redditi* (Einheitstext zur Einkommensbesteuerung). Eingeführt wurde die Bestimmung durch Art. 1 Abs. 152–159 Legge 11.12.2016, n. 232: Bilancio di previsione dello Stato per l'anno finanziario 2017 e bilancio pluriennale per il triennio 2017–2019, in: Gazzetta Ufficiale 21.12.2016, n. 57.

4 *Turri*, Le agevolazioni per attrarre in Italia cittadini ad alto reddito e ad elevata specializzazione, Diritto e pratica tributaria 2018, 2755, 2760.

5 Vgl. Erläuterungen (202 f.) zu Legge 11.12.2016, n. 232, abrufbar unter: www.camera.it/temiap/2016/12/23/OCD177-2628.pdf (15.12.2021). Politisch sollte die Regelung die Ansiedlung britischer Staatsbürger infolge des Austritts Großbritanniens aus der Europäischen Union erreichen.

6 Insbesondere Art. 26 *bis* Decreto Legislativo 25.7.1998, n. 286: Testo unico delle disposizioni concernenti la disciplina dell'immigrazione e norme sulla condizione dello straniero, in: Gazzetta Ufficiale 18.8.1998, n. 191.

Italien dabei an gewisse vorrangig finanzielle Leistungen gekoppelt wurde,[7] können steuerliche Vorteile nach wie vor unabhängig von Investitionen oder der Erfüllung sonstiger monetärer Kriterien in Anspruch genommen werden.

Es gilt jedoch einen weiteren Aspekt zu berücksichtigen: Personen, die von dieser Regelung Gebrauch machen, sind verpflichtet, in Italien erwirtschaftetes Einkommen entsprechend den allgemeinen Vorschriften progressiv zu versteuern. Da davon ausgegangen wurde, dass auch das italienische Einkommen von derartigen Superreichen – die international vielfach als *high net worth individuals* bezeichnet werden – erheblich sein würde, sollte damit eine Erhöhung des allgemeinen Steueraufkommens erzielt werden.

2. *Regelung im Überblick*

Die Besteuerung besteht dabei in der Entrichtung eines pauschal festgelegten Betrags in Höhe von 100.000 € und richtet sich nicht nach dem konkret im Ausland erzielten Einkommen.[8] Begünstigungen können darüber hinaus auf Familienangehörige erstreckt werden, die ihre Einkommenssteuerschuld durch Zahlung von 25.000 € begleichen können.[9] Weitere Steuern auf ausländisches Einkommen werden nicht eingehoben. Die Summen sind jährlich jeweils innerhalb der Frist[10] des 30.6.[11] vollumfänglich über den F24-Vordruck[12] abzugelten.

III. Anwendungsbereich

Die Inanspruchnahme der vorliegend untersuchten Steuerbegünstigungen ist an das Vorliegen einer Reihe von Voraussetzungen gebunden, die im Folgenden überblicksweise erörtert werden sollen.

7 Art. 26 *bis* D.Lgs. 25.7.1998, n. 286. So etwa der Ankauf von Staatsanleihen im Wert von 2 Mio. €, die es für mindestens zwei Jahre zu halten gilt. Weitere Punkte betreffen Investitionen (mindestens 500.000 € bzw. 250.000 € bei Start-Ups) in Kapitalinstrumente einer in Italien gegründeten und tätigen Gesellschaft, die ebenfalls für 2 Jahre zu halten sind, sowie Spenden (in Höhe von mindestens 1 Mio. €) zur Unterstützung von Projekten im öffentlichen Interesse, in den Bereichen Kultur, Bildung, Einwanderung, Forschung, Kultur- und Landschaftsgüter. Vgl. *Hilpold*, Einladung für Dagoberts: Superreiche („high net worth individuals") in Italien, IStR 2017, 987, 991.

8 Art. 24 *bis* Abs. 2 TUIR. Es handelt sich somit um eine *lump sum tax*, vgl. *Turri*, Le agevolazioni per attrarre in Italia cittadini ad alto reddito e ad elevata specializzazione, Diritto e pratica tributaria 2018, 2755, 2761.

9 Art. 24 *bis* Abs. 2, 6 TUIR.

10 Ein Überblick über die Fristen bei *Turri*, Le agevolazioni per attrarre in Italia cittadini ad alto reddito e ad elevata specializzazione, Diritto e pratica tributaria 2018, 2755, 2786.

11 Bezogen auf das Jahr, das auf jenes folgt, in dem die Pauschalbesteuerungspflicht entstand, vgl. *Hilpold*, Einladung für Dagoberts: Superreiche („high net worth individuals") in Italien, IStR 2017, 987, 990 und *Oertzen/Zapf*, La dolce vita fiscale – Italienische Pauschalbesteuerung für zuziehende HNWIs, IStR 2017, 961, 964.

12 Ein zweisprachiges Modell findet sich unter www.agenziaentrate.gov.it/portale/documents/20143/250723/Modello+f24+-+Vereinheitlichter+einzahlungsvordruck_F24_Modello_TED.PDF/ed538936-449c-63e8-01a9-308eb82cfe05 (15.12.2021).

1. Subjektiver Anwendungsbereich

a) Verlegung des steuerlichen Wohnsitzes nach Italien

Zunächst setzt die Regelung voraus, dass eine natürliche Person[13] ihren steuerlichen Wohnsitz i.S.d. Art. 2 Abs. 2 TUIR nach Italien verlegt.[14] Dazu ist festzuhalten, dass Personen, die den Großteil eines Besteuerungszeitraums[15] in Italien gemeldet sind oder deren Wohnsitz (*domicilio*) bzw. gewöhnlicher Aufenthalt (*residenza abituale*) sich nach Art. 43 c.c. in Italien befindet,[16] für steuerliche Zwecke als in Italien ansässig gelten und dort (im Regelfall) all ihre in- und ausländischen Einkünfte progressiv[17] zu versteuern haben. Dieses Welteinkommensprinzip wird durch Art. 24 *bis* TUIR ausgesetzt.[18]

Eine rein formelle Eintragung im Melderegister einer Gemeinde kann seitens der zuständigen Behörde, im Regelfall von der Gemeindeverwaltung, Kontrollen unterzogen werden.[19] Wird eine Person mehrmals nicht angetroffen, ist der sie betreffende Eintrag aus dem Register zu löschen.[20] Ein Wohnsitz wird daher auch *faktisch*[21] nach Italien zu verlegen sein,[22] da die einschlägigen Bestimmungen erst ab diesem Zeitpunkt anwendbar und die betroffene Person als steuerlich in Italien ansässig anzusehen ist.[23]

---

13 *Oertzen/Zapf*, La dolce vita fiscale – Italienische Pauschalbesteuerung für zuziehende HNWIs, IStR 2017, 961; *Pessina/Pessina*, Legge di stabilità 2017. Le agevolazioni per gli stranieri che intendono risiedere in Italia, Il nuovo diritto delle società 2017, 915, 918.

14 Art. 24 *bis* Abs. 1 TUIR. Näheres zum Steuerwohnsitz bei *Oertzen/Zapf*, La dolce vita fiscale – Italienische Pauschalbesteuerung für zuziehende HNWIs, IStR 2017, 961 f; *Hilpold*, Einladung für Dagoberts: Superreiche („high net worth individuals") in Italien, IStR 2017, 987, 988.

15 Der Besteuerungszeitraum entspricht dem Kalenderjahr (Art. 7 Abs. 1 TUIR). Erforderlich ist somit die Ansässigkeit für 183 Tage im Jahr, 184 in Schaltjahren. Ein Zuzug bzw. die Registrierung im Meldeamt hat somit jedenfalls vor dem 2. (bzw. in Schaltjahren dem 1.) Juli eines jeden Jahres zu erfolgen. Hierzu Rundschreiben Nr. 17/E vom 23.5.2017, 10, online: www.agenziaentrate.gov.it/portale/documents/20143/297873/Circolare+n.+17+del+23+maggio+2017_CIRCOLARE+REGIMI+AGEVOLATIVI+PER+PERSONE+FISICHE+CHE+TRASFERISCONO+LA+RESIDENZA+FISCALE+IN+ITALIA+-REGISTRO+CIRCOLARI.0000017.23-05-2017-U+%282 %29.pdf/8c361223-0cf1-b41b-be4a-db33664d5855 (15.12.2021).

16 Die Kriterien haben lediglich alternativ vorzuliegen, Rundschreiben Nr. 17/E vom 23.5.2017, 8 (oben N. 15). Zu den Begriffen *domicilio* und *residenza abituale* vgl. *Pessina/Pessina*, Legge di stabilità 2017. Le agevolazioni per gli stranieri che intendono risiedere in Italia, Il nuovo diritto delle società 2017, 915, 923 f; *Tavecchio/Calcagno*, Il regime impositivo dei cd. „neo residenti". La nuova imposta sostitutiva sui redditi esteri, Novità fiscali 2017, 113.

17 Die Steuersätze finden sich in Art. 11 TUIR und belaufen sich ab einem jährlichen Einkommen von 75.000 € auf 43 Prozent. *Pessina/Pessina*, Legge di stabilità 2017. Le agevolazioni per gli stranieri che intendono risiedere in Italia, Il nuovo diritto delle società 2017, 915, 918

18 Zu diesem Aspekt der Regelung ausführlich *Hilpold*, Einladung für Dagoberts: Superreiche („high net worth individuals") in Italien, IStR 2017, 987, 988.

19 Siehe *Oertzen/Zapf*, La dolce vita fiscale – Italienische Pauschalbesteuerung für zuziehende HNWIs, IStR 2017, 961, 962.

20 Art. 11 Decreto del Presidente della Repubblica 30.5.1989, n. 223: Approvazione del nuovo regolamento anagrafico della populazione residente, in: Gazzetta Ufficiale 8.6.1989, n. 132.

21 So Rundschreiben Nr. 17/E vom 23.5.2017, 46 (oben N. 15). *Pessina/Pessina*, Legge di stabilità 2017. Le agevolazioni per gli stranieri che intendono risiedere in Italia, Il nuovo diritto delle società 2017, 915, 919. *Hilpold*, Einladung für Dagoberts: Superreiche („high net worth individuals") in Italien, IStR 2017, 987, 988 lässt eine Eintragung wohl genügen.

22 *Oertzen/Zapf*, La dolce vita fiscale – Italienische Pauschalbesteuerung für zuziehende HNWIs, IStR 2017, 961, 962 und Rundschreiben Nr. 17/E vom 23.5.2017, 8 (oben N. 15).

23 Wurde die Person nie aus den Registern des Meldeamts ausgetragen, obwohl faktisch nicht ansässig, steht die Regelung nicht offen.

b) Fehlen eines früheren steuerlichen Wohnsitzes in Italien

Die Pauschalregelung kann unabhängig von der Staatsbürgerschaft des Antragstellers in Anspruch genommen werden[24] und steht somit sowohl italienischen als auch ausländischen Staatsbürgern offen. Bedingung für die Option ist jeweils die Nichtansässigkeit in Italien in neun der zehn Besteuerungszeiträume vor Anwendung der Begünstigung.[25] Das Steuerregime kann auch im Falle eines Zuzugs aus Steueroasen[26] gewählt werden, sofern glaubhaft gemacht werden kann, dass für neun der zehn vorangehenden Besteuerungsperioden kein steuerlicher Wohnsitz in Italien bestand.[27] Die Verlegung des Lebensmittelpunkts in Staaten, die Ansässigen weitreichende Steuervorteile bieten und vom Finanzministerium entsprechend als Steueroasen ausgewiesen wurden, bleibt für die italienische Steuerbehörde im Regelfall ohne Wirkung. Ein Wohnsitz in Italien wird in diesen Fällen weiterhin (relativ) vermutet.[28]

c) Familienangehörige

Die Besteuerung kann nach Art. 24 *bis* Abs. 6 TUIR auch auf Familienangehörige ausgedehnt werden. Bei diesen handelt es sich um Unterhaltsverpflichtete i.S.v. Art. 433 c.c. und somit insbesondere um Ehegatten, eingetragene Partner, (Adoptiv-)Kinder, deren nächste Nachkommen, sollten sie vorverstorben sein, Eltern oder sonstige nächste Vorfahren, sollte diese wiederum vorverstorben sein, Adoptiveltern, Schwiegersöhne und -töchter, Schwiegermütter und -väter, Brüder und Schwestern.[29] Die Erstreckung beabsichtigte, den Umzug nach Italien für den/die Hauptsteuerpflichtige/n zu erleichtern und attraktiver zu gestalten.[30] Erforderlich ist auch hier das Vorliegen der in Art. 24 *bis* Abs. 1 TUIR genannten und zuvor behandelten Voraussetzungen und somit insbesondere die Verlegung des Wohnsitzes nach Italien und die Nichtansässigkeit für neun der zehn vorangehenden Steuerperioden.[31] Die Ausdehnung kann zu unterschiedlichen Zeitpunkten begehrt werden, endet jedoch jedenfalls mit Verstreichen der 15-Jahresfrist des/der Hauptsteuerpflichtigen.[32] Die Steuer beläuft sich für jeden Familiengehörigen auf 25.000 € pro Besteuerungszeitraum.

---

24 *Pessina/Pessina*, Legge di stabilità 2017. Le agevolazioni per gli stranieri che intendono risiedere in Italia, Il nuovo diritto delle società 2017, 915, 919; *Hilpold*, Einladung für Dagoberts: Superreiche („high net worth individuals") in Italien, IStR 2017, 987, 988.

25 Art. 24 *bis* Abs. 1 TUIR. *Ex multis Sassu*, La tassazione forfettaria degli HNWIs neo-residenti in Italia, Novità fiscali 2018, 422, 423 f.

26 Gelistet im Dekret des Finanzministers vom 4.5.1999, abrufbar unter www.agenziaentrate.gov.it/portale/documents/20143/369991/DM+4_5_1999.pdf/fcbaea6a-1cf2-23ec-4a40-9f8f92acdc6e (15.12.2021).

27 Diesbezüglich instruktiv: Rundschreiben Nr. 17/E vom 23.5.2017, 9 f. und 47 (oben N. 15).

28 Art. 2 Abs. 2 *bis* TUIR. Die Vermutung kann etwa im Rahmen des Auskunftsverfahrens nach Art. 24 *bis* Abs. 3 TUIR widerlegt werden. Zum Verfahren Kapitel IV. Siehe auch *Turri*, Le agevolazioni per attrarre in Italia cittadini ad alto reddito e ad elevata specializzazione, Diritto e pratica tributaria 2018, 2755, 2763.

29 *Turri*, Le agevolazioni per attrarre in Italia cittadini ad alto reddito e ad elevata specializzazione, Diritto e pratica tributaria 2018, 2755, 2766.

30 *Hilpold*, Einladung für Dagoberts: Superreiche („high net worth individuals") in Italien, IStR 2017, 987, 989.

31 Die zehn Besteuerungszeiträume sind ab dem Jahr der Ausweitung zu berechnen, vgl. Rundschreiben Nr. 17/E vom 23.5.2017, 76 (oben N. 15).

32 Rundschreiben Nr. 17/E vom 23.5.2017, 49 (oben N. 15).

2. Objektiver Anwendungsbereich

a) Ausländisches Einkommen

Die Ersatzsteuer erfasst grundsätzlich nur Einkünfte, die der/die Zuziehende im Ausland erzielt hat.[33] Einkünfte aus Italien unterliegen weiterhin der progressiven Einkommensbesteuerung.[34] Um festzustellen, ob ein Einkommen im Ausland erzielt wurde, sind nach Art. 165 Abs. 2 TUIR die für nichtansässige Steuerpflichtige herangezogenen Kriterien[35] spiegelbildlich anzuwenden. Für letztere unterliegen grundsätzlich nur jene Einkünfte der Einkommensbesteuerung, die im Inland erzielt wurden.[36] Dementsprechend gilt Einkommen als im Ausland erzielt, sofern der Ursprung der Einkünfte im Ausland liegt.[37] Dies vorausgeschickt, stellt die Steuerbegünstigung auf folgende Posten ab: Einkommen aus selbstständiger, unternehmerischer oder nichtselbstständiger Tätigkeit; Erträge im Ausland belegener, unbeweglicher Güter; Zinsen ausländischer Bankkonten; Gewinne aus der Abtretung von nicht wesentlichen Beteiligungen an ausländischen Gesellschaften.[38]

Verfügt der/die Steuerpflichtige mithilfe einer vorgeschobenen[39] (natürlichen oder juristischen) Person über inländisches italienisches Vermögen, sind auch diese Quellen grundsätzlich als inländisch zu qualifizieren und somit der ordentlichen progressiven Besteuerung zu unterwerfen.[40]

b) Ausgenommene Einkünfte

Die Pauschale erstreckt sich grundsätzlich nur auf im Ausland erzieltes Einkommen, inländische Einkünfte bleiben hiervon unberührt und sind weiterhin progressiv zu besteuern.[41] Auch Gewinne (*capital gains*) aus der Abtretung wesentlicher Beteiligungen[42]

33 Hierzu *Turri*, Le agevolazioni per attrarre in Italia cittadini ad alto reddito e ad elevata specializzazione, Diritto e pratica tributaria 2018, 2755, 2776 ff.

34 Art. 24 *bis* Abs. 1 TUIR.

35 Art. 23 TUIR.

36 Es hat sich um eine inländische bzw. ausländische Bezugsquelle zu handeln, vgl. *Hilpold*, Einladung für Dagoberts: Superreiche („high net worth individuals") in Italien, IStR 2017, 987, 989.

37 Verständlich in Rundschreiben Nr. 17/E vom 23.5.2017, 50 (oben N. 15).

38 Ausführlich und anschaulich in Rundschreiben Nr. 17/E vom 23.5.2017, 51 ff. (oben N. 15). Siehe auch Art. 23 TUIR. *Pessina/Pessina*, Legge di stabilità 2017. Le agevolazioni per gli stranieri che intendono risiedere in Italia, Il nuovo diritto delle società 2017, 915, 919 ff.; *Hilpold*, Einladung für Dagoberts: Superreiche („high net worth individuals") in Italien, IStR 2017, 987, 989; *Tavecchio/Calcagno*, Il regime impositivo dei cd. „neo residenti". La nuova imposta sostitutiva sui redditi esteri, Novità fiscali 2017, 113, 115; *Sassu*, La tassazione forfettaria degli HNWIs neo-residenti in Italia, Novità fiscali 2018, 422, 424 f.

39 Entsprechendes gilt im spiegelbildlichen Fall für ausländisches Einkommen. Das Konzept ist auf Art. 37 Decreto del Presidente della Repubblica 29.9.1973, n. 600: Disposizioni comuni in materia di accertamento delle imposte sui redditi, in: Gazzetta Ufficiale 16.10.1973, n. 268 zurückzuführen. Vgl. *Turri*, Le agevolazioni per attrarre in Italia cittadini ad alto reddito e ad elevata specializzazione, Diritto e pratica tributaria 2018, 2755, 2783 f.

40 Ausführlich und anschaulich in Rundschreiben Nr. 17/E vom 23.5.2017, 60 (oben N. 15).

41 *Hilpold*, Einladung für Dagoberts: Superreiche („high net worth individuals") in Italien, IStR 2017, 987, 989.

42 Art. 67 Abs. 1 lit. c) TUIR. Eine wesentliche Beteiligung entspricht bei quotierten Gesellschaften: 1) mehr als 2 Prozent der Stimmrechte in der ordentlichen Gesellschafterversammlung oder 2) mehr als 5 Prozent des Gesellschaftskapitals. Bei nicht quotierten Gesellschaften: 1) mehr als 20 Prozent der Stimmrechte in der ordentlichen Gesellschafterversammlung oder 2) von mehr als 25 Prozent des Gesellschaftskapitals oder Vermögens.

an ausländischen Gesellschaften, die in den ersten fünf Jahren nach Wirksamwerden der Steuerbegünstigung getätigt werden, fallen nicht unter die Regelung des Art. 24 *bis* TUIR.[43] Hierdurch soll verhindert werden, dass potenziell Interessierte im Besitz solcher Beteiligungen (die häufig einen beträchtlichen Vermögenswert darstellen können) eine Wohnsitzverlegung nach Italien nur anstreben, um sich daraus anderweitige steuerliche Vorteile zu sichern.[44] Diesbezüglich unterliegt die Veräußerung den allgemeinen steuerlichen Bestimmungen.[45] Insbesondere sind entsprechende, in privilegierten Steuerrechtsordnungen (*regimi fiscali privilegiati*)[46] erzielte Veräußerungsgewinne[47] für den vorgegebenen Zeitraum weiterhin der Steuerbehörde anzuzeigen.

3. Zeitlicher Anwendungsbereich

Steuerpflichtige können nach Art. 24 *bis* TUIR höchstens für eine Dauer von 15 Jahren für eine pauschale Besteuerung ihrer ausländischen Einkünfte optieren, eine Verlängerung der Frist ist nicht möglich.[48] Bis zum Fristablauf wird die Pauschalregelung für jede neue Steuerperiode stillschweigend erneuert.[49] Die Wirkungen des Fristablaufs entfalten sich auch gegenüber den Familienangehörigen, unabhängig davon, wie lange die Regelung für diese bereits in Geltung war. Diese können sich bei Vorliegen aller Voraussetzungen jedoch eigenständig für die Pauschalbesteuerung entscheiden, gelten sodann jedoch als Hauptsteuerpflichtige und haben einen Betrag von 100.000 € an die Steuerbehörde abzuführen.[50]

Abgesehen von einem etwaigen Fristablauf steht es dem/der Steuerpflichtigen (und den Familienangehörigen) in jedem Zeitpunkt frei, die getroffene Entscheidung zu widerrufen. Ein Widerruf und somit die Wahl der progressiven Besteuerung unter Berücksichtigung

---

43 Art. 24 *bis* Abs. 1 S. 2 TUIR. Entscheidet sich der/die Steuerpflichtige erst im Besteuerungszeitraum nach Verlegung des steuerlichen Wohnsitzes für die Pauschalbesteuerung, so werden die fünf Jahre bereits ab Verlegung des Wohnsitzes berechnet, so Rundschreiben Nr. 17/E vom 23.5.2017, 60 (oben N. 15). *Pessina/Pessina*, Legge di stabilità 2017. Le agevolazioni per gli stranieri che intendono risiedere in Italia, Il nuovo diritto delle società 2017, 915, 922 f.

44 Vom Zweck der Steuerumgehung spricht auch Rundschreiben Nr. 17/E vom 23.5.2017, 54 ff. (oben N. 15).

45 Progressiv zu besteuern sind 49,72 Prozent (festgelegt in Decreto Ministeriale 2.4.2008: Rideterminazione delle percentuali di concorso al reddito complessivo die dividendi, delle plusvalenze e delle minusvalenze di cui agli articoli 47, comma 1, 58, comma 2, 59 e 68, comma 3, del testo unico delle imposte sui redditi, approvato con decreto del Presidente della Repubblica 22 dicembre 1986, n. 917, in: Gazzetta Ufficiale 16.4.2008, n. 90) oder der vollumfängliche Betrag, sollten die Erträge aus Steueroasen stammen. Siehe *Hilpold*, Einladung für Dagoberts: Superreiche („high net worth individuals“) in Italien, IStR 2017, 987, 989; *Oertzen/Zapf*, La dolce vita fiscale – Italienische Pauschalbesteuerung für zuziehende HNWIs, IStR 2017, 961, 963.

46 Privilegierte Steuerrechtsordnungen nach Art. 47 *bis* TUIR.

47 Zur Bestimmung der „Veräußerungsgewinne“, siehe Entschließung der Agentur der Einnahmen vom 30.3.2007, n. 67, online: www.agenziaentrate.gov.it/portale/documents/20143/306524/Risoluzione+n+67+del+30+marzo+2007_ris_67.pdf/1985108e-58a1-8ec5-2ddc-33a980019d3a (abgerufen am 15.12.2021).

48 *Pessina/Pessina*, Legge di stabilità 2017. Le agevolazioni per gli stranieri che intendono risiedere in Italia, Il nuovo diritto delle società 2017, 915, 925.

49 Vgl. *Oertzen/Zapf*, La dolce vita fiscale – Italienische Pauschalbesteuerung für zuziehende HNWIs, IStR 2017, 961, 964.

50 Steuerbehördliche Maßnahme vom 8.3.2017, 7 online: www.agenziaentrate.gov.it/portale/documents/20143/296358/Provvedimento+8+marzo+2017+imposta+sostitutiva+nuovi+residenti_PROVVEDIMENTO+N_47060+DEL+08-03-2017.pdf/7ae8ab86-a2d3-b5af-e19d-b81fbe9c1855 (abgerufen am 15.12.2021).

etwaiger Doppelbesteuerungsabkommen, ist daher jederzeit möglich. Es gelten dieselben Modalitäten wie für die Wahl.[51] Der Widerruf durch den/die (Haupt-)Steuerpflichtige/n erstreckt sich auch auf dessen/deren Familienangehörige.[52] Diese können sich jedoch auch unabhängig von anderen Begünstigten (etwa anderen Familienmitgliedern) gegen die Fortführung des Besteuerungsregimes entscheiden.[53] Die Option gilt als widerrufen, wenn der/die Steuerpflichtige, der/die von der Option Gebrauch gemacht hatte, nach der ersten Geltungsdauer der Regelung in der Steuererklärung ausdrücklich erklärt, dass er/sie die ausländische Einkommensersatzsteuerregelung nicht mehr in Anspruch nehmen will. Ein Widerruf kann auch erfolgen, sollte der/die Steuerpflichtige die Ersatzsteuer für den jeweiligen Besteuerungszeitraum bereits entrichtet haben. Der eingezahlte Betrag ist für etwaige Nachforderungen oder Entschädigungen heranzuziehen.[54]

Der/die Begünstigte geht der Regelung auch verlustig, sollte er/sie es auch nur teilweise unterlassen haben, den Betrag fristgerecht zu überweisen,[55] oder den steuerlichen Wohnsitz ins Ausland verlegt haben.[56] Nach Widerruf oder Verfall, kann die Steuerbegünstigung nicht erneut gewählt werden.[57]

4. *Räumlicher Anwendungsbereich*

Die vorliegend untersuchte Regelung beschränkt sich auf ausländisches Einkommen, während im Inland erzielte Einkünfte weiterhin progressiv besteuert werden. Steuerpflichtige sind darüber hinaus jedoch befugt, Einkünfte aus einzelnen ausländischen Staaten von der Pauschalbesteuerung auszunehmen und den allgemeinen Regeln zu unterwerfen (*cherry picking*).[58] Eine entsprechende Entscheidung hat sich auf alle Einkommenspositionen des betroffenen Gebiets zu erstrecken, kann jedoch zu unterschiedlichen Zeitpunkten getroffen und gegebenenfalls auch abgeändert werden.[59] Eine Änderung ist zur Vermeidung von Steuerumgehung jedoch nur insoweit möglich, als neue Staaten ergänzt, bereits gewählte jedoch nicht wieder in das System der Pauschalbesteuerung aufgenommen werden können.[60] Hintergrund der Bestimmung bildet die Anwendbarkeit von

---

51 Hierzu Kapitel IV.3.

52 Der/die Hauptsteuerpflichtige kann sich auch entscheiden, die Begünstigung lediglich für einzelne Familienangehörige zu widerrufen, vgl. Steuerbehördliche Maßnahme vom 8.3.2017, 6 (oben N. 50).

53 Hierzu ist es erforderlich, dass die Voraussetzungen für Hauptsteuerpflichtige auch bei den optierenden Familienmitgliedern vorliegen. Die Steuerlast erhöht sich auf 100.000 €. Siehe hierzu Steuerbehördliche Maßnahme vom 8.3.2017, 7 (oben N. 50). Auch *Oertzen/Zapf*, La dolce vita fiscale – Italienische Pauschalbesteuerung für zuziehende HNWIs, IStR 2017, 961, 964.

54 Zu diesem Aspekt Rundschreiben Nr. 17/E vom 23.5.2017, 86 f. (oben N. 15).

55 Der Verfall beginnt mit der Steuerperiode, für die der Betrag zu entrichten gewesen wäre, vgl. Steuerbehördliche Maßnahme vom 8.3.2017, 6 (oben N. 50).

56 Auch hier gelten die allgemeinen Regeln bereits für den Zeitraum, in dem der Wohnsitz verlegt wurde, siehe vorherige N.

57 Steuerbehördliche Maßnahme vom 8.3.2017, 6 (oben N. 50).

58 Art. 24 *bis* Abs. 5 TUIR. *Turri*, Le agevolazioni per attrarre in Italia cittadini ad alto reddito e ad elevata specializzazione, Diritto e pratica tributaria 2018, 2755, 2782 f.; *Oertzen/Zapf*, La dolce vita fiscale – Italienische Pauschalbesteuerung für zuziehende HNWIs, IStR 2017, 961, 963; *Hilpold*, Einladung für Dagoberts: Superreiche („high net worth individuals") in Italien, IStR 2017, 987, 989.

59 Rundschreiben Nr. 17/E vom 23.5.2017, 74 f. (oben N. 15).

60 Rundschreiben Nr. 17/E vom 23.5.2017, 75 (oben N. 15).

Doppelbesteuerungsabkommen, die für einzelne Steuerpflichtige teils erhebliche, über eine Pauschalbesteuerung hinausgehende Vorteile bringen können.[61]

IV. (Auskunfts-)Verfahren

1. Allgemein

Wer daran interessiert ist, entsprechende Steuerbegünstigungen in Anspruch zu nehmen, hat nach Art. 24 *bis* Abs. 3 TUIR die Möglichkeit,[62] sich an die italienische Steuerbehörde (*Agenzia delle Entrate*, Agentur der Einnahmen) zu wenden, um überprüfen zu lassen, ob die notwendigen Voraussetzungen hierzu vorliegen.[63] Der Antrag hat im Rahmen eines Auskunftsverfahrens zu erfolgen, der auch zu einem Zeitpunkt gestellt werden kann, in dem der/die Antragsteller/in noch nicht steuerlich in Italien ansässig ist. Nachdem die Wahl für das entsprechende Besteuerungssystem getroffen wurde, kann ein entsprechendes Verfahren nicht mehr eingeleitet werden.[64]

2. Inhalt des Antrags

Unterfertigte[65] Anträge können händisch, mit Einschreiben oder auf elektronischem Weg[66] gestellt werden.[67] Dabei hat der/die Antragsteller/in verschiedene Angaben zu seiner/ihrer Person und zu den grundlegenden Umständen des Sachverhalts zu machen. Hierzu zählen[68]: 1) meldeamtliche Daten und, sofern bereits zugewiesen, Steuernummer sowie,

61 Ausführlich zum Verhältnis der Pauschalbesteuerung und dem Doppelbesteuerungsabkommen zwischen Deutschland und Italien *Oertzen/Zapf*, La dolce vita fiscale – Italienische Pauschalbesteuerung für zuziehende HNWIs, IStR 2017, 961, 964–970.

62 N.B.: Der/die Steuerpflichtige ist nicht verpflichtet, das Verfahren anzustrengen, vgl. Rundschreiben Nr. 17/E vom 23.5.2017, 64 (oben N. 15); *Tavecchio/Calcagno*, Il regime impositivo dei cd. „neo residenti". La nuova imposta sostitutiva sui redditi esteri, Novità fiscali 2017, 113.

63 Es handelt sich um ein Auskunftsverfahren i.S.v. Art. 11 Abs. 1 lit. b) Legge 27.7.2000, n. 212: Disposizioni in materia di statuto dei diritti del contribuente, in: Gazzetta ufficiale 31.7.2000. Soweit vereinbar, haben folgende Bestimmungen Anwendungen zu finden: Decreto Legislativo 24.9.2015, n. 156: Misure per la revisione della disciplina degli interpelli e del contenzioso tributario, in attuazione degli articoli 6, comma 6, e 10, comma 1, lettere a) e b), della legge 11 marzo 2014, n. 23, in: Gazzetta Ufficiale 7.10.2015, n. 233; Steuerbehördliche Maßnahme vom 4.1.2016, online: www.agenziaentrate.gov.it/portale/documents/20143/344036/Provvedimento+del+4+gennaio+2016+interpello_Provvedimento+n.+27_2016+del+4+gennaio+2016.pdf/d8dfe7ce-5621-1a03-8066-7194259be1ad (abgerufen am 15.12.2021); Rundschreiben Nr. 9/E vom 1.4.2017, online: www.agenziaentrate.gov.it/portale/documents/20143/298247/Circolare+9E+del+1+aprile+2016_cir9e+del+01.04.16.pdf/0ad2776b-8533-8c35-493e-2929219b7ddf (abgerufen am 15.12.2021). Ausführlich auch *Turri*, Le agevolazioni per attrarre in Italia cittadini ad alto reddito e ad elevata specializzazione, Diritto e pratica tributaria 2018, 2755, 2769 ff.

64 Zuständig ist die *Direzione Centrale Accertamento – Settore contribuenti di maggiori dimensioni – Ufficio Persone fisiche ad alta capacità contributiva*, Anschrift: Via Cristofo Colombo 426 c/d, 00145 Rom. Vgl. Rundschreiben Nr. 17/E vom 23.5.2017, 65 f. (oben N. 15).

65 Vgl. Rundschreiben Nr. 17/E vom 23.5.2017, 65 f. (oben N. 15).

66 Mit PEC (*posta elettronica certificata*) an dc.acc.nuoviresidenti@pec.agenziaentrate.it. Sollte der Antragsteller über keinen Ersatzempfänger in Italien verfügen, kann ein Antrag auch über dc.acc.upacc@agenziaentrate.it gestellt werden. Vgl. Rundschreiben Nr. 17/E vom 23.5.2017, 65 f. (oben N. 15).

67 Steuerbehördliche Maßnahme vom 8.3.2017, 6 (oben N. 50).

68 Steuerbehördliche Maßnahme vom 8.3.2017, 2 f. (oben N. 50).

sofern bereits in Italien ansässig, Adresse; 2) Angaben (einschließlich Steuernummer) zur Person eines gesetzlichen Vertreters, sofern vorhanden; 3) Beschreibung des konkreten Sachverhalts; 4) Erklärung, in neun der zehn vorangehenden Besteuerungszeiträume nicht in Italien ansässig gewesen zu sein; 5) Angaben zum letzten steuerlichen Wohnsitz; 6) Staaten, die nicht von der Steuerbegünstigung erfasst werden sollen; 7) ausgefüllte/r Vordruck/*Checklist*[69] zum Vorliegen der erforderlichen Voraussetzungen.[70]

Die Steuerbehörde hat den Antrag innerhalb von 120 Tagen ab dessen Eingang zu bearbeiten, hat jedoch die Möglichkeit, gegebenenfalls weitere Unterlagen anzufordern.[71] Innerhalb dieser Frist hat sich die Verwaltung dahingehend zu äußern, ob die Voraussetzungen für eine Pauschalbesteuerung bestehen oder nicht.[72] Während die Antwort für den Antragsteller weder verbindlich ist noch angefochten werden kann, wird die Behörde gebunden. Geht der/die Antragstellerin trotz negativen Bescheids der Steuerbehörde davon aus, alle Voraussetzungen zu erfüllen, kann dieser/diese sich somit weiterhin für die Ersatzsteuer entscheiden.[73]

3. Wahl der Ersatzsteuer

Die Option hat im Rahmen der Steuererklärung des Jahres für die Pauschalbesteuerung zu erfolgen, in dem der steuerliche Wohnsitz nach Italien verlegt wurde oder im darauffolgenden Besteuerungszeitraum.[74]

Wurde ein Auskunftsverfahren angestrengt, so können sich die Angaben in der Einkommenssteuererklärung auf ein Minimum beschränken. Wurde ein solches Verfahren hingegen nicht angestrengt, kann nichtsdestotrotz im Rahmen der Steuererklärung optiert werden.[75] Diesbezüglich sind jedoch Angaben zu tätigen, die das Bestehen der Vorausset-

69 Ein entsprechender Vordruck kann unter folgender Adresse abgerufen werden: www.agenziaentrate.gov.it/portale/documents/20143/296358/Provvedimento+8+marzo+2017+imposta+sostitutiva+nuovi+residenti_Modello_Check+list.pdf/5ded78db-abbd-ba78-6208-21618fe87821 (abgerufen am 15.12.2021). Nachweise sind dem Vordruck beizulegen. Sind die Angaben im Vordruck lediglich unvollständig oder wird es unterlassen, der Steuerbehörde Unterlagen zur Kenntnis zu bringen, ist der Antrag für unzulässig zu erklären. Ausführlich zur Checklist: Rundschreiben Nr. 17/E vom 23.5.2017, 65 f. (oben N. 15). Der bürokratische Aufwand hält sich angesichts der leichten Verständlichkeit in Grenzen, vgl. *Hilpold*, Einladung für Dagoberts: Superreiche („high net worth individuals") in Italien, IStR 2017, 987, 990.

70 Die Angaben sind gegebenenfalls für Familienmitglieder, auf welche die Regelung erstreckt werden soll, zu wiederholen.

71 Die Frist kann sich so auf 180 Tage erhöhen, sollten weitere Unterlagen benötigt werden, vgl. *Oertzen/Zapf*, La dolce vita fiscale – Italienische Pauschalbesteuerung für zuziehende HNWIs, IStR 2017, 961, 963.

72 Da ein Verfahren sinnvollerweise angestrengt werden sollte und dies vor Abgabe der Steuererklärung am 30.9., sollte ein Antrag spätestens Ende Mai, besser noch bis Ende April gestellt werden. Vgl. *Hilpold*, Einladung für Dagoberts: Superreiche („high net worth individuals") in Italien, IStR 2017, 987, 990.

73 Rundschreiben Nr. 17/E vom 23.5.2017, 65 (oben N. 15).

74 Um die Regelung somit für das Jahr 2022 in Anspruch nehmen zu können, hat die Entscheidung aus jener Steuererklärung hervorzugehen, die bis zum 30.9.2023 vorzulegen ist. Siehe Steuerbehördliche Maßnahme vom 8.3.2017, 1 (oben N. 50); Rundschreiben Nr. 17/E vom 23.5.2017, 71 ff. (oben N. 15); *Oertzen/Zapf*, La dolce vita fiscale – Italienische Pauschalbesteuerung für zuziehende HNWIs, IStR 2017, 961, 964.

75 Steuerbehördliche Maßnahme vom 8.3.2017, 3 (oben N. 50) und Rundschreiben Nr. 17/E vom 23.5.2017, 64 (oben N. 15). *Hilpold*, Einladung für Dagoberts: Superreiche („high net worth individuals") in Italien, IStR 2017, 987, 990 spricht sich sinnvollerweise für die Durchführung eines Auskunftsverfahrens aus.

zungen nahelegen.[76] Wird seitens der Steuerbehörde festgestellt, dass die erforderlichen Voraussetzungen nicht erfüllt werden, so ist die Wahl des Steuerpflichtigen ungültig.

Beabsichtigt der/die Steuerpflichtige den Wohnsitz 2022 nach Italien zu verlegen und für dasselbe Jahr die Pauschalbesteuerung in Anspruch zu nehmen, hat diese/r zunächst die Eintragung im Melderegister bis zum 30. Juni 2022 vorzunehmen. Die Begünstigungen können anschließend im Rahmen der Steuererklärung, die innerhalb des 30. September 2023 vorzulegen ist, beantragt werden. Der Pauschalbetrag von 100.000 € ist jedoch bereits bis zum 30. Juni 2023 vorauszuzahlen.[77] Um sich über das Vorliegen der erforderlichen Voraussetzungen zu informieren, ist ehestmöglich ein Auskunftsverfahren anzustrengen, d.h. es sollte innerhalb des Jahres 2022 oder mit der Verlegung des Wohnsitzes erfolgen.[78]

4. Erstreckung auf Familienangehörige

Die Entscheidung für eine Ausweitung der Pauschalbesteuerung auf Familienangehörige hat aus der Steuererklärung des/der (Haupt-)Steuerpflichtigen für den Besteuerungszeitraum hervorzugehen, in dem der/die Familienangehörige seinen/ihren steuerlichen Wohnsitz nach Italien verlegt hat (oder in der darauffolgenden Steuererklärung).[79] Dabei sind folgende Angaben zu den Angehörigen zu treffen:[80] 1) Meldeamtliche Daten, Steuernummer und Anschrift; 2) Nichtansässigkeit für neun der zehn Steuerperioden, die jener vorausgehen, für die das Steuerregime angewandt wird; 3) letzter steuerlicher Wohnsitz; 4) Staaten oder Gebiete, die von der Pauschalbesteuerung ausgenommen werden sollen.[81]

Der/die Familienangehörige hat seiner-/ihrerseits den Willen zu bekunden, die Pauschalbesteuerung anwenden zu wollen.[82] Dies hat in dessen/deren Steuererklärung zu erfolgen, wobei Angaben zum (Haupt-)Steuerpflichtigen zu tätigen sind sowie zu allen anderen Punkten, die für die Ausweitung erforderlich sind.[83] Auch hier ist eine maximale Dauer von 15 Jahren für den/die (Haupt-)Steuerpflichtigen zu beachten.

---

76 Wiederum die Nichtansässigkeit für neun der zehn vorangehenden Steuerperioden; Staaten des letzten steuerlichen Wohnsitzes; Staaten oder Gebiete, die nicht von der Pauschalbesteuerung erfasst werden sollen.

77 Die Einzahlung erfolgt, wie angeführt, in einer einmaligen Zahlung über das F24-Modell. Eine Ratenzahlung ist nicht möglich.

78 Dies ermöglicht die Einhaltung der Frist von 180 Tagen, siehe N. 71.

79 Steuerbehördliche Maßnahme vom 8.3.2017, 4 (oben N. 50); Rundschreiben Nr. 17/E vom 23.5.2017, 76 (oben N. 15).

80 Rundschreiben Nr. 17/E vom 23.5.2017, 76 (oben N. 15).

81 Die Liste kann in den Folgejahren ergänzt werden, vgl. Steuerbehördliche Maßnahme vom 8.3.2017, 3 (oben N. 50).

82 Steuerbehördliche Maßnahme vom 8.3.2017, 4 (oben N. 50) und Rundschreiben Nr. 17/E vom 23.5.2017, 76 f. (oben N. 15).

83 I.e. Nichtansässigkeit, vorherige steuerliche Wohnsitze, ggf. ausgenommene Staaten, Punkte der Checklist.

V. Weitere Vorteile

Neben der pauschalen Abgeltung der Steuerschuld, bietet das Modell des Art. 24 *bis* TUIR eine Reihe weiterer Vorteile, die sich auch auf Familienangehörige erstrecken.[84] So müssen finanzielle Tätigkeiten und Investitionen im Ausland nicht mehr erklärt und an die Steuerbehörde weitergegeben werden (*monitoraggio fiscale*[85]). Zudem entfällt die Steuer auf im Ausland belegene Immobilien (IVIE, *imposta sul valore degli immobili detenuti all'estero*), die im Eigentum des/der Steuerpflichtigen stehen oder an denen dieser/diese dingliche Rechte besitzt. Entsprechendes gilt für die IVAFE (*imposta sul valore die prodotti finanziari, dei conti correnti e dei libretti di risparmio*), eine Steuer, die normalerweise auf im Ausland belegenes Finanzvermögen erhoben wird.[86]

Die Vorteile erstrecken sich dabei lediglich auf jene Staaten, die unter die Besteuerung nach Art. 24 *bis* TUIR fallen.[87] Werden einzelne Gebiete nach Abs. 5 von der Regelung ausgenommen, entfallen für diese auch die gegenständlich behandelten Vorteile.

Eine nicht unwesentliche Wirkung entfaltet die Pauschalbesteuerung auch gegenüber der Erbschafts- und Schenkungssteuer.[88] Diese ist für im Ausland belegene Güter und dort bestehende Ansprüche nicht einzuheben. Übertragungen im Erbschafts- oder Schenkungsweg werden deshalb (auch für Familienmitglieder) nur innerhalb Italiens berücksichtigt.

VI. Kritikpunkte

1. Frage der Verfassungsmäßigkeit

Neben dem Durchbrechen des Welteinkommensprinzips,[89] wurden Bedenken, insbesondere hinsichtlich der Verfassungsmäßigkeit von Art. 24 *bis* TUIR, geäußert.[90] Die Regelung widerspreche dem Grundsatz der Steuergleichheit und dem Leistungsfähigkeitsprinzip (Art. 3, 53 Cost.). Jede Person sei verpflichtet, entsprechend ihrer Steuerkraft zu den öffentlichen Ausgaben beizutragen und sei dabei progressiv zu besteuern. Auch werde der Gleichheitsgrundsatz verletzt, da zwei Personen mit steuerlichem Wohnsitz in Italien und einem ähnlich hohen Einkommen durch Art. 24 *bis* TUIR möglicherweise unterschied-

84 Enthalten in Art. 1 Abs. 153 Legge n. 232/2016.

85 Art. 4 Decreto Legge 28.6.1990, n. 167, mit Änderungen umgewandelt durch Legge 4.8.1990, n. 227.

86 Ausführlich zu all diesen Steuern: Rundschreiben Nr. 17/E vom 23.5.2017, 82 ff. (oben N. 15).

87 Vgl. *Hilpold*, Einladung für Dagoberts: Superreiche („high net worth individuals") in Italien, IStR 2017, 987, 990.

88 Rundschreiben Nr. 17/E vom 23.5.2017, 84 ff. (oben N. 15). Instruktiv *Baccaglini*, I criteri di territorialità nella fiscalità delle gestioni patrimoniali dei neo-residenti, Novità fiscali 2020, 263, 268 f.

89 Vgl. *Hilpold*, Einladung für Dagoberts: Superreiche („high net worth individuals") in Italien, IStR 2017, 987, 988.

90 Ausführlich *Schiavolin*, Sulla costituzionalità dell'imposta sostitutiva italiana per i cd. „neo-residenti", Novità fiscali 2018, 438 ff.; *Stevanato*, Il regime fiscale dei „neo-residenti" come agevolazione selettiva in conflitto con principi costituzionali e regole europee, Novità fiscali 2020, 435, 438 ff. (insb. 441); *Manzitti*, Le agevolazioni fiscali ai „neo-residenti" tra il principio di eguaglianza e quello di capacità contributiva, Novità fiscali 2020, 126, 132; *Peverini*, Sulla legittimità costituzionale dell'art. 24 *bis* TUIR e sulla possibilità di differenziare il concorso alle spese pubbliche da parte dei residenti in funzione del grado di collegamento con il territorio, Rivista di diritto tributario 2018, 683 ff.; *Hilpold*, Einladung für Dagoberts: Superreiche („high net worth individuals") in Italien, IStR 2017, 987, 991 f.

lich besteuert werden können.[91] Während ein abschließendes Urteil des Verfassungsgerichtshofs noch aussteht, ist die Lage in der Lehre noch uneindeutig.[92] Tendenziell handelt es sich bei der Ersatzbesteuerung jedoch um eine zeitlich beschränkte Ausnahmeregelung zur Mehrung des Steueraufkommens,[93] die angesichts der teils strikten Zugangsvoraussetzungen als verfassungskonform eingeschätzt werden könnte.[94] Eine rein formelle Auffassung des Leistungsfähigkeitsprinzips ist abzulehnen.[95]

2. *Bewertung durch den Rechnungshof*

Kritisch sind auch die Einschätzungen des Rechnungshofs (*Corte dei Conti*).[96] Die Regelung sei im Besteuerungszeitraum 2018 von 263 Steuerpflichtigen in Anspruch genommen worden und habe zu einem Steueraufkommen von 21,3 Mio. € geführt. 2017 hätten noch lediglich 98 Steuerpflichtige optiert.[97] Die wenigen vorhandenen Informationen ermöglichten es jedoch nicht, die tatsächliche Höhe der ausländischen Einkommen zu ermitteln, weshalb nicht festgestellt werden könne, welches Steueraufkommen die Begünstigten mangels Pauschalbesteuerung zu leisten verpflichtet gewesen wären. Darüber hinaus könne schwerlich überprüft werden, ob seitens der Begünstigten Investitionen in Italien getätigt worden seien.

Hauptkritikpunkt des Rechnungshofes bleibt somit der Umstand, dass nicht nachgewiesen wurde, ob trotz erhöhter Nachfrage[98] tatsächlich volkswirtschaftliche Vorteile und ein Mehr an Steueraufkommen durch die *lump-sum tax* generiert werden konnten.

---

91 Krit. hierzu *Hilpold*, Einladung für Dagoberts: Superreiche („high net worth individuals") in Italien, IStR 2017, 987, 991.

92 Verfassungswidrig: *Stevanato*, Il regime fiscale dei „neo-residenti" come agevolazione selettiva in conflitto con principi costituzionali e regole europee, Novità fiscali 2020, 435, 441; wohl auch *Schiavolin*, Sulla costituzionalità dell'imposta sostitutiva italiana per i cd. „neo-residenti", Novità fiscali 2018, 438, 442 f. Nicht verfassungswidrig: *Manzitti*, Le agevolazioni fiscali ai „neo-residenti" tra il principio di eguaglianza e quello di capacità contributiva, Novità fiscali 2020, 126, 132.

93 Siehe jedoch sogleich die Stellungnahme des Rechnungshofs.

94 So auch *Hilpold*, Einladung für Dagoberts: Superreiche („high net worth individuals") in Italien, IStR 2017, 987, 991.

95 *Hilpold*, Einladung für Dagoberts: Superreiche („high net worth individuals") in Italien, IStR 2017, 987, 991.

96 Vgl. im Folgenden *Corte dei Conti*, Relazione sul rendiconto generale dello Stato 2019. Comunicato alle Presidenze della Camera dei Deputati e del Senato della Repubblica italiana il 24 giugno 2020 (documento XIV, n. 3). Volume I. I conti dello Stato e le politiche di bilancio 2019. Tomo I (online: www.corteconti.it/Download?id=51b97f57-4285-4f1b-826d-15c4bfcfa11d, abgerufen am 15.12.2021), S. 173–174.

97 Mit einem Steueraufkommen von 8,3 Mio. €.

98 Während sich im Jahr 2017 erstmals ca. 100 Steuerpflichtige für die Pauschalbesteuerung entschieden, waren es im Jahr 2018 bereits 260, 2019 bereits 440 (Familienmitglieder jeweils inklusive). Vgl. *Corte dei Conti*, Relazione sul rendiconto generale dello Stato 2019. Comunicato alle Presidenze della Camera dei Deputati e del Senato della Repubblica italiana il 24 giugno 2020 (documento XIV, n. 3). Volume I. I conti dello Stato e le politiche di bilancio 2019. Tomo I, S. 174 (oben N. 96) und *Riccio/Pultrone/Tara/Pace/Cena/Arriaga/Andronico/Staropoli*, Tax Expenditures: Definizione e applicazione, 2021, 118 (online: https://iris.unito.it/retrieve/handle/2318/1788940/761268/LIBRO%20DIRITTO%20TRIBUTARIO%20II%20DEFINITIVO-1.pdf, 15.12.2021).

3. Globalwirtschaftliche Bewertung

Die Ansiedlung von Finanz- und Humankapital durch steuerliche Begünstigungen wird zwar auf europäischer Ebene (und global) bereits verschiedentlich gefördert.[99] Eine wesentliche Erhöhung des Steueraufkommens lässt sich dabei jedoch allgemein schwer feststellen. Aus globalwirtschaftlicher Sicht sind entsprechende Pauschalregelungen des internationalen Steuerwettbewerbs ein Nullsummenspiel, das sich im Ergebnis zu Lasten des allgemeinen Steueraufkommens sowohl im Weg- als auch im Zuzugsstaat auswirkt.[100] Finanzieller Aufschwung oder wirtschaftliches Wachstum für die Gesamtbevölkerung aufgrund einer Steuerbegünstigung für zuziehende „Superreiche" blieb so auch in Italien bisher noch aus.

VII. Fazit

Die Pauschalbesteuerung ausländischen Einkommens kann angesichts einer einfachen Abwicklung für vermögende Privatpersonen erhebliche Steuervorteile sichern. Während Bedenken der Verfassungswidrigkeit unbegründet erscheinen, lässt sich die Zweckmäßigkeit der Bestimmung und der Nutzen für die Gesamtbevölkerung jedoch in Frage stellen. Für Interessierte ist die Regelung in erster Linie vor dem Hintergrund bestehender Doppelbesteuerungsabkommen[101] und einer möglichen Einhebung von Wegzugssteuern[102] zu prüfen.[103] Diese können weitreichendere Vorteile bieten oder die Verbringung von Kapital ins Ausland erschweren.

---

99 Die Regelungen in Belgien, der Schweiz, Frankreich, Irland, Portugal, Großbritannien und Spanien wurden als Vorlage für die italienische Bestimmung bezeichnet, siehe Rundschreiben Nr. 17/E vom 23.5.2017, 6 (oben N. 15). Vgl. *Palmitessa*, I regimi speciali per „lavoratori impatriati" e „neo-residenti", tra forme di competizione fiscale e vincoli europei in materia di concorrenza. Il crescente numero di regimi fiscali destinati a persone fisiche che trasferiscono la residenza impone alcune valutazioni, Novità fiscali 2020, 522 ff. und *Hilpold*, Einladung für Dagoberts: Superreiche („high net worth individuals") in Italien, IStR 2017, 987, 992.

100 Vgl. *Hilpold*, Einladung für Dagoberts: Superreiche („high net worth individuals") in Italien, IStR 2017, 987, 992.

101 Zu beachten ist insbesondere die *cherry-picking*-Klausel, siehe hierzu Kapitel III.4.

102 Hierzu jedoch EuGH, Urt. v. 11.3.2008, Rs. C-9/02 – *Lasteyrie du Saillaint*, NJW 2004, 2439. Wegzugssteuern können bei einem Wechsel des Steuerwohnsitzes innerhalb der EU gegen die Niederlassungsfreiheit (und Kapitalverkehrsfreiheit) verstoßen (siehe § 6 des deutschen AStG). Die Europäische Union ist keine Steuerunion.

103 Für das Verhältnis mit Deutschland sind insbesondere Punkt 17 des Protokolls zum DBA Italien-Deutschland, sowie § 2 Abs. 2 Nr. 2 und § 6 Abs. 1 AStG. Hierzu im Überblick *Oertzen/Zapf*, La dolce vita fiscale – Italienische Pauschalbesteuerung für zuziehende HNWIs, IStR 2017, 961, 970, die die Ausnahme Deutschlands von der Pauschalbesteuerung empfehlen.

Esther Happacher

Die Reduzierung der Mitglieder des italienischen Parlaments durch das Verfassungsgesetz Nr. 1/2020

I. Einleitung

Am 20. und 21. September 2020 entschieden die italienischen Wähler im Wege eines Verfassungsreferendums, die Anzahl der Mitglieder des aus Abgeordnetenkammer und Senat bestehenden italienischen Parlaments deutlich zu verringern. Die Abgeordnetenkammer zählt in Zukunft nur mehr 400 anstelle 630 vom Volk gewählte Mitglieder (davon acht als Vertreter der im Ausland ansässigen italienischen Staatsbürger), der Senat 200 direkt auf regionaler Basis gewählte Mitglieder anstelle der bisherigen 315, davon vier als Vertreter der Auslandsitaliener. Dabei darf keine Region bzw. autonome Provinz[1] weniger als drei (bisher sieben) Senatoren wählen, die Regionen Molise und Aostatal sind weiterhin mit zwei bzw. einem Senator vertreten. Zudem wurde klargestellt, dass der Senat nie mehr als insgesamt fünf vom Präsidenten der Republik auf Lebzeiten ernannte Senatoren aufweisen kann und damit eine unterschiedliche Praxis in der Auslegung von Art. 59 Abs. 2 italVerf beendet.[2] Die italVerf legt die Anzahl der gewählten Mitglieder der beiden Kammern in Art. 56 Abs. 2 bzw. Art. 57 Abs. 2 exakt fest, weshalb für deren Änderung ein Verfassungsrevisionsgesetz erforderlich war. Dieses Gesetz erhielt bei der zweiten Abstimmung im Senat lediglich die absolute Mehrheit anstelle der für ein unmittelbares Inkrafttreten erforderlichen Zweidrittelmehrheit.[3] Damit eröffnete sich die Möglichkeit der Beantragung einer Volksabstimmung zu den neuen Regeln, die durch eine Gruppe von Senatoren genutzt wurde.[4] Aufgrund der Coronavirus-Pandemie wurde

1 Die erstmalige Erwähnung der autonomen Provinzen Bozen und Trient ist darauf zurückzuführen, dass sich Italien im Rahmen des Südtirol-Pakets von 1969 gemäß Maßnahme 111 verpflichtet hat, die Teilnahme der Vertreter der italienischen und der deutschen Sprachgruppe der Provinz Bozen im Senat im Verhältnis zur Stärke der Sprachgruppen sicherzustellen, was nur bei einer Anzahl von drei Sitzen möglich ist, da das Verhältnis 2:1 beträgt. Im Übrigen können die autonomen Provinzen aufgrund ihrer institutionellen Ausgestaltung (u.a. bilden sie laut Art. 116 Abs. 2 italVerf die autonome Region Trentino-Südtirol) als Regionen betrachtet werden, vgl. *Volpi*, La riduzione del numero dei parlamentari e il futuro della rappresentanza, Costituzionalismo.it n. 1/2020, 43, 60 f.).

2 Einige Präsidenten der Republik (*Cossiga*, *Pertini*) legten Art. 59 Abs. 2 italVerf als Ermächtigung aus, während ihrer Amtszeit insgesamt fünf Personen aufgrund ihrer Verdienste zu ernennen, vgl. zur unterschiedlichen Interpretation *Magrini*, Art. 59, in: Crisafulli/Paladin/Bartole/Bin (Hrsg.), Commentario breve alla Costituzione, 2. Aufl. 2008, 569 f.

3 Siehe unter www.senato.it/leg/18/BGT/Schede/Ddliter/51769.htm (abgefragt am 1.9.2021). Art. 138 italVerf sieht vor, dass ein Verfassungsgesetz einer zweifachen Abstimmung in jeder Kammer unterzogen werden muss und nur dann unmittelbar in Kraft tritt, wenn in der zweiten Abstimmung in beiden Kammern eine 2/3-Mehrheit erreicht wird. Kommt es lediglich zum Beschluss mit absoluter Mehrheit, können 500.000 Wahlberechtigte, fünf Regionalräte oder ein Fünftel der Mitglieder einer Kammer eine Volksabstimmung darüber beantragen, ob die neuen verfassungsrechtlichen Regeln in Kraft treten sollen.

4 Siehe zur Entstehung des Referendums *Biondi dal Monte/Rossi*, Una riforma costituzionale per aggregare e legittimarsi, Quaderni costituzionali 3/2020, 507, 520 f. Der vom *Partito Radicale* initiierte Antrag fand lediglich 669 Unterzeichner anstatt der erforderlichen 500.000, siehe *Volpi* (o. N. 1), 46 f.

der ursprünglich für den 29. März 2020 anberaumte Abstimmungstermin auf den 20. und 21. September 2020 verschoben und mit Regional- und Lokalwahlen kombiniert.[5] Daran konnten auch vier gemäß Art. 134 italVerf beantragte Befugniskonflikte zwischen Staatsgewalten nichts ändern,[6] in denen u.a. die Einschränkung der parlamentarischen Vertretung der regionalen Ebene[7] und die Zusammenlegung der Abstimmung mit Wahlen[8] als verfassungswidrig bezeichnet wurden. Der italVerfGH erklärte sämtliche Anträge für unzulässig.[9]

Bei einer Beteiligung von 51,12 % der Abstimmungsberechtigten[10] stimmten 69,96 % (17.913.259 Personen) für die Reform, 30,04 % dagegen.[11] Damit konnte das italVerfG Nr. 1 vom 19. Oktober 2020[12] kundgemacht werden und am 5. November 2020 in Kraft treten. Die Reduzierung der Anzahl der Parlamentarier wird entweder im Falle von vorgezogenen Neuwahlen oder am Ende der laufenden Legislaturperiode im Jahr 2023 erstmals Anwendung finden.[13]

Im Folgenden wird zunächst der Hintergrund zur Verfassungsänderung durch das italVerfG Nr. 1/2020 skizziert. Im Anschluss werden die in der Diskussion eingebrachten Argumente für und gegen die Verfassungsänderung überblicksmäßig dargestellt und auf die aufgrund der Verringerung der Anzahl der Parlamentarier erforderlichen weiteren Reformen eingegangen. Schlussbetrachtungen runden den Beitrag ab.

II. Zum Hintergrund der Verfassungsänderung

Bereits in der Verfassungsgebenden Versammlung war die Anzahl der Parlamentarier unter den Gesichtspunkten Repräsentativität und Funktionalität der Kammern diskutiert worden, wobei die Befürworter einer höheren Anzahl die Vertretungsfunktion und damit die zentrale Rolle des Parlaments als Vertretung des Volkes im Aufbau der demokratischen Republik[14] betonten, die Unterstützer einer geringeren Anzahl diese als effizienter für die Arbeitsweise erachteten und die Qualität der Parlamentarier durch eine sorgfältigere Auswahl gesteigert sahen.[15] Nachdem die Anzahl der Parlamentarier zunächst variierte, fixierte das italVerfG Nr. 2 vom 9. Februar 1963[16] die Anzahl der gewählten

5 Siehe Art. 81 Gesetzesdekret Nr. 18 vom 17.3.2020, Gesetzesdekret Nr. 26 vom 20.4.2020 sowie DPR vom 17.7.2020.

6 Die Antragsteller waren die Region Basilikata, das Promotorenkomitee für das Referendum, der Senator *De Falco* und die Partei *Associazione+ Europa*. Zum Befugniskonflikt zwischen Staatsgewalten, der zur Klärung der verfassungsrechtlich zugeordeten Befugnisse dient, allgemein *Happacher*, Einführung in das italienische Verfassungsrecht, 2019, 268 f.

7 Siehe Beschluss italVerfGH Nr. 198/2020 zum Rekurs der Region Basilikata.

8 Siehe Beschluss italVerfGH Nr. 195/2020 zum Rekurs des Promotorenkomitees.

9 Beschlüsse italVerfGH Nr. 195 bis 198/2020.

10 Für die Gültigkeit des Referendums ist kein Mindestquorum vorgesehen.

11 Siehe https://elezionistorico.interno.gov.it/index.php?tpel=F&dtel=20/09/2020&es0=S&tpa=Y&lev0=0&levsut0=0&ms=S&tpe=A (abgerufen am 1.9.2021).

12 GA Nr. 261 vom 21.10.2020.

13 Art. 4 italVerfG Nr. 1/2020.

14 Art. 1 Abs. 1 italVerf lautet: „Italien ist eine demokratische, auf die Arbeit gegründete Republik."

15 Siehe dazu *Volpi* (o. N. 1), 50 f.

16 GA Nr. 40 vom 12.2.1963.

Mitglieder mit 630 für die Abgeordnetenkammer und 315 für den Senat,[17] woran auch die Einrichtung eines Auslandswahlkreises im Jahre 2001 nichts änderte, dem sechs der 315 (Senat) bzw. zwölf der 630 (Abgeordnetenkammer) Mitglieder des Parlaments zugeordnet wurden.[18]

Auch in Zusammenhang mit der Diskussion über die Rolle und Funktionalität des paritätischen Zweikammersystems wurde über die Anzahl seiner Mitglieder diskutiert. Das paritätische Zweikammersystem Italiens ordnet beiden Kammern dieselben Befugnisse[19] zu. Die Unterschiede zwischen Abgeordnetenkammer und Senat beschränken sich auf die Anzahl der Mitglieder, das Wahlalter, die Wahl des Senats auf regionaler Basis und auf die Präsenz von nicht gewählten Senatoren auf Lebzeiten im Senat (ehemalige Präsidenten der Republik und von diesen ernannte Senatoren).[20] Im Rahmen der umfassenden durch die Regierungen *Berlusconi* 2005[21] und *Renzi* 2016[22] vorangetriebenen Verfassungsreformen, die u.a. die Beseitigung des paritätischen Zweikammersystems zum Ziel hatten, war auch die Verringerung der Anzahl der Parlamentarier vorgesehen. Diese Reformen hätten den Senat in eine Vertretungskammer der nachgeordneten Gebietskörperschaften, insbesondere der Regionen, umgewandelt, die in den Gesetzgebungsprozess in erster Linie in Entscheidungen von Relevanz für die nachgeordneten Gebietskörperschaften eingebunden gewesen wäre. Beide Reformen scheiterten jedoch im Rahmen von Verfassungsreferenden.[23] Insbesondere die Ablehnung der Reform von 2016 wurde dahingehend ausgelegt, dass aufgrund der neuerlichen Ablehnung einer komplexen, mehrere Aspekte umfassenden Reform zukünftige Reformen der Verfassung nicht mehr gesamthaft, sondern nur in Teilschritten vorzunehmen seien, um dem Volk die getrennte Beurteilung einzelner Reformaspekte zu ermöglichen.[24] Der Weg der Revision der Verfassung über punktuelle Reformen war damit vorgezeichnet, deren erste mit der Reduzierung der Anzahl der Parlamentarier vorgenommen wurde.

Aus parteipolitischer Sicht war die Reduzierung der Anzahl der Parlamentarier ein zentrales Anliegen der *MoVimento 5 Stelle* (Fünfsterne-Bewegung), die bei den Wahlen im März 2018 in beiden Kammern mit über 32 % der abgegebenen Stimmen den stärksten Stimmanteil errang.[25] Entsprechend wurde dieses Ziel im Programm der Koalitionsregie-

---

17 Siehe zur Entwicklung der Anzahl der Parlamentarier in der republikanischen Verfassung *Rossi*, Il numero dei parlamentari in Italia, dallo Statuto Albertino al giorno d'oggi, in: Rossi (Hrsg.), Meno parlamentari, più democrazia? Significato e conseguenze della riforma costituzionale, 2020, 17, 24-29.

18 ItalVerfG Nr. 1 vom 23.1.2001. Der Auslandswahlkreis umfasst alle wahlberechtigten italienischen Staatsbürger, die dauerhaft im Ausland ansässig sind.

19 Siehe Art. 70 italVerf.

20 Die Unterschiede hinsichtlich des Wahlalters – aktives und passives Wahlalter 18 bzw. 25 Jahre für die Abgeordnetenkammer und 25 bzw. 40 Jahre für den Senat – sollen ebenfalls fallen, siehe zur Anpassung des aktiven Wahlalters im Jahre 2021 nachstehend.

21 Der Text des Verfassungsgesetzes „Modifiche alla Parte II della Costituzione" wurde in GA Nr. 269 vom 18.11.2005 veröffentlicht.

22 Der Text des Verfassungsgesetzes „Disposizioni per il superamento del bicameralismo paritario, la riduzione del numero dei parlamentari, il contenimento dei costi di funzionamento delle istituzioni, la soppressione del CNEL e la revisione del titolo V della parte II della Costituzione" wurde in GA Nr. 88 vom 15.4.2015 veröffentlicht.

23 2005 wurde das Inkrafttreten der Reform mit 61,29 % abgelehnt, 2016 stimmen 59,12 % dagegen, siehe unter https://elezionistorico.interno.gov.it/.

24 Vgl. *Biondi Dal Monte/Rossi* (o. N. 4), 508.

25 Die Ergebnisse der Parlamentswahlen 2018 sind unter https://elezionistorico.interno.gov.it/ abrufbar.

rung zwischen der Fünfsterne-Bewegung und der *Lega* unter Ministerpräsident *Conte*, enthalten im „Vertrag für die Regierung des Wandels“,[26] verankert. Die Arbeit des Parlaments sollte dadurch effizienter und einfacher gestaltet und eine Kosteneinsparung vor dem Hintergrund des schuldengebeutelten italienischen Staatshaushalts erzielt werden.[27] Ein weiteres zentrales Element der institutionellen Reformen unter der Regierung *Conte I* war die deutliche Stärkung der direkten Demokratie, etwa durch die Einführung eines gesetzgebenden Referendums.[28] Im Sommer 2019 kam es zu einem Wechsel in der Regierungskoalition unter Ministerpräsident *Conte*, in der die *Lega* durch die *Partito democratico* und die linksgerichtete *Liberi e Uguali* ersetzt wurde.[29] Wiederum gehört die Reduzierung der Parlamentarier zu den Zielen der Koalition.[30] Als Ausgleich für die Zustimmung der neuen Koalitionspartner, die einer Reduzierung der Anzahl ohne Einbettung in umfassendere institutionelle Reformen bis zu ihrer Regierungsbeteiligung im Gesetzgebungsprozess ablehnend gegenübergestanden waren,[31] wurde insbesondere eine Wahlrechtsreform im Regierungsprogramm verankert, ebenso das Ziel der Verstärkung demokratischer Elemente verklausuliert durch eine beabsichtigte Verfassungsreform zur Einführung von Instituten zur Wiederannäherung der Bürger an die Institutionen betont.[32]

In der Folge stimmten in der zweiten Abstimmung in der Abgeordnetenkammer am 8. Oktober 2019 mit 553 Abgeordneten über 2/3 der Verringerung der Anzahl der Parlamentarier zu.[33] Da im Senat die zweite Abstimmung vor dem Koalitionswechsel erfolgt war, war nur die absolute Mehrheit erzielt worden. Damit war der Weg frei für die Beantragung eines Referendums, das von 71 Mitgliedern des Senats beinahe aller Fraktionen (ausgenommen die rechtsgerichtete *Fratelli d'Italia* und die Fraktion für die Autonomien) unterstützt wurde.[34]

III. Pro und Kontra zur Reduzierung der Parlamentarier

Als Gründe für die Verringerung der Zahl der Parlamentarier wurden vor allem die hohen Kosten für beinahe 1000 direkt gewählte Parlamentarier und die Stärkung der Funktionalität des Parlaments genannt, damit es seiner zentralen Rolle im parlamentarischen Regierungssystem effizienter nachkommen kann.[35] Hinsichtlich der Gesamtanzahl der Parlamentarier und der Vertretungsfunktion der Wähler wurde in der Diskussion auch ein Blick auf das Verhältnis zwischen Gewählten und Wählenden in anderen Staaten gewor-

26 Contratto per il governo del cambiamento, abrufbar unter https://download.repubblica.it/pdf/2018/politica/contratto_governo.pdf.

27 Contratto per il governo del cambiamento (o. N. 26), 35.

28 Contratto per il governo del cambiamento (o. N. 26), 35 f.

29 Vgl. *Biondi Dal Monte/Rossi* (o. N. 4), 521.

30 Siehe das Regierungsprogramm vom 4.9.2019 (Linee programmatiche del Presidente del Consiglio predisposto su base degli indirizzi condivisi dal MoVimento 5 Stelle, dal Partito Democratico e da Liberi e Uguali), Pkt. 10, abrufbar unter www.astrid-online.it/static/upload/prog/programma-governo-4-settembre-2019.pdf.

31 Siehe *Volpi* (o. N. 1), 46.

32 Siehe das Regierungsprogramm vom 4.9.2019 (o. N. 30), Pkt. 10.

33 Siehe unter www.senato.it/leg/18/BGT/Schede/Ddliter/aula/52051_aula.htm (abgerufen am 1.9.2021).

34 Vgl. www.firenzepost.it/2020/01/10/referendum-contro-taglio-parlamentari-depositate-71-firme-di-senatori-in-cassazione-tutti-i-nomi/ (abgerufen am 15.9.2021).

35 Siehe den Überblick bei *Volpi* (o. N. 1), 54 ff.

fen und Italien dabei etwa für die Abgeordnetenkammer mit 1 : 96.006 der Spitzenplatz in Relation zu Staaten wie Deutschland, Spanien oder Frankreich attestiert.[36] Was die Kosten angeht, so die Befürworter der Reduzierung, könnten rund 500 Millionen Euro pro fünfjähriger Legislaturperiode gespart werden.[37]

Ein weiteres zentrales Argument der Befürworter der Reform richtete sich auf das als ineffizient beurteilte Gesetzgebungsverfahren des paritätischen Zweikammersystems. Weniger Parlamentarier würden nicht nur weniger kosten, so der Gedanke, sondern könnten auch rascher handeln, da weniger Mitglieder zu weniger Kommissionen und zu einer rascheren Mehrheitsfindung führen würden, womit die Funktionstüchtigkeit des Parlaments gesteigert würde.[38] In diesem Zusammenhang wurde auch argumentiert, dass die Parteien wohl in Zukunft besser qualifizierte Personen aufstellen würden, womit auch dem schwindenden Vertrauen in das Parlament, abzulesen v.a. an der rückläufigen Wahlbeteiligung, begegnet werden könnte.[39]

Die gegnerischen Argumente umfassten die klare Minderung der Vertretungsfunktion des Parlaments, den Hinweis auf weitaus weniger Einsparungspotential, die Folgen für Organisation und Arbeitsweise der Kammern und die Ausübung der Garantiefunktionen im Verfassungssystem sowie die Auswirkungen auf das politisch-institutionelle System im Gesamten.[40] Die geringere Vertretungsfunktion wurde hinsichtlich der Vertretung der Wähler[41] und der Regionen[42] sowie der Beeinträchtigungen der Parteienvielfalt[43] kritisiert. Insbesondere wurde hervorgehoben, dass wesentlich größere Wahlkreise wiederum ein Auseinanderklaffen zwischen Volksvertretern und Wählern befürchten lassen und dass kleinere Parteien schwerer Eingang ins Parlament finden dürften.[44] Auch würden die institutionellen Gleichgewichte etwa bei der Wahl des Präsidenten der Republik verschoben, der gemäß Art. 83 italVerf vom Parlament in gemeinsamer Sitzung und je drei Delegierten pro Region (ausgenommen Aostatal) gewählt wird, wobei die regionalen Delegationen

36 Siehe *Senato della Repubblica/Camera dei Deputati*, Dossier Riduzione del numero dei parlamentari del 25.6.2019, 21 ff. (abrufbar unter www.senato.it/service/PDF/PDFServer/BGT/01114482.pdf). Der Vergleich für den Senat gestaltet sich ungleich schwieriger, da die zweiten Kammern in den herangezogenen Staaten selten direkt gewählt werden.

37 Vgl. zu den Kosten *Marchetti*, Sulla riduzione dei „costi della politica", in: Rossi (Hrsg.), Meno parlamentari, più democrazia? Significato e conseguenze della riforma costituzionale, 2020, 143, 146 ff.

38 Vgl. *Volpi* (o. N. 1), 55.

39 Vgl. *Volpi* (o. N. 1), 56.

40 Siehe dazu *Curreri*, Gli effetti politico-costituzionali negativi di questa riduzione del numero dei parlamentari, in: Rossi (Hrsg.), Meno parlamentari, più democrazia? Significato e conseguenze della riforma costituzionale, 2020, 235; *Volpi* (o. N. 1), 56 f.

41 So deutlich *Carrozza*, È solo una questione di numeri? Le proposte di riforma degli artt. 56 e 57 Cost. per la riduzione dei parlamentari, in: Rossi (Hrsg.), Meno parlamentari, più democrazia? Significato e conseguenze della riforma costituzionale, 2020, 169, 176. Art. 49 italVerf geht ausdrücklich von einem pluralistischen Parteiensystem aus: „Alle Bürger haben das Recht, sich in Parteien zusammenzuschließen, um in demokratischer Weise die nationale Politik zu bestimmen."

42 Vgl. *Curreri* (o. N. 40), 236.

43 Dazu *Carrozza* (o. N. 41), 184.

44 Vgl. *Volpi* (o. N. 1), 62 ff.

die politischen Minderheiten berücksichtigen müssen.[45] Zweifel an dem Einsparungspotential von 500 Millionen Euro lassen andere Zahlen aufkommen, die auf ein weitaus geringeres Sparpotential von ca. 285 Millionen Euro und damit ca. 0,007 % der öffentlichen Ausgaben für eine Legislaturperiode hinweisen,[46] da sich die Einsparungen auf die Entschädigungen der Parlamentarier und die Abgeltung der mit der Ausübung ihrer Funktionen verbundenen Kosten beziehen. Die für die Arbeit der Volksvertreter laufend erforderlichen Ressourcen an Fachpersonal und -mitteln werden auch unter der Optik der Funktionalität weiter investiert werden müssen.

Hinsichtlich der Auswirkungen auf die Organisation und Arbeitsweise der Kammern wurde vor allem darauf hingewiesen, dass die Reduzierung der zur Verfügung stehenden Parlamentarier sicherlich eine Beeinträchtigung der qualifizierten Bewältigung der Aufgaben der Volksvertretung in Gesetzgebung und hinsichtlich der Kontrolle der Regierung bedeutet.[47] Die parlamentarische Aufsichtsfunktion spielt angesichts der Tatsache, dass die Gesetzgebungstätigkeit sehr häufig die Form von Akten mit Gesetzeskraft der Regierung annimmt, eine wichtige Rolle. Während Art. 76 italVerf dem Parlament ermöglicht, die Regierung unter Festlegung von Bereichen und Richtlinien für einen bestimmten Zeitraum zu gesetzgeberischer Tätigkeit zu ermächtigen, wobei die Entwürfe der gesetzesvertretenden Dekrete durch die Regierung vor ihrer Verabschiedung in der Regel in den Ständigen Ausschüssen diskutiert werden,[48] sieht Art. 77 italVerf die Regierung befugt, in Fällen außerordentlicher Dringlichkeit und Notwendigkeit Gesetzesdekrete zu erlassen, die höchstens 60 Tage gültig sind, falls sie nicht vom Parlament in ein Gesetz umgewandelt werden. Nehmen in Zukunft gut ein Drittel weniger Parlamentarier die Kontrolle der Akte mit Gesetzeskraft vor, dürfte dies zu einer noch stärkeren Position der Regierung in der Gesetzgebung führen.

Auch der Beitrag der politischen Minderheiten wurde als gefährdet angesehen, da sie in noch geringerer Anzahl und ohne eine grundlegende Überarbeitung der Minderheitenrechte im Plenum und in den Kommissionen und Ausschüssen ihre Kontrollfunktion im Sinne einer pluralistischen Demokratie noch weniger ausüben würden können als bisher.[49]

45 Vgl. *Vivaldi*, Le conseguenze della riduzione del numero dei parlamentari su alcune funzioni „di garanzia", in: Rossi (Hrsg.), Meno parlamentari, più democrazia? Significato e conseguenze della riforma costituzionale, 2020, 87 92 ff. Ein Vorschlag zur Abänderung von Art. 83 italVerf liegt vor (AC 2238, abrufbar unter www.senato.it/leg/18/BGT/Schede/Ddliter/52510.htm) und sieht die Verminderung von drei auf zwei Delegierte pro Region vor.

46 Zahlen laut *Osservatorio conti pubblici italiani*, unter https://osservatoriocpi.unicatt.it/cpi-archivio-studi-e-analisi-quanto-si-risparmia-davvero-con-il-taglio-del-numero-dei-parlamentari (abgefragt am 2.9.2021).

47 Siehe *Pertici*, La riduzione del numero dei parlamentari potrà rispondere alle attese?, in: Rossi (Hrsg.), Meno parlamentari, più democrazia? Significato e conseguenze della riforma costituzionale, 2020, 257, 258.

48 Art. 14 Abs. 4 Gesetz Nr. 400 vom 23.8.1988.

49 Vgl. *Volpi* (o. N. 1), 55.

IV. Zur Notwendigkeit weiterer Reformen

Die Senkung der Anzahl der Parlamentarier ist als punktuelle Reform notwendigerweise mit einer Reihe von weiteren Reformschritten im Bereich des Wahlrechts und der Geschäftsordnungen der Parlamentskammern verbunden. Um Parlamentswahlen unabhängig von der Anzahl der zu vergebenden Sitze und damit dem Inkrafttreten der Verfassungsreform zur Reduzierung der Parlamentarier sicherzustellen, änderte das Gesetz Nr. 51 vom 29. Mai 2019[50] noch während der Diskussion der Reform die geltende Wahlgesetzgebung. Die in absoluten Zahlen ausgedrückte Anzahl der nach einem gemischten System zu vergebenden Sitze in Abgeordnetenkammer und Senat wurden durch Bruchzahlen ersetzt, um selbst bei einer fehlenden Wahlrechtsreform die Anwendbarkeit der Wahlvorschriften sicherzustellen.[51] Vorgesehen ist, dass in jeder Kammer 3/8 der Sitze im Wege von Einmannwahlkreisen nach dem Mehrheitswahlsystem und 5/8 in Mehrmannwahlkreisen im Verhältniswahlsystem vergeben werden, wobei Sperrklauseln im Ausmaß von 3 % für Listen und 10 % für Koalitionen auf gesamtstaatlicher (Abgeordnetenkammer) bzw. regionaler (Senat) Ebene zur Anwendung kommen und Sonderregelungen für Listen von Sprachminderheiten bestehen.[52]

Die Diskussion um die als Gegengewicht zur Reduzierung der Parlamentarier betrachtete und politisch vereinbarte Änderung des Wahlsystems hat hingegen (noch) keine Ergebnisse gebracht. Sie dreht sich hauptsächlich um die Wiedereinführung des Verhältniswahlsystems oder um die Beibehaltung eines gemischten Systems mit einem deutlicheren Anteil der im Mehrheitswahlsystem zu vergebenden Sitze zur Erhöhung der politischen Stabilität. Ebenso wird die Frage der Abschaffung der gemäß Art. 57 Abs. 1 italVerf auf regionaler Basis zu bestimmenden Wahlkreise für die Wahl des Senats diskutiert, um unterschiedliche politische Mehrheiten zwischen Abgeordnetenkammer und Senat zu vermeiden, was eine weitere Angleichung der beiden Kammern bedeuten würde.

Eine weitere punktuelle Verfassungsänderung hat ihren parlamentarischen Weg bereits beendet. Am 8. Juli 2021 wurde die Senkung des aktiven Wahlalters für den Senat von 25 Jahre auf 18 mit absoluter Mehrheit in zweiter Lesung angenommen.[53] Damit werden zirka vier Millionen Wähler mehr den neuen Senat mitwählen.[54] Zugleich fällt ein weiteres Unterscheidungsmerkmal zwischen den beiden Kammern, wenn auch das höhere Alter der Senatoren noch aufrecht bleibt.

Abgesehen von den Änderungen hinsichtlich der Wahlen zum Parlament ist jedenfalls die Überarbeitung der Geschäftsordnungen der beiden Kammern dringlich, um deren

50 GA Nr. 135 vom 11.6.2019.

51 Die derzeit geltenden Regeln sind durch das Gesetz Nr. 165 vom 3.11.2017 eingeführt worden.

52 Siehe zur Wahlgesetzgebung allgemein *Happacher* (o. N. 6), 81 f.

53 Die Änderung betrifft Art. 58 italVerf. Der Text des Verfassungsgesetzes wurde im Gesetzesanzeiger Nr. 166 vom 13.7.2021 veröffentlicht, die Frist zur Beantragung eines Referendums gemäß Art. 138 italVerf läuft am 12.10.2021 ab, mit Stand Mitte September 2021 sind keine Beantragungen bekannt.

54 Siehe *Senato della Repubblica/Camera dei Deputati*, Dossier Modifica all'articolo 58 della Costituzione in materia di elettorato per l'elezione del Senato della Repubblica del 29.9.2020, 22 (abrufbar unter https://documenti.camera.it/Leg18/Dossier/Pdf/AC0244d.Pdf): 2018 waren insgesamt 46.604.925 Wahlberechtigte für die Abgeordnetenkammer, 42.871.428 für den Senat zu verzeichnen.

Arbeitsweise an die geänderten Rahmenbedingungen anzupassen.[55] Die Änderungsvorschläge reichen dabei von der Minimalvariante einer bloßen linearen Anpassung der Abstimmungsquoten und der Anzahl der für die Bildung von Fraktionen,[56] Ständigen Kommissionen oder sonstigen Organen der Kammern sowie für die Ausübung der parlamentarischen Funktionen erforderlichen Mitglieder und einer Reduktion der Zahl der Ständigen Kommissionen bis hin zu einer umfassenderen Reform mit dem Ziel einer allgemeinen Stärkung der Rolle des Parlaments gegenüber der Regierung.[57] Bei den Änderungen hinsichtlich der Kommissionen muss die in Art. 72 Abs. 3 italVerf bzw. Art. 82 italVerf enthaltene Regel beachtet werden, die eine Zusammensetzung der Organe im Verhältnis der Stärke der parlamentarischen Fraktionen vorsieht, was bei weniger zur Verfügung stehenden Personen schwieriger wird. Auch wird es zu einer Reduktion der Ständigen Kommissionen (bisher 14[58]) und der Zweikammerausschüsse kommen müssen, was allerdings gleichzeitig die Gelegenheit zu einer längst fälligen Neugliederung der jeweiligen Aufgabenbereiche bieten würde.[59]

Unter den Vorschlägen zur Stärkung des Parlaments durch die Änderung der Geschäftsordnungen befinden sich etwa die Einführung der „Abstimmung innerhalb einer bestimmten Frist"[60] zu Gesetzesvorschlägen der Regierung[61] oder eine Zulässigkeitsüberprüfung der so genannten „*maxiemendamenti*", jener von der Regierung häufig im letzten Augenblick eingebrachten seitenlangen Änderungsanträge mit einer Unzahl von Inhalten. Im ersten Fall soll die exzessive Verwendung von Gesetzesdekreten durch die Regierung durch eine raschere Gesetzgebung des Parlaments eingedämmt werden. Der zweite Vorschlag hat zum Ziel, der inhaltlichen Determinierung der parlamentarischen Gesetzgebung durch das Einbringen dieser Art von Änderungsanträgen von Seiten der Regierung entgegenzuwirken, die häufig mit der Vertrauensfrage gekoppelt werden und deshalb keine parlamentarische Diskussion mehr zulassen.[62] Auch der Vorschlag, jene Parlamentarier, die im Laufe der Legislaturperiode aus ihrer anfänglich gewählten Fraktion austreten, nicht mehr automatisch der gemischten Fraktion zuzurechnen, sondern als fraktionslos zu betrachten und ihnen damit den Zugang zur finanziellen und personellen Ausstat-

---

55 Siehe dazu *Scopelliti*, Un Parlamento „dimezzato" o „rampante"? Brevi note sulle riforme conseguenti alla riduzione del numero dei parlamentari, in: federalismi.it, n.21/2021, 193, 194 ff., 215.

56 Art. 14 Abs. 4 der Geschäftsordnung des Senats verlangt zehn Senatoren für die Bildung einer parlamentarischen Fraktion, Art. 14 Abs. 2 der Geschäftsordnung des Abgeordnetenkammer 20 Abgeordnete.

57 Der umfassendste, beide Kammern berücksichtigende Vorschlag stammt von Senator *Zanda*, siehe A.S. XVIII. Legislatura, doc. II, n.7, Modifiche agli articoli 12, 14, 15, 16, 18, 19, 21, 22, 40, 53, 54, 55, 56, 84, 100, 102-bis, 109, 127, 135-bis, 135-ter, 139-bis, 151, 151-bis e 161, nonché introduzione dell'articolo 20-bis (abrufbar unter www.senato.it/leg/18/BGT/Schede/docnonleg/42175.htm, im Folgenden Vorschlag *Zanda*), dazu *Cecili*, Il Senato dopo il taglio dei parlamentari, la proposta Zanda, tra meri aggiustamenti e innovazioni rilevanti, Osservatorio sulle fonti n. 2, 2021.

58 Sowohl in der Abgeordnetenkammer als auch im Senat sind 14 Ständige Kommissionen eingerichtet: siehe jeweils Art. 22 der Geschäftsordnungen.

59 Siehe dazu ausführlich *Lupo*, Riduzione del numero dei parlamentari e organizzazione interna delle Camere, Forum di Quaderni costituzionali 2020, 11 ff.

60 „*Voto a data certa*", siehe Art. 13 Vorschlag *Zanda*.

61 Siehe Art. 7 Vorschlag *Zanda*.

62 Siehe Art. 161 Abs. 3bis Geschäftsordnung Senat bzw. Art. 116 Abs. 2 Geschäftsordnung Abgeordnetenkammer.

tung der Fraktionen zu entziehen, gehört dazu.[63] Dieser Vorschlag richtet sich gegen den so genannten „*transfughismo*" – den auch mehrfachen Fraktionswechsel im Laufe einer Legislaturperiode – und soll die Änderung der politischen Zusammensetzung des Parlaments bei laufender Legislaturperiode in Schranken weisen, die den Wählerwillen nur mehr zum Teil widerspiegelt und damit auch die Vertretungsfunktion des Parlamentes schwächt.[64] Die Verfassungsmäßigkeit einer solchen Änderung darf vor dem Hintergrund des in Art. 67 italVerf ausdrücklich verankerten freien Mandats bezweifelt werden, da es sich um eine Ungleichbehandlung handeln würde, weshalb eine Regelung getroffen werden müsste, die den Zugang des Parlamentariers zu ausreichenden Ressourcen für die Wahrnehmung seiner Tätigkeit sicherstellt. [65]

Und schließlich könnte die Reform der Geschäftsordnungen auch endlich Anlass geben, Art. 11 italVerfG Nr. 3 vom 8. Oktober 2001[66] umzusetzen, der die Ergänzung des Zweikammerausschusses für regionale Angelegenheiten durch Vertreter der regionalen und lokalen Gebietskörperschaften im Wege der Geschäftsordnungen von Senat und Abgeordnetenkammer vorsieht. Ziel dieser Regelung ist, das Parlament übergangsmäßig bis zur Reform des paritätischen Zweikammersystems zur institutionellen Beteiligung der nachgeordneten Gebietskörperschaften an der Gesetzgebung auf gesamtstaatlicher Ebene im Sinne einer Länderkammer zu ergänzen.

Nicht unmittelbar in rechtlicher, aber sehr wohl in politischer Hinsicht mit der Senkung der Anzahl der Parlamentarier verbunden sind die Vorschläge zur Stärkung der direkten Demokratie. Exemplarisch kann der Vorschlag zur Änderung der in Art. 71 italVerf geregelten Volksbegehren herausgegriffen werden, der von Parlamentariern der Fünf-Sterne-Bewegung und der *Lega* eingebracht wurde.[67] Zentraler Inhalt ist ein *de facto* gesetzeseinführendes Volksbegehren, das bei mindestens 500.000 Unterschriften entweder durch seine unveränderte Annahme im Parlament innerhalb von 18 Monaten oder im Wege eines Referendums zu Gesetz wird.[68] Eine Überprüfung der Zulässigkeit des einführenden Volksbegehrens durch das Verfassungsgericht u.a. auf die Einhaltung der Verfassung und auf seine Finanzierbarkeit ist vorgesehen.[69] Für den Erfolg des Referendums reicht die Mehrheit der gültig abgegebenen Stimmen aus, unter der Voraussetzung, dass sie ein

63 Siehe etwa Art. 2 Vorschlag *Perrini, Malpezzi e Valente*, Modifiche agli articoli 5, 14, 15, 16, 21, 22, 36, 41, 43, 55, 56, 74, 95, 99, 100, 102, 105, 109, 127, 142, 157 e 161, nonché introduzione dell'articolo 77-bis, conseguenti alla riduzione del numero dei parlamentari, per la razionalizzazione delle procedure parlamentari, per garantire la rappresentatività dei Gruppi parlamentari e per contrastare i cambi di Gruppo parlamentare da parte dei Senatori, A.S. XVIII Legislatura, Doc.II n.9 (abrufbar unter www.senato.it/service/PDF/PDFServer/BGT/1303356.pdf).

64 Zum „*transfughismo*" siehe beispielhaft die Zahlen bei *Curreri*, Gruppi politici, libertà di mandato e norme antitransfughismo, federalismi.it n. 6/2017, 1, 3 f.: In der XVII. Legislaturperiode reduzierten sich die am Beginn konstituierten Fraktionen im Senat zunächst von sieben (ohne die Gemischte Fraktion) auf sechs, um sich dann um vier weitere anzureichern, während in der Abgeordnetenkammer die Anzahl von sechs (wiederum ohne Gemischte Fraktion) auf elf stieg, wobei die innerhalb einer Fraktion möglichen „Strömungen" nicht berücksichtigt wurden. Mitte 2017 hatten insgesamt 130 Parlamentarier die Fraktion gewechselt, davon 100 mehrmals, was insgesamt 447 Wechsel ergab.

65 Dazu *Curreri* (o. N. 64), 5 f.

66 GA Nr. 248 vom 18.10.2001. Das Verfassungsgesetz hat insbesondere die Kompetenzordnung zwischen Staat und nachgeordneten Gebietskörperschaften neu geordnet.

67 A.S. 1089, abrufbar unter www.senato.it/leg/18/BGT/Schede/Ddliter/51349.htm.

68 Art. 1 A.S. 1089.

69 Art. 1 und Art. 3 A.S. 1089.

Quorum von mindestens ¼ der Abstimmungsberechtigten erreichen. Damit würde sich das Parlament zum ersten Mal in der Geschichte mit einer Gesetzgebung konfrontiert sehen, über die es, im Gegensatz zur gesetzgeberischen Tätigkeit der Regierung, keine Kontrolle mehr hat. Bisher ist die Möglichkeit sogenannter einführender Referenden nur auf regionaler Ebene ermöglicht worden.[70] Zieht man dazu in Betracht, dass es seit Juli 2021 möglich ist,[71] die Unterschrift für Referenden oder Volksbegehren auch im digitalen Wege und damit weitaus einfacher als bisher abzugeben, wäre damit wohl die Zurückhaltung der republikanischen Verfassung zu Instrumenten direkter Demokratie auf gesamtstaatlicher Ebene Geschichte.

V. Schlussbetrachtungen

Die Reduzierung der Anzahl der Parlamentarier durch das italVerfG Nr. 1/2020 hat im Grunde Argumente wieder aufgegriffen, die bereits in der Verfassungsgebenden Versammlung diskutiert worden waren und die seit dem Inkrafttreten der Verfassung 1948 immer wieder in unterschiedlicher Form aufgeworfen wurden. In Zeiten knapper Staatshaushalte klingt es auf den ersten Blick erstrebenswert, mit einer Reduktion der Parlamentarier die Kassen zu entlasten. Mit der punktuellen Verfassungsreform durch das italVerfG Nr. 1/2020 werden die Kosten der repräsentativen Demokratie zwar (etwas) gesenkt werden. Da sich aber nur die Anzahl der Parlamentarier, nicht aber Aufgaben und Aufbau des Parlaments ändern, darf bezweifelt werden, ob diese punktuelle Reform tatsächlich zur Behebung der strukturellen Probleme im institutionellen Gefüge des parlamentarischen Regierungssystems und im Mehrebenensystem Italiens beitragen wird.

Das Parlament ist nämlich nicht nur Gesetzgeber, sondern als Vertretung des Volkes auch Kontrolleur der Regierung. Nehmen in Zukunft gut ein Drittel weniger Parlamentarier diese Kontrolle vor, dürfte diese – jedenfalls ohne eine tiefgreifende Reform der Geschäftsordnungen – wohl noch weniger wirksam ausfallen als sie es bisher schon ist. Zudem kann die Senkung der Anzahl der Parlamentarier zu einem vom italienischen Verfassungsgerichtshof in seinem Urteil Nr. 1/2014 als verfassungswidrig bezeichneten überzogenen Auseinanderklaffen zwischen der zentralen Rolle des Parlaments und dem Wählerwillen als wichtigstes Instrument der politischen Beteiligung des Volkes führen, wenn nicht zumindest im Wege des Wahlrechts gegengesteuert wird. Dabei scheint die Aufrechterhaltung der Vielfalt des politischen Spektrums eher für ein Verhältniswahlsystem mit all seinen Problemen für die politische Stabilität zu sprechen. Aus dieser Perspektive scheint eine weitere Schwächung des Parlaments vorprogrammiert, die im Übrigen durch die gleichzeitige Aufwertung der direktdemokratischen Elemente verstärkt würde.

Nicht zuletzt bleibt mit dieser punktuellen Reform ein grundlegendes Problem des paritätischen Zweikammersystems ungelöst, nämlich die Vertretung der nachgeordneten Gebietskörperschaften im gesamtstaatlichen Gesetzgebungsprozess. Es fehlt insbesondere den Regionen als Gesetzgeber an einer umfassenden Teilnahme an jenen Entscheidungen

70 Siehe z.B. Art. 47 Abs. 2 Statut der Autonomen Region Trentino-Südtirol (DPR Nr. 670 vom 31.8.1972), eingeführt mit Art. 4 Abs. 1 lit. v italVerfG Nr. 2 vom 31.1.2010.

71 Art. 38-quater Gesetzesdekret Nr. 108 vom 31.5.2021.

des Parlaments, die ihre Gesetzgebungssphäre und folglich ihre politische Autonomie betreffen. Diese fehlende Einbeziehung führt anstelle einer kooperativen Lösung vielfach zu Konfrontation und Streitigkeiten vor dem Verfassungsgericht zwischen Regionen und Staat.

Ganz allgemein darf nicht aus den Augen verloren werden, dass lediglich einzelhafte Veränderungen an den zentralen Stellschrauben eines Verfassungssystems weitaus größere Kreise ziehen als dies auf den ersten Blick der Fall zu sein scheint. Insgesamt kann einer Revision der Verfassung in kleinen Schritten, wie es die Reduzierung der Anzahl der Parlamentarier für das italienische Parlament darstellt, nichts abgewonnen werden. Gerade an diesem Beispiel zeigt sich deutlich, dass eine Reihe von weiteren Auswirkungen auf die im ersten Moment unangetastet erscheinende Rolle und Funktion eines zentralen Verfassungsorgans bestehen, denen nur bis zu einem gewissen Grad durch eine Überarbeitung der Geschäftsordnungen der beiden Kammern und durch die Änderung des Wahlrechts begegnet werden kann. Die Änderung geht damit weit über eine bloße numerische Reduzierung hinaus. Vor dem Hintergrund des Fehlens eines organischen Reformprojekts erscheint die Reduzierung der Parlamentarier deshalb nicht als Gewinn für das italienische Verfassungssystem, sondern als eine oberflächliche Korrektur ohne tatsächlichen Mehrwert, gerade aus der Sicht des demokratischen Elements.

II. Beiträge, Berichte, Besprechungen

David Cuenca Pinkert/Heinz-Peter Mansel

Die Ersatzfähigkeit des Haushaltsführungsschadens nach italienischem Recht bei Verkehrsunfallschäden

Die deutsche Gerichtspraxis muss sich immer wieder mit der Haftung für Verkehrsunfallschäden nach italienischem Recht beschäftigen. Dabei stellen sich auch Fragen der Ersatzfähigkeit des Haushaltsführungsschadens. Dieser Themenkomplex ist von größerer praktischer Relevanz und wirft eine Reihe von – im Vergleich zum deutschen Recht – noch wenig geklärten Grundsatzfragen auf. Im Folgenden wird dazu ein Gutachten der Verfasser für ein deutsches Gericht abgedruckt.[1]

A. Sachlage

Dem Gutachten liegt folgender, aus den übersandten Gerichtsakten ermittelter Sachverhalt zugrunde:

Die Parteien streiten um Ansprüche aus einem Verkehrsunfall, der sich am 28.10.2012 in Rom, Italien, ereignet hat. Am 28.10.2012 überquerte der Kläger eine Straße im Zentrum vom Rom und nutzte dazu einen Fußgängerüberweg. Während des Überquerens der Straße wurde der Kläger von einem Fahrzeug erfasst und erheblich verletzt. Der Unfall wurde durch das bei der Beklagten versicherte Fahrzeug mit dem amtlichen Kennzeichen [...] verursacht. Beklagte ist die in Rom ansässige Versicherung G S.p.A. Der Kläger erlitt aufgrund des Unfalls unter anderem eine Tibia-Fraktur, die weitere physische Erkrankungen zur Folge hat. Zudem leidet der Kläger wegen der zahlreichen körperlichen Beschwerden an schweren psychischen Beschwerden. Die bestehenden psychophysischen Schäden sind medizinisch attestiert. Die erlittenen Körper- und Gesundheitsschäden des Klägers haben zur Folge, dass der Kläger Freizeitaktivitäten nur eingeschränkt betreiben kann. Zudem kann er nur sehr vermindert Tätigkeiten im Haushalt verrichten.

Anlässlich eines Parallelverfahrens wurden zunächst die Beklagte und sodann der Korrespondenzversicherer aufgefordert, an den Kläger ein Schmerzensgeld in Höhe von 30.000 € zu zahlen. In beiden Fällen unterblieb eine Zahlung. Der Kläger behauptet, die Beklagte sei für den Unfall allein verantwortlich und hafte dem Kläger daher dem Grunde nach auf Schadensersatz. Zudem behauptet der Kläger, ihm stehe ein angemessenes Schmerzensgeld in Höhe von 30.000 € zu, ein Haushaltsführungsschaden in Höhe von insgesamt 15.411,93 € bis zum 31.12.2017 sowie fortlaufend pro Jahr weitere 2.600 € und eine Freistellung der außergerichtlichen Anwaltskosten in Höhe von (brutto) 1.822,96 €.

1 Das Gutachten wurde für das Landgericht Düsseldorf erstattet. Die Rechtsausführungen sind auf dem Stand vom 27.9.2019. Es gibt die persönliche Rechtsauffassung der Verfasser wieder, eine Haftung für die Richtigkeit, Vollständigkeit und Aktualität der dargestellten Rechts-, Gesetzes- und Rechtsprechungslage kann auf der Grundlage dieser Veröffentlichung gegenüber Dritten nicht übernommen werden.

Der Kläger beantragt in seiner Klage:

1. Die Beklagte wird verurteilt, an den Kläger ein angemessenes Schmerzensgeld, dessen Höhe in das Ermessen des Gerichts gestellt wird, jedoch einen Mindestbetrag von 30.000 € zuzüglich Zinsen in Höhe von 5 %-Punkten über dem jeweiligen gültigen Basiszinssatz ab Rechtshängigkeit zu zahlen.
2. Die Beklagte wird verurteilt, an den Kläger 15.411,93 € zuzüglich Zinsen in Höhe von 5 %-Punkten über dem jeweiligen gültigen Basiszinssatz ab Rechtshängigkeit zu zahlen.
3. Es wird festgestellt, dass die Beklagte verpflichtet ist, dem Kläger alle zukünftigen materiellen und immateriellen Schäden aus dem Unfallereignis vom 28.10.2012, welches sich in Rom auf der Via Cavour ereignete, zu 100 % zu ersetzen.
4. Die Beklagte wird verurteilt, den Kläger von einer Gebührenforderung seiner Rechtsanwälte hinsichtlich der außergerichtlich entstandenen Gebührenansprüche in Höhe von 1.822,96 € freizustellen.

Die Beklagte hat sich nicht eingelassen.

B. Anfrage

Das Gericht bittet um gutachterliche Stellungnahme zu folgenden Fragen:

1. Unter welchen Voraussetzungen besteht nach italienischem Recht (aus Art. 2056 Codice civile (Zivilgesetzbuch, im Folgenden: c.c.) nach einem Verkehrsunfall gegen die gegnerische Versicherung ein Anspruch auf Erstattung von Schmerzensgeld?

   Insbesondere:

   a) Ist nach italienischem Recht bei einem Unfall zwischen einem Fahrzeug und einem Fußgänger immaterieller Schadensersatz nach dem Gesetz zu leisten, d.h. eine gesetzliche Bestimmung nach Art. 2059 c.c. gegeben?

   b) Ist Art. 2054 c.c. gegenüber Art. 2059 c.c. spezieller, sodass Art. 2059 c.c. hier nicht gilt?

   c) Wonach bemisst sich in diesem Fall das Schmerzensgeld? Gibt es Bemessungskriterien oder anzuwendende Rechtsprechung?

   d) Ist nach dem Gesetz ein Schmerzensgeld in Höhe von 30.000,00 € für folgende Verletzungen des Klägers aufgrund des Unfalls gerechtfertigt: Tibia-Fraktur des linken Beins, seitdem Gangstörungen, Schwindel, Probleme mit dem linken Fuß sowie dem linken Bein, Schmerzen im Bereich der Brustwirbelsäule, der Halswirbelsäule und der Schultern, eine Schwäche im Hüftbereich sowie der Schulter und des Rückens, Einschränkungen in der Bewegungsfreiheit wegen Kraftminderungen im linken Bein und dadurch bedingten Anpassungsschwierigkeiten im Alltag. In welcher Höhe wäre ein Schmerzensgeld nach italienischem Recht gerechtfertigt?

2. Unter welchen Voraussetzungen besteht nach italienischem Recht nach einem Verkehrsunfall gegen die gegnerische Versicherung ein Anspruch auf Erstattung eines Haushaltsführungsschadens?

Insbesondere:

a) Ist nach italienischem Recht bei einem Unfall zwischen einem Fahrzeug und einem Fußgänger nach dem Gesetz auch ein sog. Haushaltsführungsschaden zu ersetzen?
b) Nach welchen Kriterien und Bestimmungen bemisst sich ein solcher Haushaltsführungsschaden? Kann eine solche Schadensschätzung hier vorgenommen werden?
c) In welcher Höhe wäre ein Haushaltsführungsschaden anzusetzen bei einem Zwei-Personen-Haushalt, bei dem eine Person die hälftige Haushaltsführung in drei Monaten nur mit einer Beeinträchtigung von 80 % und für weitere drei Monate nur mit einer Beeinträchtigung von 50 % ausführen konnte?
d) Ist zusätzlich zu berücksichtigen, dass der Kläger unfallbedingt nicht mehr in der Lage ist, ein Fahrzeug zu führen und somit die Einkäufe zu erledigen? Kann dies für mehrere Jahre berücksichtigt werden?

3. Unter welchen Voraussetzungen sind durch die gegnerische Versicherung die Kosten für die Einschaltung eines Rechtsanwalts zur Abwicklung der Schadensregulierung nach einem Verkehrsunfall nach italienischem Recht zu ersetzen?

C. Rechtslage

I. Vorbemerkung

Die Gutachter weisen darauf hin, dass Fragen der internationalen Zuständigkeit und des anwendbaren Rechts nicht Gegenstand des Beweisbeschlusses sind. Es erfolgt ausschließlich eine Prüfung des materiellen italienischen Rechts.

II. Haftungsgrundlage

Grundlage der Haftung bei Verkehrsunfällen nach italienischem Recht ist das Deliktsrecht. Das italienische Recht statuiert in Art. 144 Abs. 1 Codice delle assicurazioni private (Privatversicherungsgesetz, im Folgenden: cdap) einen Direktanspruch gegen den Versicherer des zivilrechtlich Verantwortlichen. Unter den Voraussetzungen des Art. 2054 Abs. 1 c.c. ist der Fahrer des Beklagtenfahrzeugs für die vom Kläger erlittenen Schäden zivilrechtlich haftbar. Auf die nähere Darlegung wird an dieser Stelle verzichtet. Der Umfang des Schadensersatzes ist im Folgenden zu prüfen.

III. Umfang des Schadensersatzanspruches

Im Rahmen des haftungsausfüllenden Tatbestandes ist zu untersuchen, ob dem Kläger nach italienischem Recht ein Anspruch auf Schmerzensgeld, auf Ersatz des Haushaltsführungsschadens und auf Freistellung von den außergerichtlichen Rechtsanwaltskosten zusteht.

1. Grundsätzliches zum Umfang materieller Schadensersatzansprüche

Die Anspruchsgrundlage für deliktischen Schadensersatz ist Art. 2043 i.V.m. Art. 1223 c.c.

Art. 2043 c.c.:

„Qualunque fatto doloso o colposo, che cagiona ad altri un danno ingiusto, obbliga colui che ha commesso il fatto a risarcire il danno."

Deutsch:[2]

Jede vorsätzliche oder fahrlässige Handlung, die einem anderen einen widerrechtlichen Schaden zufügt, verpflichtet denjenigen, der sie begangen hat, zum Schadensersatz.

Art. 1223 c.c.

„Il risarcimento del danno per l'inadempimento o per il ritardo deve comprendere così la perdita subita dal creditore come il mancato guadagno, in quanto ne siano conseguenza immediata e diretta."

Deutsch:[3]

Der Schadensersatz wegen Nichterfüllung oder wegen der Verspätung der Erfüllung muss den vom Gläubiger erlittenen Verlust ebenso wie den entgangenen Gewinn umfassen, soweit diese eine unmittelbare und direkte Folge der Nichterfüllung oder Verspätung sind.

Gemäß Art. 1223 c.c., auf den Art. 2043 c.c. als deliktische Anspruchsgrundlage verweist, ist Voraussetzung für die haftungsausfüllende Kausalität, dass ein Schadensposten eine unmittelbare und direkte Folge des schädigenden Verhaltens ist *(danno emergente)*.[4] Ein unmittelbarer und direkter Schaden setzt zunächst nach der Äquivalenztheorie einen Kausalzusammenhang zwischen der Verletzungshandlung und dem Schaden voraus.[5] Nach der Adäquanztheorie, welche die Äquivalenztheorie begrenzt, ist weiterhin erforderlich, dass das schädigende Verhalten nach der allgemeinen Lebenserfahrung geeignet war, den Schadenserfolg herbeizuführen.[6]

Neben unmittelbaren (direkten) Schäden sind nach italienischem Recht mittelbare (indirekte) Schäden dann erstattungsfähig, wenn sie gewöhnliche und daher zu erwartende Folgen der Verletzungshandlung darstellen.[7] Als „direkter" Schaden wird der Schaden bezeichnet, den der Geschädigte ohne weiteren zwischengeschalteten Umstand in Folge der schädigenden Handlung erleidet, das heißt in sog. „direkter Kausalität".[8] Ein „indirekter Schaden" hingegen entsteht aufgrund Hinzutretens anderer Umstände, die mit

2 *Patti*, Codice Civile Italiano, 2. Aufl. 2012, S. 512 f.

3 *Patti* (o. N. 2), S. 329.

4 So auch *Doughan*, JbItalR 26 (2013), S. 180.

5 *Zaccharia* in: Cian/Trabucchi, Commentario breve al Codice Civile, Complemento giurisprudenziale, edizione per prove concorsuali ed esami, 2016, Art. 1223 Rn. VI 1.

6 Cass., 10.5.2000, n. 5962, Rep. Giur. It. 2000, „danni in mat. e pen." Nr. 381; Cass., 9.5.2000, n. 5913, Rep. Giur. It. 2000, „responsabilità civile" Nr. 203; *Zaccaria* in: Cian/Trabucchi (o. N. 5), Art. 1223 Rn. VI 1.

7 *Berti*, Il nesso di causalità in responsabilità civile, 2013, 89; *Zaccaria* in: Cian/Trabucchi (o. N. 5), Art. 1223 Rn. VI 7.

8 *Cuffaro*, Responsabilità civile, 2007, S. 96.

der schädigenden Handlung derart verbunden sind, dass sie ohne diese Handlung nicht entstanden wären.[9]

Bei den jeweils zu untersuchenden Schadensposten wird damit die Frage relevant, ob die einzelnen Schadenspositionen nach den Vorstellungen der italienischen Rechtsordnung als direkter oder indirekter Schaden einzuordnen sind.

Für den Inhalt und die Bemessung des Schadensersatzanspruchs des Geschädigten ist schließlich auf Art. 1227 Abs. 2 c.c. hinzuweisen, dessen Anwendung Art. 2056 c.c. anordnet:

„Il risarcimento non è dovuto per i danni che il creditore avrebbe potuto evitare usando l'ordinaria diligenza."

Deutsch:[10]

Für Schäden, die der Gläubiger bei Anwendung der gewöhnlichen Sorgfalt hätte vermeiden können, wird kein Ersatz geschuldet.

Es ist somit eine eventuelle Schadensminderungspflicht des Geschädigten zu berücksichtigen, sofern Anlass hierzu besteht.

2. Anwendbares Beweisrecht

Es ist zunächst nach dem anwendbaren Beweisrecht zu fragen. Gemäß Art. 1 Abs. 3 Rom II-VO[11] gilt die Rom II-VO „unbeschadet der Artikel 21 und 22 nicht für den Beweis und das Verfahren". Es gilt vielmehr das autonome deutsche Verfahrensrecht *(lex fori)* bei Verfahren vor deutschen Gerichten. Art. 22 Rom II-VO macht davon eine Ausnahme und bestimmt, dass das Deliktsstatut *insoweit* anzuwenden ist, „als es für außervertragliche Schuldverhältnisse gesetzliche Vermutungen aufstellt oder die Beweislast verteilt".

Die *Beweiswürdigung*, das bedeutet die Berücksichtigung und Bewertung der Ergebnisse des Verfahrens, untersteht nach der Grundregel der Art. 22 Rom II-VO im Zusammenhang mit Art. 1 Abs. 3 Rom II-VO nicht dem anwendbaren Deliktsrecht, sondern der *lex fori*.[12] Im vorliegenden Fall hat das anfragende Gericht eine Beweiswürdigung folglich anhand der im deutschen Zivilprozessrecht geltenden Maßstäbe vorzunehmen. Der Gutachter weist zudem darauf hin, dass die Art und Weise der Schadensfeststellung nach deutschem Recht eine Frage der Beweiserhebung und -würdigung ist. Diese Fragen unterliegen daher der deutschen *lex fori*.

9 *Cuffaro* (o. N. 8), S. 96.

10 Deutsche Übersetzung von *Patti* (o. N. 2), S. 331.

11 Verordnung [EG] Nr. 864/2007 des Europäischen Parlaments und des Rates vom 11. Juli 2007 über das auf außervertragliche Schuldverhältnisse anzuwendende Recht.

12 Vgl. *Limbach* in: NomosKomm, Rom-Verordnungen, EuErbVO, HUP, 3. Aufl. 2019, Art. 22 Rom II-VO Rn. 3; *Junker* in: MünchKomm, Bd. 10, 7. Aufl. 2018, Art. 22 Rom II-VO Rn. 4; *Altenkirch* in: Huber, Rome II Regulation, 2011, Art. 22 Rome II Rn. 8.

Das in Art. 1 Abs. 3 Rom II-VO verankerte *lex-fori*-Prinzip ist auch auf die Frage des *Beweismaßes* anzuwenden.[13] Beweismaß meint den Grad der Überzeugung, den das Gericht erlangen muss, um eine Tatsache als bewiesen anzusehen. Eine Literaturstimme will die *lex causae*, hier mithin das anwendbare Deliktsrecht für das Beweismaß ausnahmsweise anwenden.[14] Die *lex causae* soll dann anwendbar sein, wenn das materielle Recht für außervertragliche Schuldverhältnisse besondere Anforderungen an das Beweismaß stellt (sogenannte „sachrechtliche Einfärbung").[15] Als Beispiel wird § 252 S. 2 BGB angeführt.[16]

Die deutsche Rechtsprechung geht ganz überwiegend davon aus, dass § 287 ZPO auch dann anzuwenden ist, wenn der Schadensersatzanspruch ausländischem Recht unterliegt.[17] Auch in der Literatur werden Schadensbemessungsregeln wie § 287 ZPO nur vereinzelt der *lex causae* unterstellt;[18] ganz überwiegend wird § 287 ZPO auch dann verfahrensrechtlich qualifiziert, wenn das anwendbare Recht nach einer der Rom-Verordnungen zu ermitteln ist.[19] Dies entspricht sowohl der Funktion des § 287 ZPO im deutschen Recht als auch der Systematik der Rom-Verordnungen.[20]

3. Erstattungsfähigkeit der einzelnen Schadensposten

Im Folgenden ist die Erstattungsfähigkeit der vom Kläger geltend gemachten Schadensposten zu untersuchen.

a) Schmerzensgeldanspruch

Der Kläger macht ein angemessenes Schmerzensgeld in Höhe von 30.000 € geltend. Zu prüfen ist daher, ob dem Kläger nach italienischem Recht aufgrund des Unfallereignisses ein Anspruch auf Schmerzensgeld in der genannten Höhe zusteht. Zur Begutachtung dieser Frage bedarf es zunächst einer einführenden Darstellung der verschiedenen Arten von Schmerzensgeldansprüchen, die das italienische Recht kennt, sowie ihrer jeweiligen Voraussetzungen.

---

13 LG Saarbrücken v. 9.3.2012, IPRax 2014, 180, Rn. 20, mit zustimmender Anmerkung von *Eichel*, IPRax 2014, 156 ff.; *Spickhoff* in: BeckOK, BGB, 51. Ed., 2019, Art. 1 Rom II-VO Rn. 19; anders LG Hanau v. 9.6.2011, BeckRS 2012, 09924, jedoch unter Anwendung von Art. 40 EGBGB und nicht der Rom II-VO. Zum früheren Streitstand vgl. LG Saarbrücken NJW-RR 2012, S. 885, 886.

14 Vgl. *Spickhoff* in: BeckOK (o. N. 13), Art. 22 Rom II-VO Rn. 3.

15 Vgl. *Spickhoff* in: BeckOK (o. N. 13), Art. 22 Rom II-VO Rn. 3.

16 Vgl. *Spickhoff* in: BeckOK (o. N. 13), Art. 22 Rom II-VO Rn. 3.

17 S. BGH NJW 1988, 648; BGH BeckRS 1977, 31122466, Rn. 24; OLG Koblenz IPRax 1994, 302, 303; OLG Hamm, FamRZ 1987, 1307, 1308; LG Saarbrücken IPRax 2014, 180, Rn. 20 m.w.N.; LG Hamburg, IPRax 1991, 400, 403; AG Borken, NZV 2010, 252, 253. A.A. nur LG Hanau v. 9.6.2011, BeckRS 2012, 09924.

18 S. die Nachweise bei *Bücken,* Internationales Beweisrecht im Europäischen internationalen Schuldrecht, 2016, S. 188, 201; *Eichel*, IPRax 2014, 156.

19 S.m.w.N. *Bücken* (o. N. 18), S. 199 ff.; *Eichel*, IPRax 2014, S. 156 ff.; *Geimer*, Internationales Zivilprozessrecht, 7. Aufl. 2015, Rn. 2276; Ferrari/Kieninger/Mankowski/*Ferrari,* Internationales Vertragsrecht, 3. Aufl. 2018, Art. 12 Rom I-VO Rn. 17; *Leible* in: NomosKomm (o. N. 12), Art. 12 Rom I-VO Rn. 24.

20 BGH NJW 2008, 2910, 2911; *Bücken* (o. N. 18), S. 202 ff.; *Eichel*, IPRax 2014, 156, 157; *Rauscher/Picht*, EuZPR/EuIPR, 4. Aufl. 2016, Art. 22 Rom II-VO Rn. 12; Musielak/Voit/*Foerste*, ZPO, 16. Aufl. 2019, § 287 Rn. 1; *Prütting* in: MünchKomm, ZPO, 5. Aufl. 2016, § 287 Rn. 1, 22 ff.; *Schack*, Internationales Zivilverfahrensrecht, 7. Aufl. 2017, Rn. 775; Saenger/*Saenger*, ZPO, 8. Aufl. 2019, § 287 Rn. 1; *Spickhoff* in: BeckOK (o. N. 13), Art. 22 Rom II-VO Rn. 3.

aa) Unterscheidung zwischen moralischem, biologischem und existenziellem Schaden

Beim Ersatz immaterieller Schäden unterschied das italienische Recht bislang zwischen dem biologischen Schaden (*danno biologico*) und dem moralischen Schaden (*danno morale*).[21] Ob daneben ein Anspruch auf Ersatz des sogenannten existenziellen Schadens (*danno esistenziale*)[22] besteht, war und ist umstritten.

(1) Der moralische Schaden und seine Tatbestandsvoraussetzungen

Gemäß Art. 2059 c.c. i.V.m. Art. 185 *Codice Penale* (im Folgenden: c.p.) wird ein Anspruch auf Ersatz des schmerzensgeldähnlichen[23] moralischen Schadens zuerkannt, wenn der Schaden durch eine Straftat, z.B. eine (fahrlässige) Körperverletzung nach Art. 590 c.p., herbeigeführt worden ist.[24]

Art. 2059 c.c.:

„Il danno non patrimoniale deve essere risarcito solo nei casi determinati dalla legge."

Deutsch:

Nicht vermögensrechtliche Schäden sind nur in den gesetzlich bestimmten Fällen zu ersetzen.

Art. 185 c.p.:

„1. Ogni reato obbliga alle restituzioni, a norma delle leggi civili."

2. Ogni reato, che abbia cagionato un danno patrimoniale o non patrimoniale, obbliga al risarcimento il colpevole e le persone che, a norma delle leggi civili, debbono rispondere per il fatto di lui."

Deutsch:[25]

1. Jede Straftat verpflichtet zu den zivilrechtlich vorgeschriebenen Erstattungen.
2. Aufgrund jeder Straftat, die zu einem Vermögens- oder Nichtvermögensschaden geführt hat, sind der Schuldner und die Personen, die zivilrechtlich für ihn haften, zum Ersatz verpflichtet.

Art. 590 c.p.:

„1. Chiunque cagiona ad altri, per colpa, una lesione personale è punito con la reclusione fino a tre mesi o con la multa fino a 309 euro.

2. Se la lesione è grave la pena è della reclusione da uno a sei mesi o della multa da euro 123 a euro 619, se è gravissima, della reclusione da tre mesi a due anni o della multa da euro 309 a euro 1.239.

21 *Winkler*, JbItalR 9 (1996), S. 135, 137; *von Bar*, Schmerzensgeld in Europa, in: Ahrens (Hrsg.), Festschrift für Erwin Deutsch, 1999, S. 27, 34.

22 *Eccher/Schurr/Christandl*, Handbuch Italienisches Zivilrecht, 2009, S. 3/585 f.; *Scarabello*, DAR 2001, 581, 586.

23 Zur Schmerzensgeldähnlichkeit vgl. *Salvi*, Il danno extracontrattuale, 1985, 206; LG Köln v. 29.6.1993, IPRspr. 1993, Nr. 40, 109; *Backu*, DAR 2003, 337, 345; *Neidhart/Nissen*, Verkehrsunfälle in Europa, 6. Aufl. 2016, Italien, Rn. 81; *Scarabello*, DAR 2001, 581, 584.

24 *Patti*, Schadensersatz und Strafe im italienischen Recht, in: Hohloch (Hrsg.), Festschrift für Hans Stoll, 2001, S. 311, 314; *Scarabello*, DAR 2001, 581, 584.

25 Übersetzung bei *Scarabello*, DAR 2001, 581, 584.

3. Se i fatti di cui al secondo comma sono commessi con violazione delle norme sulla disciplina della circolazione stradale[26] o di quelle per la prevenzione degli infortuni sul lavoro la pena per le lesioni gravi è della reclusione da tre mesi a un anno o della multa da euro 500 a euro 2.000 e la pena per le lesioni gravissime è della reclusione da uno a tre anni. [...]."

Deutsch:[27]

1. Wer einen anderen schuldhaft am Körper verletzt, wird mit Freiheitsstrafe bis zu drei Monaten oder einer Geldstrafe von bis zu 309 € bestraft.
2. Wenn die Verletzung schwerwiegend ist, ist die Strafe auf Freiheitsstrafe von einem bis sechs Monaten oder auf Geldstrafe von 123 bis 619 € anzusetzen, wenn sie äußerst schwerwiegend ist, ist auf Freiheitsstrafe von drei Monaten bis zu zwei Jahren oder eine Geldstrafe von 309 bis 1.239 € zu erkennen.
3. Wenn die im zweiten Absatz beschriebene Tat unter Verletzung der Vorschriften über den Straßenverkehr oder unter Verletzung der Pflicht zur Prävention von Arbeitsunfällen geschehen ist, so wird die Strafe für eine schwere Körperverletzung auf Freiheitsstrafe von drei Monaten bis zu einem Jahr oder einer Geldstrafe von 500 bis 2.000 € und die Strafe für eine äußerst schwere Körperverletzung auf Freiheitsstrafe von einem bis drei Jahren festgesetzt. [...]

Das nach Art. 150 c.p. zu zahlende Entgelt soll einen Ausgleich für einen wirtschaftlich nicht messbaren Verlust schaffen, der aus den Schmerzen und Unannehmlichkeiten herrührt.[28] Dies bedeutet, dass Ersatz lediglich für den Schmerz als solchen geleistet wird, nicht aber für physische oder psychische Folgeschäden oder nach der Verletzungshandlung vorhandene Schmerzen, die zu pathologischen Störungen werden.[29] Die Festsetzung des moralischen Schadens erfolgt nach Billigkeit unter Berücksichtigung der seitens des Geschädigten erlittenen Nachteile, des Schweregrads der Straftat sowie gegebenenfalls anderer besonderer Umstände des konkreten Sachverhalts.[30] Voraussetzung für den moralischen Schadensersatz ist damit, dass der Schädiger vorsätzlich oder fahrlässig eine Straftat verwirklicht und dadurch dem Geschädigten kausal Schmerz zufügt.

(2) Der biologische Schaden und seine Tatbestandsvoraussetzungen

Wie bereits dargestellt, ist Art. 2059 c.c. die Anspruchsgrundlage für den Ersatz des immateriellen Schadens „in den gesetzlich aufgezählten Fällen". Nach einer von der Rechtsprechung entwickelten und sowohl vom Verfassungsgerichtshof als auch vom Kas-

26 Mit Gesetz n. 41 v. 23.3.2016, Gazzetta Ufficiale n. 70 v. 24.3.2016, wurde die Strafbarkeit von Körperverletzungen durch Verkehrsrechtsverstöße neu geregelt. Für besonders leichte und leichte Verletzungen gilt weiterhin Art. 590 c.p. Für schwere oder sehr schwere Verletzungen wurde mit Art. 590-bis c.p. eine neue Vorschrift geschaffen (ebenso Art. 589-bis c.p. für schwere Tötung im Straßenverkehr). Da das Gesetz erst seit dem 25.3.2016 in Kraft ist, findet es auf den vorliegenden Fall noch keine Anwendung.

27 Übersetzung durch die Gutachter. Der mit § 223 Abs. 1 StGB nahezu gleichlautende Wortlaut der italienischen Norm zeigt, dass die Körperverletzung nach italienischem Recht wie nach deutschem Recht strafbar ist. Daher kann vorliegend offen bleiben, ob auf deutsches oder italienisches Strafrecht abzustellen ist.

28 Auskunft des italienischen Justizministeriums v. 18.10.1999, JbItalR 13 (2000), S. 311, 314; *Feller/Perencin/Jurisch*, ZVR 2008, 250, 253.

29 *Scarabello*, DAR 2001, 581, 584.

30 Vgl. Auskunft des italienischen Justizministeriums v. 18.2.1993, JbItalR 7 (1994), S. 303, 306.

sationshof anerkannten Ansicht dient diese Norm im Zusammenspiel mit Art. 2043 c.c. auch als Anspruchsgrundlage für den sog. biologischen Schaden (*danno biologico*).[31]

Die Schadensposition des *danno biologico* beruht auf der Überlegung, dass die körperliche Unversehrtheit verfassungsrechtlich garantiert[32] und daher eine erlittene Körperverletzung als solche zu entschädigen ist.[33] Der biologische Schaden wird als der Verlust der Gesundheit und des Wohlbefindens definiert bzw. als der Schaden, der dem Verletzten nach Erstattung der Heilungskosten, des Verdienstausfalls und des moralischen Schadens noch verbleibt.[34] Nach der Legaldefinition des Art. 139 Abs. 2 S. 1 cdap ist unter biologischem Schaden die rechtsmedizinisch feststellbare vorübergehende oder dauerhafte Beeinträchtigung der geistig-körperlichen Unversehrtheit der Person zu verstehen, die sich auf die täglichen Aktivitäten und die dynamisch-zwischenmenschlichen Aspekte des Lebens des Geschädigten negativ auswirkt, unabhängig von etwaigen Auswirkungen auf seine Erwerbsfähigkeit.

Zusammengefasst ergibt sich damit Folgendes: Art. 2059i.V.m. Art. 2043 c.c. setzt eine vorsätzliche oder fahrlässige Handlung, die in einem Tun oder einem Unterlassen bestehen kann, voraus, durch die einem anderen kausal ein widerrechtlicher Schaden zugefügt wird.[35] Widerrechtlich sind insbesondere Schäden an absoluten subjektiven Rechten,[36] am Besitz und an der Integrität des Vermögens.[37] Weiterhin muss der Schädiger den Schaden auch verschuldet haben. Dies ist stets der Fall bei Fahrlässigkeit und Vorsatz im engeren Sinne. Das Verschulden bestimmt sich beim außervertraglichen Verkehr nach subjektiven Kriterien; es ist demnach möglich, dass abhängig von den konkreten Umständen des Einzelfalls auch leichte Fahrlässigkeit genügt.[38]

(3) Der existenzielle Schaden und seine Tatbestandsvoraussetzungen

Bei dem existenziellen Schaden (*danno esistenziale*) handelt es sich um eine Schadensposition, deren Existenz zunächst überwiegend von der Literatur vertreten wurde.[39] Ersatz wird danach für die Beeinträchtigung der „existenziellen Sphäre" geschuldet, d.h. für alle immateriellen Nachteile, die eine Person in ihrer gewohnten Lebensweise und insbesondere in ihren Selbstentfaltungsmöglichkeiten erleidet.[40]

31 *Thiene/Viglione* in: Cian/Trabucchi (o. N. 5), Art. 2043 c.c., Anm. XV.1; *Backu*, DAR 1999, 231, 235; *Bender*, Personenschaden und Schadensbegriff, 1993, S. 169 ff.; *Neidhart/Nissen*, Verkehrsunfälle in Europa, 6. Aufl. 2016, Italien, Rn. 83.

32 Vgl. Art. 32 der italienischen Verfassung.

33 Cass., 6.4.1983, n. 2396, Rep. Giur. it. 1983, „danni in mat. civ." Nr. 219 und v. 17.5.1985, n. 3025, Rep. Giur. it. 1985, „danni in mat. civ." Nr. 81.

34 Vgl. Auskunft des italienischen Justizministeriums v. 18.2.1993, JbItalR 7 (1994), S. 303, 305.

35 Zum Kausalitätserfordernis vgl. C. III. 1.

36 Etwa Eigentum, Ehre, körperliche Unversehrtheit.

37 *Cendon*, Il dolo nella responsabilità extracontrattuale, 1976, S. 142 ff., zitiert nach Grundmann/Zaccaria/*Zaccaria*, Einführung in das italienische Recht, 2007, S. 256 N. 10.

38 Grundmann/Zaccaria/*Grundmann*, Einführung in das italienische Recht, 2007, S. 257.

39 Insbesondere die Schule um *Paolo Cendon* hat sich maßgeblich für die Anerkennung des existenziellen Schadens eingesetzt, so *Christandl*, ZEuP 2011, 392, 397.

40 Cass., 28.8.2007, n. 18199, Rep. Giur. It. 2007, „danni in materia civ. e pen." Nr. 404; *Cendon*, Esistere o non esistere, in: Cendon (Hrsg.), Trattato breve dei nuovi danni, Teil I, 2001, S. 1 ff.

Während einige Instanzgerichte die Existenz dieser Schadensposition bereits früh anerkannten, stand der Kassationshof ihr zunächst ablehnend gegenüber.[41] So hat er anlässlich einer Klage auf Schadensersatz wegen unerlaubter Lärmschädigung durch einen Nachbarn seine Ablehnung folgendermaßen argumentiert: „Der Gesundheitsschaden, der sich normalerweise in einer Verschlechterung der Lebensqualität ausdrückt, setzt immer eine Beeinträchtigung der psycho-physischen Integrität voraus; die Verschlechterung der Lebensqualität ist lediglich eine Konsequenz hiervon. Ersatzfähig ist demnach nicht die geringere Freude am Leben, sondern lediglich die Beeinträchtigung der Gesundheit, die nämlich das verfassungsrechtlich geschützte Gut darstellt (Art. 32 ital. Verfassung).“[42]

In einigen nachfolgenden Entscheidungen wurde der Existenzschaden durch den Kassationshof zwar anerkannt, allerdings erfolgte das nur unter der Einschränkung, dass die Beeinträchtigung der Persönlichkeitsentfaltung nur dann ersatzfähig ist, wenn sie durch die Verletzung eines durch die Verfassung geschützten unverletzlichen Rechts verursacht wurde.[43] So hat der Kassationshof im Jahre 2006 beispielsweise entschieden, dass ein Kind, welches durch einen fremdverschuldeten Unfall seine Eltern verliert, dadurch einen ersatzfähigen Schaden erleidet, dass es auf ein Verhältnis zu seinen Eltern verzichten muss, mit allen damit einhergehenden nachteiligen Folgen für die Persönlichkeitsentwicklung und die Selbstentfaltung.[44] Diese grundlegende Veränderung im Leben des Kindes sollte durch den Ersatz des Existenzschadens finanziell kompensiert werden.[45] Diese Rechtsprechung wurde nur über einen sehr kurzen Zeitraum aufrechterhalten.

(4) Einheitlicher Schmerzensgeldanspruch

Am 11.11.2008 veröffentlichten die Vereinigten Senate des Kassationshofs die Entscheidungen Nr. 26972, 26973, 26974 und 26975.[46] In diesen Entscheidungen wurde klargestellt, dass der immaterielle Schaden eine einheitliche Schadenskategorie darstellt. Unterteilungen in bestimmte Typen von Schaden hätten lediglich deskriptiven Charakter, würden jedoch nicht die Anerkennung unterschiedlicher Schadenskategorien bedeuten. Insbesondere der Existenzschaden sei *keine* eigenständige Schadensposition. Dagegen spreche bereits, dass die kombinierte Erfassung des *danno morale* bzw. des *danno biologico* im Verhältnis zum *danno esistenziale* zu einer Vervielfachung von Schadensersatz führe. Im Verhältnis von *danno morale* und *danno esistenziale* sei dies der Fall, weil die Unbilligkeit als Momentaufnahme im Zeitpunkt des Schadenseintritts und das Leid für die Dauer der Beeinträchtigung lediglich Komponenten ein und desselben vielschichtigen Schadens seien, der ganzheitlich und einheitlich ersetzt werden müsse. Im Verhältnis von *danno biologico* und *danno esistenziale* hingegen führe die Anerkennung beider Positionen deshalb zu einer Schadensersatzverdoppelung, weil der biologische Schaden

41 Vgl. die Darstellung bei *Scarabello*, DAR 2001, 581, 586; *Christandl/Hinghofer-Szalkay*, ZfRV 2008, 82, 83.

42 Übersetzung nach *Scarabello*, DAR 2001, 581, 586.

43 Vgl. z.B. Cass., 11.11.2008, n. 26972, Rep. Giur. It. 2009, „danni in materia civ. e pen." Nr. 590, 591; Cass. v. 30.10.2007, n. 22884, Rep. Giur. It. 2008, „danni in materia civ. e pen." Nr. 552.

44 Cass., 12.6.2006, n. 13546, Rep. Giur. It. 2006, „danni in materia civ. e pen." Nr. 334.

45 Cass., 12.6.2006, n. 13546, Rep. Giur. It. 2006, „danni in materia civ. e pen." Nr. 334.

46 Cass., 11.11.2008, n. 26972, im Internet abrufbar unter: www.altalex.com/documents/massimario/2009/03/10/danno-esistenziale-categoria-inammissibilita-danno-non-patrimoniale (zuletzt besucht am 5.9.2019). Das Urteil n. 26973 ist in Auszügen in deutscher Sprache bei *Christandl*, ZEuP 2011, 392 ff. abgedruckt.

ausdrücklich die negative Einwirkung auf die „dynamisch-relationalen Aspekte der verletzten Person“ (so die Definition der Art. 138 f. cdap) mit erfasse.[47]

Allerdings verwenden einige Entscheidungen verschiedener Senate des italienischen Kassationshofs auch nach den Entscheidungen von 2008 den Begriff des *danno esistenziale*. So ist auf Urteile des Senats für Arbeitsrecht und des dritten Zivilsenats von 2009 und 2010 zu verweisen.[48] Sie erwecken den Eindruck, dass der Existenzschaden weiter als solcher anerkannt ist. Diese Entscheidungen sind in der Literatur jedoch sehr kritisch aufgenommen worden. Teilweise wird die Ansicht vertreten, das Urteil laufe darauf hinaus, dass der dritte Zivilsenat die Entscheidung der Vereinigten Senate nicht anerkenne.[49] Denkbar erscheint allenfalls nach dem Verständnis von *Christandl,* dem *danno esistenziale* dann eine selbstständige Bedeutung beizumessen, „wenn der zu ersetzende Nichtvermögensschaden Folge der Verletzung eines von der Gesundheit verschiedenen, verfassungsmäßig geschützten unverletzlichen Rechts ist“.[50] Andere Stimmen kritisieren die Rechtsprechung als inkonsequent und tun ihr Unverständnis angesichts der Verwendung einer aus ihrer Sicht verfehlten Terminologie kund.[51]

(5) Zwischenergebnis

Folgt man nicht der Rechtsprechung einzelner Senate, sondern der der Vereinigten Senate des Kassationshofs ist nach dem Verständnis der Gutachter der Existenzschaden keine eigenständige Schadensposition mehr, weil er als Teil des biologischen und des moralischen Schadens bereits in die Schadenskalkulation mit einzubeziehen ist.[52] Diese Ansicht hat zuletzt auch der dritte Senat des Kassationshofs in verschiedenen Entscheidungen bekräftigt.[53] Hiernach ist ein einheitlicher Schmerzensgeldanspruch auszusprechen.

Aus den dargelegten Ausführungen folgt zudem, dass es nicht darauf ankommt, ob Art. 2054 c.c. ein „gesetzlich bestimmter Fall“ gemäß Art. 2059 c.c. ist. Der Nichtvermögensschaden ist eine einheitliche Schadenskategorie neben dem Vermögensschaden, die sämtliche immaterielle Folgen der Schädigung umfasst.[54] Wie der Schmerzensgeldanspruch zu berechnen ist, ist im Folgenden zu prüfen.

bb) Schadensberechnung des Nichtvermögensschadens

(1) Berechnungsgrundlagen für biologische Schäden

Für die Berechnung des biologischen Schadens kennt das italienische Recht verschiedene Grundlagen. Für Körperschäden legt die sogenannte Mailänder Tabelle, die der italie-

47 So auch die Zusammenfassung der INTERIURA-News 05/2009.

48 Hierzu die Beispiele nach *Christandl*, ZEuP 2011, 392, 401.

49 *Ivone*, JbItalR 22 (2010), S. 137, 146.

50 *Christandl*, ZEuP 2011, 392, 401.

51 Anmerkung von *Siano* zu Cass., 4.1.2010, n. 13 – abrufbar unter: www.comparazionedirittocivile.it/prova/files/ncr_siano_notacassazione.pdf (letzter Abruf: 7.12.2016).

52 So auch die Interpretation von *Ivone*, JbItalR 22 (2010), S. 137, 145.

53 Cass., 14.1.2014, n. 531; Cass., 13.1.2016, n. 336; Cass., 19.10.2016, n. 21059.

54 Vgl. *Buse*, in: MüKo Straßenverkehrsrecht, Italien, Bd. III, 2019, Rn. 192.

nische Kassationshof im Jahre 2011 als landesweit verbindlich festgelegt hat[55] (und die heute noch aktuell ist), um dadurch die Rechtsprechung zu vereinheitlichen, bestimmte Schmerzensgeldbeträge in Abhängigkeit vom Lebensalter und der Schwere der Verletzung fest.[56] Ihre Werte sollen aber im konkreten Klagefall den jeweiligen Umständen des Einzelfalls angepasst werden.[57] Das die Tabelle anwendende Gericht hat danach eine Einzelfallwürdigung durchzuführen und die gesonderte Berücksichtigung der Umstände des Einzelfalls angemessen zu begründen.[58] Im Rahmen dieser „Personalisierung" (*personalizzazione*) fließen Aspekte des *danno morale* und des *danno esistenziale*, die nicht gesondert und unabhängig erstattet werden dürfen, mit ein.[59]

Daneben enthält Art. 139 cdap eine gesetzliche Sonderregelung für den Ersatz immaterieller Schäden bei leichten Verletzungen, die durch Verkehrsunfälle erlitten wurden.[60] Im Gegensatz zur Mailänder Tabelle erfasst diese nur leichte Verletzungen. Leichte Verletzungen i.S.d. Art. 139 cdap liegen dann vor, wenn sie in der Tabelle über die Beeinträchtigungen der körperlichen und seelischen Unversehrtheit mit einem Invaliditätswert zwischen 1 und 9 Punkten bewertet werden.[61] Die Punkte bezeichnen dabei die Lebensbeeinträchtigung des Geschädigten in Prozent.[62]

Die Regelung des Art. 139 cdap begrenzt neben der Haftung des Versicherers auch die des versicherten Schädigers.[63] Die in der Tabelle des Art. 139 cdap vorgesehenen Beträge liegen etwa 40 % unter denen der Mailänder Tabelle.[64] Dennoch ist die Regelung aus

55 Cass., 7.6.2011, n. 12408. S. dazu *Buffone*, Lezioni di «Diritto Tabellare»: dagli art. 138, 139 Cod. Ass., alle leggi 27/12 e 189/12, Referat in der Höheren Schule der Richterschaft (Scuola Superiore della Magistratura), Florenz, 16.-18.10.2013, S. 6, abrufbar auf der Internet-Seite IL CASO.it – Foglio di giurisprudenza unter www.ilcaso.it/articoli/civ.php?id_cont=393.php (zuletzt besucht am 5.9.2019).

56 Es ist vorgesehen, die Mailänder Tabelle als Ministerialdekret zu erlassen und die Schmerzensgeldbeträge jährlich ebenfalls durch Ministerialdekret anzupassen. Beides ist nach Aussage der italienischen Literatur (zuletzt etwa *Mazzon* in: Bonilini/Carnevali/Confortini (Hrsg.), Codice della responsibilità civile e RC Auto [2015] 2729, 2732), noch nicht erfolgt.

57 Cass., 7.6.2011, n. 12408.

58 *Rinaldi*, Tabelle milanesi come criterio di riferimento anche per aspetti esistenziali (zu Cass., 7.6.2011, n. 12408), 12.7.2011, abrufbar unter www.altalex.com/index.php?idstr=42&idnot=14778; zuletzt abgerufen am 5.9.2019.

59 Cass., 22.9.2015, n. 18611. Dazu *Russo*, Per risarcire il danno esistenziale e il danno morale non basta la tabella, 27.11.2015, abrufbar unter www.altalex.com/documents/news/2015/11/06/danno-esistenziale-e-morale-non-basta-tabella; zuletzt abgerufen am 5.9.2019.

60 S. dazu PHi 2014, 34. Art. 138 cdap sieht vor, dass auch für die Fälle schwerer Verletzungen eine einheitliche Regelung durch Dekret geschaffen werden soll, wozu es bisher nicht gekommen ist, s. *Mazzon* in Bonilini/Carnevali/Confortini (o. N. 56), 2729, 2732. Sie ist durch den Kassationshof mit Urteil v. 7.6.2011, n. 12408 für landesweit verbindlich erklärt worden.

61 Im Gegensatz zur Mailänder Tabelle gilt die Tabelle zu den leichten Verletzungen als Dekret landesweit. Tabella delle menomazioni alla integrità psicofisica comprese tra 1 e 9 punti di invalidità, Ministerialdekret v. 3.7.2003, abgedruckt in *Bellagamba/Cariti*, La liquidazione del danno alla persona da incidente stradale, 5. Aufl. 2012, 395, 397.

62 *Neidhart/Nissen* (o. N. 31), Rn. 44.

63 PHi 2014, 34. S. auch die Feststellungen zum italienischen Recht in EuGH v. 23.1.2014, Rs. C-371/12 – *Petillo ./. Unipol Assicurazioni SpA*, ECLI:EU:C:2014:26, Rn. 36.

64 *Vismara*, PHi 2014, 111; *Vismara*, PHi 2014, 219.

Sicht des EuGH[65] europarechtskonform und aus Sicht des italienischen Verfassungsgerichtshofs[66] verfassungskonform.

Art. 139 cdap lautet:[67]

„1. Il risarcimento del danno biologico per lesioni di lieve entità, derivanti da sinistri conseguenti alla circolazione dei veicoli a motore e dei natanti, è effettuato secondo i criteri e le misure seguenti:

a) a titolo di danno biologico permanente, è liquidato per i postumi da lesioni pari o inferiori al nove per cento un importo crescente in misura più che proporzionale in relazione ad ogni punto percentuale di invalidità; tale importo è calcolato in base all'applicazione a ciascun punto percentuale di invalidità del relativo coefficiente secondo la correlazione esposta nel comma 6. L'importo così determinato si riduce con il crescere dell'età del soggetto in ragione dello zero virgola cinque per cento per ogni anno di età a partire dall'undicesimo anno di età. Il valore del primo punto è pari ad euro settecentonovantacinque euro e novantuno centesimi;

b) a titolo di danno biologico temporaneo, è liquidato un importo di euro quarantasei euro e quarantatre centesimi per ogni giorno di inabilità assoluta; in caso di inabilità temporanea inferiore al cento per cento, la liquidazione avviene in misura corrispondente alla percentuale di inabilità riconosciuta per ciascun giorno.

2. Agli effetti di cui al comma 1 per danno biologico si intende la lesione temporanea o permanente all'integrità psico-fisica della persona suscettibile di accertamento medico-legale che esplica un'incidenza negativa sulle attività quotidiane e sugli aspetti dinamico-relazionali della vita del danneggiato, indipendentemente da eventuali ripercussioni sulla sua capacità di produrre reddito. In ogni caso, le lesioni di lieve entità, che non siano suscettibili di accertamento clinico strumentale obiettivo, non potranno dar luogo a risarcimento per danno biologico permanente.

3. L'ammontare del danno biologico liquidato ai sensi del comma 1 può essere aumentato dal giudice in misura non superiore ad un quinto, con equo e motivato apprezzamento delle condizioni soggettive del danneggiato.

4. Con decreto del Presidente della Repubblica, previa deliberazione del Consiglio dei Ministri, su proposta del Ministro della salute, di concerto con il Ministro del lavoro e delle politiche sociali, con il Ministro della giustizia e con il Ministro delle attività produttive, si provvede alla predisposizione di una specifica tabella delle menomazioni alla integrità psicofisica comprese tra uno e nove punti di invalidità.

5. Gli importi indicati nel comma 1 sono aggiornati annualmente con decreto del Ministro delle attività produttive, in misura corrispondente alla variazione dell'indice nazionale dei prezzi al consumo per le famiglie di operai ed impiegati accertata dall'ISTAT.

65 EuGH v. 23.1.2014, Rs. C-371/12 – *Petillo ./. Unipol Assicurazioni SpA*, ECLI:EU:C:2014:26. Dazu PHi 2014, 34 sowie *Vismara*, PHi 2014, 111.

66 Corte Costituzionale v. 16.10.2014, n. 235. Dazu *Vismara*, PHi 2014, 219.

67 Fassung vom 20.6.2014, geltend vom 1.4.2014 bis zum 31.3.2015. Die Werte werden jährlich durch Ministerialdekrete angepasst, diese sind abrufbar unter www.professionegiustizia.it/guide/Danno_Biologico_nel_Codice_delle_Assicurazioni.php; zuletzt abgerufen am 5.9.2019. Der Wortlaut lässt offen, ob der Unfallzeitpunkt oder der Zeitpunkt des Urteilsausspruches maßgeblich für die Anwendung der früheren oder der späteren Tabelle ist. Allerdings ordnen die Dekrete regelmäßig ihre mehrmonatige Rückwirkung an, so dass ein Abstellen auf den Unfallzeitpunkt sinnvoller erscheint.

6. Ai fini del calcolo dell'importo di cui al comma 1, lettera a), per un punto percentuale di invalidità pari a 1 si applica un coefficiente moltiplicatore pari a 1,0, per un punto percentuale di invalidità pari a 2 si applica un coefficiente moltiplicatore pari a 1,1, per un punto percentuale di invalidità pari a 3 si applica un coefficiente moltiplicatore pari a 1,2, per un punto percentuale di invalidità pari a 4 si applica un coefficiente moltiplicatore pari a 1,3, per un punto percentuale di invalidità pari a 5 si applica un coefficiente moltiplicatore pari a 1,5, per un punto percentuale di invalidità pari a 6 si applica un coefficiente moltiplicatore pari a 1,7, per un punto percentuale di invalidità pari a 7 si applica un coefficiente moltiplicatore pari a 1,9, per un punto percentuale di invalidità pari a 8 si applica un coefficiente moltiplicatore pari a 2,1, per un punto percentuale di invalidità pari a 9 si applica un coefficiente moltiplicatore pari a 2,3."

Deutsch:[68]

1. Der Gesundheitsschaden durch leichte Verletzungen infolge von Unfällen aufgrund des Betriebs von Kraftfahrzeugen und Wasserfahrzeugen ist nach folgenden Kriterien und in folgendem Umfang zu ersetzen:
   a) Für einen permanenten Gesundheitsschaden wird für Verletzungsfolgen bis höchstens 9 % ein Betrag gezahlt, der pro Prozentpunkt der Invalidität überproportional ansteigt; zur Berechnung dieses Betrags wird auf jeden Prozentpunkt der Invalidität der gemäß Abs. 6 damit korrelierende Koeffizient angewandt. Der auf diese Weise ermittelte Betrag wird entsprechend dem Alter der Person um 0,5 % für jedes Lebensjahr ab dem elften Lebensjahr herabgesetzt. Der Wert des ersten Punkts beträgt 795,91 €.
   b) Für einen vorübergehenden Gesundheitsschaden wird für jeden Tag vollständiger Arbeitsunfähigkeit ein Betrag von 46,43 € gezahlt; bei einer vorübergehenden Arbeitsunfähigkeit von unter 100 % erfolgt die Regulierung entsprechend dem anerkannten Prozentsatz der Arbeitsunfähigkeit pro Tag.
2. Als Gesundheitsschaden im Sinne von Abs. 1 gilt die rechtsmedizinisch feststellbare vorübergehende oder dauerhafte Beeinträchtigung der geistig-körperlichen Unversehrtheit der Person, die sich auf die täglichen Aktivitäten und die dynamisch-zwischenmenschlichen Aspekte des Lebens des Geschädigten negativ auswirkt, unabhängig von etwaigen Auswirkungen auf seine Erwerbsfähigkeit. In jedem Fall können die Verletzungen geringfügigen Ausmaßes, die keiner praktischen klinischen Feststellung zugänglich sind, nicht einer Entschädigung für einen permanenten Gesundheitsschaden Raum geben.
3. Der Betrag des nach Abs. 1 regulierten Gesundheitsschadens kann vom Gericht im Wege einer der Billigkeit entsprechenden und mit Gründen versehenen Beurteilung der persönlichen Umstände des Geschädigten um höchstens ein Fünftel erhöht werden.
4. Durch Dekret des Präsidenten der Republik, das nach Beratung des Ministerrats auf Vorschlag des Gesundheitsministers im Einvernehmen mit dem Minister für Arbeit und Sozialpolitik, dem Justizminister und dem Minister für Produktionstätigkeiten ergeht, wird eine spezielle Tabelle erstellt, in der die von einem bis neun Invaliditäts-

68 Durch die Gutachter ergänzte deutsche Übersetzung aus EuGH v. 23.1.2014, Rs. C-371/12 – *Petilo ./. Unipol Assicurazioni SpA.*, ECLI:EU:C:2014:26, Rn. 9.

punkten reichenden Beeinträchtigungen der geistig-körperlichen Unversehrtheit aufgeführt sind.

5. Die in Abs. 1 angegebenen Beträge werden jährlich durch Dekret des Ministers für Produktionstätigkeiten entsprechend den Änderungen des vom ISTAT *[Istituto nazionale di statistica]* erstellten nationalen Verbraucherpreisindex für Arbeiter- und Angestelltenfamilien aktualisiert.
6. Zur Berechnung des in Abs. 1 Buchst. a genannten Betrags wird für einen Invaliditätsgrad von 1 Prozent ein Multiplikator von 1,0, für einen Invaliditätsgrad von 2 Prozent ein Multiplikator von 1,1, für einen Invaliditätsgrad von 3 Prozent ein Multiplikator von 1,2, für einen Invaliditätsgrad von 4 Prozent ein Multiplikator von 1,3, für einen Invaliditätsgrad von 5 Prozent ein Multiplikator von 1,5, für einen Invaliditätsgrad von 6 Prozent ein Multiplikator von 1,7, für einen Invaliditätsgrad von 7 Prozent ein Multiplikator von 1,9, für einen Invaliditätsgrad von 8 Prozent ein Multiplikator von 2,1 und für einen Invaliditätsgrad von 9 Prozent ein Multiplikator von 2,3 angewandt.

Nach Art. 139 Abs. 1 cdap wird unter Gesundheitsschaden durch Verletzungen leichten Ausmaßes (*danno biologico per lesioni di lieve entità*) zum einen ein dauerhafter Gesundheitsschaden von bis zu 9 Prozentpunkten und zum anderen eine vorübergehende (vollständige oder teilweise) Arbeitsunfähigkeit gefasst. Dauerhafte Gesundheitsschäden leichten Ausmaßes werden auch – im Gegensatz zu den weiterhin nach der Mailänder Tabelle zu ersetzenden dauerhaften Großschäden (*lesioni macropermanenti*) – als dauerhafte Kleinschäden (*lesioni micropermanenti*) bezeichnet.[69] Was darunter fällt, ist in der nach Art. 139 Abs. 4 cdap durch Dekret festgesetzten Tabelle aufgeführt.[70]

Wie bereits ausgeführt, hat der Kassationshof in den Entscheidungen vom 11.11.2008 festgestellt, dass der immaterielle Schaden als Nichtvermögensschaden eine einheitliche Schadenskategorie darstellt. Dennoch ist im Anwendungsbereich des Art. 139 cdap umstritten, ob der *danno morale* nur im Rahmen der Personalisierung des Schadensersatzes nach Art. 139 Abs. 3 cdap mit der darin vorgesehenen Grenze der Erhöhung um maximal 20 % Berücksichtigung findet oder ob er gesondert und über die Grenze des Art. 139 Abs. 3 cdap ausgeurteilt werden kann.[71] Letztere Auffassung scheint in der tatrichterlichen Rechtsprechung zu überwiegen; in der Rechtsprechung des Kassationshofs finden sich beide Auffassungen.[72]

(2) Wahl der richtigen Berechnungsgrundlage im vorliegenden Fall

Es ist die Frage nach der Wahl der richtigen Berechnungsgrundlage im konkreten Fall zu beantworten. Die Berechnungsgrundlagen nach den Mailänder Tabellen und nach Art. 139 cdap (s. o. C. III 3. a) bb) (1)) unterscheiden sich, wie oben dargelegt danach, ob der Geschädigte leichte Verletzungen (Kleinschäden, *lesioni micropermanenti*) oder

69 *Caringella/de Marzo*, Manuale di diritto civile, Bd. 2, 2. Aufl. 2008, Teil 2 Kapitel 3 Rn. 6.1.1. (S. 895); *Buffone* (o. N. 55), S. 5.

70 Ministerialdekret v. 3.7.2003, Tabella delle menomazioni alla integrità psicofisica comprese tra 1 e 9 punti di invalidità, Gazzetta Ufficiale n. 211 v. 11.9.2003, abgedruckt in: *Bellagamba/Cariti*, La liquidazione del danno alla persona da incidente stradale, 5. Aufl. 2012, S. 397.

71 *Buffone* (o. N. 55), S. 13 ff.; Schlussanträge des Generalanwalts *Wahl* v. 9.10.2013 in der Rs. C-371/12 – *Petilo ./. Unipol Assicurazioni SpA.*, ECLI:EU:C:2013:652, Rn. 86.

72 *Buffone* (o. N. 55), S. 13 ff. m.N.

schwere Verletzungen (Großschäden, *lesioni macropermanenti*) erlitten hat. Maßgeblich für die Abgrenzung beider Verletzungsarten nach italienischem Recht ist die Bewertung der Beeinträchtigungen nach dem Invaliditätswert. Bis zu einem Invaliditätswert von 9 von 100 Punkten werden die Beeinträchtigungen als leicht eingestuft. Bei einem Wert über 9 von 100 Punkten dagegen als schwer. Es ist damit die Frage zu klären, ob die Verletzungen des Klägers nach den soeben dargelegten Grundsätzen als leicht oder schwer eingestuft werden.

Die Tatsachenfeststellung und Beweiswürdigung sind richterliche Aufgaben und keine gutachterlichen. Die Gutachter können diesen Aufgaben des Gerichts nicht vorgreifen. Sie weisen auf Grundlage der Akten informationshalber auf folgende Aspekte hin:

Der Kläger hat aufgrund des Verkehrsunfalles am 28.10.2012 eine Tibia-Fraktur am linken Bein erlitten. Infolgedessen leidet der Kläger an Problemen am linken Bein und Fuß, an Gangstörungen, Schwindel, Schmerzen im Bereich der Brust- und Halswirbelsäule und an den Schultern, an einer Schwäche am Hüftbereich, an den Schultern und am Rücken, an Einschränkungen in der Bewegungsfreiheit sowie an Anpassungsschwierigkeiten im Alltag. Die genannten Beeinträchtigungen könnten in der Tabelle der Schäden mit einem Invaliditätswert bis 9 Punkten aufgeführt sein.[73]

Tabella delle menomazioni alla integrità psicofisica compeese tra 1 E 9 punti di invalidità	
Descrizioni	**Punti invalidità**
ARTO INFERIORE	
ALTRI ESITI ANATOMICI DELL'ARTO INFERIORE	
Accorciamento di 2 cm	3
Esiti dolorosi di frattura diafisaria di femore o di tibia ben consolidata, con persistenza di mezzi di sintesi, ma in assenza o con sfumata ipercussione funzionale	4
Esiti dolorosi di frattura diafisaria isolata di tibia o femore ben consolidata in assenza o con sfumata ripercussione funzionale	4
Esiti dolorosi di frattura diafisaria isolata di perone ben consolidata in assenza o con sfumata ripercussione funzionale	2
Flebo-linfopatie arti inferiori – lieve edema regredibile mediante adeguata lastocompressione e sfumata discromia cutanea	5

Zeile 2 der dargestellten Tabelle weist folgende Beeinträchtigung mit einem Invaliditätswert von 5 bis 7 Punkten aus: Schmerzhafte Erscheinung konsolidierter diaphysärer Brüche (sog. Schaftfrakturen) des Femurs oder der Tibia mit dauerhaften Synthesemitteln, aber ohne bzw. mit nur leichten funktionalen Auswirkungen. *(Esiti dolorosi di frattura diafisaria di femore o di tibia ben consolidata, con persistenza di mezzi di sintesi, ma in assenza o con sfumata ipercussione funzionale).*

Die Tabelle führt zwar die schmerzhafte Tibia-Fraktur ohne bzw. nur mit leichten funktionalen Auswirkungen auf. Die Tabelle trifft allerdings keine Aussage darüber, welcher

73 Tabelle abrufbar unter: www.assicurazioni-alessandria.it/rcauto/come-calcolare-il-risarcimento-danni-da-incidente-stradale/.

Invaliditätswert der schmerzhaften Tibia-Fraktur mit den nach Aktenlage vorliegenden funktionalen Auswirkungen zugewiesen wird. Deswegen spricht viel dafür, die Beeinträchtigung des Klägers nicht pauschal als leichte Verletzung einzustufen. Ob dies der Fall ist, hat das anfragende Gericht zu entscheiden.

In der Tabelle der Schäden mit einem Invaliditätswert ab 10 Punkten im unteren Gliedmaßenbereich wird lediglich die Amputation im Fuß- und Schienbein mit einem Invaliditätswert ausgewiesen:[74]

Amputazione bilaterale di piede a livello della tibio-tarsica in rapporto alla possibilità di applicazione di protesi efficace	45–60
Amputazione monolaterale del piede a livello della tibio-tarsica in rapporto alla possibilità di applicazione di protesi efficace	30–40
Perdita di tutte le dita di un piede e dei condili metatarsali	18–20
Perdita dell'alluce e del primo metatarso	12

Der Amputation im Fuß- und Schienbein wird ein Invaliditätswert von 30 bis 60 Punkten zugewiesen.

Festzustellen ist Folgendes: Die Beeinträchtigungen des Klägers sind in den maßgeblichen Schadenstabellen nicht konkret mit Invaliditätswerten ausgewiesen. Die schmerzhafte Tibia-Fraktur mit leichten funktionalen Auswirkungen wird mit einem Wert von 5 bis 7 Punkten im oberen Bereich der leichten Schäden an der Grenze zu den schweren Schäden eingestuft. Geht man auf Grundlage der Akten davon aus, dass der Kläger keine leichten funktionalen Auswirkungen hat, sondern die oben dargestellten körperlichen Auswirkungen auf den Gang, auf die Bewegungsfreiheit und die allgemeine Anpassung an den Alltag, spricht viel dafür, die Beeinträchtigungen des Klägers in den unteren Bereich der schweren Verletzungen einzustufen und damit einen Invaliditätswert zwischen 10 und 20 Punkten anzunehmen.

Stellt das Gericht fest, dass die Beeinträchtigungen des Klägers im (unteren) Bereich der schweren Schäden einzustufen sind und den erlittenen Verletzungen ein Invaliditätswert zwischen 10 und 20 Punkten zugewiesen wird, dann richtet sich die Schadensberechnung vorliegend nicht nach Art. 139 cdap, sondern nach den Mailänder Tabellen. Sollte das Gericht hingegen von einer Einstufung der Verletzungen des Klägers in den Bereich der leichten Schäden ausgehen und damit einen Invaliditätswert unter 10 Punkten annehmen, dann wird dem Gericht zum Zwecke der Schadensberechnung nach Art. 139 cdap die Einholung eines Ergänzungsgutachtens anheimgestellt.

(3) Berechnung des Nichtvermögensschadens im konkreten Fall

Im Folgenden ist der Nichtvermögensschaden im konkreten Fall nach den Mailänder Schadenstabellen zu berechnen.

74 Abrufbar unter: www.assicurazioni-alessandria.it/tabella-danno-biologico-arto-inferiore-da-10-a-100-punti/.

(a) Grundentschädigungsbeträge nach der Mailänder Tabelle

Zum Zwecke der Schadensberechnung ist zunächst der Grundentschädigungsbetrag nach der Mailänder Tabelle abzulesen. Die Mailänder Tabelle weist Geldbeträge in Abhängigkeit vom Invaliditätswert der Beeinträchtigung und vom Alter des Geschädigten aus:

Invalidità	**Punto biologico 2008 riv. al 2011**	**Aumento**	**Punto danno „non patrimoniale“ 2011**	**Risarcimento: fasce di età 71-75**				
				71	**72**	**73**	**74**	**75**
				Demoltiplicatore				
				0,650	**0,645**	**0,640**	**0,635**	**0,630**
1	1.099,66	25 %	1.374,57	893,00	887,00	880,00	873,00	866,00
2	1.168,38	25 %	1.640,48	1.899,00	1.884,00	1.869,00	1.855,00	1.840,00
3	1.237,11	25 %	1.546,39	3.015,00	2.992,00	2.969,00	2.946,00	2.923,00
4	1.305,84	25 %	1.632,30	4.244,00	4.211,00	4.179,00	4.146,00	4.113,00
5	1.374,57	25 %	1.718,21	5.584,00	5.541,00	5.498,00	5.455,00	5.412,00
6	1.512,03	25 %	1.890,03	7.371,00	7.314,00	7.258,00	7.201,00	7.144,00
7	1.649,48	25 %	2.061,85	9.381,00	9.309,00	9.237,00	9.165,00	9.093,00
8	1.786,94	25 %	2.233,68	11.615,00	11.526,00	11.436,00	11.347,00	11.258,00
9	1.924,40	25 %	2.405,50	14.072,00	13.964,00	13.856,00	13.747,00	13.639,00
10	2.061,85	26 %	2.597,94	16.887,00	16.757,00	16.627,00	16.497,00	**16.367,00**
11	2.156,70	27 %	2.739,01	19.584,00	19.433,00	19.283,00	19.132,00	**18.981,00**
12	2.250,86	28 %	2.881,10	22.473,00	22.300,00	22.127,00	21.954,00	**21.781,00**
13	2.345,70	29 %	3.025,96	25.569,00	25.373,00	25.176,00	24.979,00	**24.783,00**
14	2.439,86	30 %	3.171,82	28.864,00	28.642,00	28.420,00	28.197,00	**27.975,00**
15	2.534,71	31 %	3.320,47	32.375,00	32.126,00	31.876,00	31.627,00	**31.378,00**
16	2.628,86	32 %	3.470,10	36.089,00	35.811,00	35.534,00	35.256,00	**34.979,00**
17	2.723,71	33 %	3.622,53	40.029,00	39.721,00	39.413,00	39.105,00	**38.797,00**
18	2.817,87	34 %	3.775,94	44.179,00	43.839,00	43.499,00	43.159,00	**42.819,00**
19	2.912,71	35 %	3.932,16	48.562,00	48.189,00	47.815,00	47.442,00	**47.068,00**
20	3.006,87	36 %	4.089,35	53.161,00	52.753,00	52.344,00	51.935,00	**51.526,00**
21	3.101,72	37 %	4.249,35	58.004,00	57.557,00	57.111,00	56.665,00	56.219,00
22	3.195,88	38 %	4.410,31	63.067,00	62.582,00	62.097,00	61.612,00	61.127,00
23	3.290,72	39 %	4.574,10	68.383,00	67.857,00	67.331,00	66.805,00	66.279,00
24	3.384,88	40 %	4.738,83	73.926,00	73.357,00	72.788,00	72.220,00	71.651,00
25	3.479,72	41 %	4.906,41	79.729,00	79.116,00	78.503,00	77.889,00	77.276,00

+ max 49 %	10	+ max 45 %	14	+ max 41 %	18	+ max 47 %	22
+ max 48 %	11	+ max 44 %	15	+ max 40 %	19	+ max 46 %	23
+ max 47 %	12	+ max 43 %	16	+ max 49 %	20	+ max 45 %	24
+ max 46 %	13	+ max 42 %	17	+ max 48 %	21	+ max 34 %	25

Bei einem Alter des Geschädigten von 75 Jahren zum Zeitpunkt des Unfalles und bei einem Invaliditätswert zwischen 10 und 20 Punkten legte die im Jahr 2012 geltende Tabelle[75] Grundentschädigungsbeträge zwischen 16.637 € und 51.526 € fest.

Damit beträgt der Grundentschädigungsbetrag bei einem im Jahr 2012 geschädigten 75-Jährigen, dessen Beeinträchtigungen einen Invaliditätswert zwischen 10 und 20 Punkten haben, zwischen 16.637 € und 51.526 €.

(b) Subjektive Anpassung

Der von der Mailänder Tabelle ausgewiesene Grundentschädigungsbetrag kann im Wege der *personalizzazione* (s. o. C. III. 3. b)) subjektiv angepasst werden.[76] *Personalizzazione* meint die Erhöhung oder Herabsetzung des Grundentschädigungsbetrages im Rahmen der zulässigen Prozentsätze und unter Berücksichtigung aller Umstände des Einzelfalles.[77]

Die subjektive Anpassung des Schadensbetrages setzt das Vorliegen besonderer Umstände voraus, die es bei Abwägung aller Umstände des Einzelfalles rechtfertigen, den Grundentschädigungsbetrag zu erhöhen oder herabzusetzen.[78] Insbesondere bei außergewöhnlichen Schadensfolgen kann der Entschädigungsanspruch subjektiv angepasst werden.[79] Die Schadenstabellen von Geschädigten in einem Alter zwischen 71 und 80 Jahren zum Unfallzeitpunkt sehen eine Anpassung zwischen 34 % und 49 % vor. Daraus folgt, dass in Abhängigkeit vom Invaliditätswert der Grundentschädigungsbetrag der Höhe nach prozentual angepasst werden kann.

(c) Anwendung auf den Fall

Zu klären ist, in welcher Höhe der Kläger auf Grundlage der soeben dargestellten Grundsätze Schmerzensgeld verlangen kann. Die Tatsachenfeststellung und Beweiswürdigung ist dem anfragenden Gericht vorbehalten. Die Gutachter können dem nicht vorgreifen. Auf Grundlage der Akten weisen die Gutachter auf folgende Gesichtspunkte hin: Der Kläger ist zum Unfallzeitpunkt 75 Jahre alt. Geht man – wie oben[80] dargestellt – von einem Invaliditätswert zwischen 10 und 20 Punkten aus, dann steht dem Kläger je nach angenommenen Punktewert nach den Mailänder Tabellen ein objektiver Grundentschädigungsbetrag zwischen 16.637 € und 51.526 € zu. Bei Vorliegen besonderer Umstände des Einzelfalles könnte dieser Betrag um bis zu 49 % erhöht bzw. herabgesetzt werden.

75 Abrufbar unter: www.ordineavvocatimilano.it/upload/file/allegati_articoli/TABELLE_DANNO_BIOL_2011.pdf.

76 Näher zur *personalizzazione* *Buse* (o. N. 54), Rn. 201.

77 *Buse* (o. N. 54), Rn. 201 m.w.N. auf höchstrichterliche Urteile.

78 Kürzlich etwa Cass. Civ., 21.9.2017, n. 21939.

79 *Buse* (o. N. 54), Rn. 201.

80 Siehe oben C. III. 3 a) bb) (2).

Die Gutachter weisen informationshalber darauf hin, dass sich aus der Aktenlage keine besonderen Umstände ergeben, aufgrund derer eine subjektive Anpassung nahe liegt. Nimmt man keine subjektive Anpassung vor, dann bleibt es bei dem objektiv ausgewiesenen Entschädigungsbetrag. Das Gericht wird im Rahmen seiner Tatsachenfeststellung und -würdigung zu entscheiden haben, welcher konkrete Invaliditätswert den Verletzungen des Klägers entspricht und auf Grundlage dieser Feststellung den entsprechenden Entschädigungsbetrag festzulegen haben. Schließlich weisen die Gutachter darauf hin, dass Schmerzensgeld in einem einmaligen Betrag auszuzahlen ist.[81]

b) Haushaltsführungsschaden

Das Gericht bittet um Klärung der Frage, unter welchen Voraussetzungen nach italienischem Recht nach einem Verkehrsunfall ein Anspruch auf Erstattung eines Haushaltsführungsschadens gegen die gegnerische Versicherung besteht.

aa) Grundsätzliche Ersatzfähigkeit des Haushaltsführungsschadens

Es ist im Rahmen der ersten Teilfrage zu klären, ob das italienische Recht bei einem Unfall zwischen einem Fahrzeug und einem Fußgänger auch sogenannte Haushaltsführungsschäden ersetzt. Zu diesem Zweck sind die Standpunkte der deutschen Literatur, der italienischen Rechtsprechung und der italienischen Lehre darzustellen.

(1) Deutsche Literatur

In der deutschen Sekundärliteratur zum italienischen Recht wird die Ersatzfähigkeit des Haushaltsführungsschadens uneinheitlich beurteilt:

Feller[82] steht auf dem Standpunkt, dass Schäden, die mit einer unfallbedingten Unfähigkeit der Haushaltsführung verbunden sind, grundsätzlich nicht als eine gesonderte Schadensposition erstattet werden könnten. Die Entschädigung für solche Schäden sei schon von der allgemeinen Entschädigung der Nichtvermögensschäden erfasst. Nach dieser Ansicht sind Haushaltsführungsschäden nicht ersatzfähig.

Lemor[83] ist der Ansicht, dass Hausfrauen für den Ausfall ihrer Arbeitskraft eine Entschädigung zustehe. Diese Entschädigung orientiere sich am dreifachen Satz der Mindestsozialrente. Nach dieser Ansicht ist der Haushaltsführungsschaden grundsätzlich erstattungsfähig. Es wird keine Aussage darüber getroffen, ob der Ersatz auch dann gilt, wenn ein Mann als Arbeitskraft ausfällt.

Hering[84] geht davon aus, dass der Haushaltsführungsschaden anhand der angefallenen Kosten für eine Ersatzkraft bemessen werde. Im Falle der Tötung einer Hausfrau könne der dreifache Satz der Mindestsozialrente als Entschädigung zugrunde gelegt werden. Nach diesem Standpunkt müssen entweder tatsächliche Kosten für eine Ersatzkraft tatsächlich angefallen sein oder es muss zu einer Tötung einer Hausfrau gekommen sein.

81 *Lemor* in: Feyock/Jacobsen/Lemor, Unfälle mit Auslandsbezug, Italien, 3. Aufl. 2009, Rn. 3.
82 *Feller* in: Bachmeier, Italien, 2. Aufl. 2017, Rn. 152.
83 *Lemor* (o. N. 81), Rn. 3.
84 *Hering*, Der Verkehrsunfall in Europa, 2. Aufl. 2012, S. 106.

Frese[85] schreibt, dass der Haushaltsführungsschaden hauptsächlich unter Bezugnahme auf die anfallenden Kosten bei Einstellung einer Ersatzkraft, sonst nach dem dreifachen Satz der Mindestsozialrente ersatzfähig sei. Nach dieser Ansicht kann der Haushaltsführungsschaden ersetzt werden.

Buse[86] vertritt die Ansicht, dass der Vermögenswert der für die Haushaltsführung geleisteten Tätigkeit grundsätzlich anerkannt sei. Sowohl Hausmänner als auch Hausfrauen hätten einen Anspruch auf Ersatz des Haushaltsführungsschadens als Vermögensschaden, sofern die Erbringung häuslicher Arbeit unfallbedingt ganz oder teilweise unmöglich ist. Die Schadensberechnung erfolge anhand der Kosten für Haushaltshilfen. Nach Ansicht von *Buse* sind Haushaltsführungsschäden damit ersatzfähig.

Neidhart/Nissen[87] stehen auf dem Standpunkt, dass bei Tötung einer Hausfrau und Mutter die Hinterbliebenen Anspruch auf Ersatz des entgangenen Unterhalts aufgrund weggefallener Haushaltsführung hätten. Nach Ansicht von *Neidhart/Nissen* ist der Haushaltsführungsschaden nur bei Tötung des Hausmannes oder der Hausfrau ersatzfähig.

Aus alledem folgt: Die deutsche Sekundärliteratur vertritt keinen einheitlichen Standpunkt in Bezug auf die Frage, ob der Haushaltsführungsschaden nach italienischem Recht ersatzfähig ist. Insbesondere divergieren die Ansichten im Hinblick auf die Voraussetzungen der Ersatzfähigkeit und hinsichtlich der Schadensbemessung.

(2) Italienische Rechtsprechung

Die italienischen Gerichte vertreten in ständiger Rechtsprechung, dass der Haushaltsführungsschaden *(danno patrimoniale della casalinga)* ein ersatzfähiger Vermögensschaden *(danno patrimoniale)* ist.[88] Haushaltsführungsschaden ist der Schaden, der einer in einem Haushalt lebenden Person dadurch entsteht, dass er oder sie die häusliche Arbeit unfallbedingt ganz oder zum Teil nicht mehr erbringen kann. Der Schaden besteht unabhängig vom eingetretenen Personenschaden *(danno biologico)* und ist damit eine eigenständige Schadensposition. Der Geschädigte trägt die Beweislast für Art und Umfang des durch den Unfall verursachten Schadens. Aus Gründen der Gleichberechtigung gelten die Grundsätze des Ersatzes des Haushaltsführungsschadens für Männer und Frauen gleichermaßen.[89]

In Cass. Civ. Sez. III, vom 11. Dezember 2000, n. 15580 hat der italienische Kassationshof entschieden, dass der Haushaltsführer einen Anspruch auf Ersatz des Vermögensschadens haben kann:

„La casalinga, pur non percependo reddito monetizzato, svolge purtuttavia un'attività suscettibile di valutazione economica, sicché va legittimamente inquadrato nella categoria del danno patrimoniale (come tale risarcibile autonomamente rispetto al danno biologico) quello subito in conseguenza della riduzione della propria capacità lavorativa."

85 *Frese* in: Haus/Krumm/Quarch, Gesamtes Verkehrsrecht, Italien, 2. Aufl. 2017, Rn. 221.

86 *Buse* (o. N. 54), Rn. 185.

87 *Neidhart/Nissen* (o. N. 31), Rn. 47.

88 Vgl. etwa Cass. Sez. III, 13.7.2010, n. 16392; Cass. Sez. III 11.11.2011, n. 23573; Cass. Civ. Sez. III, 18.11.2014, n. 24471.

89 Siehe zum Ganzen Cass. Civ. Sez. III, 18.11.2014, n. 24471.

Deutsch:[90]

Auch wenn die Hausfrau kein monetarisiertes Einkommen erhält, übt sie dennoch eine wirtschaftlich fassbare Tätigkeit aus, sodass diese berechtigterweise in die Kategorie des Vermögensschadens eingestuft wird (als solcher unabhängig im Verhältnis zum biologischen Schaden [Körperschaden]), erlitten infolge der Verminderung der eigenen Arbeitskraft.

In Cass. Civ. Sez. III, vom 20. Oktober 2005, n. 20324 (später bestätigt in Cass. civ. Sez. III, vom 19. März 2009, n. 6658) konkretisiert das Gericht die Rechtsgrundlage für den Haushaltsführungsschaden. Das Gericht stuft den Haushaltsführungsschaden grundsätzlich als Teil des eingetretenen Schadens *(danno emergente)* ein.

„[...] chi svolge attività domestica svolge un'attività suscettibile di valutazione economica. Sicché il danno subito in conseguenza della riduzione della propria capacità lavorativa, se provato, va legittimamente inquadrato nella categoria del danno patrimoniale, come tale risarcibile, autonomamente rispetto al danno biologico, nelle componenti del danno emergente ed, eventualmente, anche del lucro cessante."

Deutsch:[91]

[...] wer eine Tätigkeit im Haushalt verrichtet, übt eine wirtschaftlich fassbare Arbeit aus. Daraus folgt, dass der infolge der Verminderung der eigenen Arbeitskraft erlittene Schaden, sofern er bewiesen ist, berechtigterweise in die Kategorie des Vermögensschadens eingestuft wird und als solcher im Verhältnis zum biologischen Schaden [Körperschaden] unabhängig entschädigt wird, [und zwar] als Teil des eingetretenen Schadens [danno emergente] und ggf. auch des entgangenen Verlustes [lucro cessante].

Cass. Sez. III, 13 luglio 2010, n. 16392 führt insbesondere zur Beweislast aus:

„Il danno da riduzione della capacità di lavoro, sofferto da persona che – come la casalinga – provveda da sé al lavoro domestico, costituisce una ipotesi di danno patrimoniale, e non biologico. Ne consegue che chi lo invoca ha l'onere di dimostrare che gli esiti permanenti residuati alla lesione della salute impediscono o rendono più oneroso (ovvero impediranno o renderanno più oneroso in futuro) lo svolgimento del lavoro domestico; in mancanza di tale dimostrazione nulla può essere liquidato a titolo di risarcimento di tale tipologia di danno patrimoniale [...]"

Deutsch:[92]

Der Schaden, der durch die Einschränkung der Arbeitskraft verursacht wird, der einer Person entsteht, die – wie die Hausfrau – selbst für Hausarbeit sorgt, stellt eine Position des Vermögensschadens dar und nicht des biologischen Schadens [Körperschadens]. Daraus folgt, dass derjenige, der sich darauf [auf den Schadenseintritt] beruft, die Beweislast trägt, dass die dauerhaften Folgen der Gesundheitsschädigung die Ausführung der Hausarbeit verhindern oder erschweren (bzw. in Zukunft verhindern oder erschweren werden). In Ermangelung einer solchen Darlegung kann nichts als Entschädigung für diese Art des Vermögensschadens verlangt werden [...]

90 Deutsche Übersetzung durch die Gutachter.
91 Deutsche Übersetzung durch die Gutachter.
92 Deutsche Übersetzung durch die Gutachter.

Die grundsätzliche Ersatzfähigkeit des Haushaltsführungsschadens ist in späteren Urteilen bestätigt worden.[93] Es wird zudem nicht nach dem jeweiligen Unfallhergang differenziert, sodass nach der Judikatur auch der durch ein Auto verursachte Verkehrsunfall zu Lasten eines Fußgängers erfasst wird.

Aus alledem folgt, dass nach der höchstrichterlichen italienischen Rechtsprechung der Haushaltsführungsschaden als Schadensposition anerkannt ist.

(3) Italienische Literatur

Die italienische Literatur folgt in Bezug auf die Ersatzfähigkeit von Haushaltsführungsschäden nach italienischem Recht der dargestellten Rechtsprechung.

Franzoni[94] führt etwa aus, dass diejenigen, die im Haushalt eine in Geld messbare Tätigkeit erbringen, für den Fall eines Unfalles Ersatz des entgangenen Haushaltsführungsschadens vom Schädiger verlangen können. Der Ersatzfähigkeit stehe nicht entgegen, dass die Haushaltsführung keine direkte Vermögensminderung zur Folge habe. Denn die Tätigkeiten im Haushalt seien wirtschaftlich messbar. Zudem mache es im Lichte des Art. 143 Abs. 3 c.c.[95] keinen Unterschied, ob ein Hausmann oder eine Hausfrau verletzt wird.

Die Ersatzfähigkeit des Haushaltsführungsschadens als eigenständiger Schadensposten wird zudem von vielen weiteren Stimmen in der italienischen Literatur befürwortet.[96] Damit werden Haushaltsführungsschäden auch von der italienischen Rechtslehre als ersatzfähig eingestuft. Rechtliche Grundlage des Ersatzanspruches ist Art. 1.223 Alt. 1 c.c. i.V.m. Art. 2043 c.c.[97]

(4) Ergebnis

Auf Grundlage der nach § 293 ZPO allein maßgeblichen italienischen höchstrichterlichen Rechtsprechung und unter Beifall der italienischen Rechtslehre ist der Haushaltsführungsschaden als eigenständiger Vermögensschaden gemäß Art. 1.223 Alt. 1 c.c.i.V.m. Art. 2043 c.c. ersatzfähig.

bb) Voraussetzungen für den Ersatz des Haushaltsführungsschadens

Es ist im Rahmen der zweiten Teilfrage zu klären, nach welchen Kriterien und Bestimmungen sich der Haushaltsführungsschaden bemisst und ob im vorliegenden Fall eine Schadensschätzung vorgenommen werden kann.

---

93 Siehe etwa Cass. Civ. Sez. III, 11.11.2011, n. 23573; Cass. Civ. Sez. III, 18.11.2014, n. 24471.

94 *Franzoni*, Il danno risarcibile, Band II, 2. Aufl. 2010, S. 459 ff.

95 Art. 143 Abs. 3 c.c.: „Entrambi i coniugi sono tenuti, ciascuno in relazione alle proprie sostanze e alla propria capacità di lavoro professionale o casalingo, a contribuire ai bisogni della famiglia". Deutsch (Übersetzung aus *Patti* (o. N. 2): „Beide Ehegatten sind entsprechend ihren Vermögensverhältnissen und ihrer Fähigkeit, im Beruf oder im Haushalt zu arbeiten, gehalten, zur Befriedigung der Bedürfnisse der Familie beizutragen."

96 *Scotti*, Il danno da sinistro Stradale, 2010, S. 210 ff.; *Cendon*, La prova e il quantum nel risarcimento del danno, 2013, Punkt 30.2. m.w.N.; *Caringella*, Responsabilità civile e assicurazioni. Normativa e giurisprudenza ragionata, 2008, S. 103 f.; *Crocitto*, Manuale della nuova infortunistica stradale. Profili pratici, 2008, S. 103 ff.

97 Zum Gesetzestext in deutscher Übersetzung siehe oben C. III. 1.

(1) Maßstäbe der italienischen Rechtsprechung

Die italienische höchstrichterliche Rechtsprechung setzt für den Ersatz des Haushaltsführungsschadens voraus, dass der Unfallgeschädigte darlegt und beweist, dass die eingetretenen Verletzungen derzeit oder in Zukunft das Verrichten der häuslichen Arbeit tatsächlich verhindern oder zumindest erschweren.[98] Zur Feststellung lässt die italienische Rechtsprechung medizinische Atteste und Gutachten ausreichen, die belegen, dass der Geschädigte in einem gewissen (ggf. prozentual bezifferten) Umfang der häuslichen Arbeit nicht mehr nachgehen kann. Dabei sind stets, so betont das Gericht, die Umstände des Einzelfalles zu berücksichtigen.[99]

Gelegentlich ist in der instanzgerichtlichen Rechtsprechung vertreten worden, dass die Haushaltsführung durch den Geschädigten „vollständig und alltäglich" *(completo e quotidiano)* ausgeschlossen sein muss.[100] Diese Voraussetzung ist durch den Kassationshof ausdrücklich verworfen worden, weil ansonsten ein „Alles oder Nichts-Prinzip" gelten würde und eine teilweise ausgeschlossene Haushaltsführung dann nicht möglich sei.[101] Auf Grundlage der maßgeblichen höchstrichterlichen Rechtsprechung ist damit zu prüfen, ob die eingetretenen Verletzungen derzeit oder in Zukunft das Verrichten der häuslichen Arbeit tatsächlich verhindern oder zumindest erschweren.

Die Tatsachenfeststellung und Beweiswürdigung ist dem anfragenden Gericht vorbehalten. Die Gutachter können dem nicht vorgreifen. Nach der Aktenlage erlitt der Kläger am 28.10.2012 durch die Kollision mit einem Fahrzeug unter anderem eine Tibia-Fraktur des linken Beins und infolgedessen an Gangstörungen, Schwindel, Problemen mit dem linken Fuß sowie dem linken Bein, sowie darüber hinaus an Schmerzen im Bereich der Brustwirbelsäule, der Halswirbelsäule und der Schultern, an einer Schwäche im Hüftbereich sowie an den Schultern und am Rücken. Der Kläger war nach Aktenlage die darauf folgenden 26 Wochen nur zu 20 % bzw. zu 50 % in der Lage, seine häusliche Arbeit zu verrichten. Diese partielle Arbeitsunfähigkeit ist darauf zurückzuführen, dass der Kläger auf einen Rollstuhl bzw. auf Unterarmstützen angewiesen war. Die Haushaltsführung bestand nach Aktenlage im Tätigen von Einkäufen und Besorgungen sowie in der Verrichtung unterschiedlichster Tätigkeiten im Haushalt.[102]

Das Tätigen von Einkäufen, Besorgungen und die Verrichtung von Tätigkeiten im Haushalt lassen sich als „häusliche Arbeit" im Sinne der oben dargelegten Rechtsprechungsgrundsätze einstufen. Die zunächst 80 %ige und danach 50 %ige Beeinträchtigung sprechen dafür, dass das Verrichten der häuslichen Arbeit zunächst aufgrund der unfallbedingten Verletzungen nahezu verhindert und sodann zumindest erheblich erschwert

98 Cass. Sez. III, 13.7.2010, n. 16392: „Ne consegue che chi lo invoca ha l'onere di dimostrare che gli esiti permanenti residuati alla lesione della salute impediscono o rendono più oneroso (ovvero impediranno o renderanno più oneroso in futuro) lo svolgimento del lavoro domestico).". Deutsch (Übersetzung des Gutachters): „Daraus folgt, dass derjenige, der sich darauf [auf den Schadenseintritt] beruft, die Beweislast trägt, dass die dauerhaften Folgen der Gesundheitsschädigung die Ausführung der Hausarbeit verhindern oder erschweren (bzw. in Zukunft verhindern oder erschweren werden)."

99 „Ma l'applicazione di tali principi non può avvenire automaticamente e senza analizzare le peculiarità del caso concreto." Deutsch (Übersetzung der Gutachter): „Allerdings kann die Anwendung dieser Grundsätze nicht automatisch erfolgen und ohne die Umstände des Einzelfalles zu prüfen."

100 Corte d'appello di Venezia, 5.9.2011 n. 1954.

101 Cass., Sez. III, 18.11.2014 n. 24471.

102 Siehe Bl. 5 d.A.

wurde. Stellt das erkennende Gericht fest, dass aufgrund der unfallbedingten Verletzungen in den zu beurteilenden 26 Wochen ab dem 28.10.2012 das Verrichten der häuslichen Arbeit tatsächlich verhindert oder zumindest erschwert wurde, dann sind die haftungsbegründenden Voraussetzungen für den Haushaltsführungsschaden nach Maßstab der italienischen höchstrichterlichen Rechtsprechung erfüllt.

(2) Schadensbemessung

Stellt das Gericht das Vorliegen der haftungsbegründenden Voraussetzungen für die Ersatzfähigkeit des Haushaltsführungsschadens fest, ist zu prüfen, wie hoch der Schaden zu beziffern ist.

Die italienische Rechtsprechung zieht zur Schadensbemessung zunächst die Kosten für eine Haushaltshilfe heran *(reddito di una collaboratrice domestica)*.[103] Wie hoch die Kosten für eine Haushaltshilfe in Italien sind, richtet sich nach Gehaltstabellen, die als Kollektivverträge vom italienischen Ministerium veröffentlicht und jährlich angepasst werden.[104] Dabei sind Art und Umfang der dem Geschädigten obliegenden Haushaltsaufgaben zu berücksichtigen.[105] Die Kollektivverträge werden auch auf Personen angewendet, die nicht die italienische Staatsbürgerschaft haben.[106]

Ist die Schadensberechnung anhand der Kosten für eine Haushaltshilfe nicht möglich, kann stattdessen der dreifache Satz der Mindestsozialrente als maßgeblicher Parameter herangezogen werden.[107] Die Berechnung der Kosten für die Haushaltshilfe ist eine Ermessensentscheidung des erkennenden Gerichts.[108] Damit ist eine Schadensschätzung des Gerichts möglich. § 287 ZPO ist anwendbar (s. o. C. III. 2.).

Aus alledem folgt: Die vom erkennenden Gericht vorzunehmende Schadensschätzung erfolgt auf Grundlage von Gehaltstabellen für Haushaltskräfte, die vom italienischen Ministerium veröffentlicht und jährlich angepasst werden. Das anfragende Gericht kann bei der vorzunehmenden Schadensschätzung § 287 ZPO anwenden.

cc) Schadensbemessung für die ersten 26 Wochen nach dem Unfall

Im Rahmen der dritten Teilfrage ist zu prüfen, in welcher Höhe ein Haushaltsführungsschaden bei einem Zweipersonenhaushalt anzusetzen ist, bei dem eine Person die hälftige Haushaltsführung in drei Monaten nur mit einer Beeinträchtigung von 80 % und für weitere drei Monate nur mit einer Beeinträchtigung von 50 % ausführen konnte.

---

103 Cass., Sez III, 20.10.2005; Tribunale Treviso 11 aprile 1996.

104 Https://www.lavoro.gov.it/temi-e-priorita/rapporti-di-lavoro-e-relazioni-industriali/focus-on/Analisi-economiche-costo-lavoro/Documents/CCNL-lavoro-domestico-aggiornamento-minimi-retributivi-e-relativa-tabella-15012019.pdf

105 *Cendon* (o. N. 96), Punkt 30.2.

106 Vgl. Art. 1 Abs. 2 des Kollektivvertrages im Bereich der Haushaltsdienstleitungen *(contratto collettivo nazionale sulla disciplina del rapporto di lavoro domestico)*: „Il contratto si applica ai prestatori di lavoro, anche di nazionalità non italiana […]". Deutsch (Übersetzung der Gutachter): „Der Vertrag wird angewendet auf Arbeitnehmer, auch auf solche ohne italienische Staatsbürgerschaft […]."

107 *Cendon* (o. N. 96), Punkt 30.2. Zu anderen Berechnungsmethoden siehe Domenico, Il risarcimento del danno patrimoniale alla casalinga, abrufbar unter: www.diritto.it/il-risarcimento-del-danno-patrimoniale-alla-casalinga/) (zuletzt abgerufen am 5.9.2019).

108 *Chindemi*, Il danno da perdita di chance, 2. Aufl. 2010, S. 121.

Anzuwenden für die Schadensbemessung sind die durch die nationale Kommission festgelegten Tabellen für die Kosten einer Haushaltshilfe in der jeweils für das Schadensjahr maßgeblichen Fassung *(Tabella minimi retributivi fissati dalla commissione Nazionale – Lavoro domestico)*.[109] Zur Veranschaulichung soll die Tabelle aus dem Jahr 2019 dargestellt werden.

Tabella minimi retributivi 2019					
Qualifiche e mansioni contrattuali	**20,00–8,00 Assistenza notturna**	**Fino 30 ore settimanali art. 15 c.2**	**54 ore settimanali art. 15 c.1**	**Art. 15 c.9**	**Paga oraria**
Livello A		Conviventi	Conviventi		
Colf con meno di 12 mesi di esperienza			636,20		4,62
Addetta alla lavanderia			636,20		4,62
Addetta alla pulizia			636,20		4,62
Addetta alla pulizia e addetto all'innaffiatura aree verdi			636,20		4,62
Aiuto cucina			636,20		4,62
Assistente ad animali domestici			636,20		4,62
Operaio comune			636,20		4,62
Stalliere			636,20		4,62
Livello A Super					
Addetto alla compagnia			751,88		5,45
Baby Sitter			751,88		5,45
Livello B					
Colf generico polifunzionale		578,37	809,71		5,78
Addetto alla stireria		578,37	809,71		5,78
Autista		578,37	809,71		5,78
Cameriere		578,37	809,71		5,78
Custode di abitazione privata		578,37	809,71		5,78
Giardiniere		578,37	809,71		5,78
Operaio qualificato		578,37	809,71		5,78
Livello B Super					
Assistenza a persona autosufficiente	997,67	607,29	867,55		6,13
Livello C					
Cuoco		670,89	925,40		6,47

109 Https://www.assindatcolf.it/informazioni-tecniche/contratto-nazionale-del-lavoro/.

Qualifiche e mansioni contrattuali	Tabella minimi retributivi 2019				
Qualifiche e mansioni contrattuali	**20,00–8,00 Assistenza notturna**	**Fino 30 ore settimanali art. 15 c.2**	**54 ore settimanali art. 15 c.1**	**Art. 15 c.9**	**Paga oraria**
Livello C Super					
Assistente a persona non autosufficiente (non formata)	1130,70		983,22	7,34	6,82
Livello D					
Amministratore di Beni di famiglia			1156,72 + 171,04		7,87
Capo cuoco			1156,72 + 171,04		7,87
Capo giardiniere			1156,72 + 171,04		7,87
Governante			1156,72 + 171,04		7,87
Istitutore			1156,72 + 171,04		7,87
Maggiordomo			1156,72 + 171,04		7,87
Livello D Super					
Assistenza a persona non autosufficiente (formata)	1396,77		1214,56 + 171,04	8,85	8,21
Direttore di casa			1214,56 + 171,04	8,85	8,21
Livello Unico					
Addetto alla presenza notturna, orario 21,00-08,00			668,01		
Per conviventi oppure per chi supera	PRANZO	CENA	ALLOGGIO		TOTALE
Indennità vitto e alloggio per ogni giorno	1,96	1,96	1,69		5,61
Part-time fino a 30 ore settimanali art. 15 comma 2	Orario continuo 6–14	Orario continuo 14–22	Oppure 30 ore in 3 giorni		

Die dargestellte Tabelle führt Monatswerte *(valori mensili)* auf, die den unterschiedlichen Arten von Haushaltshelfern in Abhängigkeit der jeweiligen Stufe zustehen. Vorliegend maßgeblich ist Tabelle A *(Lavoratori conviventi)* für im Haushalt lebende Haushaltsangestellte. Tabelle A weist unterschiedliche Werte auf in Abhängigkeit von der jeweiligen Stufe *(livello)*, in die der Haushaltshelfer eingestuft ist. Es gibt folgende aufsteigende

Stufen: A, AS, B, BS, C, CS, D und DS. „S" ist dabei die Abkürzung für „super" und ist eine Steigerung der jeweiligen Stufe A, B, C oder D. Die Einstufung des Haushaltshelfers in eine der Stufen erfolgt anhand verschiedener Parameter, etwa der Berufserfahrung, der Selbstständigkeit der Ausführung, der Koordinationsfreiräume und der Arten der verrichteten Tätigkeiten. Dabei wird in Stufe A eingestuft, wer einfache Haushaltstätigkeiten verrichtet und dabei weniger als 12 Monate Berufserfahrung hat. In die höchste Stufe (Stufe D) eingeordnet wird der Haushaltshelfer, der qualifizierte Tätigkeiten erbringt und dabei eine spezifische Berufsausbildung vorweisen kann (z.B. Verwalter der Familienwirtschaft).

In Kategorie A werden eingestuft:

„[...] collaboratori familiari generici, non addetti all'assistenza di persone, sprovvisti di esperienza professionale o con esperienza professionale (maturata anche presso datori di lavoro diversi) non superiore a 12 mesi, nonché i lavoratori che, in possesso della necessaria esperienza, svolgono con competenza le proprie mansioni, relative ai profili lavorativi indicati, a livello esecutivo e sotto il diretto controllo del datore di lavoro."

Deutsch:[110]

[...] allgemeine, nicht für die Personenpflege zuständige, Haushaltshelfer ohne Berufserfahrung (auch bei mehreren Arbeitgebern gesammelt) bzw. ohne Berufserfahrung von mehr als zwölf Monaten sowie Arbeitnehmer, die – im Besitz der erforderlichen Erfahrung – ihre eigenen Aufgaben kompetent in Bezug auf die angegebenen Arbeitsprofile auf der Führungsebene und unter der direkten Weisung des Arbeitgebers wahrnehmen.

Damit werden insbesondere folgende Hilfen in Kategorie A eingestuft: Haushaltshilfe mit weniger als 12 Monaten Berufserfahrung, Reinigungskraft, Haushaltshilfe für Wäscherei, Kochhilfe, Pferdeknechte *(stalliere)*, Hilfskraft für Haustiere und Angestellter für allgemeine Aufgaben.[111] Der angegebene Geldbetrag in Stufe A bezieht sich dabei auf eine wöchentliche Stundenzahl von 54 Stunden.

Die Tatsachenfeststellung und Beweiswürdigung ist dem anfragenden Gericht vorbehalten. Die Gutachter können dem nicht vorgreifen. Auf Grundlage der Akten weisen die Gutachter auf Folgendes hin: Der Kläger ist Rentner. Er lebt mit seiner nicht mehr erwerbstätigen Ehefrau in einem Zweipersonenhaushalt zusammen. Vor dem Unfallereignis teilten sich die Eheleute die im Haushalt zu verrichtenden Arbeiten. Dem Kläger oblagen insbesondere das Tätigen der Einkäufe mit dem Pkw und kleinerer Besorgungen. Nach Aktenlage lag die wöchentliche Stundenzahl der Haushaltsführung bei 19,4 h. Die Arbeitskraft des Klägers war ab dem Unfalltag 28.10.2012 13 Wochen um 80 % gemindert und weitere 13 Wochen um 50 % gemindert. Nach Einschätzung der Gutachter liegt wegen der Art der Haushaltstätigkeiten eine Einstufung in Kategorie A nahe. Nachfolgend wird eine exemplarische Schadensberechnung ausgehend von einer Klassifizierung der Tätigkeiten in Stufe A dargestellt. Die Gutachter weisen darauf hin, dass die Berechnung eine Frage der Tatsachenfeststellung des anfragenden Gerichts ist. Die nachfolgende Kalkulation kann die Durchführung der genauen Schadensberechnung durch das Gericht nicht ersetzen. Sollte das Gericht von einer Einstufung in eine andere Kategorie aus-

110 Übersetzung der Gutachter.

111 Siehe oben Tabelle unter „Livello A".

gehen, so wären in der Kalkulation die jeweils für die Kategorie A angegebenen Werte durch die entsprechenden Beträge aus einer anderen Kategorie zu ersetzen.

Parameter 1: Schadensjahr 2012, Tabelle A, Stufe A (Tabelle aus 2012[112]) = monatlich 595,36 € bei wöchentlich 54 Stunden. Parameter 1 gilt für acht Wochen (November bis Dezember 2012).

				Tabella minimi retributivi 2012
Qualifiche e mansioni contrattuali	**20,00–8,00 Assistenza notturna**	**Fino 30 ore settimanali art. 15 c.2**	**54 ore settimanali art. 15 c.1**	**Paga oraria**
Livello A		Conviventi	Conviventi	
Colf con meno di 12 mesi di esperienza			595,36	4,33

Parameter 2: Schadensjahr 2013, Tabelle A, Stufe A (Tabelle aus 2013[113]) = monatlich 606,79 € bei wöchentlich 54 Stunden. Parameter 2 gilt für die restlichen 18 Wochen (Januar bis Mai 2013).

					Tabella minimi retributivi 2013
Qualifiche e mansioni contrattuali	**20,00–8,00 Assistenza notturna**	**Fino 30 ore settimanali art. 15 c.2**	**54 ore settimanali art. 15 c.1**	**Art. 15 c.9**	**Paga oraria**
Livello A		Conviventi	Conviventi		
Colf con meno di 12 mesi di esperienza			606,79		4,41

Berechnung: 19,4 h / 54 h = 35,93 % Arbeitszeit.

Parameter 1: 35,93 % von 595,36 € = 213,91 € monatlich.

213,91 € / 4 Wochen = 53,47 € wöchentlich

53,47 € wöchentlich = 100 % Minderung der Arbeitskraft. Daraus ergeben sich 42,78 € wöchentlich bei 80 % Minderung der Arbeitskraft.

42,78 € x 8 Wochen 342,21 € Haushaltsführungsschaden für November und Dezember 2012.

Parameter 2: 35,93 % von 606,79 € = 218,02 € monatlich.

218,02 € / 4 Wochen 54,50 € wöchentlich

54,50 € wöchentlich = 100 % Minderung der Arbeitskraft. Daraus ergeben sich 27,25 € wöchentlich bei 50 % Minderung der Arbeitskraft und 43,60 € bei 80 % Minderung der Arbeitskraft

Also: 13 Wochen minus 8 Wochen = 5 Wochen mit 80 % Minderung und 13 Wochen mit 50 % Minderung.

112 Https://www.colfdomina.it/wp-content/uploads/2017/05/MINIMI-RETRIBUTIVI_2012.pdf.
113 Https://www.colfdomina.it/wp-content/uploads/2017/05/MINIMI-RETRIBUTIVI_2013.pdf.

Berechnung: 5 Wochen x 43,60 € + 13 Wochen x 27,25 € = 572,25 € für Januar bis Mai 2013.

Daraus folgt: 342,21 € + 572,25 € = insgesamt 914,46 € Haushaltsführungsschaden für 26 Wochen.

Stellt das anfragende Gericht fest, dass die vom Kläger üblicherweise im Haushalt verrichteten Tätigkeiten als einfache Tätigkeiten gemäß Kategorie A nach den oben dargestellten Tabellen einzustufen sind, dann ergibt sich für die 26 Wochen nach dem Unfall ein Haushaltsführungsschaden in Höhe von 914,46 €.

dd) Schadensbemessung für den Haushaltsführungsschaden ab dem 1. Mai 2013

Es ist im Rahmen der vierten Teilfrage zu klären, ob zusätzlich zu berücksichtigen ist, dass der Kläger unfallbedingt nicht mehr in der Lage ist, ein Fahrzeug zu führen und somit die Einkäufe zu erledigen. Dabei ist auf die Frage einzugehen, ob dieser Umstand für mehrere Jahre berücksichtigt werden kann.

Das Tätigen kleinerer Besorgungen mit dem Fahrzeug ist – wie oben dargelegt – eine Arbeit im Haushalt. Zudem können entstandene Schäden – bis zum Eintritt der Verjährung – auch über mehrere Jahre hinweg geltend gemacht werden. Stuft man diese Haushaltsarbeit in Kategorie A ein und rechnet man die Haushaltsführungsschäden aus den jeweiligen Jahren zusammen, so ergibt sich exemplarisch folgende Berechnung, die durchzuführen jedoch eine allein richterliche Aufgabe ist. Sie wird hier nur beispielhaft wiedergegeben:

1) Parameter 1: Schadensjahr 2013[114], Tabelle A, Stufe A, Tabelle aus 2013 = monatlich 606,79 € bei wöchentlich 54 Stunden. Zu beurteilender Zeitraum: 1.5.2013 bis 31.12.2013.
   Berechnung: 606,79 € bei monatlich 216 Stunden = 2,81 €/h x 5 Stunden = wöchentlich 14,05 € x 32 Wochen = 449,47 € als Haushaltsführungsschaden für 2013.
2) Parameter 2: Schadensjahr 2014[115], Tabelle A, Stufe A, Tabelle aus 2014 = monatlich 614,86 € bei wöchentlich 54 Stunden. Zu beurteilender Zeitraum: 1.1.2014 bis 31.12.2014.
   Berechnung: 614,86 € bei monatlich 216 Stunden = 2,85 €/h x 5 Stunden = wöchentlich 14,23 € x 52 Wochen = 740,11 € als Haushaltsführungsschaden für 2014.
3) Parameter 3: Schadensjahr 2015[116], Tabelle A, Stufe A, Tabelle aus 2015 = monatlich 620,25 € bei wöchentlich 54 Stunden. Zu beurteilender Zeitraum: 1.1.2015 bis 31.12.2015.
   Berechnung: 620,25 € bei monatlich 216 Stunden = 2,87 €/h x 5 Stunden = 14,36 € x 52 Wochen = 746,60 € als Haushaltsführungsschaden für 2015.
4) Parameter 4: Schadensjahr 2016[117], Tabelle A, Stufe A, Tabelle aus 2016 = monatlich 624,65 € bei wöchentlich 54 Stunden. Zu beurteilender Zeitraum: 1.1.2016 bis 31.12.2016.

114 Https://www.colfdomina.it/wp-content/uploads/2017/05/MINIMI-RETRIBUTIVI_2013.pdf.

115 Https://www.colfdomina.it/wp-content/uploads/2017/05/MINIMI-RETRIBUTIVI_2014.pdf.

116 Https://www.colfdomina.it/wp-content/uploads/2017/05/MINIMI-RETRIBUTIVI_2015.pdf.

117 Https://www.patronato.acli.it/wp-content/uploads/2016/12/Minimi-Retributivi-Colf-2016.pdf.

Berechnung: 624,65 € bei monatlich 216 Stunden = 2,89 €/h x 5 Stunden = 14,46 € x 52 Wochen = 751,90 € als Haushaltsführungsschaden für 2016.

5) Parameter 5: Schadensjahr 2017[118], Tabelle A, Stufe A, Tabelle aus 2017 = monatlich 625,15 € bei wöchentlich 54 Stunden. Zu beurteilender Zeitraum: 1.1.2017 bis 31.12.2017.
   Berechnung: 625,15 € bei monatlich 216 Stunden = 2,89 €/h x 5 Stunden = 14,47 € x 52 Wochen = 752,50 € als Haushaltsführungsschaden für 2017.
6) Parameter 6: Schadensjahr 2018[119], Tabelle A, Stufe A, Tabelle aus 2018 = monatlich 629,15 € bei wöchentlich 54 Stunden. Zu beurteilender Zeitraum: 1.1.2018 bis 31.12.2018.
   Berechnung: 629,15 € bei monatlich 216 Stunden = 2,91 €/h x 5 Stunden= 14,56 € x 52 Wochen = 757,31 € als Haushaltsführungsschaden für 2018.
7) Parameter 7: Schadensjahr 2019[120], Tabelle A, Stufe A, Tabelle aus 2019 = monatlich 636,20 € bei wöchentlich 54 Stunden. Zu beurteilender Zeitraum: 1.1.2019 bis 31.12.2019.
   Berechnung:636,20 € bei monatlich 216 Stunden = 2,95 €/h x 5 Stunden = 14,73 € x 52 Wochen = 765,80 € als Haushaltsführungsschaden für 2019.
8) Zusammenrechnung des Gesamtschadens: 449,47 € (Anteiliges Schadensjahr 2013) + 740,11 € (Schadensjahr 2014) + 746,60 € (Schadensjahr 2015) + 751,90 € (Schadensjahr 2016) + 752,50 € (Schadensjahr 2017) + 757,31 € (Schadensjahr 2018) + 765,80 € (Schadensjahr 2019) = Gesamthaushaltsführungsschaden für den Zeitraum vom 1.5.2013 bis zum 31.12.2019 = 4.963,69 €

Die Tatsachenfeststellung und Beweiswürdigung ist dem anfragenden Gericht vorbehalten. Die Gutachter können dem nicht vorgreifen. Auf Grundlage der Akten weisen die Gutachter darauf hin, dass das Tätigen von Besorgungen und Einkäufen mit dem Pkw die Anforderungen der Kategorie A erfüllt. Stellt das erkennende Gericht fest, dass die dem Kläger obliegenden Haushaltstätigkeiten als Arbeiten der Kategorie A einzustufen sind, dann steht dem Kläger für den Zeitraum vom 1.5.2013 bis zum 31.12.2019 ein Gesamthaushaltsführungsschaden in Höhe von 4.963,69 € zu. Der Haushaltsführungsschaden für die Jahre ab dem 1.1.2020 wird nach den in der Tabelle für die jeweiligen Jahre entsprechend festgelegten Beträgen immer neu berechnet. Stellt das anfragende Gericht die Ersatzpflicht auch für zukünftige Haushaltsführungsführungsschäden wegen des Unfallereignisses fest, dann hat der Kläger Anspruch auf Ersatz des jährlich neu berechneten Haushaltsführungsschadens.

ee) Ergebnis zur Erstattungsfähigkeit des Haushaltsführungsschadens

1. Die grundsätzliche Ersatzfähigkeit des Haushaltsführungsschadens im italienischen Recht ist in der italienischen Rechtsprechung und Literatur anerkannt. Die italienische höchstrichterliche Rechtsprechung setzt für den Ersatz des Haushaltsführungsschadens voraus, dass der Unfallgeschädigte darlegt und beweist, dass die eingetretenen

118 Https://www.colfdomina.it/wp-content/uploads/2017/05/MINIMI-RETRIBUTIVI_2017.pdf.
119 Https://www.colfdomina.it/wp-content/uploads/2018/01/tabella-minimi-retributivi-colf-badanti-2018.pdf.
120 Https://www.colfdomina.it/wp-content/uploads/2019/01/MINIMI-RETRIBUTIVI_2019.pdf.

Verletzungen derzeit oder in Zukunft das Verrichten der häuslichen Arbeit tatsächlich verhindern oder zumindest erschweren.

2. Die italienische Rechtsprechung zieht zur Schadensbemessung die Kosten für eine Haushaltshilfe heran. Die Kosten richten sich nach Gehaltstabellen, die als Kollektivverträge vom italienischen Ministerium veröffentlicht und jährlich angepasst werden. In Abhängigkeit von Art und Umfang der zu verrichtenden Haushaltsaufgaben bzw. der einschlägigen Berufserfahrung erfolgt eine Einstufung des Berufs in bestimmte Kategorien. Das anfragende Gericht kann bei der Schadensbemessung § 287 ZPO anwenden.
3. Stellt das anfragende Gericht fest, dass die vom Kläger üblicherweise im Haushalt verrichteten Tätigkeiten als einfache Tätigkeiten gemäß Kategorie A nach Tabellen für die Kosten einer Haushaltshilfe einzustufen sind, dann ergibt sich für die 26 Wochen nach dem Unfall ein Haushaltsführungsschaden in Höhe von 914,46 €.
4. Stellt das erkennende Gericht fest, dass die dem Kläger obliegenden Haushaltstätigkeiten, insbesondere das Tätigen von Einkäufen mit dem Pkw, als Arbeiten der Kategorie A einzustufen sind, dann steht dem Kläger für den Zeitraum vom 1.5.2013 bis zum 31.12.2019 ein Gesamthaushaltsführungsschaden in Höhe von 4.963,69 € zu. Ein Anspruch auf Ersatzpflicht für die Zukunft besteht, wenn die Anspruchsvoraussetzungen weiterhin erfüllt sind. Der Anspruch wird jährlich neu berechnet.

c) Anspruch auf Ersatz außergerichtlicher Anwaltskosten

Es ist zu klären, unter welchen Voraussetzungen die Kosten für die Einschaltung eines Rechtsanwalts zur Abwicklung der Schadensregulierung nach einem Verkehrsunfall durch die gegnerische Versicherung zu ersetzen sind. Der Kläger macht vorliegend die Freistellung von einem Anspruch in Höhe von 1.822,96 € geltend.

aa) Grundsätzliche Erstattungsfähigkeit

Seit 2010 ist die Erstattungsfähigkeit vorgerichtlicher Rechtsverfolgungskosten gefestigte Rechtsprechung des Kassationshofes. In einer vielzitierten Entscheidung hatte das Gericht entschieden:[121]

„In caso di sinistro stradale, qualora il danneggiato abbia fatto ricorso all'assistenza di uno studio di assistenza infortunistica stradale ai fini dell'attività stragiudiziale diretta a richiedere il risarcimento del danno asseritamente sofferto al responsabile ed al suo assicuratore, nel successivo giudizio instaurato per ottenere il riconoscimento del danno, la configurabilità della spesa sostenuta per avvalersi di detta assistenza come danno emergente non può essere esclusa per il fatto che l'intervento di detto studio non abbia fatto recedere l'assicuratore dalla posizione assunta in ordine all'aspetto della vicenda che era stato oggetto di discussione e di assistenza in sede stragiudiziale, ma va valutata considerando, in relazione all'esito della lite su detto aspetto, se la spesa sia stata necessitata e giustificata in funzione dell'attività di esercizio stragiudiziale del diritto al risarcimento."

121 Cass., 21.1.2010, n. 997.

Deutsch:[122]

Im Falle eines Verkehrsunfalls, sofern der Geschädigte sich an eine Privatagentur zur Unfallregulierung gewandt hat, damit ihn diese im Wege der direkten außergerichtlichen Geltendmachung der erlittenen Schäden gegenüber dem Schädiger und dessen Versicherung unterstützt, kann die Einordnung der entstandenen Kosten als *danno emergente* nicht deswegen abgelehnt werden, weil die Unterstützung durch die Agentur nicht dazu geführt hat, dass die Versicherung nicht von ihrem Standpunkt abgewichen ist hinsichtlich des Falls, der Gegenstand von Besprechungen und Unterstützung in der außergerichtlichen Phase geworden war, sondern muss im Einklang mit dem Ergebnis des Streitfalls in diesem Punkt bemessen werden vor dem Hintergrund, ob die Unterstützung notwendig und begründet war als Handlung zur Erlangung des Schadensersatzes auf außergerichtlichem Wege.

Im zitierten Fall hatte der Kassationshof die Erstattungsfähigkeit der Kosten, die im Rahmen der Beauftragung einer Privatagentur zur Unfallregulierung entstanden waren, bejaht.

Die grundsätzliche Erstattungsfähigkeit außergerichtlicher Rechtsanwaltskosten bestätigte der Kassationshof in einer Entscheidung von 2015:[123]

„In primo luogo, va rilevato che secondo la giurisprudenza di questa Corte, nella speciale procedura per il risarcimento del danno da circolazione stradale, il danneggiato ha facoltà, in ragione del suo diritto di difesa, costituzionalmente garantito, di farsi assistere da un legale di fiducia e, in ipotesi di composizione bonaria della vertenza, di farsi riconoscere il rimborso delle relative spese legali; se invece la pretesa risarcitoria sfocia in un giudizio nel quale il richiedente sia vittorioso, le spese legali sostenute nella fase precedente all'instaurazione del giudizio divengono una componente del danno da liquidare e, come tali devono essere chieste e liquidate sotto forma di spese vive o spese giudiziali. (Cass. n. 2275/06, Cass. 11606/2005)."

Deutsch:

An erster Stelle ist zu betonen, dass der Geschädigte nach der Rechtsprechung dieses Gerichtshofs für das spezielle Verfahren des Schadensersatzes nach einem Verkehrsunfall dazu befugt ist, aufgrund seines Rechts zur Verteidigung, das verfassungsrechtlich verankert ist, sich durch einen Rechtsberater seines Vertrauens beraten zu lassen und, im Falle einer gütlichen Beilegung des Streits, sich die Kosten für die juristische Unterstützung erstatten zu lassen; soweit hingegen die Sache in ein Urteil zugunsten des Anspruchstellers mündet, stellen die Kosten, die ihm in der vorgerichtlichen Phase entstanden sind, einen Teil des zu erstattenden Schadensersatzes dar und müssen als solche geltend gemacht und als Teil der Selbstkosten oder der Gerichtskosten erstattet werden. (Cass. n. 2275/06, Cass. 11606/2005).

Außergerichtliche Rechtsanwaltskosten wurden auch in späteren Urteilen des Kassationshofes bei Vorliegen der entsprechenden Voraussetzungen zugesprochen.[124] Im Einklang mit der italienischen höchstrichterlichen Rechtsprechung bejaht die instanzgerichtliche

122 Deutsche Übersetzung von *Doughan*, JbItalR 26 (2013), S. 173, 175.

123 Cass., 29.5.2015, n. 11154.

124 Cass., Sez. VI, ordinanza vom 2.2.2018, n. 2644.

Judikatur die Ersatzfähigkeit außergerichtlicher Rechtsanwaltskosten.[125] Diesem Standpunkt schließen sich auch gewichtige Stimmen in der italienischen Rechtslehre an.[126] Aus alledem folgt, dass auf Grundlage der italienischen Rechtsprechung und Lehre außergerichtliche Anwaltskosten, sofern die Anspruchsvoraussetzungen (s.u. C. III. 3. c) bb)) gegeben sind, grundsätzlich erstattungsfähig sind. Die Anspruchsgrundlage für den Ersatz außergerichtlicher Anwaltskosten bei deliktischer Schädigung ist Art. 2043 i.V.m. Art. 1223 Alt. 1 c.c.

bb) Voraussetzungen für die Erstattungsfähigkeit

Es ist zu klären, unter welchen Voraussetzungen außergerichtliche Rechtsanwaltskosten erstattungsfähig sind. Bereits in der unter C. III. 3. c) aa) vorgestellten Entscheidung des Kassationshofes von 2010[127] hatte das Gericht herausgestellt, dass für die Erstattungsfähigkeit maßgeblich ist, ob die Unterstützung durch den Rechtsanwalt zur Erlangung von Schadensersatz auf außergerichtlichem Weg notwendig und begründet war. In seinen späteren Entscheidungen hat der Kassationshof diese Voraussetzung konkretisiert. Das Gericht führt dazu aus:[128]

„I compensi corrisposti dal danneggiato al proprio avvocato per l'attività stragiudiziale devono poter formare oggetto di domanda di risarcimento nei confronti dell'altra parte a titolo di danno emergente, quando siano state necessarie e giustificate. [...] Dovrà perciò ritenersi sempre risarcibile la spesa per compensare un legale, quando il sinistro presentava particolari problemi giuridici, ovvero quando la vittima non ha ricevuto la dovuta assistenza, ex art. 9, co. 1, d.p.r. 254/2006, dal proprio assicuratore. Per contra, sarà sempre irrisarcibile la spesa per compensi all'avvocato, quando la gestione del sinistro non presentava alcuna difficoltà, i danni da esso derivati erano modestissimi, e l'assicuratore aveva prontamente offerto la dovuta assistenza al danneggiato."

Deutsch:

Die Zahlungen, die der Geschädigte an den eigenen Rechtsanwalt für dessen außergerichtliche Tätigkeit geleistet hat, können als Erstattungsposten gegenüber der anderen Partei geltend gemacht werden als Teil des sog. *danno emergente* („eingetretener Schaden"), soweit diese notwendig und begründet waren. [...] Entsprechend wird die an einen Rechtsberater geleistete Zahlung immer dann erstattungsfähig sein, soweit der Schadensfall besondere rechtliche Probleme aufwies, oder soweit der Geschädigte nicht die zu erbringende Unterstützung seitens des Versicherers erhalten hat, wie in Art. 9, Abs. 1, Präsidialerlass 254/2006. Im Gegenzug wird die an den Rechtsanwalt geleistete Zahlung immer dann nicht erstattungsfähig sein, wenn die Abwicklung des Falls keine größere Schwierigkeit aufwies, die eingetretenen Schäden minimal waren und der Versicherer bereits zeitnah die dem Geschädigten geschuldete Unterstützung angekündigt hat.

125 *Doughan*, JbItalR 26 (2013), S. 173, 175 m.N.

126 *Gualandi*, Spese e danni nel processo civile, S. 11; *Paliero* in: Carpi/Taruffo, Codice di Procedura Civile, Bd. I, Art. 92, Punkt I, Nr. 4.

127 Cass., 21.1.2010, n. 997.

128 Cass., 29.5.2015, n. 11154.

Der Kassationshof nahm kürzlich eine weitere Konkretisierung vor:[129]

„L'utilità di tale esborso, ai fini della possibilità di porlo a carico del danneggiante, deve essere valutata ex ante, cioè in vista di quello che poteva ragionevolmente presumersi essere l'esito futuro del giudizio."

Deutsch:

Die Nützlichkeit dieser Auslage im Hinblick auf die Möglichkeit, sie zu Lasten des Schädigers zu stellen, muss *ex ante* bewertet werden, d.h. mit Blick auf das, was vernünftigerweise als künftiges Ergebnis des Urteils erwartet werden kann.

In seinem Urteil vom 13.3.2017 spricht das Gericht also nicht mehr von strikter „Notwendigkeit" der Ausgabe, sondern lässt ihre Nützlichkeit genügen. Dabei ist unklar, ob die Prüfung der Nützlichkeit der getätigten Ausgabe eine Abkehr vom Notwendigkeitserfordernis zur Folge hat. Nach Einschätzung der Gutachter hat die italienische Rechtsprechung das Merkmal der „Notwendigkeit" der Kosten nicht aufgegeben, sondern lediglich die Anforderungen an das Merkmal gesenkt. Für diese Deutung spricht der Umstand, dass spätere Urteile aus dem Jahr 2018 weiter die Notwendigkeit der Mandatierung des Anwalts prüfen, gelegentlich aber niedrigere Anforderungen an das Tatbestandsmerkmal stellen.[130] Die impersonelle *si*-Konstruktion im Italienischen („che poteva ragionevolmente presumer*si*")[131] ist zudem ein Indiz dafür, dass die Nützlichkeit nicht subjektiv, sondern objektiv vorliegen muss.

Darüber hinaus hat das Gericht durch eine Entscheidung der Vereinigten Senate *(Sezioni Unite)* und daher mit besonderem Gewicht außer Zweifel gestellt, dass es sich bei den Kosten für rechtliche Unterstützung in der vorgerichtlichen Phase um einen Posten des materiellen *danno emergente* (entstandener Schaden) und damit „etwas immanent Andersgeartetes als die echten Gerichts- und Anwaltskosten" (*qualcosa di intrinsecamente diverso rispetto alle spese legali vere e proprie*) handelt.[132] Daraus folgt für das Gericht, dass wie für alle Posten des *danno emergente* die normalen Darlegungs- und Beweisregeln gelten.[133] Dies bedeutet, dass der Aufwand für die vorgerichtliche Rechtsverfolgung nicht ersetzt werden kann,

„[...] quando sia, ad esempio, superflua ai fini di una più pronta definizione del contenzioso, non avendo avuto in concreto utilità per evitare il giudizio o per assicurare una tutela più rapida risolvendo problemi tecnici di qualche complessità (Cass. n. 9548 del 2017)."[134]

Deutsch:

wenn er zum Beispiel im Hinblick auf eine schnellere Auflösung des Rechtsstreits überflüssig ist und keine konkrete Nützlichkeit gehabt hat, um das Urteil zu vermeiden oder einen rascheren Schutz zu gewährleisten, indem er technische Fragen von einiger Komplexität löst (Cass. n. 9548 aus 2017).

---

129 Cass., 13.3.2017, n. 6422, Rn. 2. Dem folgend auch Cass., 10.7.2017, n. 16990, Rn. 4.1.

130 Vgl. etwa Cass., Sez. VI, 2.2.2018, n. 2644.

131 Übersetzt: „was vernünftigerweise erwartet werden kann", vgl. Cass., 13.3.2017, n. 6422, Rn. 2.

132 Cass., 13.3.2017, n. 6422, Rn. 2; Cass., 10.7.2017, n. 16990, Rn. 4.1.

133 Cass., 10.7.2017, n. 16990, Rn. 4.1.

134 Cass., 10.7.2017, n. 16990, Rn. 4.1.

In dem Fall, auf den der Kassationshof in dem Zitat verweist, hatte der Dritte Zivilsenat das Tatsachengericht bestätigt, das den Einsatz einer Unfallregulierungsgesellschaft als überflüssig angesehen hatte, da es sich nach seiner Tatsachenfeststellung und -bewertung um einen einfachen Unfall mit voller Haftungsübernahme des Unfallgegners handelte und alle sachlichen Schäden ersetzt worden waren. Auch hiernach scheint es das Kassationsgericht für eine Erstattungsfähigkeit genügen lassen zu wollen, wenn der vorgerichtliche Aufwand im Hinblick auf eine vorgerichtliche Lösung des Konflikts nicht überflüssig bzw. nützlich war.

In dem Fall, den die Vereinigten Senate des Kassationshofes selbst zu entscheiden hatten, bestätigten sie die Tatsacheninstanz, welche das Parteivorbringen dazu, ob die Einholung eines Sachverständigengutachtens nach den im Urteil n. 997/2010 gesetzten Maßstäben zur Erlangung des Schadensersatzes auf außergerichtlichem Wege notwendig und begründet war, als verspätet zurückgewiesen hatte.[135]

Zuletzt hat der Kassationshof nochmals bekräftigt, dass die Kosten für außergerichtlichen Rechtsbeistand einen gewöhnlichen Posten des *danno emergente* eines Unfallopfers darstellen und damit den entsprechenden Voraussetzungen im Hinblick auf Kausalität (Art. 1223 c.c.), Mitverschulden (Art. 1227 Abs. 1 c.c.) und Schadensminderungspflicht (Art. 1227 Abs. 2 c.c.) unterliegt.[136]

Um die Frage nach der Erstattungsfähigkeit vorgerichtlicher Rechtsanwaltskosten zu beantworten, ist demnach zu untersuchen, inwiefern diese Kosten nach diesem Maßstab notwendig und begründet waren.[137] An das Merkmal der Notwendigkeit der Kosten sind keine allzu strengen Anforderungen zu stellen. Ein starker Indikator für das Vorliegen der Notwendigkeit der Kosten ist, dass die Hinzuziehung des Rechtsanwalts nützlich und nicht überflüssig ist. Das Vorliegen des Merkmals der Nützlichkeit ist aus der *ex ante*-Sicht zu beurteilen. Dabei kommt es entscheidend auf die Umstände des Einzelfalls an. Die Tatsachenfeststellung und Beweiswürdigung ist dem anfragenden Gericht vorbehalten. Die Gutachter können dem nicht vorgreifen. Auf Grundlage der Akten weisen die Gutachter auf Folgendes hin: Nach der italienischen höchstrichterlichen Rechtsprechung sind außergerichtliche Anwaltskosten grundsätzlich ersatzfähig. Für die Notwendigkeit spricht vorliegend, dass die Abwicklung von Fällen mit Auslandsbezug in der Regel komplizierter ist als bei reinen Inlandssachverhalten. Zudem handelt es sich um einen erheblichen Personenschaden und um einen Gegenstandswert von 45.411,93 €. Der Kläger war vernünftigerweise angehalten, im Vorfeld des Prozesses rechtskundigen Beistand in Anspruch zu nehmen. Vor dem Hintergrund der gelockerten Voraussetzungen der Rechtsprechung, wonach die Nützlichkeit der Mandatierung eines Anwalts ausreicht und des berechtigten Interesses des Klägers, rechtskundigen Beistand in Anspruch zu nehmen, spricht viel dafür, die vorgerichtliche Mandatierung des klägerischen Anwalts als notwendig einzustufen.

Stellt das Gericht fest, dass die vorgerichtliche Mandatierung des Anwalts notwendig und begründet war, dann steht dem Kläger gegen die Beklagte dem Grunde nach ein An-

135 Cass., 10.7.2017, n. 16990, Rn. 4.2.

136 Cass., 2.2.2018, n. 2644.

137 Ebenso *Feller* (o. N. 82), Rn. 141. S. auch *Buse*, DAR 2016, 557, 562.

spruch auf Ersatz außergerichtlicher Anwaltskosten zu, bzw. auf Freistellung von diesen Kosten.

cc) Höhe der zu erstattenden Kosten

Daraus, dass es sich bei vorgerichtlichen Anwaltskosten um einen Posten des materiellen *danno emergente* handelt, folgt für den Kassationshof auch, dass die Auszahlung zwangsläufig nach den „forensischen Gebührensätzen" *(tariffe forensi)* erfolgen muss.[138]

(1) Berechnung der Höhe des Kostenerstattungsanspruches

Hinsichtlich der Vergütung außergerichtlicher anwaltlicher Tätigkeit sieht das Ministerialdekret vom 20.7.2012, n. 140, zur Vergütung von Rechtsdienstleistungen in seinem Art. 3 vor:

„1. L'attività stragiudiziale è liquidata tenendo conto del valore e della natura dell'affare, del numero e dell'importanza delle questioni trattate, del pregio dell'opera prestata, dei risultati e dei vantaggi, anche non economici, conseguiti dal cliente, dell'eventuale urgenza della prestazione.
2. Si tiene altresì conto delle ore complessive impiegate per la prestazione, valutate anche secondo il valore di mercato attribuito alle stesse. [...]."

Deutsch:[139]

1. Die außergerichtliche Tätigkeit wird festgelegt und abgerechnet entsprechend des Streitwerts und des Streitgegenstands, der Anzahl und der Bedeutung der behandelten Fragen, des Werts der geleisteten Handlungen, der Ergebnisse und der Vorteile, auch nicht wirtschaftlich messbarer Natur, die der Mandant erlangt hat sowie der eventuellen Dringlichkeit der Leistung.
2. In die Berechnung fließen des Weiteren die Anzahl der zur Erbringung der Leistung benötigten Stunden ein, die nach dem Marktwert derselben bemessen werden. [...]

Ein Verweis auf konkrete Quoten findet sich in Art. 3 des Ministerialdekrets n. 140 von 2012 nicht. Die Höhe der zu erstattenden Kosten sollte danach im Wege der Ermessensausübung durch den Richter für jeden Einzelfall ermittelt werden:[140]

„Inoltre, va rilevato che le attività stragiudiziali, [...] non hanno (evidentemente per scelta del DM 140/2012), parametri di riferimento, cosicché la loro quantificazione, in assenza di accordo tra le parti, non potrà che essere rimessa alla discrezione del giudice."

Deutsch:[141]

Außerdem ist anzumerken, dass die außergerichtlichen Tätigkeiten [...] keine (offensichtlich eine gewollte Entscheidung des Ministerialdekrets 140/2012) Bezugsgrundlage haben, sodass deren Bemessung, mangels Vereinbarung der Parteien, der Ermessensausübung durch den Richter unterfällt.

138 Cass., 10.7.2017, n. 16990, Rn. 4.1.

139 Deutsche Übersetzung von *Doughan*, JbItalR 26 (2013), S. 173, 175.

140 Siehe *Scarselli*, I parametri ministeriali per la liquidazione di compensi forensi nel tempo della crisi, Foro it., 2012, V, S. 257 ff.

141 Übersetzung bei *Doughan*, JbItalR 26 (2013), S. 173, 178.

Eine konkrete grundsätzliche Berechnungsweise für außergerichtliche Rechtsanwaltskosten ist im Ministerialdekret vom 10.3.2014, n. 55, welches das Ministerialdekret n. 140 von 2012 aktualisiert hat, in der Fassung, die es jüngst durch Ministerialdekret vom 8.3.2018, n. 37[142] erhalten hat, festgelegt:[143]

Art. 18 des Ministerialdekrets vom 10.3.2014, n. 55:

„I compensi liquidati per prestazioni stragiudiziali sono onnicomprensivi in relazione ad ogni attività inerente l'affare."

Deutsch:

Die für die außergerichtliche Tätigkeit zu leistenden Zahlungen erfassen jegliche Tätigkeit, die im Rahmen der Rechtssache erbracht wurde.

Art. 19 des Ministerialdekrets vom 10.3.2014, n. 55:

„Ai fini della liquidazione del compenso si tiene conto delle caratteristiche, dell'urgenza, del pregio dell'attività prestata, dell'importanza dell'opera, della natura, della difficoltà e del valore dell'affare, della quantità e qualità delle attività compiute, delle condizioni soggettive del cliente, dei risultati conseguiti, del numero e della complessità delle questioni giuridiche e in fatto trattate. In ordine alla difficoltà dell'affare si tiene particolare conto di contrasti giurisprudenziali rilevanti, della quantità e del contenuto della corrispondenza che risulta essere stato necessario intrattenere con il cliente e con altri soggetti. Il giudice tiene conto dei valori medi di cui alla tabella allegata, che, in applicazione dei parametri generali, possono essere aumentati di regola sino all'80 per cento, ovvero possono essere diminuiti in ogni caso in misura non superiore al 50 per cento."

Deutsch:

Zum Zwecke der Ermittlung der Vergütung werden die Eigenarten, die Dringlichkeit, der Wert der erbrachten Leistung, die Bedeutung der Tätigkeit, die Eigenart, die Schwierigkeit und der Wert der Angelegenheit, der Umfang und die Qualität der erbrachten Leistungen, die persönlichen Umstände des Mandanten, die erreichten Ergebnisse, die Anzahl und Komplexität der relevanten und tatsächlich bearbeiteten juristischen Fragen berücksichtigt. Um die Schwierigkeit der Angelegenheit zu ermitteln, sind insbesondere kontrastierende relevante Rechtsprechungstendenzen zu berücksichtigen sowie der Umfang und der Inhalt der Korrespondenz in der Sache mit dem Mandanten und mit Dritten. Der Richter hat dabei die Durchschnittswerte der angehängten Tabelle zu berücksichtigen, die, unter Anwendung der allgemeinen Kriterien, in der Regel bis zu 80 Prozent angehoben werden können oder in jedem Fall in einem Ausmaß von nicht mehr als 50 Prozent herabgesetzt werden können.

Art. 20 des Ministerialdekrets vom 10.3.2014, n. 55:

„1. L'attività stragiudiziale svolta prima o in concomitanza con l'attività giudiziale, che riveste una autonoma rilevanza rispetto a quest'ultima, è di regola liquidata in base ai parametri numerici di cui alla allegata tabella.

142 Gazzetta Ufficiale v. 26.4.2018, n. 96. Nach Art. 6 des Dekrets ist es anwendbar auf Abrechnungen *(liquidazioni)* nach seinem Inkrafttreten am 27.4.2018 (gemäß Art. 7 des Dekrets).

143 Siehe dazu: www.altalex.com/documents/news/2014/04/09/parametri-forensi-il-decreto-attuativo-in-gazzetta (zuletzt abgerufen am 22.8.2019).

1-*bis*. […].“

Deutsch:

1. Die außergerichtliche Tätigkeit, die im Vorfeld oder gleichzeitig zur gerichtlichen Tätigkeit erbracht wird, die eine eigenständige Leistung im Verhältnis zur gerichtlichen Tätigkeit darstellt, wird in der Regel nach den in der angehängten Tabelle festgelegten Beträgen bemessen.

1-*bis*. […].

Art. 21 des Ministerialdekrets vom 10.3.2014, n. 55:

„1. Nella liquidazione dei compensi il valore dell'affare è determinato – salvo quanto diversamente disposto dal presente comma – a norma del codice di procedura civile. In ogni caso si ha riguardo al valore effettivo dell'affare, anche in relazione agli interessi perseguiti dalla parte, quando risulta manifestamente diverso da quello presunto a norma del codice di procedura civile o della legislazione speciale. […]

6. Qualora il valore effettivo dell'affare non risulti determinabile mediante l'applicazione dei criteri sopra enunciati lo stesso si considera di valore indeterminabile.

7. Gli affari di valore indeterminabile si considerano di regola e a questi fini di valore non inferiore a euro 26.000,00 e non superiore a euro 260.000,00, tenuto conto dell'oggetto e della complessità dell'affare stesso.“

Deutsch:

1. Bei der Berechnung der Vergütung wird der Wert der Angelegenheit – es sei denn, diese Vorschrift sieht etwas anderes vor – anhand der Zivilprozessordnung berechnet. In jedem Fall wird der tatsächliche Wert der Angelegenheit zu berücksichtigen sein, auch in Bezug auf die verfolgten Interessen der Partei, wenn diese sich offenkundig von den zivilprozessrechtlich oder spezialgesetzlich vermuteten Interessen unterscheiden. […]

6. Soweit der tatsächliche Wert der Angelegenheit nicht mittels der hier dargelegten Kriterien ermittelbar ist, wird angenommen, dass sie unermittelbaren Werts ist.

7. Die Angelegenheiten unermittelbaren Werts werden grundsätzlich und zum vorliegenden Zwecke als nicht unter 26.000 € und nicht über 260.000 € stehend erachtet, unter Berücksichtigung des Gegenstands und der Komplexität der betroffenen Angelegenheit.

Mit dem Ministerialdekret n. 55 von 2014 ist die in den Vorschriften in Bezug genommene Tabelle außergerichtlicher Rechtsanwaltskosten eingeführt worden,[144] die grundsätzliche Beträge proportional zum Streitwert vorsieht:

„25. PRESTAZIONI DI ASSISTENZA STRAGIUDIZIALE

Valore	da € 0,01 a € 1.100,00	da € 1.100,01 a € 5.200,00	da € 5.200,01 a € 26.000,00
Compenso	270,00	1.215,00	1.890,00“

144 Das gesamte Kompendium der aktualisierten Tabellen findet sich bei: www.altalex.com/~/media/altalex/allegati/2014/04/10/67184_1 %20pdf.pdf (zuletzt abgerufen am 13.9.2019).

Deutsch:

25. Leistungen des außergerichtlichen Beistands

Streitwert	von € 0,01 bis € 1.100,00	von € 1.100,01 bis € 5.200,00	von € 5.200,01 bis € 26.000,00
Honorar	270,00	1.215,00	1.890,00

Die außergerichtliche Vergütung wird damit durch das Gericht festgelegt und soll grundsätzlich pauschal alle im Wege der außergerichtlichen Tätigkeit erbrachten Leistungen umfassen. Hierbei hat das Gericht die in Art. 19 des Ministerialdekrets n. 55 von 2014 aufgezählten Kriterien zu berücksichtigen. Entsprechend kann es die grundsätzlich vorgesehene Höhe der Vergütung, wie sie sich aus der zu dem Dekret angehängten und hier dargestellten Tabelle grundsätzlich ergibt, herauf- oder herabsetzen.

Dazu, ob nach italienischem Recht außergerichtliche Rechtsanwaltskosten auch dann nach italienischem Kostenrecht zu ersetzen sind, wenn sie im Ausland angefallen sind, konnte weder in der Literatur noch in der Rechtsprechung eine Stellungnahme ermittelt werden.

Grundsätzlich ist Ziel des Schadensersatzanspruchs auch nach italienischem Recht, den Geschädigten in Geld so zu stellen, wie er stehen würde, wäre das schädigende Ereignis nicht eingetreten.[145] Dieser Grundsatz spricht dafür, die tatsächlich nach deutschem Gebührenrecht angefallenen Kosten als ersatzfähig anzusehen, selbst wenn diese Kosten die Gebühren nach italienischem Gebührenrecht übersteigen sollten. Anderes dürfte nur dann gelten, wenn das Gericht die Beauftragung eines Rechtsanwalts in Deutschland statt eines Anwalts in Italien als einen Verstoß gegen die Schadensminderungspflicht nach Art. 1227 Abs. 2 c.c. wertet. Darüber hinaus wird auf die Anwendbarkeit von § 287 ZPO hingewiesen (s.o. C. III. 2.).

(2) Zusammenfassung und Anwendung auf den Fall

Zusammenfassend ist Folgendes festzuhalten: Die Höhe von außergerichtlichen Rechtsanwaltskosten richtet sich grundsätzlich nach der tabellarischen Übersicht des Ministerialdekrets n. 55 von 2014 (s. o. C. III. 3. c) cc) (1)). Dabei sind die im Ministerialdekret n. 55 von 2014 in Art. 19 festgelegten Kriterien zu berücksichtigen, anhand derer die Vergütungshöhe herauf- oder herabgesetzt werden kann, sofern nach den Vorschriften des Dekrets Anlass hierzu besteht. Nach den allgemeinen Grundsätzen des italienischen Schadensrechts sind die Kosten für die vorgerichtliche Rechtsverfolgung jedoch in der Höhe erstattungsfähig, in der sie tatsächlich in Deutschland angefallen sind, es sei denn, das Gericht sieht in der Beauftragung eines Rechtsanwalts in Deutschland einen Verstoß gegen die Schadensminderungspflicht des Art. 1227 Abs. 2 c.c. § 287 ZPO ist anwendbar. Eine Begrenzung des Anspruches auf Ersatz außergerichtlicher Anwaltskosten auf 10 % der berechtigten Ansprüche regelt das italienische Recht jedenfalls nicht.[146]

---

145 *Eccher/Schurr/Christandl* (o. N. 22), Rn. 3/563; *Alpa*, La Responsabilità Civile, Parte Generale, 2010, S. 638 f.

146 Die Anerkennung eines Pauschalbetrages in Höhe von 5 bis 20 % der zu erstattenden Schadenssumme ist eine „bloße Praxis“ im Rahmen der außergerichtlichen Regulierung italienischer Versicherer, vgl. *Buse* (o. N. 54), Rn. 182 m.w.N.

Die Tatsachenfeststellung und Beweiswürdigung obliegt dem anfragenden Gericht. Die Gutachter können dem nicht vorgreifen. Auf Grundlage der Akten weisen die Gutachter auf folgende Gesichtspunkte hin: Zum Zeitpunkt der Mandatierung des klägerischen Anwalts übersteigt bereits das geforderte Schmerzensgeld den in der Tabelle aufgeführten Streitwert in Höhe von 26.000 €. Unter Anwendung der oben dargestellten Tabelle können in der Preisspanne zwischen 5.200,01 € bis 26.000 € grundsätzlich außergerichtliche Anwaltskosten in Höhe von 1.890,00 € ersetzt werden. Das Vorliegen von erhöhenden oder vermindernden Korrekturkriterien nach Art. 4 des Ministerialdekrets Nr. 55 aus 2014 ist nach der bisherigen Aktenlage nicht ersichtlich.

Zuletzt könnte das erkennende Gericht den Kostenerstattungsanspruch des Klägers wegen eines Verstoßes gegen die Schadensminderungspflicht gemäß Art. 1227 Abs. 2 c.c. mindern. Dabei ist § 287 ZPO anwendbar. Das anfragende Gericht wird zu diesem Zweck zu entscheiden haben, ob durch die Beauftragung eines Rechtsanwaltes in Deutschland der Kläger gegen seine Schadensminderungspflicht verstoßen hat. Auch dies ist eine Frage der Tatsachenfeststellung und -würdigung, welcher die Gutachter weder vorgreifen können noch wollen. Die Gutachter weisen informationshalber darauf hin, dass sich auf Grundlage der Akten keine Anhaltspunkte für einen möglichen Verstoß des Klägers gegen seine Schadensminderungspflicht ergeben. Insbesondere spricht gegen einen Verstoß des Klägers gegen seine Schadensminderungspflicht aus Art. 1227 Abs. 2 c.c., dass der Kläger ein berechtigtes Interesse daran hatte, einen Rechtsanwalt heranzuziehen, mit dem eine Kommunikation in deutscher Sprache erfolgen kann. Aus alledem folgt, dass italienische Gerichte in vergleichbaren Fällen zu dem vorliegenden grundsätzlich einen pauschalen Betrag zum Ersatz außergerichtlicher Anwaltskosten in Höhe von 1.890 € zusprechen würden.

(3) Ergebniskorrektur

Das ermittelte Ergebnis könnte allerdings zu korrigieren sein. Der Kläger beauftragte einen Rechtsanwalt in Deutschland. Die Gebühren des Rechtsanwalts in Deutschland belaufen sich nach deutschem Rechtsanwaltsvergütungsgesetz (RVG) auf (brutto) 1.822,96 €. Spräche man dem Kläger vorliegend einen pauschalen Betrag in Höhe von 1.890 € zu, dann erhielte der Kläger am Ende mehr, als er selbst an seinen Anwalt bezahlen müsste. Die pauschale Anwendung der oben dargestellten Tabelle würde mithin dazu führen, dass der Kläger bereichert wäre. Das Ergebnis stünde zudem nicht mit dem Grundsatz im Einklang, dass der Geschädigte nach dem schädigenden Ereignis vermögensrechtlich weder besser noch schlechter stehen darf als ohne schädigendes Ereignis. Vor diesem Hintergrund liegt es nahe, den Anspruch des Klägers auf Ersatz der außergerichtlichen Rechtsanwaltskosten auf die deutschen RVG-Sätze zu beschränken.

Stellt das Gericht fest, dass dem Kläger zwar pauschal 1.890 € als Ersatz der außergerichtlichen Anwaltskosten zustehen, der in der Tabelle ausgewiesene Betrag jedoch auf die deutschen RVG-Sätze zu beschränken ist, kann der Kläger von der Beklagten Freistellung in Höhe von 1.822,96 € verlangen.

dd) Zwischenergebnis

Stellt das Gericht fest, dass die vorgerichtliche Inanspruchnahme eines Anwalts durch den Kläger nach den oben (C. III. 3. c) bb)) dargelegten Grundsätzen notwendig und begründet war, dann hat der Kläger gegen die Beklagte dem Grunde nach einen Anspruch auf Ersatz außergerichtlicher Anwaltskosten gemäß Art. 2043 in Verbindung mit Art. 1223 Alt. 1 c.c. Die Höhe der vorgerichtlichen Anwaltskosten richtet sich nach italienischem Recht grundsätzlich nach der oben (C. III. 3. c) cc)) dargestellten Tabelle. Bei einem Streitwert von über 26.000 € weist die Tabelle einen pauschalen Betrag in Höhe von 1.890 € für den Ersatz außergerichtlicher Kosten aus, sofern nicht das anfragende Gericht den Betrag wegen Vorliegens von Korrekturfaktoren herauf- oder herabsetzt oder den Anspruch wegen Verstoßes des Klägers gegen seine Schadensminderungspflicht mindert. Die Gutachter weisen informationshalber darauf hin, dass Korrekturfaktoren vorliegend nicht ersichtlich sind und sich auch ein Verstoß gegen die Schadensminderungspflicht aus der Aktenlage nicht ergibt. Stellt das Gericht zudem fest, dass der ausgewiesene Betrag – um eine ungerechtfertigte Bereicherung des Klägers zu vermeiden – auf die tatsächlich angefallenen Gebühren nach deutschem RVG zu beschränken ist, dann steht dem Kläger gegen die Beklagte ein Freistellungsanspruch in Höhe von 1.822,96 € zu.

D. Ergebnis

1. Der Direktanspruch des Geschädigten gegen den Haftpflichtversicherer ist in Art. 144 Abs. 1 cdap normiert. Der Direktanspruch setzt insbesondere voraus, dass der Unfallgegner für den Unfall zivilrechtlich verantwortlich ist. Die zivilrechtliche Verantwortlichkeit richtet sich im italienischen Recht nach Art. 2043 c.c., der im Straßenverkehrsrecht durch Art. 2054 c.c. überlagert wird (s.o. C. II).
2. Das italienische Recht unterscheidet bei der Erstattungsfähigkeit von Schäden zwischen direkten und indirekten Schäden. Schadensersatz kann beim Vorliegen direkter Schäden ohne weiteres auf Grund der Anspruchsgrundlage für deliktischen Schadensersatz, Art. 2043 i.V.m. Art. 1223 c.c., verlangt werden. Mittelbare (indirekte) Schäden sind dann erstattungsfähig, wenn sie gewöhnliche und daher zu erwartende Folgen der Verletzungshandlung darstellen (s.o. III. 1.).
3. Auf Grundlage der maßgeblichen italienischen höchstrichterlichen Rechtsprechung und unter Beifall der italienischen Rechtslehre ist der Haushaltsführungsschaden als eigenständiger Vermögensschaden gemäß Art. 1.223 Alt. 1 c.c. i.V.m. Art. 2043 c.c. Voraussetzung für den Ersatz des Haushaltsführungsschadens ist, dass der Unfallgeschädigte darlegt und beweist, dass die eingetretenen Verletzungen derzeit oder in Zukunft das Verrichten der häuslichen Arbeit tatsächlich verhindern oder zumindest erschweren. Die italienische Rechtsprechung zieht zur Schadensbemessung die Kosten für eine Haushaltshilfe heran. Die Kosten richten sich nach Gehaltstabellen, die als Kollektivverträge vom italienischen Ministerium veröffentlicht und jährlich angepasst werden. In Abhängigkeit von Art und Umfang der zu verrichtenden Haushaltsaufgaben bzw. der einschlägigen Berufserfahrung erfolgt eine Einstufung des Berufs in bestimmte Kategorien. Das anfragende Gericht kann bei der Schadensbemessung § 287 ZPO anwenden (s.o. C. III. 3. b)).

4. Sofern die Unterstützung durch den Rechtsanwalt zur Erlangung von Schadensersatz auf außergerichtlichem Weg notwendig und begründet war, steht dem Kläger dem Grunde nach ein Anspruch auf Ersatz außergerichtlicher Anwaltskosten zu. Die Höhe der zu erstattenden außergerichtlichen Anwaltskosten richtet sich grundsätzlich nach forensischen Gebührensätzen. Sind die nach RVG-Grundsätzen angefallenen außergerichtlichen Anwaltskosten geringer als der in der Tabelle angegebene Pauschalbetrag, kann die Gewährung des Pauschalbetrages zu einer ungerechtfertigten Bereicherung des Geschädigten führen. Das anfragende Gericht wird zu entscheiden haben, ob die außergerichtlichen Anwaltskosten auf die tatsächlich nach RVG-Grundsätzen angefallenen Anwaltskosten zu beschränken sind. Beschränkt das Gericht den Erstattungsanspruch im vorliegenden Fall, dann kann der Kläger von der Beklagten Freistellung in Höhe der noch nicht beglichenen außergerichtlichen Anwaltskosten in Höhe von 1.822,96 € verlangen (s.o. C. III. 3 d)).

Michael Stürner/Johannes Veigel

Die Bedeutung eines *accertamento medico-legale* im Rahmen der Bemessung von Schmerzensgeld – zur Möglichkeit der Substitution nach italienischem Recht

Der Beitrag beruht auf einem Rechtsgutachten, das der Erstverfasser in der Zivilsache Az. 14 O 125/13 für das LG Schweinfurt erstattet hat. Soweit Rechtsfragen aufgeworfen wurden, die bereits in früheren veröffentlichten Gutachten und Beiträgen behandelt wurden, erfolgt insoweit ein (schlichter) Verweis. Der Beitrag gibt den Rechtsstand vom Februar 2020 wieder.

A. Sachlage

Der Anfrage liegt folgender, aus den Akten ersichtlicher Sachverhalt zugrunde: Am 14.10.2008 hat sich auf der Autobahn A 22 in Italien vom Brenner in Richtung Modena bei Gonzaga nördlich von Modena ein Verkehrsunfall ereignet. An diesem Verkehrsunfall waren beteiligt der Kläger zu 2) als Eigentümer und Fahrer eines Personenkraftwagens sowie ein Lkw, der bei der Rechtsvorgängerin der Beklagten zu 1) haftpflichtversichert war. Die Klägerin zu 1) war zum Zeitpunkt des Verkehrsunfalles Beifahrerin in dem vom Kläger zu 2) geführten Pkw. Die Beklagte zu 1) ist die Schadensregulierungsbeauftragte für Deutschland der Beklagten zu 2). Die Parteien sind sich darüber einig, dass die Haftpflichtversicherung des unfallbeteiligten Lkw für die Schäden, die den Klägern bei dem Unfall vom 14.10.2008 entstanden sind, mit einer Haftungsquote von 100 % schadensersatzpflichtig sind. Sie streiten allein um die Höhe der zu ersetzenden Schäden.

Hierbei geht es einerseits um den Ersatz von Schäden an Körper und Gesundheit der Kläger, andererseits um Sachschäden, die die Kläger wie folgt beziffern:

Fahrzeugschaden	2700 €
Nutzungsausfall	500 €
im Fahrzeug verbrannte Sachen	1000 €
Zuzahlung Aufenthalt	30 €
Fahrtkosten	195 €

1. Die Klägerseite behauptet, die Berechnung des Schadensersatzbetrags für die Klägerin zu 1) setze sich zusammen aus zwei Teilen:
   a) Die Dauer des stationären Krankenhausaufenthaltes (117 Tage) sei mit einem festen Geldbetrag pro Tag von 136 € abzugelten.
   b) Der dauerhafte Gesundheitsschaden sei nach der sog. Mailänder Tabelle zu berechnen. Bei der Anwendung der Tabelle sei eine Invalidität von 50 anzunehmen, da bei der Klägerin zu 1) eine Minderung der Erwerbsfähigkeit von 50 bestehe.
2. Der der Mailänder Tabelle entnommene Betrag sei mit 25 % zu personalisieren.

3. Der Nichtvermögensschaden des Klägers zu 2) sei nicht nach der Mailänder Tabelle zu berechnen, sondern mittels der Tabelle, die nach Art. 139 Versicherungsgesetzbuch erlassen worden ist. Es sei ein Invaliditätsgrad von 5 anzunehmen.
4. Der Kläger zu 2) könne außerdem nach italienischem Recht auch den Ersatz seiner Sachschäden am Pkw und am Inventar des Pkw verlangen.
5. Die Ansprüche seien auch nicht verjährt. Nach italienischem Recht könne auf die Verjährung verzichtet werden. Das sei hier der Fall gewesen.

Die Beklagtenseite behauptet:

1. Der Begriff der Minderung der Erwerbsfähigkeit nach deutschem Recht sei etwas anderes als der Begriff der Invalidität im Sinne der o.g. beiden Tabellenwerke. Es könne bei Anwendung der Tabellen also nicht einfach mit dem (deutschen) Grad der Minderung der Erwerbsfähigkeit gearbeitet werden.
2. Nach italienischem Recht müsse der Grad der Invalidität zwingend durch einen italienischen Gerichtsarzt festgestellt werden. Stellungnahmen oder Gutachten deutscher Ärzte seien keinesfalls ausreichend.
3. Hinsichtlich der Klägerin zu 1) lägen die Voraussetzungen für eine Personalisierung des sich bei Anwendung der Mailänder Tabelle ergebenden Betrags nicht vor.
4. Die geltend gemachten Ersatzansprüche seien nach italienischem Recht verjährt.

B. Anfrage

Das Gericht erbittet gemäß § 293 ZPO ein schriftliches Sachverständigengutachten zu folgenden Fragen:

1. Welche Schadenspositionen werden nach italienischem Recht ersetzt?
2. Wie und nach welchen Vorschriften werden Sachschäden nach einem Verkehrsunfall ersetzt?
3. Welche Entsprechung zum deutschen Schmerzensgeld gibt es?
4. Wie wird nach italienischem Recht der zu ersetzende Nichtvermögensschaden / Schmerzensgeld berechnet?
5. Was ist unter dem Begriff der Invalidität („invalidità") zu verstehen, der Eingangs- bzw. Anwendungsvoraussetzung der Mailänder Tabellen bzw. der nach Art. 139 Versicherungsgesetzbuch (= codice delle assicurazioni) erstellten Tabelle ist?

Ist dieser Begriff der Invalidität vergleichbar mit dem im deutschen Recht gebräuchlichen Begriff der Minderung der Erwerbsunfähigkeit [sic]?

6. Wie stellen die italienischen Gerichte den für die Anwendung der Tabellen erforderlichen Grad der Invalidität fest? Ist hierfür eine Feststellung durch einen italienischen Gerichtsarzt (medico legale) zwingend erforderlich?
7. Handelt es sich bei dem Begriff der „Invalidität" nach italienischem Recht um eine materielle Anspruchsvoraussetzung oder eine das Verfahrensrecht betreffende Frage (die somit nach deutschem Recht zu beantworten wäre)?

8. Wann und ggf. in welcher Höhe kommt eine Personalisierung des Ersatzbetrags in Betracht? Kann eine Personalisierung auch angenommen werden, wenn der Verletzte nicht bei der Berufsausübung (da Rentnerin), sondern nur bei Freizeitaktivitäten/Hobbys beeinträchtigt ist?
9. Nach welchen Bestimmungen des italienischen Rechts richtet sich die Verjährung von Schadensersatzansprüchen? Wie lang sind die Verjährungsfristen? Kann die Verjährung durch Klageerhebung oder Verzicht gehemmt werden?
10. Sind nach italienischem Recht Ersatzforderungen zu verzinsen bzw. in welcher Höhe?

C. Rechtliche Würdigung

I. Kollisionsrechtliche Prüfung

Der Gutachter geht – dem Beweisbeschluss folgend – im Grundsatz ohne kollisionsrechtliche Prüfung von der Anwendbarkeit italienischen Sachrechts aus (Art. 4 Abs. 1 Rom II-VO). Ebenso spielen Fragen der internationalen Zuständigkeit des anfragenden Gerichts im Gutachten keine Rolle.[1]

II. Anspruch dem Grunde nach

Nachdem die Frage der Haftungsbegründung zwischen den Parteien unstreitig ist, wird hierzu im Gutachten keine Stellung genommen. Der Direktanspruch der Geschädigten gegen den Haftpflichtversicherer des Schädigers ergibt sich aus Art. 144 Abs. 1 des Codice delle Assicurazioni private (im Folgenden: CAP). Dieser Anspruch steht neben dem deliktischen Anspruch gegen den Schädiger selbst. Es handelt sich dabei um einen gesetzlichen Anspruch versicherungsvertraglicher Natur, der den gegen den Schädiger bestehenden Hauptanspruch verstärkt.[2] In der Literatur wird der Direktanspruch teils als Vertrag zu Gunsten Dritter oder als Versicherung für Rechnung dessen, den es angeht, eingeordnet.[3]

III. Haftungsumfang

1. Grundsatz

Grundsätzlich wird Naturalrestitution (*risarcimento in forma specifica*) geschuldet. Bei Sachschäden bedeutet dies Wiederinstandsetzung des Fahrzeugs, wenn dies möglich ist (Art. 2058 Abs. 1 Codice civile, im Folgenden: c.c.). Der Richter kann aber den Ersatz in Geld verfügen, wenn die Naturalherstellung zu einer exzessiven Belastung für den Schuldner führen würde. Die Beweislast hinsichtlich des eingetretenen Vermögensscha-

1 Zum Problemkreis *Gebauer*, JbItalR (2014), S. 57; s.a. *Jayme*, JbItalR 27 (2014), S. 73, 74.

2 So die st. Rspr., vgl. Cass., Sez. Un., 29.7.1983, n. 5218 und 5219; Cass., 7.10.2008, n. 24752; Cass., 2.3.2004, n. 4186; Cass., 3.6.2002, n. 7993.

3 *Rossetti*, Il diritto delle assicurazioni, Band III, 2013, S. 139 ff.; *Alibrandi*, Assicurazione obbligatoria r.c.a. e surroga assicurativa, AGCS 1992, 642; *Stanghellini*, I diritti del danneggiato e le azioni di risarcimento nell'assicurazione obbligatoria della responsabilità civile, 1991, S. 37.

dens liegt nach den allgemeinen Regeln (Art. 2697 c.c.) beim Anspruchsteller, hier den Klägern.[4]

2. Umfang der Haftung für Sachschäden

a) Zerstörter Pkw

Bei (vollständiger) Zerstörung einer Sache kann der Geschädigte den objektiven Wert der Sache im Zeitpunkt des Unfalls abzüglich eines etwaigen Restwertes der Sache und unter Berücksichtigung der Wertminderung seit Erwerb der Sache verlangen.[5]

b) Nutzungsausfall

In der italienischen Rechtsprechung war lange Zeit umstritten, unter welchen Voraussetzungen der Nutzungsausfallschaden ersatzfähig ist.[6] Nach der neueren Rechtsprechung der Corte di Cassazione wird der Verlust der bloßen Möglichkeit der Nutzung des Fahrzeugs nicht kommerzialisiert, sondern als nicht ersatzfähiger Nichtvermögensschaden eingestuft.[7] Auf dieser Grundlage geht der Gutachter davon aus, dass letztere Urteile die aktuelle Rechtslage in Italien widerspiegeln.[8] Haben die Kläger aber keine Nachweise über einen konkreten Nutzungsausfall erbracht, so genügt dies den von der Corte di Cassazione aufgestellten Anforderungen an den Schadensnachweis nicht.

c) Zerstörte Sachen

Nach den oben dargelegten Grundsätzen sind auch die im Fahrzeug befindlichen Sachen (Navigationsgerät, Handsender, Brillen und Werkzeugkasten) ersatzfähig, sofern ihr Verlust oder ihre Zerstörung kausal durch den Unfall herbeigeführt wurden. Hierfür sind die Kläger beweispflichtig.

3. Heilbehandlungskosten

Grundsätzlich sind alle Arzt-, Krankenhaus-, Heilbehandlungs- und Pflegekosten zu erstatten. Dies ist nur dann nicht der Fall, wenn sie von der Krankenversicherung des Geschädigten bereits erstattet wurden.[9] Auch Nebenkosten wie Krankentransport oder Arztauslagen sind zu erstatten, sofern sie kausal mit den Behandlungskosten verbunden sind.[10] Etwas anderes gilt wiederum nur dann, sofern sie durch eine Versicherung des Geschädigten bereits erstattet wurden.

---

4 Cass., 4.2.2016, n. 2167; *Buse*, DAR 2016, 557, 564 m.w.N.; *Behme/Eidenmüller*, JbItalR 28 (2015), S. 121, 125; *Stürner/Wendelstein*, JbItalR 30 (2017), S. 65, 75 f.; *Stürner*, JbItalR 32 (2019), S. 99, 113.

5 *Feller*, in: Bachmeier, Regulierung von Auslandsunfällen, 2. Aufl. 2017, Länderteil Italien Rn. 97; *Buse*, DAR 2016, 557, 560.

6 Zur Entwicklung *Stürner*, JbItalR 32 (2019), S. 99, 118 f.

7 Cass., 31.3.2017, n. 13718, s.a. Cass., 12.2.2018, n. 3293 und sehr klar jüngst auch Cass., 4.4.2019, n. 9348: *„Il danno da fermo tecnico del veicolo incidentato non è risarcibile in via equitativa ove la parte non abbia provato di aver sostenuto oneri e spese per procurarsi un veicolo sostitutivo, né abbia fornito elementi, quali i costi assicurativi o la tassa di circolazione, idonei a determinare la misura del pregiudizio subito."*

8 So auch MüKo-StVR/*Buse*, Band 3, 2019, Länderteil Italien Rn. 172.

9 *Feller*, in: Bachmeier, Regulierung von Auslandsunfällen, 2. Aufl. 2017, Länderteil Italien Rn. 144.

10 *Feller*, in: Bachmeier, Regulierung von Auslandsunfällen, 2. Aufl. 2017, Länderteil Italien Rn. 145; *Stürner/Wendelstein*, JbItalR 30 (2017), S. 65, 76; *Stürner*, JbItalR 32 (2019), S. 99, 113.

4. Schmerzensgeld

a) Grundsatz

Das italienische Recht kennt einen Schmerzensgeldanspruch, auch als *danno morale* bezeichnet,[11] er folgt aus Art. 2043 i.V.m. 2059 c.c.[12] Die Notwendigkeit, unfallbedingte Nichtvermögensschäden (*danni non patrimoniali*) zu entschädigen, ist auch in Art. 138 und 139 der Gesetzesverordnung Nr. 209/2005 (sog. Codice delle assicurazioni private, CAP) festgelegt. Dabei betrifft Art. 138 CAP Fälle von schwereren Körperverletzungen (*danno biologico per lesioni di non lieve entità*, d.h. 10-100 % permanenter Invalidität) und Art. 139 CAP die darunter liegenden Fälle leichter Körperverletzungen (*danno biologico per lesioni di lieve entità*, d.h. 1-9 % permanenter Invalidität).[13]

Der Nichtvermögensschaden wird in der durch die Verletzung des Körpers oder anderer die persönliche Entfaltungsfreiheit schützender Rechte mit Verfassungsrang verursachten Beschränkung der Möglichkeit des Geschädigten, seinen individuellen, rechtlich geschützten Privatinteressen nachgehen zu können, erblickt.[14] Der Nichtvermögensschaden bildet eine einheitliche, sämtliche immateriellen Folgen der Schädigung umfassende Schadenskategorie. Diese umfasst das seelische Leiden und die erzwungene Veränderung der persönlichen Lebensgewohnheiten.[15] Der Ersatz besteht in billigem Ausgleich in Geld.[16]

Hierbei ist es aus Gründen der Gerechtigkeit, der Gleichbehandlung, der Vorhersehbarkeit und der Justizentlastung in der Rechtspraxis anerkannt, dass das Schmerzensgeld bei Körperverletzungen anhand der Mailänder Tabellen zu bestimmen ist.[17] Um dem Einzelfall mit seinen konkreten Umständen Rechnung zu tragen, können die Tabellenwerte angemessen erhöht oder herabgesetzt werden.[18] Die Mailänder Tabellen selbst basieren auf einem variablen Punktesystem. Einem körperlichen Dauerschaden entspricht eine bestimmte Punktzahl und jeder Punktzahl entspricht eine bestimmte Schadenssumme. Der Ausgangspunkt eines Dauerschadens mit einem Invaliditätsgrad von einem Prozent im ersten Jahr wird als Basispunkt bezeichnet.[19] Da die nachteiligen Folgen mit zunehmender Schwere der Verletzungen überproportional zunehmen, steigt die Schadenssumme mit steigender Punktezahl ebenfalls überproportional an.

Für den Direktanspruch sehen die Art. 138, 139 CAP eine vereinfachende Sonderregelung vor.[20] Danach sind auf der Grundlage des Punktesystems der Mailänder Tabellen die Schadensersatzbeträge durch Rechtsverordnung verbindlich festzulegen. Von dieser

11 Es ist in der italienischen Rechtslehre umstritten, ob der *danno morale* eine eigene Schadenskategorie darstellt oder letztlich im *danno biologio* aufgeht, s. dazu *Buse*, JbItalR 32 (2019), S. 197 ff.

12 *Mansel/Seilstorfer*, JbItalR 22 (2009), S. 95, 103 ff.

13 Wiedergabe von Art. 138, 139 CAP nebst Erläuterung bereits bei *Stürner/Wendelstein*, JbItalR 30 (2017), S. 65, 77 ff. sowie bei *Stürner*, JbItalR 32 (2019), S. 99, 113 f.

14 *Buse*, DAR 2016, 557, 562.

15 *Buse*, DAR 2016, 557, 562.

16 Cass., 11.11.2008, n. 26973; *Feller*, in: Bachmeier, Regulierung von Auslandsunfällen, 2. Aufl. 2017, Länderteil Italien Rn. 164 ff.

17 *Buse*, DAR 2016, 557, 562 mit zahlreichen Nachweisen zur Rechtsprechung des Kassationshofes.

18 Cass., 22.4.2016, n. 7766; Cass., 7.3.2016, n. 4377.

19 *Buse*, DAR 2016, 557, 562.

20 Zur deren Europarechtskonformität EuGH, 23.1.2014, Rs. C-371/12 – *Petillo*, ECLI:EU:C:2014:26, Rn. 45.

Möglichkeit hat der italienische Gesetzgeber für die besonders praxisrelevanten leichten Körperverletzungen mit gesundheitlichen Dauerfolgen von weniger als zehn Punkten durch Rechtsverordnung Gebrauch gemacht.[21] Schmerzensgeld für Dauerschäden von bis zu neun Punkten kann nach Art. 139 Abs. 2 CAP nur verlangt werden, wenn sie medizinisch objektiviert und objektiv pathologisch fassbar sind.[22] Zur Anpassung an die besonderen Umstände des Einzelfalls kann eine Erhöhung um maximal 20 % erfolgen (Art. 139 Abs. 3 CAP).

b) Berechnung des Schmerzensgeldes nach den Mailänder Tabellen

Für schwerere Körperverletzungen sieht Art. 138 CAP vor, dass durch eine Verordnung einheitliche Entschädigungswerte für die Berechnung solcher Nichtvermögensschäden bestimmt werden sollen. Schwerere Körperverletzungen (*lesioni macropermanenti*) sind solche, die in einer permanenten Invalidität von mehr als 10 % resultieren.[23] Weil bisher noch keine entsprechende Verordnung verabschiedet wurde, werden zur Bemessung des Schadens unter anderem die Mailänder Tabellen herangezogen, die höchstrichterlich anerkannt sind und in ganz Italien Anwendung finden.[24] Sie werden von der italienischen Rechtsprechung als alleiniger Ermessensmaßstab angesehen; ein Rückgriff auf andere Kriterien kommt nur in begründeten Ausnahmefällen in Betracht.[25]

In zeitlicher Hinsicht hat der Kassationsgerichtshof in einer Entscheidung, die den Nichtvermögensschaden wegen des Verlusts der Eltern bei einem Verkehrsunfall zum Gegenstand hatte, den Zeitpunkt einer Schadensersatzleistung vor Urteilsfällung für maßgeblich gehalten.[26] Grundsätzlich erachtet der Kassationsgerichtshof die Mailänder Tabellen jedoch in der Fassung zum Zeitpunkt der Fällung des Urteils für maßgeblich.[27]

c) Der „rechtsmedizinisch feststellbare Schaden“

Art. 138 Abs. 2 lit. a CAP definiert den danno biologico als „die *rechtsmedizinisch feststellbare* vorübergehende oder dauerhafte Beeinträchtigung der geistig-körperlichen Unversehrtheit der Person“ *(„la lesione temporanea o permanente all'integrità psico-fisica della persona, suscettibile di accertamento medico-legale“)*. Wie bereits oben festgestellt, beruhen die Mailänder Tabellen jedoch nicht auf Art. 138 CAP; sie wurden nicht gemäß Art. 138 Abs. 1 CAP vom Gesetzgeber verabschiedet. Rechtsgrundlage für ein Schmerzensgeld bei einem permanenten Gesundheitsschaden von mehr als 10 % bleiben

21 Die Tabelle ist z.B. abrufbar unter: www.altalex.com/~/media/Altalex/allegati/2016/allegati%20free/tabella-danno-biologico-lieve-entita%20pdf.pdf.

22 Die Vorschrift wurde durch Gesetzesdekret Nr. 1 vom 24.1.2012 und Gesetzesdekret Nr. 27 vom 24.3.2012 geändert.

23 MüKo-StVR/*Buse*, Band 3, 2019, Länderteil Italien, Rn. 206, 213.

24 Für eine einheitliche Anwendung der Mailänder Tabellen in ganz Italien s. Cass., 7.6.2011, n. 12408; zur Bedeutung der Mailänder Tabellen siehe auch *Poletti*, in: Monache/Patti (Hrsg.), Responsabilità civile – Danno non patrimoniale, 2010, S. 180 ff.

25 MüKo-StVR/*Buse*, Band 3, 2019, Länderteil Italien, Rn. 200 mit weiteren Nachweisen zur Rechtsprechung.

26 Cass., 28.2.2017, n. 5013.

27 Cass., 13.12.2016, n. 25485; Cass., 4.2.2016, n. 2167; Cass., 8.1.2016, n. 125; insbesondere auch Cass., 11.5.2012, n. 7272.

Art. 2043 c.c. in Verbindung mit Art. 2059 c.c.[28] Art. 138 CAP ist allerdings bei der Auslegung der Mailänder Tabellen dennoch insoweit relevant, als letztere den Wortlaut der Bestimmung des CAP aufnehmen: In § I der Mailänder Tabellen in der Fassung von 2018 wird unter anderem bestimmt, welche Schäden von den Tabellen umfasst sind. Unter anderem heißt es dort:

> „[...] Si propone quindi la liquidazione congiunta
>
> del danno non patrimoniale conseguente a ‚lesione permanente dell'integrità psicofisica della persona suscettibile di accertamento medico-legale', sia nei suoi risvolti anatomo-funzionali e relazionali medi ovvero peculiari [...]"

Deutsch:[29]

> Es wird daher die gemeinsame Entschädigung vorgeschlagen
>
> für Nichtvermögensschäden, die aus einer rechtsmedizinisch feststellbaren dauerhaften Beeinträchtigung der geistig-körperlichen Unversehrtheit der Person resultieren, sowohl in seinen anatomisch-funktionalen als auch in seinen durchschnittlichen und besonderen Beziehungen [...]

Die oben zitierte Passage in § I der Mailänder Tabellen ist bis auf das Wort *temporanea*, also „vorübergehenden", wortgleich mit Art. 138 Abs. 2 lit. a) CAP.

Um die Voraussetzungen zu bestimmen, die die Mailänder Tabellen vorsehen, ist daher auch die Auslegung der Begriffe in Art. 138 CAP von Bedeutung. Zur Auslegung des Begriffs *suscettibile di accertamento medico-legale*, der sowohl in Art. 138 Abs. 2 lit. a) CAP als auch in § I der Mailänder Tabellen erwähnt wird, führte der Kassationsgerichtshof jüngst[30] unter anderem aus, dass der biologische Schaden nach dem Wortlaut des Gesetzes nur der rechtsmedizinischen Feststellung zugänglich sein muss.[31]

Art. 138 Abs. 2 lit. a) CAP definiert den biologischen Schaden als eine rechtsmedizinisch feststellbare (*medico-legale*) vorübergehende oder andauernde Verletzung der geistigen und körperlichen Unversehrtheit der Person.[32] § I der Mailänder Tabellen spricht nicht davon, dass ein *„medico legale"*, also ein „Gerichtsarzt", diese Begutachtung tatsächlich vornehmen muss. Der Schadensnachweis nach Art. 138 f. CAP soll mit jedem zulässigen Beweismittel geführt werden können; jedoch muss er auf einer zusammenfassenden Gesamtschau und Bewertung hinreichender klinischer, apparativer und sonstiger Befunde beruhen, die über die bloße Anamnese hinausgeht.[33]

Nach dieser Sichtweise wäre die Beurteilung durch einen *„medico legale"*, also einen „Gerichtsarzt", keine Voraussetzung nach den Mailänder Tabellen, die für die Zuerkennung eines Schmerzensgeldes vorliegen müsste; der biologische Schaden müsste lediglich der rechtsmedizinischen Feststellung zugänglich sein. Eine Begutachtung, die medizinisch *lege artis* durchgeführt wird, könnte somit als Begutachtung eines Schadens, der der rechtsmedizinischen Feststellung zugänglich ist, gewertet werden.

---

28 *Mansel/Seilstorfer*, JbItalR 22 (2009), S. 95, 103 ff.

29 Übersetzung des Gutachters.

30 Cass., 16.10.2019, n. 26249.

31 Cass., 16.10.2019, n. 26249: *„Dal punto di vista letterale, la legge definisce 'danno biologico' soltanto quello 'suscettibile di accertamento medico legale' (così gli artt. 138 e 139 lgs. 7.9.2005, n. 209 ...).*"

32 So auch *De Simone*, JbItalR 32 (2019), S. 3, 7.

33 Cass., 16.10.2019, n. 26249; siehe auch *Buse*, JbItalR 32 (2019), S. 197, 203 f.

Die Höhe des Ersatzes des immateriellen Schadens liegt im richterlichen Ermessen; das Gericht entscheidet auf Grundlage der Einstufung gemäß den Mailänder Tabellen als alleinigen Ermessensmaßstab.[34] Anspruchsgrundlage für das Schmerzensgeld sind, wie bereits oben erwähnt, Art. 2043 c.c. in Verbindung mit Art. 2059 c.c.[35] Auch in Art. 2043 und 2059 c.c. ist die Begutachtung durch einen *medico legale* nicht als Tatbestandsvoraussetzung enthalten; die Mailänder Tabellen sind somit lediglich als Ermessensmaßstab für die richterliche Entscheidung bei der Höhe des Schmerzensgeldes zu betrachten.

Folgende Voraussetzungen müssen für die Berechnung vorliegen: Zunächst muss der Grad der Invalidität festgestellt werden. Für die Bestimmung des Grades der Invalidität über 9 % werden in Italien diverse rechtsmedizinische Richtlinien verwendet, namentlich *Luvoni-Bernardi-Mangili*, *Bargagni* und *Ronchi-Mastroroberto-Genovese*.[36] Um das Vorliegen einer dauerhaften Gesundheitsschädigung (*danno permanente*) vorhersagen zu können, ist es erforderlich, dass sich aus dieser Gesundheitsschädigung ein rechtsmedizinisch (*medico-legale*) nachweisbarer Schaden ergibt. Dieser liegt in dem Verlust der Fähigkeit, eine Tätigkeit auszuführen, die das Unfallopfer vor der Verletzung ausgeführt hat.[37]

Es liegt am anfragenden Gericht, die hier von ärztlicher Seite vorgenommenen Einschätzungen im Lichte dieser Grundsätze zu würdigen und auf dieser Grundlage das hinsichtlich des Schmerzensgeldes vorhandene Ermessen auszuüben. Sollte es zur Einschätzung kommen, dass der von den Klägern eingereichte ärztliche Befund vor dem Hintergrund der vorstehend erläuterten Voraussetzungen, die das italienische Recht hieran stellt, nicht ausreicht, käme ggf. die Einholung eines ergänzenden medizinischen Gutachtens in Betracht.

d) Die Beklagtensicht zur Feststellung der *invalidità*

aa) Beurteilung durch *medico legale* als tatbestandliche Voraussetzung?

Die Beklagte trägt vor, der Grad der Invalidität sei nach italienischem Recht zwingend von einem *medico legale* festzustellen. Auch wenn sich diese Einschätzung jedenfalls nicht auf die oben beschriebene Rechtsprechung des Kassationsgerichtshofes stützen lässt, so ist der Argumentation in der Folge nachzugehen. Ausgangspunkt ist, dass sich bei unbefangener Lektüre aus der Formulierung *„suscettibile di accertamento medico-legale“* auch schlussfolgern ließe, dass die Begutachtung des biologischen Schadens, der der rechtsmedizinischen Feststellung zugänglich ist, selbst durch einen *medico legale*, also einen Gerichtsmediziner erfolgen muss.

Die Passage aus § I der Mailänder Tabellen in der Fassung von 2018, „[...] *danno non* patrimoniale *conseguente a ‚lesione permanente dell'integrità psicofisica della persona suscettibile di accertamento medico-legale'* [...]“, sieht sinngemäß vor, dass diese einen Nichtvermögensschaden betreffen, der aus einer dauerhaften Schädigung der körper-

34 Cass. 8.1.2016, n. 126; 29.9.2015, n. 19211; 20.5.2015, n. 10263; 6.3.2014, n. 5243; 30.6.2011, n. 14402; siehe auch *Cattabeni/Cazzaniga*, Compendio di medicina legale e delle assicurazioni, 6. Aufl. 1978, S. 26.

35 *Mansel/Seilstorfer*, JbItalR 22 (2009), S. 95, 103 ff.

36 Ausweislich der Rechtsauskunft beim Ministero della Giustizia vom 26.1.2017.

37 Cass., 11.11.2019, n. 28986; ebenso Cass., 5.7.2019, n. 18056.

lich-geistigen Unversehrtheit einer Person folgt, die der rechtsmedizinischen Feststellung zugänglich ist.

Voraussetzung der Feststellung der Invalidität könnte somit die Begutachtung durch einen *medico legale*, also einem Gerichtsarzt, sein. Dies ist in dem hier zu beurteilenden Fall nicht geschehen.

bb) Qualifikation

Vorab ist zu klären, ob die Begutachtung durch einen *medico legale* eine verfahrensrechtliche Voraussetzung darstellt, die nach den Grundsätzen der *lex fori*[38] (hier: deutsches Recht) auszulegen wäre oder um eine materiell-rechtliche Voraussetzung, die nach der *lex causae* (hier: italienisches Recht) zu bestimmen wäre. Für letzteres spricht bereits, dass das Gericht bei der Schadenbemessung den *medico legale* nicht etwa von Amts wegen bestellt, dieser also nicht als Sachverständiger auftritt. Weiterhin spricht dafür, dass die gerichtsmedizinische Feststellung im Sinne des Art. 138 Abs. 2 lit. a) CAP und der Mailänder Tabellen als materiell-rechtliche Tatbestandsvoraussetzung zu bewerten ist, deren Zweck, eine seriöse Einschätzung im Lichte der rechtlichen Rahmenbedingungen (Vertrautheit mit der Anwendung der Mailänder Tabellen, ihren spezifischen Tabellenwerten, Begriffen und Einstufungskriterien) zu erreichen. Mithin ist eine materiell-rechtliche Qualifikation vorzunehmen.

cc) Erfüllung dieser Voraussetzungen durch ausländischen Arzt (Substitution)?

Folgte man der Beklagtensicht, dass die Beurteilung durch einen *medico legale* erfolgen müsse, so handelte es sich dabei um eine materiell-rechtlich zu qualifizierende Tatbestandsvoraussetzung des Schmerzensgeldanspruchs. Doch selbst wenn man sich dieser Sichtweise grundsätzlich anschließen wollte, so könnte jedoch ein Fall der kollisionsrechtlichen Substitution durch eine ausländische Rechtserscheinung für die vom anwendbaren materiellen Recht an sich gemeinte inländische vorliegen.[39] Eine Substitution kommt in Betracht, wenn zwar die zur Entscheidung berufene Sachnorm feststeht (Art. 2043 c.c. in Verbindung mit 2059 c.c. in Anwendung der Mailänder Tabellen), ein Tatbestandsmerkmal dieser Sachnorm jedoch in einem fremden Recht verwirklicht ist.[40] Es handelt sich hierbei um eine Methode der Auslegung, die im jeweils anwendbaren Sachrecht zu berücksichtigen ist.[41] Bei der Auslegung der anzuwendenden Sachnorm stellt sich die Frage, ob die an sich gemeinte inländische Rechtserscheinung durch eine fremde Rechtserscheinung substituiert werden darf.[42]

Die Substitution ist seit Beginn des 20. Jahrhunderts eine weitverbreitete Auslegungsmethode im Internationalen Privatrecht allgemein; nur dem Common Law scheint sie

38 *Junker*, Internationales Zivilprozessrecht, 4. Aufl. 2019, § 24 Rn. 1 ff.

39 Zum Begriff der Substitution s. *Lewald*, Règles generales des conflits des lois, 1941, S. 130 ff.; *Hug*, Die Substitution im Internationalen Privatrecht, 1983.

40 *Kropholler*, Internationales Privatrecht, 6. Aufl. 2006, § 33 I; *Mansel*, in: FS Werner Lorenz, 1991, S. 689 f.

41 *Kropholler*, Internationales Privatrecht, 6. Aufl. 2006, § 33 I.

42 *Kropholler*, Internationales Privatrecht, 6. Aufl. 2006, § 33 I.

fremd.[43] Im französischen Recht entspricht die Figur der *équivalence* der im deutschen Recht bekannten Methode der Substitution.[44] Ob die Möglichkeit der Substitution als Auslegungsmethode auch dem italienischen Sachrecht bekannt ist, ist nicht ganz eindeutig.[45] Allerdings wird auch in Italien die Notwendigkeit der *equivalenza*, was der Methode der Substitution im deutschen Recht gleichzustellen ist, insbesondere in dem praktisch bedeutsamen Fall der Anerkennung ausländischer notarieller Beurkundungen besprochen.[46] Aus Sicht des Gutachters erscheint damit die generelle Möglichkeit der Anwendung der Substitution als Auslegungsmethode im italienischen Recht als hinreichend gesichert.

Aus Sicht des italienischen Rechts stellt sich die Frage, ob die von § I der Mailänder Tabellen geforderte „*lesione permanente dell'integrità psicofisica della persona suscettibile di accertamento medico-legale*"[47], also die dauerhafte Schädigung der körperlich-geistigen Unversehrtheit, die der rechtsmedizinischen Feststellung zugänglich sein muss, durch eine Begutachtung von einem deutschen Arzt (als Verwirklichung eines Tatbestandsmerkmals in einem fremden Recht) substituiert werden darf.

(1) Kein Ausschluss der Substitution

Zunächst muss geprüft werden, ob die zur Anwendung berufene Sachnorm eine Substitution einer fremden Rechtserscheinung nach ihrem Sinn und Zweck ausschließt.[48] Die Möglichkeit der Substitution ist jedoch nur in Ausnahmefällen gänzlich abzulehnen.[49] Hierfür müssten die Mailänder Tabellen mit dem Erfordernis der gerichtsmedizinischen Untersuchung als italienisches Rechtsinstitut einen Zweck verfolgen, der ein noch so ähnliches ausländisches Rechtsinstitut ausschließt. Für einen generellen Ausschluss könnte sprechen, dass bei der Anwendung der Mailänder Tabellen davon ausgegangen wird, dass nur ein mit diesen Tabellen vertrauter *medico legale*, also ein ggf. sogar italienischer oder in Italien praktizierender Gerichtsarzt eine Einstufung vornimmt. Dagegen spricht allerdings, dass die Mailänder Tabellen nicht ausdrücklich eine Begutachtung durch einen italienischen Gerichtsarzt voraussetzen, sondern nur, dass die dauerhafte Schädigung „*suscettibile di accertamento medico-legale*", also der rechtsmedizinischen Feststellung zugänglich sein muss. Eine Substitution ist somit nach der Einschätzung des Gutachters nicht nach dem Sinn und Zweck der zur Anwendung berufenen Sachnorm ausgeschlossen.

43 *Lüttringhaus*, in: Basedow/Rühl/Ferrari/Asensio (Hrsg.), Encyclopedia of Private International Law, Vol. 3, 2017, S. 1675 f.

44 *Hübner*, IPRax 2018, 447; *Bureau/Muir Watt*, Droit international privé, Tome I Partie générale, 4. Aufl. 2017, S. 565.

45 So findet die Substitution keine Erwähnung im aktuell erschienenen Handbuch Italienisches Internationales Privatrecht (hrsgg. von Christandl/Eccher/Gallmetzer/Laimer/Schurr), 2019.

46 *Barel/Armellini*, Manuale breve diritto internazionale privato, 2018, S. 266 f.; www.notaitriveneto.it/dettaglio-orientamenti-diritto-internazionale-225-premessa.html (zuletzt aufgerufen am 19.2.2020).

47 Im gleichen Wortlaut wie Art. 138 Abs. 2 lit. a) CAP.

48 So für das deutsche Recht *Kropholler*, Internationales Privatrecht, 6. Aufl. 2006, § 33 II.

49 *Rauscher*, Internationales Privatrecht, 5. Aufl. 2017, Rn. 541.

(2) Gleichwertigkeit der fremden Rechtserscheinung

Die Möglichkeit der Substitution hängt davon ab, ob die fremde und die an sich gemeinte Rechtserscheinung gleichwertig sind.[50] Beim Merkmal der Gleichwertigkeit muss hierbei keine vollständige Kongruenz, sondern eine funktionale Äquivalenz der ausländischen Rechtserscheinung vorliegen.[51] Die Gleichwertigkeit hängt davon ab, ob die Einstufung der verminderten Erwerbsfähigkeit durch den deutschen Arzt mit der Invaliditätseinstufung eines italienischen *medico legale*, also eines Gerichtsmediziners, nach der Mailänder Tabelle eine funktionale Äquivalenz aufweist.

Gegen eine funktionale Äquivalenz könnte sprechen, dass bei der Einstufung durch einen deutschen Arzt nicht davon ausgegangen werden kann, dass er die Bewertung der Invalidität im Bewusstsein der entsprechenden Tabellenwerte der Mailänder Tabellen vornimmt. Es ließe sich aber möglicherweise aus Sicht der Verfasser der Mailänder Tabellen unterstellen, dass ein italienischer *medico legale* bei der Begutachtung bezüglich einer permanenten Invalidität die Werte der Mailänder Tabellen berücksichtigen würde.

Für eine funktionale Äquivalenz spricht generell, dass einem deutschen Arzt ebenso wie einem italienischen *medico legale* unterstellt werden kann, dass diese ihre Begutachtungen mit allen ihnen zur Verfügungen stehenden Mitteln und mit bestem Gewissen ausführen, die medizinischen Begutachtungen also *lege artis* durchgeführt werden. Es stellt sich hier die Folgefrage, ob gerade Kenntnis der nach italienischem Recht bestehenden und in den Mailänder Tabellen niedergelegten Konsequenzen der Einstufung verlangt werden sollte, um funktionale Äquivalenz zu bejahen. Hiergegen könnte sprechen, dass eine solche inhaltliche Gleichwertigkeit ansonsten bei der Substitution auch nicht gefordert wird.[52] Doch müsste sichergestellt sein, dass auch der den *medico legale* substituierende, deutsche Arzt ein gewisses Maß an Vertrautheit mit den rechtlichen Rahmenbedingungen der Einstufung der Invalidität aufweist, mag er auch nicht gerade die Mailänder Tabellen selbst kennen.

Dem Gutachter sind keine Quellen zugänglich gewesen, in denen die Möglichkeit einer solchen Substitution auch nur erwähnt worden wäre. Dies mag daran liegen, dass die o.g. Einschätzung zutrifft, dass die Beurteilung nicht von einem *medico legale* ausgeführt werden muss, so dass sich die Frage der Substitution von vornherein nicht stellt. Ein möglicher Grund könnte auch darin liegen, dass die notwendige prozessuale Konstellation – Zuständigkeit eines italienischen Gerichts, ausländischer Geschädigter – angesichts der Odenbreit-Rechtsprechung des EuGH und der daraus folgenden internationalen Zuständigkeit am Wohnsitz des Geschädigten schlicht in der Rechtspraxis nicht vorkommt. Ob eine Begutachtung der Invalidität durch Mediziner in Deutschland unter diesen Voraussetzungen ein funktionales Äquivalent zu der Begutachtung durch einen italienischen *medico legale* darstellt, ist der Beurteilung durch das anfragende Gericht vorbehalten.

---

50 *Mansel*, in: FS Kropholler, 2008, S. 353, 368.

51 *Junker*, Internationales Privatrecht, 3. Aufl. 2019, Rn. 47; *Weller*, ZGR 2010, 679, 706.

52 So hat der BGH für die Auslandsbeurkundung der Abtretung von GmbH-Geschäftsanteilen eine Gleichwertigkeit für eine Beurkundung in Basel-Stadt bejaht (BGH NZG 2005, 41; BGHZ 199, 270). Entscheidend sind die Unabhängigkeit des Notars, seine Ausbildung sowie die Gewähr eines neutralen Beurkundungsverfahrens. Nicht erforderlich ist hingegen, dass der ausländische Notar Kenntnisse des deutschen Rechts hat; die Parteien können auf die Belehrungspflicht verzichten.

(3) Neubegutachtung?

Aus Sicht des Gutachters wäre jedenfalls eine Neubegutachtung durch einen *medico legale* in Italien anhand der bereits vorhandenen Einschätzung durch die deutschen Ärzte geeignet, die möglicherweise nicht ausreichende Gleichwertigkeit herzustellen. Ebenso könnte die Neubegutachtung der bereits vorhandenen Gutachten vom 16.11.2009 und 15.11.2010 durch einen Arzt in Deutschland als Sachverständigen erfolgen, der mit der Einstufung gemäß den Mailänder Tabellen vertraut ist. Auch hierzu liegen dem Gutachter indessen aus den genannten Gründen keine Erkenntnisse hinsichtlich der Akzeptanz einer solchen Vorgehensweise der italienischen Rechtslehre vor. Der Gutachter selbst kann diese Einschätzung mangels einschlägiger Sachkenntnis nicht vornehmen: Für die Einstufung der Invaliditätspunkte nach den Mailänder Tabellen bedarf es ärztlicher Expertise, die dem Gutachter selbst nicht zur Verfügung steht.

e) Zum Begriff der *invalidità*

Im italienischen Recht bestehen mehrere Formen der *invalidità*. Zum einen gibt es beispielsweise die sogenannte *invalidità civile*, die sich mit „Behinderung“ und die *invalidità da lavoro*, die sich mit Arbeitsunfähigkeit übersetzen lässt.[53]

Im vorliegenden Fall ist allerdings der Begriff der *invalidità permanente,* der permanenten Invalidität maßgeblich. Nach diesem bestimmt sich bei Verkehrsunfällen die Berechnung des Schmerzensgelds nach den Mailänder Tabellen. Nach einem Urteil des Kassationsgerichtshofs vom 17. März 2015[54] bezieht sich der Begriff der „permanenten Invalidität“ (invalidità permanente) auf einen Beeinträchtigungszustand, der sich nach dem Ende einer Krankheitsperiode stabilisiert und gefestigt hat.

Zur Frage, ob der Begriff der Invalidität vergleichbar mit dem in Deutschland gebräuchlichen Begriff der Minderung der Erwerbsfähigkeit ist, ist wie folgt auszuführen: Wie bereits Art. 138 Abs. 2 lit. a) CAP festsetzt, ist der permanente Gesundheitsschaden unabhängig von den möglichen Auswirkungen auf die Erwerbsfähigkeit des Geschädigten. Der Begriff der *invalidità permanente* wird somit nicht von den möglichen Auswirkungen auf die Erwerbsfähigkeit abhängig gemacht und ist nicht mit dem in Deutschland gebräuchlichen Begriff der Minderung der Erwerbsfähigkeit vergleichbar.

Zur Feststellung des Grades der Invalidität gelten die Ausführungen oben entsprechend; die Höhe des Schmerzensgeldes liegt im Ermessen des zur Entscheidung berufenen Gerichts.[55] Auch die *invalidità* ist mithin materielle Anspruchsvoraussetzung.

f) Zur Personalisierung des Ersatzbetrags

Die Mailänder Tabellen sehen eine *personalizzazione del danno*, also eine Personalisierung des Schadens vor und damit die Möglichkeit, das Schmerzensgeld individuell anzupassen. Die individuelle Anpassung wird vorgenommen, um das psychische Leiden unter Berücksichtigung der persönlichen Verhältnisse des Geschädigten und der beson-

53 Zu den Begriffen siehe *Staiano*, Invalidità Civile, Questioni pratico-operative, profili sostanziali e processuali, 2011, S. 1 ff. in Bezug auf die *invalidità civile* und S. 5 ff. in Bezug auf die *invalidità da lavoro.*

54 Cass., 17.3.2015, n. 5197.

55 Cass., 8.1.2016, n. 126; Cass., 29.9.2015, n. 19211; Cass., 20.5.2015, n. 10263; Cass., 6.3.2014, n. 5243; Cass., 30.6.2011, n. 14402.

deren Umstände des Einzelfalls zu entschädigen.[56] Hierbei weist die höchstrichterliche Rechtsprechung jedoch fortlaufend darauf hin, dass eine individuelle Erhöhung nicht automatisch vorgenommen werden darf, sondern nur dann, wenn der Geschädigte außergewöhnliche Schadensfolgen vorträgt und nachweist.[57] Der Kassationsgerichtshof hat hierzu zuletzt festgestellt, dass bei einem permanenten Gesundheitsschaden das gesetzlich vorgeschriebene Standardmaß für die Entschädigung nur bei Vorliegen völlig von der Norm abweichenden, eigenartigen schädlichen Folgen[58] erhöht werden kann. Solche schädlichen Folgen, die bei den meisten Geschädigten eintreten würden, hätten sie die gleiche Schädigung erfahren[59] und daher als der Norm entsprechend gelten, rechtfertigen keine Personalisierung der Entschädigungshöhe.

Eine solche Personalisierung des Schadens kommt allerdings unter anderem dann in Betracht, wenn das Unfallopfer ein subjektiv empfunden sehr wichtiges Hobby nicht mehr ausführen kann.[60] Exemplarisch für solche Hobbys, die zu einer Personalisierung des Schadens führen, ist zum Beispiel das regelmäßige Ausüben von Schwimmsport.[61] Die Klägerin zu 1) übte bis vor ihrem Unfall Wandersport, Wallfahrtwandern etc. aus, was aufgrund der bleibenden Gesundheitsschäden nach dem Unfall nicht mehr möglich ist. Es handelt sich hiermit um eine Situation, die aus Sicht des Gutachters, der allerdings der Wertung des anfragenden Gerichts weder vorgreifen kann noch will, eine Personalisierung des Schadens im Grundsatz zulassen würde.

Die Auswahl und Annahme der Bewertungskriterien für eine Personalisierung des Schadens bleibt nach dem Kassationsgerichtshof, ebenso wie die Höhe des Schmerzensgelds an sich, dem umsichtigen Ermessen des Richters überlassen.[62] Allerdings ist die Möglichkeit zur Erhöhung wegen besonderer Umstände und persönlicher Verhältnisse des Geschädigten bei schweren Dauerschäden betragsmäßig auf 30 % des einschlägigen Tabellenwerts gedeckelt (Art. 138 Abs. 3 CAP), bei weniger schweren auf 20 % (Art. 139 Abs. 3 CAP).

5. Verjährung

a) Grundsatz

Die geltend gemachten Ansprüche unterliegen wie jedes subjektive Recht nach Art. 2934 c.c. der allgemeinen Verjährung. Diese beginnt mit der Entstehung des Anspruchs (Art. 2935 c.c.), hier also mit dem Zeitpunkt der schädigenden Handlung am 14.10.2008. Die Verjährungsfrist läuft bei nach Jahren bemessener Fristdauer entsprechend der für Monatsfristen geltenden Regelung des Art. 2963 Abs. 4 c.c. am Ende des Tages ab, der nach dem Kalender dem Tag des Fristbeginns entspricht. Die Verjährung ist nur auf Einrede zu berücksichtigen (Art. 2938 c.c.).

---

56 MüKo-StVR/*Buse*, Band 3, 2019, Länderteil Italien, Rn. 213.

57 Cass., 27.5.2019, n. 14364; Cass., 27.3.2018, n. 7513.

58 Cass., 27.3.2018, n. 7513, Rn. 7: *„conseguenze dannose del tutto anomale ed affato peculiari"*.

59 Cass., 27.3.2018, n. 7513, Rn. 7: *„id quod plerumque accidit"*.

60 *Feller*, in: Bachmeier, Regulierung von Auslandsunfällen, 2. Aufl. 2017, Länderteil Italien Rn. 173.

61 Tribunale di Vicenza, 1069/2013.

62 Cass., 29.9.2015, n. 19211: *„I criteri di valutazione equitativa, la cui scelta ed adozione è rimessa alla prudente discrezionalità del giudice [...]"*; 16.2.2012, n. 2228; Cass. Sez. Un., 11.11.2008, n. 26972; Cass., 29.3.2007, n. 7740; Cass., 12.6.2006, n. 13546.

Die regelmäßige Verjährungsfrist beträgt nach Art. 2946 c.c. zehn Jahre. Doch kennt das italienische Recht in den Art. 2947 ff. c.c. eine Reihe von Sonderverjährungsvorschriften. So gilt für deliktische Schadensersatzansprüche die Spezialvorschrift des Art. 2947 c.c. Diese Norm lautet:

> Art. 2947. Prescrizione del diritto al risarcimento del danno.
>
> (1) Il diritto al risarcimento del danno derivante da fatto illecito si prescrive in cinque anni dal giorno in cui il fatto si è verificato.
>
> (2) Per il risarcimento del danno prodotto dalla circolazione dei veicoli di ogni specie il diritto si prescrive in due anni.
>
> (3) In ogni caso, se il fatto è considerato dalla legge come reato e per il reato è stabilita una prescrizione più lunga, questa si applica anche all'azione civile. Tuttavia, se il reato è estinto per causa diversa dalla prescrizione o è intervenuta sentenza irrevocabile nel giudizio penale, il diritto al risarcimento del danno si prescrive nei termini indicati dai primi due commi, con decorrenza dalla data di estinzione del reato o dalla data in cui la sentenza è divenuta irrevocabile.

Deutsch:[63]

2947. Verjährung des Rechts auf Schadenersatz

> (1) Der Anspruch auf Ersatz des aus einer unerlaubten Handlung entstandenen Schadens verjährt in fünf Jahren seit dem Tag, an dem sich die Handlung ereignete.
>
> (2) Der Anspruch auf Ersatz eines aus dem Verkehr von Fahrzeugen jeder Art entstandenen Schadens verjährt in zwei Jahren.
>
> (3) Auf jeden Fall findet, wenn die Handlung nach dem Gesetz als Straftat gilt und für diese eine längere Verjährungsfrist festgesetzt ist, diese auch auf den zivilrechtlichen Anspruch Anwendung. Ist aber die Straftat aus einem anderen Grund als infolge Verjährung erloschen oder ist im Strafverfahren ein unwiderrufliches Urteil ergangen, verjährt der Anspruch auf Schadenersatz in den in Absatz 1 und 2 angegebenen Fristen, die dann vom Datum des Erlöschens der Straftat beziehungsweise vom Tag an laufen, an dem das Urteil unwiderruflich geworden ist.

Nach Abs. 1 dieser Norm beträgt die Verjährungsfrist hier fünf Jahre. Nach ihrem Abs. 2 verjähren Schadensersatzansprüche aus Straßenverkehrsunfällen jedoch grundsätzlich innerhalb der nochmals verkürzten Verjährungsfrist von zwei Jahren.[64]

Erfüllt die Handlung des Schädigers zugleich einen Straftatbestand, gilt gemäß Art. 2947 Abs. 3 S. 1 c.c. eine längere strafrechtliche Verfolgungsverjährungsfrist auch für die zivilrechtliche Verjährung. Bei Antragsdelikten tritt diese Rechtsfolge auch ein, wenn der Geschädigte keinen Strafantrag stellt.[65] Dafür genügt, dass das Zivilgericht nach den für Zivilverfahren geltenden Beweisregeln die Verwirklichung des objektiven und subjektiven Straftatbestands inzidenter feststellt. Geht es wie hier um eine fahrlässige Körperverletzung, so beträgt die Verjährungsfrist nach Art. 157 i.V.m. 590 bzw. 589 Codice penale sechs Jahre.[66]

---

63 Übersetzung nach *Patti*, Italienisches Zivilgesetzbuch, 3. Aufl. 2019.

64 Siehe dazu Cass., 27.10.2011, n. 22402; Cass., 15.2.2011, n. 3681.

65 Cass., 18.11.2008, n. 27337.

66 MüKo-StVR/*Buse*, Band 3, 2019, Länderteil Italien Rn. 283.

b) Unterbrechung bzw. Hemmung

Die Klageerhebung führt mit der Zustellung des verfahrenseinleitenden Schriftstücks zur Unterbrechung der Verjährung (Art. 2943 Abs. 1 c.c.); dies gilt auch bei Unzuständigkeit des angerufenen Gerichts (Art. 2943 Abs. 3 c.c.). Die Verjährung beginnt erst dann neu zu laufen, wenn das Urteil, mit dem das Verfahren abgeschlossen wird, in Rechtskraft erwächst (Art. 2945 Abs. 2 c.c.). Die Klagezustellung erfolgte hier jedenfalls im Mai 2013, sodass Verjährung jedenfalls dann nicht eingetreten ist, wenn man unterstellt, dass die Handlung des Schädigers als Straftat im o.g. Sinne einzuordnen ist.

c) Verjährungsverzicht

aa) Grundsatz

Sollte das Gericht zur Einschätzung gelangen, dass eine kürzere Verjährungsfrist einschlägig ist, stellt sich u.U. die Frage eines Verjährungsverzichts. Die Verjährungsvorschriften sind insoweit parteidispositiv, als auf die Rechtswirkungen der Verjährung verzichtet werden kann. Dies ergibt sich aus Art. 2937 c.c.:

Art. 2937. Rinunzia alla prescrizione.

(1) Non può rinunziare alla prescrizione chi non può disporre validamente del diritto.

(2) Si può rinunziare alla prescrizione solo quando questa è compiuta.

(3) La rinunzia può risultare da un fatto incompatibile con la volontà di valersi della prescrizione.

Deutsch:[67]

2937. Verzicht auf die Verjährung

(1) Wer über ein Recht nicht gültig verfügen kann, kann auf die Verjährung nicht verzichten.

(2) Auf die Verjährung kann erst verzichtet werden, wenn sie vollendet ist.

(3) Der Verzicht kann sich aus einer Tatsache ergeben, die mit Willen, von der Verjährung Gebrauch zu machen, unvereinbar ist.

bb) Voraussetzungen im Einzelnen

Der Verzicht kann erst nach Verjährungseintritt erklärt werden (Art. 2937 Abs. 2 c.c.); eine entsprechende Vereinbarung beseitigt mithin die Wirkungen einer bereits eingetretenen Verjährung.[68] Auch konkludenter Verzicht ist möglich, doch muss sich dieser Verzichtswille unzweifelhaft darstellen (Art. 2937 Abs. 3 c.c.); das bloße Führen von Vergleichsverhandlungen genügt insoweit grundsätzlich nicht, wohl aber möglicherweise das Unterbreiten eines Vergleichsvorschlags durch den Versicherer.[69]

Folgt man der o.g. Einschätzung, dass hier die längere Frist des Art. 2947 Abs. 3 S. 1 c.c. greift, geht der von der Bekl. zu 1) offenbar erklärte Verjährungsverzicht von vornherein

67 Übersetzung nach *Patti*, Italienisches Zivilgesetzbuch, 3. Aufl. 2019.

68 Cass., 15.7.2002, n. 10235.

69 Siehe die Nachweise bei MüKo-StVR/*Buse*, Band 3, 2019, Länderteil Italien Rn. 300, dort auch zu Ausnahmefällen.

ins Leere, da zum Zeitpunkt der Erklärung die Verjährung noch nicht eingetreten war. Wollte man die kurze Verjährungsfrist zur Anwendung bringen, käme es auf den Zeitpunkt der Zustellung der Klage an den richtigen Adressaten an. Ausführungen dazu sind vom Gutachtensauftrag nicht mehr umfasst.

6. Zinsen[70]

D. Zusammenfassung

1. Nach italienischem Recht wird grundsätzlich Naturalrestitution (*risarcimento in forma specifica*) geschuldet. Regelmäßig aber erfolgt die Ersatzleistung in Form von Wertersatz in Geld.
2. Die hier relevanten Sachschäden nach einem Verkehrsunfall werden danach wie folgt ersetzt: (1) Fahrzeugschaden: objektiver Wert der Sache im Zeitpunkt des Unfalls abzüglich eines etwaigen Restwertes der Sache und unter Berücksichtigung der Wertminderung seit Erwerb der Sache; (2) Nutzungsausfall: Eine Ersatzfähigkeit besteht nur bei konkret nachgewiesenen Schadensposition (etwa in Form von Mietwagenkosten), nicht aber bei Verlust der bloßen Möglichkeit der Nutzung des Fahrzeugs; (3) im Fahrzeug verbrannte Sachen: wie (1).
3. Das italienische Recht kennt einen Schmerzensgeldanspruch, er folgt aus Art. 2043 i.V.m. 2059 c.c. Ersetzt werden Nichtvermögensschäden (*danni non patrimoniali*); die neuere Rechtsprechung verwendet den Begriff des „*danno morale*".
4. Der zu ersetzende Nichtvermögensschaden bemisst sich in der Rechtspraxis nach den sog. Mailänder Tabellen. Sie sind höchstrichterlich als der Billigkeit entsprechend anerkannt und bilden gängige Regulierungs- und Gerichtspraxis. Auf den Direktanspruch des Geschädigten gegen den Haftpflichtversicherer des Schädigers finden die Tabellen allerdings keine Anwendung, wenn der Dauerschaden einen Schädigungsgrad von 9 % nicht übersteigt; hier gilt nach Art. 139 CAP eine spezielle, durch Rechtsverordnung erlassene und jährlich an die Inflation angepasste Tabelle. Für alle anderen Dauerschäden bleibt es bei der Maßgeblichkeit der Mailänder Tabellen.
5. Unter dem Begriff der „permanenten Invalidität" (*invalidità permanente*) versteht die Rechtsprechung des Kassationsgerichtshofes einen Beeinträchtigungszustand, der sich nach dem Ende einer Krankheitsperiode stabilisiert und gefestigt hat. Wie sich aus Art. 138 Abs. 2 lit. a) CAP ergibt, ist dieser unabhängig von den möglichen Auswirkungen auf die Erwerbsfähigkeit des Geschädigten. Der Begriff der *invalidità permanente* wird somit nicht von den möglichen Auswirkungen auf die Erwerbsfähigkeit abhängig gemacht und ist nicht mit dem in Deutschland gebräuchlichen Begriff der Minderung der Erwerbsfähigkeit vergleichbar.
6. Zur Klärung der Frage, ob eine „rechtsmedizinisch feststellbare vorübergehende oder dauerhafte Beeinträchtigung der geistig-körperlichen Unversehrtheit der Person" vorliegt (*„lesione temporanea o permanente all'integrità psico-fisica della persona, suscettibile di accertamento medico-legale"*), die sowohl in Art. 138 Abs. 2 lit. a)

70 Siehe dazu bereits *Stürner*, JbItalR 32 (2019), S. 99, 121 f.

CAP als auch in § I der Mailänder Tabellen erwähnt wird, ist es nach der Rechtsprechung des Kassationsgerichtshofes erforderlich, dass der biologische Schaden nach dem Wortlaut des Gesetzes (nur) der rechtsmedizinischen Feststellung zugänglich sein muss. Danach ist eine Feststellung durch einen italienischen Gerichtsarzt (*medico legale*) nicht zwingend erforderlich. Die Höhe des Ersatzes des immateriellen Schadens liegt im richterlichen Ermessen; das Gericht entscheidet auf Grundlage der Einstufung gemäß den Mailänder Tabellen als alleinigen Ermessensmaßstab.

Hält man demgegenüber das Erfordernis der Mitwirkung eines *medico legale* für konstitutiv, so stellt sich die Frage, ob diese auch durch einen in Deutschland approbierten Arzt erfüllt sein kann. Kollisionsrechtlich handelt es sich dabei jedenfalls aus deutscher Sicht um ein Problem der Substitution. Dem Gutachter sind keine Quellen aus Rechtsprechung oder Literatur zugänglich, in denen diese Frage aus italienischer Perspektive thematisiert worden wäre. Es erscheint indessen nicht ausgeschlossen, dass die Begutachtung eines Körperschadens durch einen in Deutschland approbierten Arzt den Anforderungen entspricht, die das italienische Recht an den *medico legale* stellt. Denkbar wäre es, diese Einschätzung innerhalb des Prozesses nachzuholen.

7. Bei dem Begriff der „Invalidität" nach italienischem Recht handelt es sich um eine materielle Anspruchsvoraussetzung und nicht um eine das Verfahrensrecht betreffende Frage, die nach der lex fori und damit nach deutschem Recht zu beantworten wäre.
8. Die Mailänder Tabellen sehen eine Personalisierung des Ersatzbetrags (*personalizzazione del danno*) und damit die Möglichkeit vor, das Schmerzensgeld individuell anzupassen, um das psychische Leiden unter Berücksichtigung der persönlichen Verhältnisse des Geschädigten und der besonderen Umstände des Einzelfalls zu entschädigen, wenn der Geschädigte außergewöhnliche Schadensfolgen vorträgt und nachweist. Eine solche Personalisierung des Schadens kann auch dann in Betracht kommen, wenn das Unfallopfer ein subjektiv empfunden sehr wichtiges Hobby nicht mehr ausführen kann. Allerdings ist die Möglichkeit zur Erhöhung wegen besonderer Umstände und persönlicher Verhältnisse des Geschädigten indessen bei schweren Dauerschäden betragsmäßig auf 30 % des einschlägigen Tabellenwerts gedeckelt (Art. 138 Abs. 3 CAP), bei weniger schweren auf 20 % (Art. 139 Abs. 3 CAP).
9. Die geltend gemachten Ansprüche unterliegen grundsätzlich nach Art. 2934 c.c. der allgemeinen Verjährung. Diese beginnt mit der Entstehung des Anspruchs (Art. 2935 c.c.), hier also mit dem Zeitpunkt der schädigenden Handlung am 14.10.2008. Sie ist nur auf Einrede zu berücksichtigen (Art. 2938 c.c.). Erfüllt die Handlung des Schädigers zugleich einen Straftatbestand, gilt gemäß Art. 2947 Abs. 3 S. 1 c.c. eine längere strafrechtliche Verfolgungsverjährungsfrist auch für die zivilrechtliche Verjährung. Geht es wie hier um eine fahrlässige Körperverletzung, so beträgt die Verjährungsfrist damit sechs Jahre.

Die Klageerhebung führt mit der Zustellung des verfahrenseinleitenden Schriftstücks zur Unterbrechung der Verjährung (Art. 2943 Abs. 1 c.c.). Die Verjährung beginnt erst dann neu zu laufen, wenn das Urteil, mit dem das Verfahren abgeschlossen wird, in Rechtskraft erwächst (Art. 2945 Abs. 2 c.c.).

Die Verjährungsvorschriften sind insoweit parteidispositiv, als auf die Rechtswirkungen der Verjährung verzichtet werden kann (Art. 2937 c.c.).

*Christoph Perathoner**

Der strafrechtliche Schutz von Minderheiten innerhalb der italienischen Rechtsordnung und im internationalen Kontext. Vorüberlegungen zu einem „Minderheitenstrafrecht"

I. Einleitung: Der Wandel des Minderheitenbegriffs

Die Gegenwart ist von einer neuen Komplexität der sozialen Gesellschaftsstrukturen geprägt, von Diversität, interkulturellem Austausch und dem zunehmenden Bedeutungsverlust von Nationalstaaten. Über das klassische Verständnis ethnischer, nationaler sowie sprachlicher und religiöser Gemeinschaften hinaus,[1] die meist auch als „traditionelle" Minderheiten bezeichnet werden, entsteht seit einigen Jahrzehnten vor allem innerstaatlich eine moderne Bedeutungsebene, die unter dem Begriff der sog. „neuen Minderheiten"[2] zusammengefasst wird. Es handelt sich dabei um eine offene Kategorie, zu deren Gruppen Menschen mit Migrationshintergrund ebenso gehören wie sexuelle Minderheiten oder Menschen mit Beeinträchtigung.

Das In-Erscheinung-Treten neuer Minderheiten, die zu Realitäten moderner Gesellschaften werden und einen berechtigten Anspruch darauf erheben, nicht diskriminiert oder sonst Opfer von moralischer, struktureller[3] oder physischer Gewalt zu werden, führt zu Spannungen in demokratischen Gesellschaften. Ein friedliches Zusammenleben hängt dabei maßgeblich davon ab, ob die moderne Gesellschaft die richtigen Regeln für ein konstruktives und kooperatives Miteinander findet. Aus diesem Grund müssen Normen

---

* Mag. phil. Mag. iur. Dr. iur. Christoph Perathoner, LL.M. (Eur. Law) ist ein zu den Höchstgerichten zugelassener Rechtsanwalt (avvocato cassazionista) in Italien und niedergelassener europäischer Anwalt in München/Deutschland. E-Mail: christoph.perathoner@perathoner-partner.com.

1 Als Verbindungspunkt wird eine gemeinsame Kultur, Geschichte, Lebensweise, Sprache oder Religion angesehen, wobei diese nicht kumulativ vorliegen müssen, *Werle/Jeßberger*, Principles of International Criminal Law, 2014, Rn. 799. Der Nachweis eines einzigen Merkmals kann bereits *ex se* ausreichen, sofern dieses die Grundlage für eine gemeinsame Identität bildet. Vgl. *Kreß*, The Crime of Genocide under International Law, in: International Criminal Law Review 2006, 461, 476.

2 Weiterführend zum Begriff der „neuen" Minderheiten: *Hilpold*, Neue Minderheiten im Völkerrecht und im Europarecht, AVR 2004, 80; *Perathoner*, Das Minderheitenrecht zwischen „traditionellen" und „neuen" Minderheiten. Neue Perspektiven und Herausforderungen einer Rechtsmaterie, in: Hilpold/Perathoner (Hrsg.), Immigration und Integration. Völkerrechtliche und europarechtliche Antworten auf eine zentrale Herausforderung der Zeit, Bozen, 2010, S. 73; *Eide*, in: EYMI 4 (2006), S. 365 ff.; *Hein*, Do „New Immigrants" Become „New Minorities"? The Meaning of Ethnic Minority for Indochinese Refugees in the United States, in: Sociological Perspectives 1991, 61; *Rüdiger*, The Emergence of „New Minorities" as a Result of Migration, in: Brölmann/Lefeber/Zieck (Hrsg.), Peoples and Minorities in International Law, 1993, S. 153 ff.; *Medda-Windischer*, Old and New Minorities, Reconciling Diversity and Cohesion: A Human Rights Model for Minority Integration, 2009.

3 Zum nicht unumstrittenen Begriff der strukturellen Gewalt, siehe *Galtung*, Strukturelle Gewalt. Beiträge zur Friedens- und Konfliktforschung, 1975, wie auch *Roth*, Strukturelle und personale Gewalt. Probleme der Operationalisierung des Gewaltbegriffs von Johan Galtung, 1988 und *Horn*, Sozialisation und strukturelle Gewalt. Schriften zur kritischen Theorie des Subjekts, 1998.

geschaffen werden, die das Miteinander von Minderheiten fördern. Grobe Verletzungen[4] dieser Regeln sollten national wie international nicht nur missbilligt, sondern auch mit den Mitteln der Justiz geahndet und bestraft werden. Auch vor diesem Hintergrund treten neue Minderheiten vermehrt im Zusammenhang mit strafrechtlich relevanten Sachverhalten in Erscheinung.[5] Das Ineinandergreifen verschiedener Kulturen und Lebensweisen, unterschiedlicher Interessen und gesellschaftlicher Hintergründe, zeichnet die Konturen eines „Minderheitenstrafrechts" vor.[6]

II. Der Begriff des „Minderheitenstrafrechts" und die Frage nach dem geschützten „Rechtsgut"

Minderheitenstrafrecht ist ein neuer, erst zu etablierender Begriff,[7] dessen Anliegen aber gerade im anglosächsischen Rechtsraum eine lange Tradition hat.[8] Die dort unter *hate crimes* (Hasskriminalität) erfassten Tatbestände betreffen eine Kategorie von Straftaten, in denen der Straftäter das Opfer aufgrund seiner effektiven oder mutmaßlichen Zugehörigkeit zu einer bestimmten Gruppe bestimmt.[9] Die Straftat richtet sich somit nicht gegen eine bestimmte Person als Individuum, sondern gegen diese als Teil eines ganz bestimmten (oder zumindest identifizierbaren) Kollektivs.[10] Letzteres entspricht normalerweise einer Minderheit. Neben Straftatbeständen wie religiös oder rassistisch motivierten Verbrechen (gegen traditionelle Minderheiten[11]) sind heute Straftaten gegen Zuwanderungsminderheiten, sexuelle Minderheiten oder gegen soziale Randgruppen wie Obdachlose oder beeinträchtigte Menschen (Verbrechen gegen neue Minderheiten) verbreitet.

Der Begriff *hate crimes* an sich ist, trotz seiner Geläufigkeit und Suggestionskraft, rechtsterminologisch unscharf, zumal eine von Hass geleitete Straftat sich prinzipiell gegen jede Person und auch gegen verwandte und nahestehende Personen richten kann.

4 Eine Beschränkung auf grobe Verletzungen kann mit dem *ultima-ratio*-Gedanken des Strafrechts begründet werden.

5 Aufschlussreich, etwa *Heitmeyer/Hagan* (Hrsg.), Internationales Handbuch der Gewaltforschung, 2002. Im Spezifischen auch *Grau* (Hrsg.), Homosexualität in der NS-Zeit. Dokumente einer Diskriminierung und Verfolgung, 2. Aufl. 2004; *Forster*, Von der Ausgrenzung zur Gewalt: Rechtsextremismus und Behindertenfeindlichkeit, 2002; *Neubacher*, Fremdenfeindliche Brandanschläge: Eine kriminologisch-empirische Untersuchung von Tätern, Tathintergründen und gerichtlicher Verarbeitung in Jugendstrafverfahren, 1998.

6 Zur Thematik bereits *Perathoner*, Das Minderheitenstrafrecht: der strafrechtliche Schutz von traditionellen und neuen Minderheiten in seiner nationalen, europäischen und völkerrechtlichen Dimension, in: Hilpold/Raffeiner/Steinmair (Hrsg.), Rechtsstaatlichkeit, Grundrechte und Solidarität in Österreich und in Europa, Festgabe zum 85. Geburtstag von Professor Heinrich Neisser, einem europäischen Humanisten, 2021, S. 1141-1170.

7 In den großen deutschen Rechtsdatenbanken findet sich zum gegenwärtigen Zeitpunkt überhaupt kein Hinweis auf die Verwendung des Begriffs.

8 Vgl. zum Begriff www.justice.gov/hatecrimes (15.12.2021); OSCE-ODIHR Hate Crime Reporting, What is Hate Crime, in: https://hatecrime.osce.org/what-hate-crime (15.12.2021); FBI, Defining a Hate Crime, in: www.fbi.gov/investigate/civil-rights/hatecrimes (15.12.2021).

9 *Perathoner*, Zum Begriff des Minderheitenstrafrechts, in: Hilpold/Raffeiner/Steinmair (Hrsg.), Die EU und Österreich – Nachlese zur Festschrift für Heinrich Neisser (in Druck).

10 *Perathoner*, in: Nachlese zur Festschrift für Heinrich Neisser (o. N. 9).

11 Erfasst werden im Zusammenhang mit traditionellen Minderheiten etwa Diskriminierungen aufgrund der Rasse, Ethnie, Nationalität, Sprache oder Religion.

Dadurch wird eine Reihe von Straftatbeständen erfasst, die dem Sinn und Zweck der Kategorie nach nicht unter den Anwendungsbereich fallen sollten. Der Fokus verschiebt sich vom eigentlichen Schutzgegenstand der Vorschriften (den Opfern) auf die Motivation des Täters.[12] Aus diesem Grund ist auch der Begriff *bias-motivated-crimes* oder *bias crimes* (zu Deutsch: Vorurteils-geleitete Verbrechen oder „Vorurteilskriminalität") gebräuchlich.[13] Letzterer umschreibt das den Bestimmungen zugrundeliegende Konzept treffender als *hate crimes*, ist dabei gleichwohl nicht frei von sprachlicher Ungenauigkeit. Denn eine von Vorurteilen geleitete Straftat kann sich vielfach auch gegen eine Person als Individuum richten, ganz unabhängig davon, ob sie einer Minderheit angehört.[14]

Für die Definition und Eingrenzung dieser Straftaten erscheint es zielführender zu hinterfragen, welches Rechtsgut der Strafgesetzgeber zu schützen gedenkt, um dort ansetzend eine terminologische Qualifizierung zu unternehmen. Funktional stellen die vorliegend untersuchten Normen vorranging auf den Schutz marginalisierter und deshalb schutzbedürftiger Gruppen ab, denen in demokratisch-pluralistischen Gesellschaften ein gleiches Maß an Würde zuzuerkennen ist wie der gesellschaftlichen Mehrheit.[15] In der Tat sehen heute die Rechtsordnungen fast aller europäischen Staaten eine ganze Reihe von Bestimmungen vor, die nicht nur Formen von Diskriminierungen gegenüber rassischen, ethnischen und religiösen Minderheiten untersagen, sondern beispielsweise auch Differenzierungen nach sexueller Orientierung, sozialem Stand oder Alter erfassen und dabei die Menschenwürde unmittelbar oder mittelbar betonen.[16] Das abschließende Ziel wird dabei jedoch weiterhin durch den minderheitenrechtlichen Schutz gesellschaftlicher Randgruppen dargestellt. Es erscheint in diesem Zusammenhang daher angebracht, von *Verbrechen gegen Minderheiten* und in der Folge von einem *Minderheitenstrafrecht* zu sprechen.[17]

12 Zu diesen Überlegungen bereits *Perathoner*, in: Nachlese zur Festschrift für Heinrich Neisser (o. N. 9).

13 Der Begriff wird in Literatur und Praxis seit längerem verwendet. Siehe hierzu *ex multis* https://hatecrime.osce.org/what-hate-crime (15.12.2021); www.fbi.gov/services/cjis/ucr/hate-crime (15.12.2021); *Lawrence*, The Punishment of Hate: Toward a Normative Theory of Bias-Motivated Crimes, in: Michigan Law Review 1994, 320 ff.

14 Auch hierzu *Perathoner*, in: Nachlese zur Festschrift für Heinrich Neisser (o. N. 9).

15 Weitere Nachweise aus Lehre und Rechtsprechung folgen im Text. Vgl. jedoch bereits *Perathoner*, in: Nachlese zur Festschrift für Heinrich Neisser (o. N. 9).

16 Vereinzelt wird die Anwendung einschlägiger Bestimmungen jedoch umgangen, so etwa jene von Section 216 des ungarischen Strafgesetzbuchs (Act C 2012), die mittlerweile äußerst selten zur Anwendung kommt. Vgl. hierzu folgenden Bericht der Universität Oxford (S. 6), der für eine ungarische Menschenrechtsorganisation im Jahr 2014 verfasst wurde und einen rechtsvergleichenden Überblick über einzelne kontinentaleuropäische Rechtsordnungen bietet: www.law.ox.ac.uk/sites/files/oxlaw/5._hate_crimes_hclu.pdf (15.12.2021). Ganz allgemein lässt sich festhalten, dass sich in Ungarn, wie auch in Polen, Tendenzen zu einer Stigmatisierung insbesondere von homo- und transsexuellen Menschen zeigen.

17 Zum Begriff *Minderheitenstrafrecht* ausführlich der mehrfach zitierte Beitrag: *Perathoner*, in: Nachlese zur Festschrift für Heinrich Neisser (o. N. 9).

III. Das italienische Minderheitenstrafrecht im Spiegel des deutschen, österreichischen und schweizerischen Strafrechts

1. Das Strafrecht der Mehrheitsgesellschaft zum Schutz der gesellschaftlichen Minderheiten

Die Untersuchung eines rechtspolitisch heiklen Bereichs verdeutlicht die Rolle des Strafrechts als Ausdruck nationaler Identität. Wie kaum in einem anderen Bereich kommen hier staatliches Handeln und nationale Werte zur Geltung.[18] Diese manifestieren sich in der Art und Weise des Aufbaus von Rechtsvorschriften sowie in den damit verbundenen Rechtsfolgen. Dabei kann die Berufung auf das Konzept einer (mutmaßlichen) nationalen Identität die den modernen Gesellschaften zugrundeliegende Vielfalt und Heterogenität verschleiern. Es verwundert somit kaum, dass es bisher an einem einheitlichen Strafrecht zum Schutz von Minderheiten und infolgedessen an einem rechtswissenschaftlich etablierten Begriff von „Minderheitenstrafrecht“ mangelt. Die strafrechtliche Erfassung diskriminierender Verhaltensweisen kommt daher in verschiedenen europäischen Rechtskulturen unterschiedlich zum Ausdruck und stellt Opfer von Minderheitenstraftaten vor teils unbefriedigende Lösungen. Um Betroffenen in einem grenzüberschreitenden Europa einen angemessenen Schutz vor Rassismus und Fremdenfeindlichkeit zu bieten, ist ein rechtsvergleichender Zugang zur Materie erforderlich.

Da die italienische Verfassungsgeschichte vielfältige Bezugspunkte zum Spannungsfeld zwischen Minderheiten und Mehrheiten aufweist, erscheint das italienische Strafrecht (auch vor dem Hintergrund möglicher Reformen) als ein besonders interessantes Untersuchungsfeld für den Forschungsfokus des Minderheitenstrafrechts. Im Folgenden sollen deshalb die wesentlichen Bestimmungen der italienischen Rechtsordnung (in Grundzügen) vorgestellt und im Rechtsvergleich mit Deutschland, Österreich und der Schweiz durchdrungen werden. Auf diese Weise werden Gemeinsamkeiten und Unterschiede zur normativen Umsetzung von Kriminalpolitik zum Schutz von (alten und neuen) Minderheiten sichtbar.

2. Historische Entwicklung der verfassungsrechtlichen Grundlagen und ihre Umsetzung auf Gesetzesebene

a) Verfassungsrechtliche Grundlagen

Seinen Ausgangspunkt nimmt die Entwicklung des Minderheitenstrafrechts in Italien in der Mitte des 20. Jahrhunderts als Reaktion auf die autoritäre Ideologie des Faschismus.[19] Diese hatte sich vor allem gegen die Angehörigen von sprachlichen, ethnischen und

18 So etwa das BVerfG, Urt. v. 30.6.2009, 1 BvE 2/08, NJW 2009, 2267 (Lissabon-Urteil). Dieses fordert einen ausreichenden politischen Gestaltungsspielraum für Sachbereiche, die die Lebensumstände der Bürger, vor allem ihren von den Grundrechten geschützten privaten Raum der Eigenverantwortung und der persönlichen und sozialen Sicherheit, prägen.

19 Zur heutigen Bedeutung der in diesem Zusammenhang entstandenen Bestimmungen vgl. *Manna*, Fascismo (sanzioni contro il), in: Dig. disc. pen., V, Torino 1991, S. 137 f. Zur Entstehung und den Auswirkungen des Faschismus auf das verfassungsrechtliche System Italiens *Melis,* Fascismo (ordinamento costituzionale), in: Dig. disc. pubb., VI, Torino 1991, S. 259 ff. sowie *Perticone,* Fascismo (Politica e sociologia), in: Enc. dir., XVI, Milano 1967, S. 874 ff.

religiösen, aber auch gegen sexuelle Minderheiten oder Menschen mit Beeinträchtigung gerichtet. Einen Rahmen für dieses italo-faschistische Gedankengut bildete die faschistische Rassengesetzgebung.[20] Diese beinhaltete überaus unterschiedliche Maßnahmen und Zielrichtungen, wie etwa Vorkehrungen zur zwangsweisen Italienisierung[21] der mehrheitlich deutsch- und ladinischsprachigen Bevölkerung des seit dem Ende des ersten Weltkrieges Italien angegliederten Südtirols.

Nach Überwindung des Faschismus und mit dem Ende des zweiten Weltkriegs setzte ein tiefgreifender Demokratisierungsprozess in Italien ein, dessen wesentlicher Meilenstein mit Inkrafttreten der neuen italienischen „republikanischen Verfassung“ am 1. Januar 1948 errungen wurde.[22] Die neue Verfassung sollte ein erneutes Aufflammen faschistischer Strukturen, etwa in Form der Neubildung der aufgelösten faschistischen Partei, verhindern.[23]

Hierzu wurden entsprechende Rahmenvorgaben in der XII. Schlussbestimmung der Verfassung vorgesehen, die gesetzgeberisch im Verbot der faschistischen Partei mündeten und durch die sog. *Legge Scelba* (Gesetz vom 20.6.1952, Nr. 645) konkretisiert wurden. Historisch war die Regelung auf den italienischen Waffenstillstand zurückzuführen, der das damalige italienische Königreich verpflichtete, einschlägige Maßnahmen zu erlassen.[24] Neben einer Reihe ordentlicher Gesetze wirkten sich diese internationalen Ver-

---

20 Die insgesamt 180 faschistischen Rassengesetze (*leggi razziali fasciste*) fanden in Italien von 1938 bis Mitte der 40er-Jahre Anwendung, wobei sich die meisten gegen Teile der jüdischen Bevölkerung richteten. Auf Wunsch des Duce *Benito Mussolini* unterzeichnete der italienische König am 5. September 1938 das erste italienische Rassengesetz. Erst mit königlichem Gesetzesdekret vom 20. Januar 1944, Nr. 25 stellte die Regierung *Badoglio* die Rechte der Juden wieder her. Vgl. allgemein *Acerbi*, Le leggi antiebraiche e razziali italiane ed il ceto dei giuristi, 2014; *Cavaglion/Romagnani*, Le interdizioni del Duce: a cinquant'anni dalle leggi razziali in Italia (1938-1988), 1988 und *Garfinkel*, Criminal Law in Liberal and Fascist Italy, 2016.

21 Siehe dazu *Freiberg* (Pseudonym für *Kurt Heinricher*), Südtirol und der italienische Nationalismus – Entstehung und Entwicklung einer europäischen Minderheitenfrage, 2 Bände, 1990.

22 Die Verfassung wurde von der Verfassungsgebenden Versammlung am 22. Dezember 1947 genehmigt, vom provisorischen Staatsoberhaupt am 27. Dezember 1947 verkündet und ist seit dem 1. Januar 1948 in Kraft. Kundgemacht im G.Bl. vom 27. Dezember 1947, Nr. 298 – Sondernummer.

23 Eine Entsprechung lässt sich in § 1 Abs. 1 des österreichischen Verfassungsgesetzes vom 8. Mai 1945 über das Verbot der NSDAP (Verbotsgesetz) wiederfinden. Für Deutschland wurde die NSDAP mit Art. I des Kontrollratsgesetzes Nr. 2 vom 10. Oktober 1945 verboten. Hinzuweisen ist auch auf Art. 21 GG, der dem präventiven Schutz der freiheitlich-demokratischen Werteordnung dient, und auf § 86a dStGB in Bezug auf das Verwenden von Kennzeichen verfassungswidriger Organisationen.

24 So findet sich u.a. die Verpflichtung: „... [di] sciogliere le organizzazioni fasciste“. Siehe hierzu etwa *Manna*, Fasciscmo (sanzioni contro il), in: Dig. disc. pen., V, Torino 1991, S. 138. Auch der in der Folge ausgearbeitete Friedensvertrag hob in Art. 17 abermals hervor, die Neubildung ähnlicher Strukturen sei zu verhindern, sowohl in politischer, militärischer als auch lediglich militarisierter Form, sollten diese das Ziel verfolgen, die Bevölkerung in der Ausübung ihrer demokratischen Rechte zu behindern. Vgl. auch *Vinciguerra*, Fascismo (sanzioni), in Enc. dir., XVI, Milano 1967, S. 914 ff. Aus rechtshistorischer Sicht ist dies insbesondere auf einen Abänderungsantrag von *Palmiro Togliatti* zurückzuführen, der das Verbot der faschistischen Partei in Art. 18 der heutigen Verfassung (Vereinigungsfreiheit) verschoben hätte. Der Antrag sah eine Schranke ideologischer Natur vor, die sich im Verbot der Neubildung der faschistischen Partei äußerte, verschob sich bei der Ausarbeitung der Beschlussfassung jedoch in die Übergangs- und Schlussbestimmungen.

pflichtungen aus den Friedensverträgen in erster Linie auf einzelne Entscheidungen der verfassungsgebenden Versammlung aus.[25]

Der verfassungsrechtliche Rahmen für das Verbot der faschistischen Partei einerseits und zum Schutz der Minderheiten in Italien andererseits stützte sich ursprünglich auf diese XII. Schlussbestimmung der Verfassung sowie auf das allgemeine Diskriminierungsverbot[26] in Art. 3 Cost.[27] und den Schutz der allgemeinen und unverletzlichen Menschenrechte (Art. 2 Cost.).[28] Demnach sei allen Bürgern die gleiche gesellschaftliche Würde zuzuerkennen, ohne Unterscheidung nach Geschlecht, Rasse, Sprache, Glauben, politischen Anschauungen sowie persönlichen und sozialen Verhältnissen. Diese Bestimmungen sind heute unter Berücksichtigung des modernen Völkerrechts zu verstehen: Art. 10 Cost. sieht eine automatische Anpassung der italienischen Rechtsordnung an ein allgemein anerkanntes Völkerrecht vor und erfasst folglich auch jene völkerrechtlichen Normen, die den Schutz von Minderheiten zum Gegenstand haben.[29] Die Kernvorschrift für den Minderheitenschutz ist allerdings Art. 6 Cost., der besagt: *„Die Republik schützt mit besonderen Bestimmungen die sprachlichen Minderheiten.*" Diese *lex specialis* zu Gunsten der Minderheiten ist ausschließlich auf die sprachlichen Minderheiten (*minoranze linguistiche*) beschränkt, was vor allem im historischen Kontext als zu reduktiv und restriktiv gesehen werden darf.

b) Einfachgesetzliche Umsetzung

Im Nachgang der oben bereits erwähnten *Legge Scelba*, die noch weitestgehend einen politisierten Minderheitenschutz zu verwirklichen und vorrangig gegen die Verbreitung faschistischer Ideologien vorzugehen bestrebt war, kam es zur Ratifizierung verschiedener völkerrechtlicher Übereinkommen. Mit dem Gesetz vom 8.10.1967, Nr. 962, wurde

25 Im Bonner Grundgesetz (Art. 21 Abs. 2) entschied man sich vielmehr für eine allgemeine, abstraktere Lösung. So wurde verfügt, Parteien, die ihren Zielen oder dem Verhalten ihrer Anhänger nach darauf ausgingen, die freiheitliche demokratische Grundordnung zu beeinträchtigen oder zu beseitigen (bzw. den Bestand der Bundesrepublik zu gefährden), seien verfassungswidrig. Eine ausdrückliche Bezugnahme auf den Nationalsozialismus fehlt. Zu Art. 21 GG, insbesondere *Klein*, in: Maunz/Dürig (Hrsg.), Grundgesetz-Kommentar, 94. EL Januar 2021, Art. 21 GG Rn. 485 ff.

26 Für die Schweiz ist auf Art. 8 Abs. 1 und 2 BV zu verweisen. In Deutschland gilt Art. 3 GG als Anhaltspunkt, in Österreich Art. 7 BV-G. In Bezug auf die Schweiz sind insbesondere die Nachweise bei *Staffler*, Multikulturalität und Strafrecht – eine Spurensuche im schweizerischen StGB, in: Zeitschrift für die gesamte Strafrechtswissenschaft, 1/2019, S. 173, 180 zu beachten.

27 Art. 3 ital. Verf. lautet: „(1) Alle Staatsbürger haben die gleiche gesellschaftliche Würde und sind vor dem Gesetz ohne Unterschied des Geschlechts, der Rasse, der Sprache, des Glaubens, der politischen Anschauungen, der persönlichen und sozialen Verhältnisse gleich. (2) Es ist Aufgabe der Republik, die Hindernisse wirtschaftlicher und sozialer Art zu beseitigen, die durch eine tatsächliche Einschränkung der Freiheit und Gleichheit der Staatsbürger der vollen Entfaltung der menschlichen Person und der wirksamen Teilnahme aller Arbeiter an der politischen, wirtschaftlichen und sozialen Gestaltung des Landes im Wege stehen." Übersetzung nach https://www.landtag-bz.org/ download/Verfassung_Italien.pdf (15.12.2021).

28 Eine klare minderheitenspezifische Bestimmung lässt sich indes auch in Art. 6 der Verfassung finden. Vorgesehen ist ein besonderer Schutz sprachlicher Minderheiten, der jedoch auf das Merkmal der Sprache beschränkt bleibt.

29 Mit zu berücksichtigen ist ferner Art. 117 Abs. 1 Cost, der die rechtspolitische Entscheidung abbildet, die Ausübung der staatlichen und regionalen Gesetzgebungsbefugnis an die Wahrung unions- und verfassungsrechtlicher Grundsätze sowie etwaiger internationaler Verpflichtungen zu binden.

so etwa die Konvention über die Verhütung und Bestrafung des Völkermords[30] in die italienische Rechtsordnung überführt, während die sog. *Legge Reale* (G. vom 13.10.1975, Nr. 654) zur Umsetzung des Übereinkommens zur Beseitigung jeder Form von Rassendiskriminierung diente. Letzteres bot rassisch-ethnischen Minderheiten erstmals auch abseits der aus historischer Sicht faschistisch geprägten Gesetzgebung Schutz vor diskriminierenden Handlungen. Der Aufruf zu Hass, Diskriminierung und Gewalt, motiviert durch Rassismus und Fremdenfeindlichkeit, wurde nunmehr konkret strafrechtlich erfasst (Art. 3).

Mit dem Gesetzesdekret Nr. 122/1993 (*Legge Mancino*[31]) wurde schließlich eine strafrechtliche Neuregelung des Bereichs rassistisch motivierter Diskriminierungen angestrebt. Diese Vorschriften, die unter anderem die mit faschistischen Ideologien verbundene Gesten (wie den sog. römischen Gruß)[32], Handlungen oder Ausdrücke im Rahmen öffentlicher Versammlungen sanktionierten[33], sowie die punktuellen Anpassungen durch das entsprechende Umwandlungsgesetz Nr. 205/1993 und das dreizehn Jahre später erlassene Gesetz Nr. 85/2006, stellten lange den *status quo* des strafrechtlichen Schutzes für traditionelle Minderheiten dar.

c) Neuere Entwicklungen

Ausgangspunkt für die neuerliche Auseinandersetzung mit Fragen des Minderheitenstrafrechts schuf erst ein strafrechtliches Reformprojekt[34] im Jahr 2018, welches sich zur Aufgabe machte, das in eine Vielzahl von Sonderregelungen und eigenständige Bestimmungen zersplitterte Strafrecht[35] zurück in das Strafgesetzbuch zu überführen.[36] Dies führte

30 Das Gesetz sieht einer Reihe völkerstrafrechtlicher Tatbestände, die in Österreich etwa in §§ 321 ff. öStGB, in der Schweiz in Art. 264 ff. StGB anzutreffen sind, während in Deutschland ein eigenständiges Völkerstrafgesetzbuch (VStGB) geschaffen wurde. Näheres bei *Pugliese*, Il reato di discriminazione razziale: da purezza biologica a identità culturale. Evoluzione di una fattispecie, Riv. pen. 2018, S. 641 ff. Zum völkerrechtlichen Straftatbestand *Greppi*, I crimini dell'individuo nel diritto internazionale, 2012, S. 179 ff. und *Cassese*, Genocide, in: Cassese/Gaeta/Jones (Hrsg.), The Rome Statute of the International Criminal Court: A Commentary. Vol I, Oxford, 2002, S. 335 ff.

31 Bezeichnet wird hierdurch das Umwandlungsgesetz des Gesetzesdekrets.

32 Zur strafrechtlichen Relevanz des römischen Grußes (*saluto romano*), etwa *Costantini*, Il saluto romano nel quadro dei crimini d'odio razziale: dimensione offensiva e rapporti con la libertà di espressione, Diritto Penale e Processo 2020, S. 216. Bestätigt wurde diese im Hinblick auf Art. 2 des umgewandelten GD Nr. 122/1993 u.a. durch Cassazione penale, Urteil vom 27.3.2019, n. 21409, Dir. Pen. e Proc. 2020, 215; Corte di Cassazione, Urteil vom 4.3.2009, n. 25184.

33 Vgl. auch § 86a dStGB (Verwenden von Kennzeichen verfassungswidriger Organisationen). Eine solche Bestimmung fehlt in der Schweiz.

34 Relevant ist insbesondere Art. 2 Abs. 1 lit i des gesetzesvertretenden Dekrets vom 1.3.2018, Nr. 21.

35 Man denke nur an die Bestimmungen der *Legge Scelba*, *Reale* oder *Mancino*, die ein teils intransparentes Regelungswerk hinterließen.

36 In Bezug auf Art. 604 *bis* c.p., der nunmehr die für diesen Beitrag relevanten Bestimmungen enthält, gibt der entsprechende erläuternde parlamentarische Bericht kaum Aufschluss über die Vorschriften. Erwähnenswert scheint jedoch der Verweis auf einen seit dem 4.10.2017 in der zuständigen Kommission des Senats liegenden Gesetzesentwurf (Nr. 2471 der XVII. Legislaturperiode) zur Ratifizierung des Zusatzprotokolls zum Übereinkommen über Computerkriminalität betreffend die Kriminalisierung mittels Computersysteme begangener Handlungen rassistischer und fremdenfeindlicher Art. Dieser hätte den mittlerweile abgeschafften Art. 3 des G. vom 13.10.1975, Nr. 654 dahingehend abgeändert, um ausdrücklich diskriminierende und rassistische Äußerungen im digitalen Raum zu erfassen. Auch im Justizausschuss wurde dieses Protokoll bei der Ausarbeitung des neuen Art. 604 *bis* c.p angesprochen.

in Ausführung von Art. 1 Abs. 85 lit. q des G. vom 23.6.2017, Nr. 103 (mit dem die Regierung zur Ausarbeitung des gesetzesvertretenden Dekrets Nr. 21 von 2018 ermächtigt wurde) unter anderem zur Schaffung eines neuen Abschnitts innerhalb des *codice penale* (c.p.) über die Verbrechen gegen die Gleichheit (*Dei delitti contro l'eguaglianza*).[37]

3. Das Rechtsgut der neuen Strafvorschrift

Erfasst wird von den Bestimmungen der Art. 604 *bis* und 604 *ter* c.p. eine Reihe von teils bereits bekannten, teils neuen Tatbeständen: so etwa die Verbreitung von Ideologien, der Aufruf zu Hass und Diskriminierung, die Gewalt gegen Minderheiten oder das Billigen, Leugnen oder grobe Verharmlosen von Völkerstraftaten (jeweils auch in organisierter Form).

Bereits die systematische Verortung der neuen in Art 604 *bis* c.p. enthaltenen Straftatbestände und die Bezeichnung des entsprechenden Abschnitts geben Aufschluss über die rechtspolitischen Hintergründe dieser Bestimmung. Der Gleichheitsgrundsatz als Antithese zu Diskriminierung und gesellschaftlicher Ausgrenzung durchzieht den Gesetzestext und kennzeichnet den Gegenstand des Strafrechtsschutzes. Vorausgegangene Überlegungen, die das zu schützende Rechtsgut[38] vor dem Hintergrund des rechtshistorischen Entstehungsprozesses zuvörderst im Schutz der öffentlichen Ordnung auszumachen versucht hatten[39], wurden in der jüngeren Rechtsprechung zugunsten eines individualisierten Ansatzes aufgegeben.[40] Es wird zwar darauf abgestellt, ein sicheres und vor allem friedliches Zusammenleben unterschiedlicher Gruppen zu ermöglichen, vorrangig gilt es dabei jedoch, die unverletzlichen Menschenrechte zu schützen.[41] Die Menschenwürde stellt der wohl herrschenden Lehre[42] zufolge nunmehr das zentrale Rechtsgut dar, das es

37 Zur Entstehung, etwa *Salerno*, in: Cadoppi/Canestrari/Veneziani (Hrsg.), Codice Penale. Commentato con dottrina e giurisprudenza, Torino 2018, Art. 604 *bis* c.p., S. 2499. Entsprechende Tatbestände lassen sich in einer Vielzahl von europäischen Rechtsordnungen finden, so etwa in Deutschland (§ 130 StGB, Volksverhetzung), Österreich (§ 283 StGB, Verhetzung) und der Schweiz (Art. 261bis StGB, Diskriminierung und Aufruf zum Hass).

38 Zum geschützten Rechtsgut *Pagliaruolo*, La tutela penale contro le discriminazioni razziali, in: Archivio penale online 2014, 1, 7, in Bezug auf die *Legge Mancino*, sowie allgemein *Salerno*, in: Cadoppi/Canestrari/Veneziani (Hrsg.), Codice Penale. Commentato con dottrina e giurisprudenza, Torino 2018, Art. 604 *bis* c.p., S. 2500.

39 Beispielsweise Corte di Cassazione, Urteil vom 23.6.2015, n. 36906. Für eine Kritik an der öffentlichen Ordnung als Schranke für die Meinungsfreiheit bereits ausf. *Fiore*, I reati di opinione, 1965, S. 107 ff., weil hierdurch viele Bestimmungen scheinbar willkürlich vor einem Urteil der Verfassungswidrigkeit geschützt werden könnten. Ein nicht unmittelbar in der Verfassung vorgesehenes Rechtsgut (öffentliche Ordnung) beschränke somit ein anderes, das unmittelbar vorgesehen sei (Meinungsfreiheit).

40 Siehe zu diesem Ansatz etwa die bekannte Entscheidung im Fall Brigantini, Corte di Cassazione, Urteil vom 13.12.2007, n. 13234, Ind. pen. 2009, 207.

41 Siehe *Salerno*, in: Cadoppi/Canestrari/Veneziani (Hrsg.), Codice Penale. Commentato con dottrina e giurisprudenza, Torino 2018, Art. 604 *bis* c.p., S. 2500.

42 *Salerno*, in: Cadoppi/Canestrari/Veneziani (Hrsg.), Codice Penale. Commentato con dottrina e giurisprudenza, Torino 2018, Art. 604 *bis* c.p., S. 2500 bietet auch zu diesen Lehrmeinungen einen umfassenden Überblick. In der Rechtsprechung Corte di Cassazione, Urteil vom 13.12.2007, n. 13234, Ind. pen. 2009, 207.

vor etwaigen Verletzungen zu schützen gilt.[43] Analoge Überlegungen lassen sich auch mit Blick in benachbarte Rechtsordnungen finden, wo die Menschenwürde vermehrt als Rechtsgut einschlägiger Bestimmungen angeführt wird[44]: so etwa ausdrücklich in § 130 Abs. 1 Nr. 2 und Abs. 2 Nr. 1 lit. c dStGB, § 283 Abs. 1 Nr. 2 öStGB und Art. 261bis Abs. 4 schwStGB. Dieser Ansatz kann auch verfassungsrechtlich begründet werden, indem über den Schutz der unverletzlichen Menschenrechte[45] in Art. 2 Cost (i.V.m. Art. 10) ein System zur strafrechtlichen Erfassung diskriminierender Äußerungen und Handlungen aufgebaut wird, das auch Fragen zu Gleichheit und Minderheitenschutz einzubeziehen in der Lage ist.[46]

Die vorliegende Konzeption ist im Zusammenhang mit den einleitenden Überlegungen zum Begriff des Minderheitenstrafrechts zu verstehen. Obgleich die Erfüllung der Tatbestände im Einzelfall eine individuelle Rechtsgutsverletzung (Verletzung der individuellen Menschenwürde) darstellt, wird durch diesen Ansatz das Verständnis des der Tat zugrundeliegenden kollektiven Motivs aufgeweicht. Die Wahl des Opfers ist im Regelfall auf die Zugehörigkeit zu einer bestimmten oder bestimmbaren Gruppe zurückzuführen. Der bzw. die Verletzte wird dabei als Ausdruck einer Gruppe und nicht als eigenständiges Individuum wahrgenommen.[47] Im Ergebnis zielt die Tat nicht auf die unmittelbar betroffene Person, sondern auf das durch diese verkörperte Kollektiv ab. Aus rechtspolitischer Sicht wird sicherlich angestrebt, einen umfassenden und in erster Linie angemessenen Schutz aller Interessenträger zu gewährleisten. Dieser wird am besten unter Rückgriff auf das Rechtsgut der Menschenwürde zu verwirklichen sein.[48]

43 So auch in der Schweiz *Weder*, in: Donatsch/Heimgartner/Isenring/Weder (Hrsg.), StGB Kommentar. Schweizerisches Strafgesetzbuch mit V-StGB-MStG und JStG, 20. Auflage, Zürich 2018, Art. 261bis StGB Rz. 1 ff. und *Niggli/Fiolka*, Rassendiskriminierung i.S.v. Art. 261bis StGB – Eine Übersicht, in: www.ekr.admin.ch/pdf/Einleitung261bis_Niggli_Fiolka_Final.pdf (15.12.2021). A.A. hingegen Corte di Cassazione, Urteil vom 23.6.2015, n. 36906: es wird von mehreren Rechtsgutverletzungen ausgegangen – Menschenwürde und Schutz der öffentlichen Ordnung (bzw. des öffentlichen Friedens). Dem schließt sich in Bezug auf § 130 dStGB *Schäfer*, in: Erb/Schäfer (Hrsg.), Münchener Kommentar zum Strafgesetzbuch, 3. Auflage, München 2017, § 130 StGB Rn. 2 ff. an.

44 I.d.S. für Deutschland *Schäfer*, in: Erb/Schäfer (Hrsg.), Münchener Kommentar zum Strafgesetzbuch, 3. Auflage, München 2017, § 130 StGB Rn 3 ff.; für Österreich *Plöchl*, in: Höpfel/Ratz (Hrsg.), Wiener Kommentar zum Strafgesetzbuch, 2. Auflage, Wien 2020, § 283 StGB Rn. 5 und für die Schweiz *Niggli/Fiolka*, Rassendiskriminierung i.S.v. Art. 261bis StGB – Eine Übersicht, in: www.ekr.admin.ch/pdf/Einleitung261bis_Niggli_Fiolka_Final.pdf (15.12.2021), S. 2.

45 Vgl. *Pavich/Bonomi*, Reati in tema di discriminazione: il punto sull'evoluzione della normativa recente, sui principi e valori in gioco, sulle prospettive legislative e sulle possibilità di interpretare in senso a costituzione, la normativa vigente, in: Dir. pen. cont. (online) 2014, 1, 15; *Zavatti/Trenti*, Legislazione italiana in tema di discriminazione razziale, etnica e religiosa, in: Rass. it. crim. 1995, S. 566.

46 *Pagliaruolo*, La tutela penale contro le discriminazioni razziali, in: Archivio penale online 2014, 1, 3.

47 Die Vorschrift des Art. 604 *bis* c.p. enthält selbst keinen ausdrücklichen Hinweis auf die Person des Täters oder die verletzte Person. Es ist jedoch anzunehmen, dass es sich um ein Allgemeindelikt handelt, das keine besonderen Anforderungen an Täter richtet, so jedenfalls *Salerno*, in: Cadoppi/Canestrari/Veneziani (Hrsg.), Codice Penale. Commentato con dottrina e giurisprudenza, Torino 2018, Art. 604 *bis* c.p., S. 2500.

48 Siehe hierzu die Lehrmeinungen in N. 41.

Viele der nunmehr von Art. 604 *bis* c.p. erfassten Figuren lassen sich indes als Tätigkeitsdelikte (*reato di condotta*) und als nicht verhaltensgebundene Delikte[49] (*reato a forma libera*) qualifizieren.[50] Auf diese Weise können bei entsprechender Eignung zur Rechtsgutverletzung bereits diskriminierende Handlungen und Äußerungen als solche zur Erfüllung des Straftatbestands genügen. Dies deutet darauf hin, dass nunmehr vermehrt das Unterbinden einzelner Vorfälle eine Rolle spielt. Die ursprüngliche Tendenz, eine weitreichende Verbreitung gewisser Ideologien zu verhindern, scheint sich abzuschwächen.[51] Die Öffentlichkeit des Vergehens wird nicht mehr ausdrücklich erwähnt und spielt weitestgehend im Rahmen der Strafzumessung eine Rolle.[52] Ob vereinzelte Äußerungen bereits ausreichen werden, um etwa den Propaganda-Tatbestand zu erfüllen (auf den noch einzugehen sein wird), wird sich jedoch anhand der konkreten Umstände des Einzelfalls und somit auch vor dem Hintergrund des erreichten Personenkreises zeigen müssen.

4. *Rassismus*

Wie in Italien fehlte auch in Deutschland für lange Zeit eine konkrete rechtliche Definition von Rassismus. Im Zusammenhang mit Straftaten durch rechtsextreme Gruppen wurde zunächst von politisch motivierten Vergehen gesprochen.[53] Diesem Verständnis eines politisierten Minderheitenstrafrechts wurde erst in einem zweiten Schritt das angelsächsische Konzept der Hassverbrechen (*hate crimes*) gegenübergestellt. Einfluss auf das moderne Begriffsverständnis übte insbesondere das Internationale Übereinkommen der Vereinten Nationen zur Beseitigung jeder Form von Diskriminierung vom 7. März 1966 aus.[54] Dieses enthält in Art. 1 Definitionsansätze zum Begriff der Rassendiskriminierung.[55] Obwohl ein ausdrücklicher Verweis auf das Übereinkommen in Art. 604 *bis* c.p. fehlt, sind die dort aufgeworfenen Konzepte der Konvention angelehnt.[56] Bezeichnet wer-

49 Für die Lehre *Pagliaruolo*, La tutela penale contro le discriminazioni razziali, in: Archivio penale online 2014, 1,8. Für die Rechtsprechung Cassazione penale, Urteil vom 11.12.2012, n. 47894, Guida al diritto 2013, 49 („...non esclude affatto dall'alveo precettivo anche un'isolata manifestazione a connotazione razzista...").

50 Zu diesen Qualifikationen *Salerno*, in: Cadoppi/Canestrari/Veneziani (Hrsg.), Codice Penale. Commentato con dottrina e giurisprudenza, Torino 2018, Art. 604 *bis* c.p., S. 2500; *Pagliaruolo*, La tutela penale contro le discriminazioni razziali, in: Archivio penale online 2014, 1, 7.

51 So *Pagliaruolo*, La tutela penale contro le discriminazioni razziali, in: Archivio penale online 2014, 1, 8.

52 Zu diesem Schluss kommt etwa *C. Silva*, „Quando la discriminazione razziale si trasferisce su Facebook", in: Arch. pen. 2012, 1, 7 f. bei der Besprechung eines Urteils des Tribunale di Padova.

53 Deutscher Bundestag 19. Wahlperiode, Drucksache Nr. 19/17020.

54 Engl. International Convention on the Elimination of All Forms of Racial Discrimination, siehe https://treaties.un.org/Pages/ViewDetails.aspx?src=IND&mtdsg_no=IV-2&chapter=4&clang=_en (15.12.2021).

55 Art. 1 Abs. 1: „In this Convention, the term 'racial discrimination' shall mean any distinction, exclusion, restriction or preference based on race, colour, descent, or national or ethnic origin which has the purpose or effect of nullifying or impairing the recognition, enjoyment or exercise, on an equal footing, of human rights and fundamental freedoms in the political, economic, social, cultural or any other field of public life."

56 Näheres *Salerno*, in: Cadoppi/Canestrari/Veneziani (Hrsg.), Codice Penale. Commentato con dottrina e giurisprudenza, Torino 2018, Art. 604 *bis* c.p., S. 2500. Corte di Cassazione, Urteil vom 11.7.2006, n. 37609 geht gar davon aus, die Begriffsbestimmung sei ausschließlich aus der Konvention abzuleiten. Dies kann aber insoweit kritisiert werden, als das Übereinkommen Formen der Diskriminierung aus Gründen der Religion oder ethnischen Gründen nicht anführt.

den daher jede auf der Rasse[57], Hautfarbe, Abstammung, dem nationalen Ursprung oder dem Volkstum beruhende Unterscheidung, Ausschließung, Beschränkung oder Bevorzugung, die zum Ziel oder zur Folge hat bzw. haben, dass Menschenrechte und Grundfreiheiten nicht gleichberechtigt mit anderen im politischen, wirtschaftlichen, sozialen, kulturellen oder jedem sonstigen Bereich des öffentlichen Lebens anerkannt, genossen oder ausgeübt werden können.[58] Eine solche Definition[59] bietet erste Anhaltspunkte und lässt erkennen, dass tendenziell ein möglichst weites Spektrum abgedeckt werden soll,[60] wodurch ein teleologisches Verständnis des Begriffs nahegelegt wird.[61]

Darauf baut auch ein Teil der italienischen Rechtsprechung[62] auf, der die *ratio punendi* von Diskriminierungen gerade darin erkennt, vorbeugend Gewalt und Verfolgung zu verhindern. Eine bloße Abneigung oder Ablehnung, ein bloßes Nicht-Dulden würden dabei nicht ausreichen, auch wenn diese Ansichten ihre Begründung in der Rasse, Nationalität oder Religion[63] des Opfers fänden. Äußerungen hat ein konkretes Gefahrenelement (in Bezug auf diskriminierende Handlungen) innezuwohnen, bevor die Schranke zum Strafbaren überschritten wird.[64] Das diskriminierende Verhalten ist auf die Zugehörigkeit der Person zu einer gewissen Minderheit und somit dessen persönliche Eigenschaften zurückzuführen, nicht auf ihr konkretes Verhalten in der jeweiligen Situation.[65]

57 Der Begriff an sich, als Ausdruck der Rassenlehre, scheint obsolet. Die Verwendung des Begriffs ist noch kein Hinweis für die Existenz unterschiedlicher Rassen. So ausdrücklich Erwägungsgrund 6 des UN-Rassendiskriminierungsübereinkommens: „in der Überzeugung, dass jede Lehre von einer auf Rassenunterschiede gegründeten Überlegenheit wissenschaftlich falsch, moralisch verwerflich sowie sozial ungerecht und gefährlich ist und dass eine Rassendiskriminierung, gleichviel, ob in Theorie oder in Praxis, nirgends gerechtfertigt ist". Vgl. *Schabas*, Genocide in International Law, 2009, S. 142.

58 So der übersetzte deutsche Wortlaut von Art. 1 des Übereinkommens. Die Definition entspricht beinahe vollkommen jener von Art. 43 Abs. 1 des G.v.D. vom 25. Juli 1998, Nr. 286 (Einheitstext über die Einwanderung). Das Verständnis einer sozialen und rechtlichen Unterlegenheit legt auch Corte di Cassazione, Urteil vom 20.1.2006, n. 9381 nahe und verweist auf den Gleichheitsgrundsatz.

59 Siehe etwa *Bianco,* Razzismo, in: Dig. disc. pubb., XII, Torino 2005, S. 477 f.

60 In diesem Sinne *Pavich/Bonomi*, Reati in tema di discriminazione: il punto sull'evoluzione della normativa recente, sui principi e valori in gioco, sulle prospettive legislative e sulle possibilità di interpretare in senso a costituzione, la normativa vigente, in: Dir. pen. cont. (online) 2014, 1, 5 ff.

61 Zu den verschiedenen ethno-zentrischen Strömungen *Bianco,* Razzismo, in: Dig. disc. pubb., XII, Torino 2005, S. 477 f.

62 So etwa Corte di Cassazione, Urteil vom 30.9.1993, n. 3791.

63 Es bedarf in Bezug auf eine Religion zwar keiner Organisation im Sinne einer bestimmten Rechtsform, wohl aber eines dauerhaften Bestehens und eines hinreichenden Zusammenhalts innerhalb der Glaubensgemeinschaft. Vom Religionsbegriff erfasst werden nicht nur althergebrachte, sondern auch jüngere Bekenntnisse, sofern ein transzendentaler Bezug in Gestalt des Glaubens an eine oder mehrere Gottheiten oder sonstige der empirischen Wahrnehmung nicht zugänglichen Mächte vorliegt. *Brückner*, Minderheitenschutz im Völkerstrafrecht, 2018, S. 171 f.

64 Vgl. Corte di Cassazione, Urteil vom 26.11.2019, n. 6933 und Corte di Cassazione, Urteil vom 23.6.2015, n. 36906.

65 Vgl. Corte di Cassazione, Urteil vom 23.6.2015, n. 36906 und unter Anwendung von Art. 604 *bis* c.p.: Corte di Cassazione, Urteil vom 13.12.2019, n. 1602 (ein Plakat forderte hier die Todesstrafe für einen illegalen Einwanderer für den mutmaßlichen Mord an drei italienischen Staatsbürgern) und Corte di Cassazione, Urteil vom 7.5.2019, n. 32862, Foro it. 2019, 549 (diskriminierende Äußerungen eines damaligen Mitglieds des Europäischen Parlaments über Angehörige der Roma).

5. *Objektive Tatbestandselemente*

Die heutige strafrechtliche Regelung ist stark durch europarechtliche Einflüsse bestimmt, die in Teilen vom italienischen Gesetzgeber jedoch bereits antizipiert wurden. Basierend auf Art. 29, 31 und 34 Abs. 2 lit. b EUV als Wegbereiter für die heutige justizielle Zusammenarbeit in Strafsachen, hat der Rat am 28.11.2008 den Rahmenbeschluss 2008/913/JI zur strafrechtlichen Bekämpfung bestimmter Formen und Ausdrucksweisen von Rassismus und Fremdenfeindlichkeit erlassen.[66] Diesem zufolge stellen Rassismus und Fremdenfeindlichkeit Verstöße gegen Grundsätze wie Freiheit, Demokratie, Achtung der Menschenrechte und Grundfreiheiten sowie Rechtsstaatlichkeit dar, auf die sich die Europäische Union gründet und die allen Mitgliedstaaten gemeinsam sind.[67] Die Notwendigkeit, Personen vor Rassismus und Fremdenfeindlichkeit zu schützen, lässt sich somit auch aus den europäischen Werten ableiten. Zu diesem Zweck fordert der Rahmenbeschluss die Mitgliedstaaten unter Art. 1 Abs. 1 lit. a auf, das öffentliche Aufstacheln zu Gewalt oder Hass gegen eine nach den Kriterien der Rasse, Hautfarbe, Religion, Abstammung oder nationale oder ethnische Herkunft definierte Personengruppe oder gegen Mitglieder dieser Gruppe unter Strafe zu stellen. Entsprechendes gilt gemäß lit. b, sofern die zuvor genannten Handlungen mittels öffentlicher Verbreitung durch Schrift, Bild oder andere Materialien begangen werden. Auch das öffentliche Billigen, Leugnen oder grobe Verharmlosen von Völkermord, Verbrechen gegen die Menschlichkeit[68] und Kriegsverbrechen gegenüber einer Personengruppe oder einem Mitglied derselben – ausschließlich bestimmt nach den Kriterien der jeweiligen Rasse, Hautfarbe, Religion, Abstammung oder nationalen bzw. ethnischen Herkunft – soll von den Mitgliedstaaten strafrechtlich erfasst werden.[69] Dies setzt jedoch voraus, dass die Handlungen grundsätzlich dazu geeignet sind, zu Gewalt oder Hass gegen die genannten Gruppen oder deren Mitglieder aufzustacheln.[70] Aus verfahrensrechtlicher Sicht sollte die strafrechtliche Verfolgung solcher Taten, zumindest in den schwerwiegendsten Fällen, nicht davon abhängig gemacht werden, dass das Opfer Anzeige erstattet oder eine sonstige Klage erhebt (Art. 8).[71]

Die Tatbestände lassen sich allesamt (wenn auch in teils leicht abweichender Form) auf nationaler Ebene in Art. 604 *bis* c.p. wiederfinden. Sie sollen im Folgenden untersucht werden.

---

66 Siehe *Weiß* in Sieber/Satzger/von Heintschel-Heinegg (Hrsg.), Europäisches Strafrecht, 2. Auflage, München 2014, S. 469 ff.

67 ErwG 1 des Rahmenbeschluss 2008/913/JI.

68 Näheres bei *Becker*, Der Tatbestand des Verbrechens gegen die Menschlichkeit, 1996, S. 182 f; *Cassese*, Crimes Against Humanity, in: Cassese/Gaeta/Jones (Hrsg.), The Rome Statute of the International Criminal Court: A Commentary. Vol. I, Oxford, 2002, S. 353 ff. und *Greppi*, I crimini dell'individuo nel diritto internazionale, 2012, S. 189 ff.

69 Zu den zu erfassenden Tatbeständen *De Franco,* in: Cavaliere/Masarone (Hrsg.), L'incidenza di decisioni quadro, direttive e convenzioni europee sul diritto penale italiano, Napoli 2018, S. 374.

70 Hierzu auch *Hecker*, Europäisches Strafrecht, 5. Auflage 2015, S. 412 ff. und *Weiß* in Sieber/Satzger/von Heintschel-Heinegg (Hrsg.), Europäisches Strafrecht, 2. Auflage, München 2014, S. 469 ff.

71 Vgl. *De Franco*, in: Cavaliere/Masarone (Hrsg.), L'incidenza di decisioni quadro, direttive e convenzioni europee sul diritto penale italiano, Napoli 2018, S. 378.

a) Verbreitung von Ideologien, Aufruf zu Hass und Diskriminierung

Die europäischen Vorgaben wurden vom italienischen Gesetzgeber bereits in der *Legge Mancino* und anderen vorangehenden Gesetzgebungsakten teilweise vorweggenommen, scheinen jedoch erst mit der Reform aus dem Jahr 2018 vollkommen in die italienische Rechtsordnung aufgegangen zu sein. Dabei decken Abs. 1 lit. a und b[72] bereits wichtige Punkte im Bereich des Minderheitenschutzes ab. Wer Ideen propagiert, die auf rassistisch oder ethnisch motiviertem Hass beruhen, denen ein Verständnis ethnischer oder rassischer Überlegenheit zugrunde liegt, oder wer aus Gründen der Rasse, Ethnie, Nationalität oder Religion[73] diskriminiert oder dazu anstiftet und auffordert, ist mit einer Gefängnisstrafe von bis zu einem Jahr und sechs Monaten oder einer Geldstrafe von bis zu 6.000 € zu ahnden.[74] Lit. a entspricht Art. 4 des UN-Übereinkommens aus dem Jahr 1966 und differenziert zwischen zwei Arten fremdenfeindlicher Äußerungen und Handlungen. Unter Strafe gestellt werden einerseits die rassistische Propaganda, andererseits die Diskriminierung selbst oder die Anstiftung hierzu.[75]

Sprachlich ist diese Bestimmung bereits auf die mit Gesetz vom 24. Februar 2006, Nr. 85 (Art. 13) eingeführten Änderungen zurückzuführen.[76] Die ursprünglich etwa in Art. 3 des Gesetzes vom 13. Oktober 1975, Nr. 654 enthaltene Tatbestandsformulierung wurde im Rahmen dieser ersten Reform bereits dahingehend geändert, nicht mehr von einer Verbreitung (*diffusione*, *diffonde*) einschlägigen Gedankenguts zu sprechen, sondern von Propaganda (*propaganda*). Es scheint so, als ob die erfassten Tatbestände (auch in geltender Fassung) aufgrund der terminologischen Anpassungen auf klar umrissene Formen der Meinungsäußerung beschränkt wurden. Der Ausdruck „Propaganda" gestaltet sich deutlich enger als der allgemeinere Begriff der Verbreitung. Handelt es sich hierbei zwar ebenfalls um eine Verbreitung politischer oder weltanschaulicher Ideen, so zielt diese doch systematisch darauf ab, das allgemeine Bewusstsein (oder zumindest jenes der

72 „(1) Sofern die Tat keine schwerere Straftat darstellt:
(a) ist mit einer Freiheitsstrafe von bis zu einem Jahr und sechs Monaten oder mit Geldstrafe bis zu 6.000 Euro zu bestrafen, wer Gedankengut propagiert, das auf rassischer oder ethnischer Überlegenheit oder Hass beruht, oder zu diskriminierenden Handlungen aus rassischen, ethnischen, nationalen oder religiösen Gründen auffordert oder diese begeht;
(b) ist mit einer Freiheitsstrafe von sechs Monaten bis zu vier Jahren zu bestrafen, wer in irgendeiner Weise zu gewaltsamen Handlungen oder zur Provokation von gewaltsamen Handlungen aus rassischen, ethnischen, nationalen oder religiösen Gründen aufruft oder diese begeht."

73 Die Diskriminierung aus Gründen der Religion wurde erstmals mit der Legge Mancino im Jahr 1993 aufgenommen.

74 Im Italienischen: „a) con la reclusione fino ad un anno e sei mesi o con la multa fino a 6.000 euro chi propaganda idee fondate sulla superiorità o sull'odio razziale o etnico, ovvero istiga a commettere o commette atti di discriminazione per motivi razziali, etnici, nazionali o religiosi;" Der zweite Teil der Bestimmung entspricht § 283 Abs. 1 Nr. 2 öStGB (Beschimpfung von Gruppen, in der Absicht, die Menschenwürde dieser zu verletzen, um diese Gruppe in der öffentlichen Meinung verächtlich zu machen oder herabzusetzen).

75 In diesem Sinne *Salerno*, in: Cadoppi/Canestrari/Veneziani (Hrsg.), Codice Penale. Commentato con dottrina e giurisprudenza, Torino 2018, Art. 604 *bis* c.p., S. 2502.

76 Zu diesen Änderungen bereits *Pavich/Bonomi*, Reati in tema di discriminazione: il punto sull'evoluzione della normativa recente, sui principi e valori in gioco, sulle prospettive legislative e sulle possibilità di interpretare in senso a costituzione, la normativa vigente, in: Dir. pen. cont. (online) 2014, 1, 4 und *Salerno*, in: Cadoppi/Canestrari/Veneziani (Hrsg.), Codice Penale. Commentato con dottrina e giurisprudenza, Torino 2018, Art. 604 *bis* c.p., S. 2502. S. auch Corte di Cassazione, Urteil vom 13.12.2019, n. 1602.

Adressaten) in bestimmter Weise zu beeinflussen.[77] Vorausgesetzt wird dabei jedoch, dass etwaige Äußerungen auch geeignet sind, einen Konsens über die zum Ausdruck gebrachte und verbreitete Idee herzustellen.[78] Das Ziel der Beeinflussung der öffentlichen Meinung geht indes auch aus § 283 Abs. 1 Nr. 2 öStGB hervor. Und auch in der Schweiz wird die öffentliche Verbreitung von Ideologien, die auf die systematische Herabsetzung oder Verleumdung von Personen oder Personengruppen (nach Abs. 1) gerichtet ist, unter Strafe gestellt (Art. 261bis Abs. 2 schwStGB).

Entgegen dieser funktional-sprachlichen Überlegungen geht die italienische Lehre (wie auch die Rechtsprechung) mittlerweile davon aus, dass der Bedeutungsgehalt der beiden Begriffe derselbe sei.[79] Durch die terminologische Veränderung soll lediglich eine verfassungskonforme Interpretation der Bestimmung erleichtert werden, da nunmehr direkt (oder vielmehr indirekt) auf die Eignung der Äußerung abgestellt wird. Auch der italienische Kassationsgerichtshof qualifiziert Propaganda als zielorientierte Meinungsverbreitung.[80] Durch die Bestimmung könnten grundsätzlich dieselben Verhaltensweisen erfasst werden, da nicht ausgeschlossen sei, dass die Verbreitung von Gedankengut, die nicht darauf abziele, Zustimmung in der Öffentlichkeit zu finden, Berücksichtigung finden könnte.[81] Handelt es sich um die Anstiftung zu Diskriminierung, wurde in der Rechtsprechung eine Qualifikation als Tätigkeitsdelikt (*reato di pura condotta*) sowie als abstraktes Gefährdungsdelikt (*reato di pericolo astratto*) vertreten.[82]

b) Gewalt gegen Minderheiten

Ähnliches gilt für den zweiten der von Art. 604 *bis* c.p. geregelten Tatbestände. Dieser (Abs. 1 lit. b) stellt auf Personen ab, die aus Gründen der Rasse, Ethnie, Nationalität oder Religion auf irgendeine Weise Gewalt anwenden, gewaltsame Handlungen provozieren oder zu solchen Handlungen aufrufen.[83] Angesichts des größeren Handlungs- und Erfolgsunwerts[84] wurde die Strafe erhöht und beträgt von sechs Monaten bis hin zu vier Jahren. Eine Geldstrafe ist für diesen Tatbestand nun nicht mehr vorgesehen.

77 Ähnlich äußert sich *Pagliaruolo*, La tutela penale contro le discriminazioni razziali, in: Archivio penale online 2014, 1, 6.

78 So Corte Costituzionale, Urteil vom 22.6.1966, n. 87, Foro it. 1966, 1650.

79 In den begrenzten Kommentierungen, etwa *Pagliaruolo*, La tutela penale contro le discriminazioni razziali, in: Archivio penale online 2014, 1, 7. Aus Sicht der Rechtsprechung Corte di Cassazione, Urteil vom 3.10.2008, n. 37581 (in Bezug auf *diffusione* und *propaganda*) und Corte di Cassazione, Urteil vom 13.12.2007, n. 13234, Ind. pen. 2009, 207 in Bezug auf *incitamento* und *istigazione*). Siehe auch das Urteil vom 14.9.2015, n. 36906.

80 Corte di Cassazione, Urteil vom 3.10.2008, n. 37581.

81 Corte di Cassazione, Urteil vom 3.10.2008, n. 37581.

82 Corte di Cassazione, Urteil vom 26.11.1997, n. 724, Giust. pen. 1998, 414.

83 In der italienischen Fassung: „b) con la reclusione da sei mesi a quattro anni chi, in qualsiasi modo, istiga a commettere o commette violenza o atti di provocazione alla violenza per motivi razziali, etnici, nazionali o religiosi." Vgl. *D'Esposito*, L'art. 604 *bis* c.p.: propaganda e istigazione a delinquere per motivi di discriminazione razziale etnica e religiosa, in: ius itinere, www.iusinitinere.it/lart-604-bis-c-p-propaganda-e-istigazione-a-delinquere-per-motivi-di-discriminazione-razziale-etnica-e-religiosa-27988 (15.12.2021). Zu aktuellen rechtspolitischen Fragen in Italien in diesem Bereich, vgl. *Goisis*, „Hate crimes": perché punire l'odio. Una prospettiva internazionale, comparatistica e politico-criminale, in: Rivista italiana di diritto e procedura penale 2018, 2010.

84 So auch *Pagliaruolo*, La tutela penale contro le discriminazioni razziali, in: Archivio penale online 2014, 1, 13.

Der Wortlaut der Bestimmung wirft angesichts terminologischer Unklarheiten einige Fragen auf.[85] Insbesondere scheint es unklar, inwiefern sich die Provokation von Gewalttaten von der Anstiftung und dem Aufruf zu Gewalt unterscheiden soll.[86] Diesbezüglich wurde darauf hingewiesen, dass der mutmaßliche Gesetzgeberwille hierdurch auch das Verhalten jener Personen erfassen wollte, die Angehörige von Minderheiten bewusst zu gewaltsamen Reaktionen provozierten, um sich so selbst einen Vorwand zu verschaffen, um gegen diese vorzugehen.[87] Ob hierzu nicht bereits der Tatbestand der Anstiftung zu Gewalt in der Lage gewesen wäre, bleibt fraglich.

Dabei ist es für dieses Verbrechen unerheblich, ob die Äußerungen des Täters ihr Ziel erreichen oder nicht.[88] Nötig ist nur ein konkretes Gefahrenmoment, weshalb im Einzelfall unter Berücksichtigung der Umstände auf die konkrete Eignung der Handlung einzugehen ist, welche zu Gewalt führen könnte.[89] Unter *Gewalt* ist auch hier allgemein jede Form des psychischen oder physischen Zwangs zu verstehen.[90] Eine weitere sprachliche Anpassung betrifft den Ersatz von *incitazione* (Anstachelung) mit *istigazione* (Anstiftung). Es wird weitestgehend davon ausgegangen, dass der Begriffsgehalt der Bestimmung nicht verändert wurde.[91]

Der einschlägige schweizerische Rassismus-Tatbestand (Art. 261bis schwStGB) sieht keine lit. b ähnliche Bestimmung vor. Die Anstiftung zu Gewalt oder die Anwendung derselben wird somit nicht unmittelbar erfasst, es wird auf allgemeinere Straftaten, etwa Art. 259 schwStGB (öffentliche Aufforderung zu Verbrechen oder zur Gewalttätigkeit), zurückzugreifen sein. Strafrechtliche Verbote zur Bekämpfung von Diskriminierung findet man neben Art. 261bis schwStGB im schweizerischen Militärstrafgesetz (MStG) unter Art. 171c. Auch dieser Artikel untersagt Handlungen, bei denen Menschen aufgrund ihrer Rasse, Ethnie oder Religion diskriminiert werden. Allerdings werden diese Handlungen nur dann unter Strafe gestellt, wenn sie in der Öffentlichkeit begangen werden.[92]

85 Krit. in der Lehre, etwa *Pagliaruolo*, La tutela penale contro le discriminazioni razziali, in: Archivio penale online 2014, 1, 14 (in Bezug auf die *Legge Mancino*) und *Salerno*, in: Cadoppi/Canestrari/Veneziani (Hrsg.), Codice Penale. Commentato con dottrina e giurisprudenza, Torino 2018, Art. 604 *bis* c.p., S. 2502.

86 Die Aufforderung zu Gewalt gegen eine Minderheit wird in Österreich in § 283 Abs. 1 Nr. 1 StGB, in Deutschland in § 130 Abs. 1 Nr. 1 StGB geregelt.

87 *Salerno*, in: Cadoppi/Canestrari/Veneziani (Hrsg.), Codice Penale. Commentato con dottrina e giurisprudenza, Torino 2018, Art. 604 *bis* c.p., S. 2502 m.w.N.

88 Vgl. § 283 Abs. 3 öStGB. Dort wird eine Strafe von sechs Monaten bis zu fünf Jahren vorgesehen, sollten die Aussagen des Täters bewirken, dass gegen die bezeichnete Gruppe oder ein Mitglied dieser wegen dessen Zugehörigkeit Gewalt angewandt wird.

89 So Corte di Cassazione, Urteil vom 26.11.1997, n. 724, Giust. pen. 1998, 414 = Cass. pen. 1999, 983 in Bezug auf den alten Art. 3 Abs. 1 lit. b des G. vom 13.10.1975, n. 654, i.d.F. vom G. vom 25.6.1993, n. 205.

90 Ausf. *Mezzetti*, Violenza privata e minaccia, in: Dig. disc. pen., XV, Milano 1999, S. 264 ff.; *Minnella*, Violenza privata, in: Enc. Giur. Trecc., XXXII, Roma 1994, 1 ff.

91 Vgl. Corte di Cassazione, Urteil vom 3.10.2008, n. 37581, Ind. pen. 2009, 207 („...l'incitamento ha un contenuto fattivo di istigazione a una condotta..."). In der Lehre auch *Pavich/Bonomi*, Reati in tema di discriminazione: il punto sull'evoluzione della normativa recente, sui principi e valori in gioco, sulle prospettive legislative e sulle possibilità di interpretare in senso a costituzione, la normativa vigente, in: Dir. pen. cont. (online) 2014, 1, 10, die jedoch eine Unterscheidung auf Grundlage der konkreten Gefahr der Aussage vorschlagen (S. 23).

92 Siehe Eidgenössische Kommission gegen Rassismus, Stellungnahme der EKR, Recht gegen rassistische Diskriminierung, Analyse und Empfehlungen, 2010, S. 13.

Der Tatbestand kann mit Wort, Schrift, Bild, Gebärden, Tätlichkeiten erfüllt werden und wird mit einer Freiheitsstrafe von bis zu drei Jahren (oder einer Geldstrafe) geahndet.[93]

Eine schweizerische Eigenheit findet sich zudem in Abs. 5 des bereits mehrfach erwähnten Art. 261bis schwStGB. Diese praktisch kaum angewandte Bestimmung (Abs. 5)[94] betrifft die Verweigerung von Waren- und Dienstleistungen: Wer eine angebotene, für die Allgemeinheit bestimmte Leistung nicht erbringen will, weil der Empfänger einer gewissen Rasse oder Ethnie angehört, eine bestimmte Religion ausübt oder dessen sexuelle Orientierung nicht mit den Vorstellungen des Dienstleistungserbringers übereinstimmt, ist mit einer Freiheitsstrafe von bis zu drei Jahren oder einer Geldstrafe zu bestrafen. Darüber hinaus sieht die Schweiz folgende Tatbestände vor: Aufruf zu Hass und Diskriminierung (Abs. 1; 160 registrierte Fälle seit 1998), Verbreiten von Ideologien (Abs. 2; 141 Fälle), Organisation von Propagandaaktionen (Abs. 3; 22 Fälle), Herabsetzung oder Diskriminierung (Abs. 4 Hälfte 1; 533 Fälle), Leugnung von Völkermord (Abs. 4 Hälfte 2; 88 Fälle).[95] Diese Tatbestände lassen sich im Kern auch in Italien finden.

Ganz allgemein wird neben der Schweiz auch in Österreich (§ 283 öStGB) die Öffentlichkeit als Tatbestandselement angeführt.[96] In Österreich etwa wird zudem in Abs. 2 der erschwerende Umstand der Verbreitung der Äußerungen durch Druck, Rundfunk oder andere Mittel erwähnt, durch welche diese einer breiten Öffentlichkeit zugänglich gemacht werden. Während dies in Deutschland auf ähnliche Weise im Rahmen von § 130 Abs. 2 dStGB (Verbreitung von Schriften, Verteilung an Minderjährige, Nutzung von Rundfunk und Telemedien) geschieht, sind entsprechende (ausdrückliche) Bezugnahmen in Italien unbekannt.[97] Bewertung finden die verwendeten Mittel im Rahmen der Bestimmung des Strafmaßes.

93 In einem ausführlichen Bericht führte die Eidgenössische Kommission gegen Rassismus (EKR) die noch bestehenden Rückstände des Schweizer Strafrechts bei der Bekämpfung von Hassverbrechen an: Defizite bei der Umsetzung von Menschenrechtsstandards; eine zu enge Auslegung der Begriffe „Rasse", „Ethnie" und „Religion"; die Gründung sowie die Mitgliedschaft in rassistischen Organisationen und Vereinigungen, werden nicht unter Strafe gestellt; rassendiskriminierende Symbole werden im Schweizer Strafrecht nicht erfasst; mangelhafte Durchsetzung durch die für die Strafverfolgung zuständigen staatlichen Institutionen. Vgl. Eidgenössische Kommission gegen Rassismus, Stellungnahme der EKR, Recht gegen rassistische Diskriminierung, Analyse und Empfehlungen, 2010, S. 23 ff.

94 Seit 1998 sind in der EKR-Datenbank lediglich 24 Fälle verzeichnet, siehe www.ekr.admin.ch/dienstleistungen/d518.html (15.12.2021).

95 Die letzte Überprüfung der Daten erfolgte jeweils am 15.12.2021.

96 § 283 fordert gar, dass die Äußerungen vielen Menschen zugänglich sind.

97 Mehrfache Hinweise auf die Voraussetzung der Öffentlichkeit jedoch in Art. 1 des Rahmenbeschlusses 2008/913/JI des Rates vom 28. November 2008 und in der Entschließung des Europäischen Parlaments vom 14. März 2013 zur verstärkten Bekämpfung von Rassismus, Fremdenfeindlichkeit und Hassverbrechen (2013/2543(RSP)).

c) Organisierte Vergehen gegen Minderheiten

Untersagt werden von Art. 604 bis Abs. 2[98] auch Organisationen oder Vereinigungen, deren Ziele den zuvor genannten Straftatbeständen zugeordnet werden können.[99] Wer sich an solchen Bewegungen oder Gruppen beteiligt oder deren Tätigkeit unterstützt, kann bereits hierfür mit einer Freiheitsstrafe von sechs Monaten bis zu vier Jahren geahndet werden.[100] Ein solcher Tatbestand fehlt etwa in der Schweiz. Die Bestimmung des Art. 261bis schwStGB beschränkt den Anwendungsbereich des Straftatbestands auf Personen, die mit dem Ziel, geschützte Gruppen oder einzelne Mitglieder systematisch herabzusetzen oder zu verleumden, Propagandaaktionen organisieren, fördern oder an diesen teilnehmen.[101]

In Art. 604 *bis* Abs. 2 c.p. wird im Sinne der Rechtsprechung darauf abgestellt, dass der Zusammenschluss im Ergebnis darauf abzielt, die Ausübung der bürgerlichen und politischen, individuellen und kollektiven Rechte eines Teils der Gesellschaft – und somit insbesondere von Minderheiten – zu behindern oder diese gar zu unterbinden.[102] Im Rahmen der ursprünglichen Bestimmungen wurde von einzelnen Autoren die Frage aufgeworfen, wieso bei der Erfassung dieses Tatbestands nicht auf Art. 416 c.p. (*associazione per delinquere*, kriminelle Vereinigung) zurückgegriffen wurde.[103]

Vereinigungen bleiben aus Sicht des Strafrechts weitestgehend, auch angesichts des verfassungsrechtlichen Schutzes derselben in Art. 17 Cost., unbeachtet. Durch die Schaffung eines eigenständigen Straftatbestands sollten insbesondere jene organisierten Zusammenschlüsse erfasst werden, innerhalb derer die Schwere einer Tat oder kriminelle Tätigkeiten im Allgemeinen potenziert werden können. Völlig überzeugen kann die Aussiedlung der Bestimmungen des Minderheitenstrafrechts jedoch nicht, da das in Art. 604 *bis* c.p. vorgesehene Strafmaß weiterhin sowohl für die Mitgliedschaft oder Förderung als auch für die Leitung, unterhalb jener von Art. 416 c.p. liegt.

Zu erklären ist die strafrechtliche Relevanz organisierter Gruppen des vorliegend untersuchten Bereichs historisch. Als Überbleibsel der *Legge Scelba* wird ein rascheres Ein-

---

98 In der deutschen Übersetzung: „Organisationen, Vereinigungen, Bewegungen oder Gruppen, deren Ziel es ist, aus rassischen, ethnischen, nationalen oder religiösen Gründen zu Diskriminierung oder Gewalt aufzustacheln, sind verboten. Wer sich an solchen Organisationen, Vereinigungen, Bewegungen oder Gruppen beteiligt oder sie bei ihrer Tätigkeit unterstützt, wird allein deswegen mit einer Freiheitsstrafe von sechs Monaten bis zu vier Jahren bestraft. Wer solche Organisationen, Vereinigungen, Bewegungen oder Gruppen fördert oder leitet, wird allein deshalb mit einer Freiheitsstrafe von einem bis zu sechs Jahren bestraft."

99 Allg. *Salerno*, in: Cadoppi/Canestrari/Veneziani (Hrsg.), Codice Penale. Commentato con dottrina e giurisprudenza, Torino 2018, Art. 604 *bis* c.p., S. 2502 f.

100 Wer solche Organisationen, Vereinigungen, Bewegungen oder Gruppen fördert oder leitet, wird hingegen mit einer Freiheitsstrafe von einem bis zu sechs Jahren geahndet.

101 *Weder*, in: Donatsch/Heimgartner/Isenring/Weder (Hrsg.), StGB Kommentar. Schweizerisches Strafgesetzbuch mit V-StGB-MStG und JStG, 20. Auflage, Zürich 2018, Art. 261bis StGB Rz. 1 ff., der das Rechtsgut des im Titel Verbrechen und Vergehen gegen den öffentlichen Frieden enthaltenen Verbrechens wie mehrheitlich in Italien in der Menschenwürde identifiziert. Eine gute Einführung bieten auch *Niggli/Fiolka*, Rassendiskriminierung i.S.v. Art. 261bis StGB – Eine Übersicht, in: www.ekr.admin.ch/pdf/Einleitung261bis_Niggli_Fiolka_Final.pdf (15.12.2021). Siehe auch Art. 260bis StGB.

102 So Corte di Cassazione, Urteil vom 24.1.2001, n. 31655.

103 *Pagliaruolo*, La tutela penale contro le discriminazioni razziali, in: Archivio penale online 2014, 1, 14; *Pavich/Bonomi*, Reati in tema di discriminazione: il punto sull'evoluzione della normativa recente, sui principi e valori in gioco, sulle prospettive legislative e sulle possibilità di interpretare in senso a costituzione, la normativa vigente, in: Dir. pen. cont. (online) 2014, 1, 15.

schreiten ermöglicht, um effizient gegen entsprechende kriminelle Erscheinungsformen vorgehen zu können, durch die potenziell ein weiterer Personenkreis erreicht werden kann. Die Schranke zur Strafbarkeit wird dementsprechend niedrig angesetzt. Es wird keine strikte Aufgabenverteilung innerhalb des Verbandes gefordert, bereits ein geringes Maß reicht aus, sollte dieses bereits dazu in der Lage sein, die Begehung der erfassten Straftaten zu begünstigen.[104] Neben der Mitgliedschaft ist so auch bereits die Unterstützung einer derartigen Organisation strafbar.[105] Fragen der Verfassungswidrigkeit aufgrund einer möglichen Verletzung von Art. 3, 18, 21, 25 Cost. wurden bisher abgelehnt.[106]

d) Billigen, Leugnen oder grobes Verharmlosen von Völkerstraftaten

Zentral ist auch die Erfassung der Tatbestände nach Abs. 3.[107] Die Aufhetzung oder Propaganda kann nämlich auch darauf abstellen, den Holocaust oder die völkerrechtlichen Kernverbrechen zu leugnen, grob zu verharmlosen oder zu rechtfertigen. Ähnliches gilt nach Art. 261bis Abs. 4 des schweizerischen Strafgesetzbuchs. Bestraft wird, wer Angehörige von bestimmten Minderheiten öffentlich wegen ihrer Rasse, Ethnie, Religion oder sexuellen Orientierung in einer gegen die Menschenwürde verstoßenden Weise herabsetzt oder diskriminiert oder aus einem dieser Gründe Völkermord oder andere Verbrechen gegen die Menschlichkeit leugnet, gröblich verharmlost oder zu rechtfertigen sucht.

In dieser in Italien bereits 2016 eingeführten Fallkonstellation ist eine Erhöhung des Strafmaßes vorgesehen, das nunmehr zwischen zwei und sechs Jahren liegt.[108] Das Leugnen[109] oder die grobe Verharmlosung bzw. die Rechtfertigung der Shoa oder des Völker-

---

104 *Salerno*, in: Cadoppi/Canestrari/Veneziani (Hrsg.), Codice Penale. Commentato con dottrina e giurisprudenza, Torino 2018, Art. 604 *bis* c.p., S. 2503.

105 So bereits die *Legge Mancino*. Das Problem des „*concorso esterno nel reato associativo*" wurde in der italienischen Rechtsprechung bereits ausführlich besprochen, zuletzt im bekannten Fall Contrada, Corte di Cassazione, Sezioni Unite, Urteil vom 3.3.2020, n. 5844. Es handelt sich dabei um Personen, die zwar nicht dauerhaft in eine Organisationsstruktur (etwa der Mafia) eingebunden sind (weshalb auch keine *affectio societatis* angenommen werden kann), die jedoch einen konkreten, spezifischen, bewussten und freiwilligen Beitrag leisten, der in einem Kausalzusammenhang mit der Fortführung der operativen Tätigkeit des Verbandes steht. Zugelassen etwa auch durch Corte di Cassazione, Urteil vom 5.10.1994, n. 16 (Demitry), Corte di Cassazione, Sezioni Unite, Urteil vom 12.7.2005, n. 33748 (Mannino). Der EGMR nahm an, es handle sich um einen von der Rechtsprechung eingeführten Tatbestand, dem es zudem an Bestimmtheit mangele (EGMR, Urteil vom 14.4.2015, 66655/13 – Contrada v. Italien (3)).

106 Erstmals aufgeworfen, etwa durch die Corte di Cassazione im Urteil vom 24. Januar 2001, n. 31655. Der bereits von der *Legge Mancino* vorgesehene Straftatbestand stelle keine Verletzung der Vereinigungsfreiheit dar, da er durch die Pönalisierung dem Schutz der Ausübung der bürgerlichen Rechte diene. Auch werde keineswegs die Meinungsfreiheit eingeschränkt, da es sich bei der Anstiftung bzw. Aufforderung um ein *quid pluris* gegenüber einer schlichten Meinungsäußerung handle.

107 In der deutschen Übersetzung: „Es ist eine Freiheitsstrafe von zwei bis sechs Jahren zu verhängen, sollten Propaganda, Aufforderung oder Aufstachelung gänzlich oder teilweise darauf zurückzuführen sein, die Shoa oder Verbrechen des Völkermords, Verbrechen gegen die Menschlichkeit und Kriegsverbrechen im Sinne der Artikel 6, 7 und 8 des Statuts des Internationalen Strafgerichtshofs zu leugnen, grob zu verharmlosen oder zu rechtfertigen, und diese auf eine Weise begangen wurden, aufgrund derer die konkrete Gefahr einer Verbreitung besteht."

108 Allg. *Salerno*, in: Cadoppi/Canestrari/Veneziani (Hrsg.), Codice Penale. Commentato con dottrina e giurisprudenza, Torino 2018, Art. 604 *ter* c.p., S. 2504.

109 Die Leugnung ist dabei als Verharmlosung, Skepsis oder gar Ablehnung historischer Ereignisse zu verstehen, siehe hierzu bereits *Leotta*, Negazionismo (diritto penale), in: Dig. disc. pen., Agg. X, Torino 2018, S. 476 ff. und *Fronza*, negazionismo (diritto penale), in: Enc. dir., VIII, Milano 2015, S. 633 ff.

mords, von Verbrechen gegen die Menschlichkeit und von Kriegsverbrechen gemäß der Artikel 6, 7 und 8 des Statuts des Internationalen Strafgerichtshofs (IStGH), stellt dabei keinen eigenständigen Straftatbestand[110] dar, sondern vielmehr einen erschwerenden Umstand.[111] Trotz möglicher Kritik an der Bestimmtheit des Tatbestands ist die Aufnahme der konkreten Gefährdung des Rechtsguts als Element zu begrüßen („... *commessi in modo che derivi concreto pericolo di diffusione* ...").

Die Bestimmung von Art. 604 *bis* c.p. entspricht dem österreichischen § 283 Abs. 1 Nr. 3 öStGB (Verhetzung). Die Freiheitsstrafe von zwei bis sechs Jahren wird jedoch auch hier nur angewandt, wenn die konkrete Gefahr der Verbreitung dieses Gedankenguts besteht.[112] Eine alternative Geldstrafe ist – anders als in der Schweiz (Art. 261bis Abs. 6 schwStGB) – nicht vorgesehen.[113] Die strafrechtliche Relevanz soll auf bedeutsame Fälle beschränkt werden und das Recht auf freie Meinungsäußerung ist lediglich im Sinne der Verhältnismäßigkeit einzuschränken.

Das Leugnen oder Herabspielen von völkerstrafrechtlichen Verbrechen wird in Deutschland von zwei unterschiedlichen Absätzen des § 130d StGB geregelt. Wie in Italien wird die Shoa thematisiert, wenn auch nicht ausdrücklich definiert und bezeichnet. In Grundzügen kann auch hier festgehalten werden, dass Äußerungen oder Handlungen, die die nationalsozialistische Herrschaft in der Öffentlichkeit oder im Rahmen einer Versammlung billigen, verherrlichen oder rechtfertigen und dadurch den öffentlichen Frieden auf eine die Würde der Opfer verletzende Weise stören, strafbar sind (Abs. 4).[114] Entsprechendes gilt nach Abs. 3 hinsichtlich der unter der Herrschaft des Nationalsozialismus begangenen Verbrechen des Völkermords (nach § 6 dVStGB).[115] Allgemeine Beweggründe einer Tat sind nicht im Sinne eines erschwerenden Umstands ausgestaltet (wie etwa in Art. 604 *ter* c.p.), sondern finden im Rahmen der Strafzumessung nach § 46 dStGB Bewertung.[116]

Einschlägig sein können auch die Delikte der Verbreitung von Propagandamitteln verfassungswidriger Organisationen (§ 86 dStGB), des Verwendens von Kennzeichen solcher Vereinigungen (§ 86a dStGB), der Beleidigung (§ 185 dStGB) sowie des Mords aus

---

110 Interessant ist etwa, dass die völkerrechtlichen Straftaten des Römischen Statuts Eingang in das schweizerische und österreichische Strafgesetz gefunden haben (Art. 264 ff. schwStGB und §§ 231 ff. öStGB).

111 Dieser ist als objektiv (*oggettivo*), von besonderer Wirkung (*ad effetto speciale*) und spezifisch (*specifico*) anzusehen, so *Salerno*, in: Cadoppi/Canestrari/Veneziani (Hrsg.), Codice Penale. Commentato con dottrina e giurisprudenza, Torino 2018, Art. 604 *bis* c.p., S. 2504.

112 Zur Befriedigung von Ordnungsinteressen wird so eine Qualifikation als Gefährdungsdelikt vertreten. Näheres bei *Plöchl*, in: *Höpfel/Ratz* (Hrsg.), Wiener Kommentar zum Strafgesetzbuch, 2. Auflage, Wien 2020, § 283 StGB Rn. 4.

113 Die Schweiz sieht allgemein ein einheitliches Strafmaß vor und unterscheidet somit nicht zwischen den einzelnen Straftatbeständen. Vgl. *Weder*, in: Donatsch/Heimgartner/Isenring/Weder (Hrsg.), StGB Kommentar. Schweizerisches Strafgesetzbuch mit V-StGB-MStG und JStG, 20. Auflage, Zürich 2018, Art. 261bis StGB Rz. 1 ff.

114 BeckOK StGB/*Rackow*, 50. Ed. 1.5.2021, StGB § 130 Rn. 38 ff.

115 BeckOK StGB/*Rackow*, 50. Ed. 1.5.2021, StGB § 130 Rn. 31 ff.

116 Die Begriffe wurden in Ausführung von Art. 4 des Rahmenbeschlusses 2008/913/JI aufgenommen. Entsprechende Beweggründe waren aber bereits nach der bisherigen Rechtsprechung zu berücksichtigen. Vgl. *Maier*, in: Erb/Schäfer (Hrsg.), Münchener Kommentar zum Strafgesetzbuch, 3. Auflage, München 2017, § 46 StGB Rn. 210. Für Kanada *Section 718.2 (a) (i)* des StGB. In Bezug auf die Strafzumessung auch *Maier*, in: Erb/Schäfer (Hrsg.), Münchener Kommentar zum Strafgesetzbuch, 3. Auflage, München 2017, § 46 StGB Rn. 210. Nicht zu vergessen auch Pkt. I.1.a der Allgemeinen Politischen Empfehlung Nr. 7 von ECRI.

niederen Beweggründen (§ 211 dStGB). Kriminalpolitisch höchst relevant[117], reiht sich § 130 dStGB[118] in einen Katalog vorrangig auf Gewalthandlungen abstellender Tatbestände ein.[119]

e) Rassismus und Fremdenfeindlichkeit als erschwerende Umstände

Italien weitet den strafrechtlichen Schutz mit Art. 604 *ter* c.p. indes weiter aus.[120] Als erschwerender Umstand, der bei Tatmotiven, die sich auf die in Art. 604 *bis* c.p. erfassten Tatbestände beziehen, ermöglicht die Bestimmung die Erhöhung des Strafmaßes bis um die Hälfte.[121] Die Vorschrift, die bereits in der *Legge Mancino* enthalten war, ist in ihrem Anwendungsbereich insoweit beschränkt, als sie nur Straftaten betrifft, für die keine lebenslange Freiheitsstrafe (*ergastolo*) vorgesehen ist. Der Schutzzweck kann auf diese Weise jedoch weiterhin tendenziell auf eine unbestimmte Anzahl von Straftatbeständen ausgeweitet werden. Es reicht dabei nicht aus, dass die Handlung einem gewissen Täter zuzuordnen ist und das Opfer aufgrund gesetzlich bestimmter Merkmale in einer gegen die Würde dieser Person verstoßenden Weise herabsetzt oder diskriminiert, sondern es ist erforderlich, dass diese Person oder Gruppe der konkreten Gefahr der Diskriminierung ausgesetzt ist.[122]

Der erschwerende Umstand liegt nicht nur vor, wenn die Handlung aufgrund ihrer Merkmale und des Kontextes, in dem diese stattfindet, vorsätzlich darauf abzielt, Hass gegenüber einer Gruppe oder Person zum Ausdruck zu bringen und bei anderen auch zukünftig ein ähnliches Empfinden zu wecken, sondern auch dann, wenn sich die Handlung oder Äußerung auf die „Minderwertigkeit" einer Rasse bezieht.[123]

117 Im Jahr 2014 wurden nicht ganz 200 Verurteilungen wegen Volksverhetzung registriert, bereits zwischen 2006 und 2007 waren pro Jahr mehr als 15.000 Straftaten mit erwiesenem bzw. zu vermutendem rechtsextremistischen Hintergrund festzustellen. Vgl. *Schäfer*, in: Erb/Schäfer (Hrsg.), Münchener Kommentar zum Strafgesetzbuch, 3. Auflage, München 2017, § 130 StGB Rn. 13.

118 Siehe allgemein *Schäfer*, in: Erb/Schäfer (Hrsg.), Münchener Kommentar zum Strafgesetzbuch, 3. Auflage, München 2017, § 130 StGB Rn. 1 ff.

119 Neben Mord sind insbesondere der Totschlagtatbestand (§ 212), die gefährliche Körperverletzung (§ 224) sowie Straftaten gegen die sexuelle Selbstbestimmung von Bedeutung. Anzusprechen ist auch die Bildung krimineller Vereinigungen (§ 129, auch für Italien relevant) oder bewaffneter Gruppen (§ 128).

120 Abs. 1 in der deutschen Übersetzung: „(1) Bei Straftaten, die mit einer anderen Strafe als einer lebenslangen Freiheitsstrafe bemessen sind und die zum Zwecke der Diskriminierung oder des ethnischen, nationalen, rassischen oder religiösen Hasses oder zur Erleichterung der Tätigkeit von Organisationen, Vereinigungen, Bewegungen oder Gruppen, die unter anderem diese Ziele verfolgen, begangen werden, wird das Strafmaß um bis zur Hälfte erhöht."

121 Der ursprüngliche Gesetzesvorschlag sah noch – wie der erschwerende Umstand gemäß Art. 3 des G.D. vom 26.4.1993, Nr. 122 (*Legge Mancino*) – eine Erhöhung von einem Drittel (bis zur Hälfte) vor. Vgl. *Salerno*, in: Cadoppi/Canestrari/Veneziani (Hrsg.), Codice Penale. Commentato con dottrina e giurisprudenza, Torino 2018, Art. 604 *ter* c.p., S. 2505.

122 Corte di Cassazione, Urteil vom 7.5.2019, n. 32862, Foro it. 2019, 549.

123 So entschieden in Corte di Cassazione, Urteil vom 18.11.2020, n. 307 (dejure.it) und Corte di Cassazione, Urteil vom 2.3.2021, n. 30512 (dejure.it).

Von Bedeutung ist, dass gegebenenfalls vorliegende mildernde Umstände bei der Bewertung des anzuwendenden Strafmaßes gegenüber jenen von Art. 604 *ter* c.p. nicht vorgezogen werden können (Abs. 2). Hierdurch wird der Tatunwert hervorgehoben.[124]

In diesem Zusammenhang gilt es auch, auf Art. 18 *bis* des Gesetzes vom 15.12.1999, Nr. 482 (Schutz der historischen sprachlichen Minderheiten) hinzuweisen. Die Norm weitete die Bestimmungen von Art. 3 des Gesetzes vom 13.10.1975, Nr. 654 (Ratifikation des Übereinkommens zur Beseitigung jeder Form von Rassendiskriminierung) und des umgewandelten Gesetzesdekrets vom 26.4.1993 auch auf sprachliche Minderheiten aus. Mit Aufhebung der entsprechenden Bestimmungen, jedenfalls des Gesetzes Nr. 654/1975, scheint dieser Aspekt eines strafrechtlichen Schutzes von Minderheiten verloren gegangen zu sein.[125]

Die Formulierung als Erschwerungsgrund ist auch anderen Rechtsordnungen nicht unbekannt. In Österreich etwa kommt es nach § 33 Abs. 1 Nr. 5 öStGB zur Erhöhung des Strafmaßes, wenn der Täter aus rassistischen, fremdenfeindlichen oder anderen besonders verwerflichen Beweggründen gehandelt hat. Teile dieser Beweggründe wurden mit dem öStRÄG 1996 aufgenommen, um einem Vorschlag der vom Europäischen Rat eingesetzten „Beratenden Kommission Rassismus und Fremdenfeindlichkeit" nachzukommen.[126] In Deutschland treten rassistische oder sonstige fremdenfeindliche Beweggründe vor allem im Rahmen der Strafzumessung nach § 46 dStGB in Erscheinung,[127] während eine ausdrückliche Berücksichtigung zumindest in den allgemeinen Bestimmungen des schwStGB oder des italienischen *codice penale* fehlt.

Subsidiär kann zum Schutz von Minderheiten auch auf allgemeinere Bestimmungen zurückgegriffen werden, die fremdenfeindliche Tathintergründe nicht unmittelbar ansprechen. Von Bedeutung können so etwa auch Drohungen sein, die in den hier untersuchten Staaten strafrechtlich bei Erfüllung aller Tatbestandsvoraussetzungen erfasst werden.[128]

124 Vgl. *Salerno*, in: Cadoppi/Canestrari/Veneziani (Hrsg.), Codice Penale. Commentato con dottrina e giurisprudenza, Torino 2018, Art. 604 *ter* c.p., S. 2505 f.

125 Enthalten ist ein entsprechender Verweis noch in Österreich – § 283 Abs. 1 Nr. 1 StGB (Verhetzung), der (teils) auch im Vergleich zu Deutschland und der Schweiz einen sehr weiten Kreis an Minderheiten erfasst (Rasse, Hautfarbe, Sprache, Religion, Weltanschauung, Staatsangehörigkeit, Abstammung, nationale oder ethnische Herkunft, Geschlecht, körperliche oder geistige Behinderung, Alter, sexuelle Orientierung).

126 Vgl. *Ebner*, in: Höpfel/Ratz (Hrsg.), Wiener Kommentar zum Strafgesetzbuch, 2. Auflage, Wien 2020, § 33 StGB Rn. 18. Problematisch bleibt weiterhin die Erfassung von Homo- und Transphobien durch erschwerende Umstände. Von den hier untersuchten EU-Mitgliedstaaten gilt das Aufrufen zu Hass, Gewalt oder Diskriminierung aus Gründen der sexuellen Ausrichtung lediglich als Straftatbestand. In Italien und Österreich zählt die LGBTQ-Gruppe nicht zu den geschützten Personenkreisen, so dass es schwierig ist, die betreffenden Rechtsvorschriften hier zur Anwendung zu bringen. Vgl. European Union Agency for Fundamental Rights (FRA), Hassreden und Hassverbrechen gegen LGBT, 2019, S. 1 ff.

127 Diese Punkte sind auf eine Empfehlung des NSU-Untersuchungsausschusses sowie die Vorgaben des Rahmenbeschlusses 2008/913/JI zurückzuführen, vgl. hierzu *Maier*, in: Erb/Schäfer (Hrsg.), Münchener Kommentar zum Strafgesetzbuch, 3. Auflage, München 2017, § 46 StGB Rn. 210.

128 Allg. zum einschlägigen § 107 öStGB *Schwaighofer*, in: Höpfel/Ratz (Hrsg.), Wiener Kommentar zum Strafgesetzbuch, 2. Auflage, Wien 2020, § 107 StGB Rn. 2 ff. Der Täter muss eine Verletzung an Körper, Freiheit, Ehre, Vermögen oder des höchstpersönlichen Lebensbereiches ankündigen und dabei den Eindruck erwecken, der Eintritt des angekündigten Ereignisses sei ausschließlich von seinem Willen abhängig. Eine Entsprechung lässt sich etwa in § 241 dStGB finden (Bedrohung), hierzu *Sinn*, in: Erb/Schäfer (Hrsg.), Münchener Kommentar zum Strafgesetzbuch, 3. Auflage, München 2017, § 241 StGB Rn. 1 ff. Für die Schweiz Art. 180 schwStGB, für Italien Art. 612 c.p.

Auch die Nötigung (§ 105 öStGB; § 240 dStGB; Art. 181 schwStGB; Art. 610 c.p.), die in diesem Zusammenhang lediglich einen Auffangtatbestand darstellt, kann neben der Beleidigung (nach § 115 öStGB; § 185 dStGB; Art. 177 schwStGB oder Art. 594 c.p.) als eigenständige Straftat in Erscheinung treten, während jedoch auch hier unmittelbare Verweise auf Minderheiten fehlen.[129]

Geschützt wird der kulturelle Pluralismus auch durch weitere Bestimmungen. In der Schweiz, wie auch in Österreich (§§ 188 f. öStGB), Deutschland (§§ 166 f. dStGB) und Italien (Art. 403 ff. c.p.), erfolgt dies etwa zudem durch die strafrechtliche Erfassung der Tathandlung der Verunehrung im Zusammenhang mit Art. 261 schwStGB (Störung der Glaubens- und Kultusfreiheit)[130], wodurch sich allgemein ein ähnliches Schutzniveau für Religionsbekenntnisse finden lässt.

6. Subjektiver Tatbestand

Die Bestimmung des subjektiven Tatbestands gestaltet sich teils problematisch.[131] In Bezug auf Straftaten, die eine Beschränkung der Meinungsfreiheit darstellen, erscheint die ausschließliche Notwendigkeit eines allgemeinen Vorsatzes zum Tatbild (*dolo generico*) in verschiedener Hinsicht als inadäquat. Besonders deutlich tritt dies indes im Zusammenhang mit den erfassten Figuren der Propagierung fremdenfeindlicher Auffassungen und Ideologien hervor, da der Tatbestand notwendigerweise eine gezielte Verbreitung von Meinungen impliziert und somit ein vorbestimmtes Ziel verfolgt.[132] Um etwaigen Schwachstellen entgegenzuwirken, weitet die Rechtsprechung Bezugspunkte des einschlägigen Vorsatzes im Zusammenhang mit einzelnen Tatbeständen des Art. 604 *bis* c.p. nicht nur auf das zu erreichende Ziel, sondern auch auf die Eignung der Äußerungen aus, gesellschaftlich (wenn auch in beschränktem Rahmen) Anklang zu finden.[133]

Während keine Zweifel daran bestehen, dass für den Straftatbestand ein entsprechender Vorsatz vorliegen muss, so ist es in der Lehre und Rechtsprechung umstritten, wie dieser in Bezug auf lit. a konkret zu qualifizieren sei. Nach herrschender Auffassung wird von

---

129 Auch hierzu *Schwaighofer*, in: Höpfel/Ratz (Hrsg.), Wiener Kommentar zum Strafgesetzbuch, 2. Auflage, Wien 2020, § 105 StGB Rn. 1 ff. und *Sinn*, in: Erb/Schäfer (Hrsg.), Münchener Kommentar zum Strafgesetzbuch, 3. Auflage, München 2017, § 240 StGB Rn. 1 ff.

130 *Donatsch/Thommen/Wohlers*, Strafrecht IV: Delikte gegen die Allgemeinheit, 5. Aufl., Zürich, 2017, S. 222 begründen die strafrechtliche Relevanz etwa mit dem Schutz der Toleranz.

131 Ein kurzer Blick auf die Rechtsprechung gibt bereits Aufschluss über die Undurchsichtigkeit der dogmatischen und praktischen Durchdringung des Bereichs. Während etwa Corte di Cassazione, Urteil vom 13.12.2007, n. 13234, Ind. pen. 2009, 207 und Corte di Cassazione, Urteil vom 7.5.2008, n. 35781, Cass. Pen. 2009, 3023 weitestgehend von einem reinen Tatbildvorsatz (*dolo generico*) ausgingen, propagierte Corte di Cassazione, Urteil vom 10.2.2002, n. 7421, Cass. pen. 2002, 657 in Bezug auf den vor 2006 vorgesehenen (jedoch infolge nur umformulierten) Straftatbestand der Verbreitung rassistischer Ideen (*diffusione di idee razziste*) die Notwendigkeit des Vorliegens eines erweiterten Vorsatzes (*dolo specifico*). Dies, obwohl die *Legge Mancino* keinerlei Hinweise hierzu enthielt.

132 *Pagliaruolo*, La tutela penale contro le discriminazioni razziali, in: Archivio penale online 2014, 1, 8 f. Die Ambivalenz der Qualifikation kann in erster Linie auf Praktikabilitätsgründe zurückgeführt werden. Vgl. im Fall Bragantini, Corte di Cassazione, Urteil vom 13.12.2007, n. 13234, Ind. pen. 2009, 207, die einen Tatbildvorsatz genügen lässt („...sufficiente che l'agente sia consapevole del contenuto dell'idea che volontariamente propaganda e della idoneità oggettiva a condizionare l'altrui opinione...").

133 Zur Eignung auch Corte di Cassazione, Urteil vom 11.12.2012, n. 47894, Guida al diritto 2013, 49; Corte di Cassazione, Urteil vom 24.4.2013, n. 33179, Foro it. 2014, 90.

einem allgemeinen Tatbildvorsatz (*dolo generico*) auszugehen sein.[134] Es reiche der Wille zur Tatbestandsverwirklichung in Kenntnis der objektiven Tatumstände sowie des Kausalitätszusammenhangs aus, also das klassische Wissen und Wollen der Verwirklichung des vorgesehenen Straftatbestands. Dies ist jedoch, gerade im Hinblick auf den Propagandastraftatbestand von Art. 604 *bis* Abs. 1 lit. a, umstritten. Versteht man, wie angenommen werden kann, Propaganda als gezielte Meinungsverbreitung, so scheint es nicht abwegig, einen erweiterten Vorsatz (*dolo specifico*), d.h. einen Vorsatz mit überschießender Innentendenz, anzunehmen.[135] Es könnte angenommen werden, dass der Täter das Ziel verfolgen müsse, das allgemeine Bewusstsein (oder zumindest jenes der Adressaten) in bestimmter Weise zu beeinflussen.[136] Inwiefern dies in der Praxis überhaupt nachgewiesen werden kann, scheint jedoch fraglich. Die Einordnung als Tatbildvorsatz ist insofern zu bevorzugen.

Unklar ist ferner, welches subjektive Tatbestandselement vorzuliegen hat, sollte der Täter andere dazu anstiften, diskriminierende Handlungen zu vollziehen (lit. a). Obwohl man auch hier von einem erweiterten Vorsatz ausgehen könnte, da das Wissen und Wollen hier darauf gerichtet sind, eine andere Person zu einem Verhalten zu bringen, hat die Corte di Cassazione einen reinen *dolo generico* nicht ausgeschlossen.[137] Die Lehre verlangt indes in Bezug auf die unter lit. b angeführten Straftaten, wie auch in Bezug auf jene nach Abs. 2, einen erweiterten Vorsatz.[138] Allgemein gilt somit: Für die Straftaten nach lit. a reicht (tendenziell) ein allgemeiner Tatbildvorsatz aus, während für lit. b und Abs. 2 ein erweiterter Vorsatz erforderlich ist.[139]

7. Kritik am Gesetzestext

Trotz der unzweifelhaft berechtigten Anliegen der strafrechtlichen Normen, wie sie sich heute in der italienischen Rechtsordnung darstellen, ist Kritik an der Legislativtechnik zu äußern. Die italienischen Bestimmungen lassen sich insbesondere unter dem Aspekt des Bestimmtheitsgebots (*tassatività* bzw. *nulla poena sine lege certa*) sowie des Grundsatzes der notwendigen Rechtsgutverletzung (*offensività* bzw. *nullum crimen sine iniuria*) kritisieren.[140] Diese treten im Zusammenhang mit Meinungsdelikten, sprich der strafrechtlichen Abgrenzung der Meinungsfreiheit, häufig auf. Zurückzuführen ist dies auf

134 Vgl. Corte di Cassazione, Urteil vom 13.12.2007, n. 13234, Ind. pen. 2009, 207; Corte di Cassazione, Urteil vom 3.10.2008, n. 37581; Corte di Cassazione, Urteil vom 3.10.2008, n. 37581.

135 *Salerno*, in: Cadoppi/Canestrari/Veneziani (Hrsg.), Codice Penale. Commentato con dottrina e giurisprudenza, Torino 2018, Art. 604 *bis* c.p., S. 2503.

136 Dem schließt sich etwa *Salerno*, in: Cadoppi/Canestrari/Veneziani (Hrsg.), Codice Penale. Commentato con dottrina e giurisprudenza, Torino 2018, Art. 604 *bis* c.p., S. 2503 an.

137 In diesem Sinne etwa das Urteil vom 3.10.2008, n. 37581, „giacché la norma non richiede nell'agente uno scopo eccedente rispetto all'elemento materiale del reato". Die Absicht sei somit bereits Teil des objektiven Tatbestands, eine Überlegung, die auch auf den Propagandatatbestand ausgeweitet werden könnte.

138 So zumindest *Pagliaruolo*, La tutela penale contro le discriminazioni razziali, in: Archivio penale online 2014, 1, 13; *Salerno*, in: Cadoppi/Canestrari/Veneziani (Hrsg.), Codice Penale. Commentato con dottrina e giurisprudenza, Torino 2018, Art. 604 *bis* c.p., S. 2503 und Corte di Cassazione, Urteil vom 3.10.2008, n. 37581.

139 Zu diesen Überlegungen ausführlich *Salerno*, in: Cadoppi/Canestrari/Veneziani (Hrsg.), Codice Penale. Commentato con dottrina e giurisprudenza, Torino 2018, Art. 604 *bis* c.p., S. 2503.

140 So auch *Salerno*, in: Cadoppi/Canestrari/Veneziani (Hrsg.), Codice Penale. Commentato con dottrina e giurisprudenza, Torino 2018, Art. 604 *bis* c.p., S. 2501.

die Struktur als Gefährdungsdelikte, die bereits ausgehend vom faschistisch-repressiven Hintergrund der Regelungen die Äußerung persönlicher Meinungen ahndet und dabei den Rechtsgüterschutz in den Gefährdungsbereich vorverlegt.[141] Die mit der Tat verbundene Öffentlichkeit macht den Tatunwert deutlich erkennbar. Gleichwohl sollte dies ein zwingendes Tatbestandsmerkmal darstellen, keine objektive Bedingung der Strafbarkeit (*condizione offettiva di punibilità*) und vor allem in Zukunft in Verbindung mit Straftaten im digitalen Raum berücksichtigt werden.[142]

Um in der Praxis überhaupt anwendbar zu bleiben, scheinen hier Abstriche im Bereich Bestimmtheit etwaiger Strafvorschriften und im Zusammenhang mit der notwendigen Rechtsgutverletzung unabdingbar. Zurückzuführen ist diese Problematik vorrangig auf Schwierigkeiten bei der Beweisführung, die sich bei der Berücksichtigung der Motive des Täters ergeben können. Letzteres tritt in Bezug auf die hier diskutierten Straftatbestände besonders hervor und bildet gar den Ausgangspunkt für die Auseinandersetzung des Gesetzgebers mit der Materie. In Italien führen diese gerichtlich teils schwer nachvollziehbaren und vom Täter verinnerlichten Motivhintergründe dazu, dass das Motiv (Diskriminierung, Fremdenfeindlichkeit, Rassismus) aus der Tathandlung selbst abgeleitet wird bzw. abgeleitet werden muss.[143] Dies vermag – zumindest in Teilen – auch eine Qualifikation der Straftatbestände als Gefährdungsdelikte sowie das Erfordernis eines Tatbildvorsatzes zu erklären. Gerade aus diesem Grund wird den Gerichten auch ein entsprechender Ermessensspielraum bei der Bewertung diskriminierender Verhaltensweisen zuzugestehen sein, um etwaige vom Gesetzgeber hinterlassene Lücken zu schließen und Schwachstellen zu korrigieren. Dogmatisch ließe sich dabei auch in Art. 3 Cost. eine Schranke des in Art. 21 enthaltenen Grundsatzes der freien Meinungsäußerung ausmachen.

8. Ausblick auf künftige Reformen

Viele Fragen im Bereich des Minderheitenstrafrechts bleiben offen. Neuere Reformprojekte zeigten sich diesbezüglich vielversprechend, so etwa ein Gesetzesentwurf, der im November 2020 von der italienischen Abgeordnetenkammer verabschiedet und an den Senat übermittelt worden war. Die *Legge Zan*[144] scheiterte dort jedoch angesichts heftiger Diskussionen Ende Oktober 2021.[145] Der Text bezog sich auf die vorliegend untersuchten

141 Siehe bereits *Tesauro*, Riflessioni in tema di dignità umana, bilanciamento e propaganda razzista, 2013, S. 63, der sich allg. krit. zu abstrakten Gefährdungsdelikten äußert.

142 Zu diesem Gedankengang auf europäischer Ebene *De Franco,* in: Cavaliere/Masarone (Hrsg.), L'incidenza di decisioni quadro, direttive e convenzioni europee sul diritto penale italiano, Napoli 2018, S. 375. Erinnert sei an die in Italien noch ausstehende Ratifizierung des Zusatzprotokolls zum Übereinkommen über Computerkriminalität betreffend die Kriminalisierung mittels Computersysteme begangener Handlungen rassistischer und fremdenfeindlicher Art.

143 In jüngerer Zeit etwa Corte di Cassazione, Urteil vom 7.5.2019, n. 32862, Foro it. 2019, 549; Corte di Cassazione, Urteil vom 23.3.2018, n. 32028, Guida al diritto 2018, 33, 88; Corte di Cassazione, Urteil vom 14.2.2018, n. 14200, Guida al diritto 2018, 19, 80.

144 Benannt nach einem der wegbereitenden Abgeordneten, Alessandro Zan, Gesetzesentwurf Nr. 2005 der XVIII. Legislaturperiode. Zugänglich ist dieser *Atto Senato n. 2005* auf der Internetseite des Senats, die zudem Aufschluss über dessen Entstehungsprozess bietet: www.senato.it/leg/18/BGT/Schede/Ddliter/testi/53457.htm (15.12.2021).

145 Https://www.senato.it/leg/18/BGT/Schede/Ddliter/votazioni/53457_votazioni.htm (15.12.2021).

Art. 604 *bis* und *ter* c.p. und sah Änderungen vor,[146] die vorrangig (etwa in Bezug auf Art. 604 *bis* Abs. 1 lit. a, b und Abs. 2) auf eine Ausweitung des sachlichen Anwendungsbereichs der Bestimmungen abzielten. Erfasst werden sollten Diskriminierungen aufgrund des Geschlechts (*sesso*), der sexuellen Orientierung (*orientamento sessuale*), geschlechtlichen Identität (*identità di genere*)[147] oder angesichts einer etwaigen Beeinträchtigung (*disabilità*) des Opfers.[148] Es sollte ein Mittel zum Schutz homo-, bi- und transsexueller Menschen geschaffen werden, das zwar bereits lange gefordert, jedoch heftig kritisiert worden war.[149]

Zugutezuhalten wäre einer entsprechenden Neuformulierung nicht nur der Hinweis auf die Einordnung als konkretes Gefährdungsdelikt, sondern insbesondere die Anpassung des Schutzniveaus an europäische und internationale Menschenrechtsstandards. Aus praktischer und empirischer Sicht zu begrüßen wäre auch die weiterreichende Berücksichtigung verfahrensrechtlicher Aspekte[150] sowie der Ausbau der Erfassung statistischer Daten (Art. 10).[151]

Teilweise Entsprechungen finden sich auch in anderen europäischen Staaten. In der Schweiz sieht Art. 261bis schwStGB seit 2018 ebenfalls den Tatbestand der Diskriminierung und des Aufrufs zu Hass aufgrund der sexuellen Orientierung vor.[152] In Deutschland wird indes – anders als in Österreich (§ 283 öStGB) – noch nicht Bezug auf die sexuelle Orientierung des Opfers genommen. Die Berücksichtigung der Geschlechtsidentität in Italien hätte aus vergleichender Perspektive hingegen ein Novum dargestellt.

146 Für einen Überblick empfiehlt sich auch die Lektüre des Dossiers des parlamentarischen Dienstes, zugänglich unter: www.senato.it/japp/bgt/showdoc/18/DOSSIER/0/1296365/index.html?part=dossier_dossier1-sezione_sezione1 (15.12.2021).

147 Der enthaltenen Definition zufolge sei unter geschlechtlicher Identität die wahrgenommene und manifestierte Identifikation mit sich selbst in Bezug auf das jeweilige Geschlecht zu verstehen, auch wenn diese Auffassung nicht dem biologischen Geschlecht entspreche und dies unabhängig davon, ob es bereits zu einer Geschlechtsumwandlung gekommen sei oder nicht.

148 Instruktiv die teils kritischen Stellungnahmen in *Goisis*, Hate Crimes in a Comparative Perspective. Reflections on the Recent Italian Legislative Proposal on Homotransphobic, Gender and Disability Hate Crimes, GenIUS 2020, 1, 12 ff.

149 Vgl. *Colaianni*, La Santa Sede e il d.d.l. Zan sulla tutela LGBTQ [Lesbica, Gay, Bisessuale, Transgender e Queer], Stato, Chiesa e pluralismo confessionale 2021, S. 1–17.

150 So sollte es etwa zu einer Änderung von Art. 90 *quater* c.p.p. (codice di procedura penale) kommen. Für besonders schützenswerte Personengruppen sind dort bereits (in beschränktem Ausmaß) eigene Verfahrensvorschriften vorgesehen, wie etwa die mögliche Einvernahme im Beisein von Psychologen (Art. 134 und 351 Abs 1 *ter* c.p.p.). Zu diesen sollten nun auch die Opfer von Homo- und Transphobie gezählt werden.

151 Der erläuternde Bericht hält hierzu (Statistiken) bereits einige Verweise bereit (siehe Dossier in N. 146). Daten zu einer Studie zur Diskriminierung aus Gründen der geschlechtlichen Identität, sexuellen Orientierung und Ethnie aus dem Jahr 2011 des Italienischen Statistikamts (ISTAT) finden sich hier: www.istat.it/it/archivio/137544 (15.12.2021). Hinzuweisen gilt es auch auf das Osservatorio per la sicurezza contro gli atti discriminatori, das als Teil des Innenministeriums eingerichtet wurde und die Vorfälle von Diskriminierung, Rassismus und Fremdenfeindlichkeit überwacht (www.interno.gov.it/it/ministero/osservatori-commissioni-e-centri-coordinamento/osservatorio-sicurezza-contro-atti-discriminatori-oscad, 15.12.2021). Aus vergleichender Perspektive empfehlenswert ist die sehr übersichtliche Datenbank der Eidgenössischen Kommission gegen Rassismus EKR, www.ekr.admin.ch/dienstleistungen/d272.html (15.12.2021).

152 In Kraft getreten ist dies jedoch erst seit 1. Juli 2020 (AS 2020 1609; BBl 2018 3773 5231).

IV. Fazit und Ausblick

Nach der hier in Grundzügen dargestellten Rechtslage scheint eine klare Tendenz nationaler Gesetzgeber hin zu einer strafrechtlichen Erfassung sog. *hate crimes* bzw. von „Hasskriminalität" ersichtlich. Bisher liegen im untersuchten Kontext jedoch wenige einschlägige und ausdrücklich für diesen Zweck vorgesehene Bestimmungen vor, die den Minderheitenschutz in seinen modernen Ausprägungen und Erscheinungsformen umfassend erfassen. Teils wird auf neue Minderheiten Bezug genommen, teils verbleibt es bei den altbekannten traditionellen Minderheiten. Lokal differenzierende Regelungen verlassen sich dabei auf allgemeine strafrechtliche Konzepte, um im Wege einer Verlegenheitslösung Randgruppen staatlicher Gemeinschaften einen weitreichenden Schutz vor politisch und ideologisch motivierten Verbrechen zu bieten. Dies jedoch ohne ausreichend auf ein effizientes und auf Prävention gerichtetes System einzugehen, das einen Zugang von Minderheiten zu Gerichtsbehörden erleichtert. Auf die Problematik verfahrensrechtlicher Aspekte sowie des Nachweises des Vorliegens eines Straftatbestands wird kaum eingegangen.

Die Abwägung zwischen dem Recht auf freie Meinungsäußerung und jenem auf ein Leben in Würde, frei von externen Eingriffen, scheint vor allem im Einzelfall problematisch. Dies ist darauf zurückzuführen, dass ein angemessener Ausgleich zwischen Grundwerten hergestellt werden muss, wobei tendenziell und unter gewissen Voraussetzungen der Schutz der Menschenwürde überwiegt. Auszugehen ist hier von einem liberaleren Verständnis, das teleologisch jedenfalls den Schutz etwaiger sozialer Randgruppen sicherzustellen hat. Die vorgestellten europäischen Vorschriften sind vor allem vor dem Hintergrund der Geschehnisse in der ersten Hälfte des 20. Jahrhunderts zu lesen und zu verstehen. Sie dienen ursprünglich dem Schutz demokratischer Strukturen und Institutionen und der Verhinderung faschistischer Tendenzen und werden mittlerweile mit den Bedürfnissen der neuen Minderheiten angereichert.

Aus rechtspolitischen Überlegungen erscheint es indiziert, in Europa ein *Minderheitenstrafrecht* als eigenen Bereich innerhalb der Strafrechtsordnung der einzelnen Staaten zu etablieren und auch international einzufordern, um zu versuchen, bei etwaigen Schwachstellen in nationalen Systemen Abhilfe zu schaffen oder diesen mögliche Anhaltspunkte bei der Ausarbeitung eigener Regelungen zur Verfügung zu stellen. In der gegenwärtigen komplexen, globalisierten Welt, in welcher Staaten Teile ihrer natürlichen Bedeutung, aber vor allem ihrer kohäsiven Kraft verlieren, müssen neue Regeln für das friedliche Zusammenleben unterschiedlicher Gruppen und Gemeinschaften geschaffen und eingefordert werden. Für die Rechtsentwicklung erscheint es vorteilhaft, die Schaffung solcher Regeln in einem internationalen Kontext zu verfolgen, um aufbauend auf konkreten Erfahrungen anderer Rechtsordnungen, nicht nur begangene Fehler zu vermeiden, sondern eine möglichst globale Erfassung von Tatbeständen zu etablieren, die hinsichtlich einer weltweiten Friedenssicherung strafrechtlich – innerstaatlich wie international – geahndet werden. Mit der Etablierung eines eigenen Minderheitenstrafrechtes würde das Bewusstsein der Menschen wachsen, dass die Ausübung von struktureller, psychischer oder physischer Gewalt gegen Minderheiten von einer modernen, aufgeklärten Gesellschaft nicht toleriert werden darf.

Federico Gasparinetti

Anwendungsprobleme der Richtlinie 2003/8/EG unter besonderer Berücksichtigung des deutsch-italienischen Rechtsverkehrs

I. Einleitung

Der effektive Zugang zum Recht („*access to justice*") ist eines der meistdiskutierten Themen einer jeden Rechtsordnung.[1] Jede noch so korrekte und gut begründete Norm, sei sie materiell oder prozessual, wird ihr Ziel verfehlen, wenn ein Subjekt, das sie vor Gericht anwenden will, nicht die Möglichkeit hat, tatsächlich vor Gericht zu ziehen. Im Bewusstsein dieses Problems haben viele nationale Gesetzgeber bereits im letzten Jahrhundert damit begonnen, Rechtsinstrumente zu erschaffen, die den Zugang zur Justiz auch für diejenigen garantieren, die sonst aus wirtschaftlichen Gründen Gefahr laufen würden, ausgeschlossen zu werden.

Der europäische Gesetzgeber hat sowohl diese Wichtigkeit einer beständigen, effektiven Möglichkeit sicherzustellen, dass auch diejenigen mit begrenzten wirtschaftlichen Mitteln ihre Rechte vor den Gerichten geltend machen können, als auch das Wachstum der internationalen Beziehungen innerhalb der Europäischen Union, in seiner Tätigkeit berücksichtigt. Er hat es für notwendig erachtet, den in den Mitgliedstaaten ansässigen Bürgern ein Rechtsinstitut zur Verfügung zu stellen, welches es ihnen ermöglicht, ihr Recht auf einen effektiven Zugang zur Justiz auch in Fällen zu verwirklichen, in denen Streitigkeiten nationale Grenzen überschreiten.

Zu diesem Zweck wurde die Richtlinie 2003/8/EG (nachfolgend auch „PKH-RL") erlassen, deren Ziel sich bereits aus ihrem Namen („Richtlinie 2002/8/EG des Rates vom 27.1.2003 zur Verbesserung des Zugangs zum Recht bei Streitsachen mit grenzüberschreitendem Bezug durch Festlegung gemeinsamer Mindestvorschriften für die Prozesskostenhilfe in derartigen Streitsachen") ergibt.[2] Aber wie dieser Beitrag verdeutlicht, gibt es einige Anwendungsprobleme im Zusammenhang mit in der Richtlinie und in den Umsetzungsgesetzen enthaltenen Vorschriften.

Nachfolgend wird eine Rekonstruktion einiger der Hauptaspekte der PKH-RL und der deutschen sowie italienischen Umsetzungsgesetze, §§ 1076–1078 ZPO bzw. des *decreto legislativo* (*gesetzesvertretendes Dekret*, nachfolgend „d.lgs.") Nr. 116 vom 27.5.2005 durchgeführt. Einerseits werden die tatsächlich positiven Auswirkungen dieser Gesetzgebungen betrachtet, andererseits Verbesserungsvorschläge für diese diskutiert.

---

1 *Hirte*, International and Comparative Law Quarterly 1991, 91; *Yuille*, Columbia Journal of Transnational Law 2004, 863, 863–864.

2 ABl. L 26 vom 31.1.2003, 41.

II. Die in Deutschland und Italien genutzten Umsetzungsmethoden

Die PKH-RL ist nicht unmittelbar anwendbar, und da sie nur Mindeststandards vorsieht, sind folglich den Mitgliedstaaten die Schaffung günstigerer Regelungen (Art. 19 PKH-RL) und die Auslegung anhand nationaler Normen gestattet.[3]

Die PKH-RL wurde in Deutschland und in Italien unterschiedlich in nationales Recht umgesetzt. In Deutschland geschah dies durch die §§ 1076–1078 ZPO, die durch das „Gesetz zur Umsetzung gemeinschaftlicher Vorschriften über die grenzüberschreitende Prozesskostenhilfe in Zivil- und Handelssachen in den Mitgliedstaaten (EG-Prozesskostenhilfegesetz)" vom 15. Dezember 2004 (BGBl 2004, 3392) in die ZPO eingefügt wurden.[4] Dahingegen hat der italienische Gesetzgeber beschlossen, die Bestimmungen der PKH-RL durch eine von der Zivilprozessordnung („*Codice di procedura civile*") getrennte gesetzliche Regelung festzuschreiben. Diese unterschiedlichen Entscheidungen spiegeln auch die unterschiedliche Art und Weise wider, in der der deutsche und der italienische Gesetzgeber die Prozesskostenhilfe für innerstaatliche Streitigkeiten geregelt haben: In Deutschland stets innerhalb der ZPO (§§ 114–127a), in Italien immer durch eine autonome Maßnahme (Artt. 74–145 des sog. „*Testo unico in materia di spese di giustizia*" – „Einheitstext zu Prozesskosten", Decreto del Presidente della Repubblica – Dekret des Präsidenten der Republik, nachfolgend „d.p.r." Nr. 115 vom 30. Mai 2002). Nach Meinung des Verfassers scheint die deutsche Methode zumindest *prima facie* vorzugswürdig, da sie es dem Juristen erlaubt, alle notwendigen verfahrensrechtlichen Bestimmungen an einer einzigen Stelle (der ZPO) zu finden und ihm somit eine effektive und sehr systematisch gestaltete Regelung zur Verfügung stellt.

Am wichtigsten ist jedoch der Inhalt dieser Umsetzungsregeln, und auch in dieser Hinsicht gibt es Unterschiede zwischen den Entscheidungen der beiden Gesetzgeber. Der deutsche Gesetzgeber hat sich entschieden, die PKH-RL nicht durch eine besondere Regelung umzusetzen,[5] sondern nimmt in § 1076 ZPO eine allgemeine regelungssystematische Verweisung auf die nationale Prozesskostenhilfe (§§ 114–127a ZPO) vor, soweit in den §§ 1077 und 1078 ZPO nichts Abweichendes bestimmt ist. Die innerstaatlichen Normen sollten deshalb richtlinienkonform ausgelegt werden, soweit es möglich ist.[6] Dahingegen ist die im d.lgs. 116/2005 enthaltene italienische Regelung trotz einiger Verweise auf die Vorschriften des d.p.r. 115/2002 unabhängig von den darin enthaltenen Regeln.

III. Wer hat einen Anspruch auf Prozesskostenhilfe?

Damit eine Person die Prozesskostenhilfe gemäß der PKH-RL beantragen darf, müssen diese und die relevante Streitigkeit bestimmte Merkmale haben.

3 *Hau*, in: Gebauer/Wiedmann (Hrsg.), Zivilrecht unter europäischem Einfluss, 2. Aufl. 2010, Kap. 33 Rn. 17; Rauscher, in: Münchener Kommentar zur Zivilprozessordnung, 5. Aufl. 2017, § 1076 Rn. 1; *Roth*, in: Enzyklopädie Europarecht, Band 3, 2. Aufl. 2021, Kap. 28 Rn. 12; *Jayme/Kohler*, IPRax 2003, 485, 494.

4 *Zimmermann*, Zivilprozessordnung, 9. Aufl. 2011, § 1078 Rn. 1.

5 *Halfmeier*, in: Prütting/Gehrlein, ZPO Kommentar, 12. Aufl. 2020, § 1076 Rn. 1.

6 *Chasklowicz*, in: Kern/Diehm, Zivilprozessordnung, 2017, Vorbem. zu §§ 1076-1078 ZPO Rn. 1.

1. Die erste materielle Voraussetzung: die grenzüberschreitende Streitigkeit

Zuerst muss die Klage grenzüberschreitender Natur sein. Gemäß Art. 2 PKH-RL ist eine Streitigkeit grenzüberschreitend, wenn die „Prozesskostenhilfe beantragende Partei ihren Wohnsitz oder gewöhnlichen Aufenthalt in einem anderen Mitgliedstaat als dem Mitgliedstaat des Gerichtsstands oder dem Vollstreckungsmitgliedstaat hat". Keine Rolle spielt hingegen, ob der Antragsteller Kläger oder Beklagter ist,[7] und wo der Gegner seinen Wohnsitz bzw. gewöhnlichen Aufenthalt hat,[8] da die bloße Tatsache, dass die andere Partei im Ausland ansässig ist, die Streitigkeit nicht notwendigerweise „grenzüberschreitend" im Sinne der PKH-RL macht. Denn auch wenn die Gegenpartei in einem anderen Staat wohnt, könnte der Rechtsstreit im Staat des Prozesskostenhilfeantragstellers stattfinden, und in diesem Fall wäre das einzige „Internationalitätselement" nur die Notwendigkeit der Zustellung ins Ausland.

Auch die Staatsangehörigkeit des Antragstellers (und des Gegners) ist nicht entscheidend. Dies ergibt sich aus dem Diskriminierungsverbot des Art. 4 PKH-RL. Dies wird der Rechtsstellung von Staatenlosen nicht gerecht, aber es gibt keinen Grund anzunehmen, dass ihnen nicht die Prozesskostenhilfe nach der PKH-RL gewährt würde.[9]

Unter zeitlichen Gesichtspunkten ist das Datum des Antrags maßgeblich, um festzustellen, ob die Streitigkeit grenzüberschreitend ist oder nicht. Das ist von Art. 2 Abs. 3 PKH-RL geregelt. Auch in den italienischen Vorschriften kann man diese Regel im Art. 2 Abs. 3 d.lgs 116/2005 finden. Darüber hinaus hat der italienische Gesetzgeber die europäische Definition grenzüberschreitender Streitigkeit in Art. 2 Abs. 1 „kopiert". Eine Definition fehlt hingegen in den §§ 1076–1078 ZPO, die nur auf den Begriff der PKH-RL verweisen. In diesem Fall erscheint die italienische Lösung vorzugswürdig, da die Regel für diejenigen, die sie anwenden sollen, klarer und vollständiger erscheint.

Eine eventuelle Änderung des Wohnsitzes oder des Aufenthaltsortes in den Forumstaat oder einen anderen europäischen Staat spielt hier keine Rolle.[10]

Zur Bestimmung des Wohnsitzes verweist die PKH-RL auf Art. 59 der Verordnung (EG) Nr. 44/2001 (heute Art. 62 EuGVVO), die ihrerseits auf das Gesetz des zuständigen Richters verweist. Der europäische Gesetzgeber hielt es nicht für angebracht, einen einheitlichen gemeineuropäischen Wohnsitzbegriff zu schaffen, und verwies stattdessen auf das Recht der Mitgliedstaaten. In welchem Mitgliedstaat sich der Wohnsitz des Antragstellers befindet, soll dementsprechend nach dem Recht des Staates des behaupteten Wohnsitzes bestimmt werden.[11] Die deutschen §§ 1076–1078 ZPO bzw. das italienische d.lgs. 116/2015 geben keine weiteren Hinweise, sodass das allgemeine Zivilrecht des einen oder anderen Staates anzuwenden ist, um festzustellen, ob der Antragsteller tatsächlich in diesem Staat seinen Wohnsitz oder gewöhnlichen Aufenthalt hat. Abstrakt kann dies angesichts der unterschiedlichen Normen in den verschiedenen Rechtsordnungen zu unterschiedlichen oder widersprüchlichen Ergebnissen führen.

---

7 *Fischer*, in: Musielak/Voit, ZPO, 18. Aufl. 2021, § 1076 Rn. 2.

8 *Schütze*, Das internationale Zivilprozessrecht in der ZPO, 2. Aufl. 2011, S. 337; *Hau*, in: Gebauer/Wiedmann (oben N. 3), Kap. 33 Rn. 11.

9 *Schütze*, in: Wieczorek/Schütze, Zivilprozessordnung und Nebengesetze, 4. Aufl. 2013, § 1076 Rn. 11.

10 *Hess*, Europäisches Zivilprozessrecht, 2. Aufl. 2021, S. 638; *Jastrow*, MDR 2004, 75, 75.

11 *Schütze*, Das internationale Zivilprozessrecht in der ZPO (oben N. 8), S. 337.

In der PKH-RL gibt es auch keine spezifische Vorschrift, um den Aufenthalt zu bestimmen. Dementsprechend soll man vermutlich die in anderen europäischen Normen enthaltene Definition, wie Art. 3 der Verordnung (EG) Nr. 2201/2003 des Rates vom 27. November 2003 über die Zuständigkeit und die Anerkennung und Vollstreckung von Entscheidungen in Ehesachen und in Verfahren betreffend die elterliche Verantwortung und zur Aufhebung der Verordnung (EG) Nr. 1347/2000, ABl. EU Nr. L 338 S. 1 vom 23.12.2003 (EuEheVO)[12] oder die Erwägungsgründe 23–24 der Verordnung (EU) Nr. 650/2012 des Europäischen Parlaments und des Rates vom 4. Juli 2012 über die Zuständigkeit, das anzuwendende Recht, die Anerkennung und Vollstreckung von Entscheidungen und die Annahme und Vollstreckung öffentlicher Urkunden in Erbsachen sowie zur Einführung eines Europäischen Nachlasszeugnisses, ABl. EU Nr. L 201 S. 107 vom 27.7.2012 (EuErbVO) benutzen, um den Aufenthalt des Prozesskostenhilfeantragstellers zu identifizieren.

2. *Die zweite materielle Voraussetzung: die Zivil- und Handelssachen*

Die zweite Voraussetzung besteht darin, dass sich der Streitfall auf Zivil- und Handelssachen beziehen muss. Dieser Begriff ist gemeinschaftsrechtlich auszulegen[13] und entspricht demjenigen des Art. 1 Abs. 1 der Verordnung (EU) Nr. 1215/2012 des Europäischen Parlaments und des Rates vom 12. Dezember 2012 über die gerichtliche Zuständigkeit und die Anerkennung und Vollstreckung von Entscheidungen in Zivil- und Handelssachen, ABl. EU Nr. L 351 S. 1 vom 20.12.2012 (EuGVVO), aber ohne die Einschränkungen gemäß Art. 1 Abs. 2 derselben Verordnung.[14] Deshalb ist der sachliche Anwendungsbereich der PKH-RL weiter als derjenige der EuGVVO.[15]

In der Folge fallen Familien- und Erbsachen in den Anwendungsbereich der PKH-RL, auch wenn es um Verfahren der freiwilligen Gerichtsbarkeit geht.[16] Verbraucherschutz[17] sowie Arbeits- und patentrechtliche Streitsachen[18] gehören auch zu den „Zivil- und Handelssachen" im Sinne der PKH-RL. Erfasst werden mithin auch insolvenzrechtliche Verfahren.[19] Steuer- und Zollsachen sowie verwaltungsrechtliche Angelegenheiten sind hingegen ausdrücklich ausgeschlossen (vgl. Art. 1 Abs. 2 PKH-RL), gleiches gilt für verfassungsrechtliche Angelegenheiten.[20] Auch die soziale Sicherheit fällt nicht unter den Begriff der Zivil- und Handelssache, da sie regelmäßig öffentlich-rechtlicher Natur ist.[21]

In jedem Fall ist die Natur der Streitsache nicht auf der Grundlage von Kategorien des Rechts der Mitgliedstaaten, sondern autonom zu bestimmen; nur auf diese Weise

---

12 *Hau*, in: Gebauer/Wiedmann (oben N. 3), Kap. 33 Rn. 12.

13 *Groß*, Beratungshilfe, Prozesskostenhilfe, Verfahrenskostenhilfe, 14. Aufl. 2018, S. 360.

14 Rauscher, in: MüKo-ZPO (oben N. 3), § 1076 Rn. 4.

15 *Hau*, in: Gebauer/Wiedmann (oben N. 3), Kap. 33 Rn. 10.

16 *Hess*, Europäisches Zivilprozessrecht (oben N. 10), S. 637; Rauscher, in: MüKo-ZPO (oben N. 3), § 1076 Rn. 4; *Thode*, in: Vorwerk/Wolf, Beck'scher Online-Kommentar ZPO, 40. Ed., Stand: 1.3.2021, § 1076 Rn. 2.

17 *Storskrubb*, Civil Procedure and EU Law: A Policy Area Uncovered, 2008, S. 174.

18 *Halfmeier*, in: Prütting/Gehrlein (oben N. 5), § 1076 Rn. 2; *Jastrow*, MDR 2004, 75, 76.

19 *Hau*, in: Gebauer/Wiedmann (oben N. 3), Kap. 33 Rn. 10; *Sacchettini*, Guida dir. 2005, 25, 25 ff.

20 *Groß*, Beratungshilfe, Prozesskostenhilfe, Verfahrenskostenhilfe (oben N. 13), S. 361.

21 *Schütze*, in: Wieczorek/Schütze (oben N. 9), § 1076 Rn. 6.

kann eine einheitliche Anwendung der Rechtsvorschriften in der Europäischen Union gewährleistet werden.[22] Darüber hinaus darf der Begriff „Streitsachen" nicht in einem technischen Sinne ausgelegt werden: Auch Verfahren der freiwilligen Gerichtsbarkeit in Deutschland[23] und der *volontaria giurisdizione* in Italien werden erfasst.

3. Die „subjektive" Voraussetzung: die Bedürftigkeit

Entscheidend für die Gewährung der Prozesskostenhilfe ist die subjektive wirtschaftliche Lage des Antragstellers. Die PKH-RL hat in Art. 5 Abs. 2 deutlich die Kriterien festgelegt, die von den zuständigen Behörden der Mitgliedstaaten zu berücksichtigen sind, um zu beurteilen, ob sich der Antragsteller in einer wirtschaftlichen Lage befindet, die die Gewährung von Prozesskostenhilfe rechtfertigt. Insbesondere sieht sie vor, dass objektive Faktoren wie das Einkommen, das Vermögen und die familiäre Situation berücksichtigt werden müssen.

Mit dieser Regelung zielt die Richtlinie darauf ab, einen homogenen Rechtsrahmen zu schaffen, um zu verhindern, dass unter gleichen Bedingungen in einem Mitgliedstaat Prozesskostenhilfe gewährt wird, in einem anderen aber nicht. Unter Beachtung dieser Kriterien können die Mitgliedstaaten Grenzwerte (sog. „Schwellenwerte") festlegen, bei deren Überschreitung die Vermutung besteht, dass der Antragsteller die Kosten des Verfahrens selbst tragen kann (und ihm somit keine Prozesskostenhilfe gewährt wird).

Diese Schwellenwerte gelten jedoch nicht absolut, denn die PKH-RL sieht in Art. 5 Abs. 4 auch die Möglichkeit vor, von ihnen abzuweichen, indem in Ausnahmefällen Prozesskostenhilfe auch denjenigen gewährt werden kann, die über ein höheres Einkommen als das vorgesehene Maximum verfügen. Dazu muss der Antragsteller mittels geeigneter Unterlagen oder durch eine Bescheinigung des Wohnsitzstaates ähnlich der in § 1077 Abs. 6 Satz 1 ZPO vorgesehenen Vorlage[24] nachweisen, dass er im Mitgliedstaat des Gerichtsstands die Prozesskosten wegen der dort unterschiedlichen Lebenshaltungskosten nicht aufbringen kann (Herkunftslandprinzip,[25] vgl. § 1078 Abs. 3 ZPO bzw. Art. 4 Abs. 4 d.lgs. 116/2005). Diese letzte Vorschrift ist einer der Kernpunkte der PKH-RL, da sie deutlich das Bestreben zum Ausdruck bringt, ein in der Praxis effektives Rechtsinstitut zu schaffen, das in der Lage ist, die Schwierigkeiten zu überwinden, die durch die Einbeziehung der Rechtssysteme verschiedener Staaten und die grenzüberschreitende Natur von Streitigkeiten entstehen. Die Vorgabe wird von dem italienischen Gesetzgeber in Art. 4 Abs. 4 d.lgs. 116/2015 umgesetzt.[26] Auch § 1078 ZPO, der die Prozesskostenhilfeersuchen regelt, die in Deutschland beurteilt werden müssen, enthält in Abs. 3 eine Vorschrift, die den in Art. 5 Abs. 4 PKH-RL enthaltenen Bestimmungen entspricht.

---

22 *Schütze*, Das internationale Zivilprozessrecht in der ZPO (oben N. 8), S. 338.

23 *Hau*, in: Gebauer/Wiedmann (oben N. 3), Kap. 33 Rn. 10.

24 *Halfmeier*, in: Prütting/Gehrlein (oben N. 5), § 1078 Rn. 5.

25 *Hess*, Europäisches Zivilprozessrecht (oben N. 10), S. 635; *Roth*, in: Enzyklopädie Europarecht (oben N. 3), Kap. 28 Rn. 15.

26 *Giussani*, Stichwort: Assistenza giudiziaria ai non abbienti, in: Enciclopedia Giuridica Treccani, 2007, S. 2.

4. *Die Inhaltsvoraussetzungen der Streitsache*

Darüber hinaus darf es sich weiterhin nicht um ein offensichtlich unbegründetes Verfahren handeln, wie Art. 6 Abs. 1 PKH-RL vorsieht. Diese Vorgabe wurde in Deutschland mit dem Verweis von § 1078 auf § 114 ZPO und in Italien durch Art. 5 d.lgs. 116/2005 in nationales Recht eingegliedert. Trotz des nicht zwingenden Charakters der Umsetzung nach Art. 6 Abs. 1 PKH-RL („die Mitgliedstaaten können vorsehen") haben sich die Staaten vor allem aus zwei Gründen für eine Übernahme entschieden: Zum einen gibt es sowohl in Deutschland als auch in Italien für die Prozesskostenhilfeersuchen im Rahmen von innerstaatlichen Rechtsstreitigkeiten eine Vorschrift mit ähnlichem Zweck (§ 114 ZPO bzw. Art. 74 Abs. 2 d.p.r. 115/2002). Zum anderen haben sowohl die italienische als auch die deutsche Rechtsordnung ein Interesse daran, die Kosten, die durch die Gewährung von Prozesskostenhilfe entstünden, nur dann zu tragen, wenn die Durchsetzung des Anspruchs nicht von vornherein als unmöglich erscheint.

Mit spezifischem Bezug auf Deutschland ist jedoch anzumerken, dass, während § 114 ZPO von „hinreichender Aussicht auf Erfolg" und „Mutwilligkeit" spricht, die PKH-RL und § 1078 ZPO sich auf „offensichtlich unbegründete Verfahren" beziehen. Da sich diese Begriffe nicht völlig überschneiden, ist § 114 ZPO im Zusammenhang mit Anträgen auf Prozesskostenhilfe für grenzüberschreitende Rechtsstreitigkeiten richtlinienkonform auszulegen.[27] Deshalb werden im Falle eines Prozesskostenhilfeantrags in einer grenzüberschreitenden Streitigkeit an die Prüfung der Erfolgsaussichten gemäß § 114 Abs. 1 Satz 1 ZPO keine strengeren Anforderungen gestellt.[28] Dementsprechend kann diese Beurteilung, auch wenn es sich immer um eine Vorentscheidung in der Streitsache handelt, zu unterschiedlichen Ergebnissen führen, je nachdem, ob sich der Antrag auf Prozesskostenhilfe auf innerstaatliche oder auf grenzüberschreitende Streitigkeiten bezieht.

IV. Verfahrensaspekte und Organe in Rahmen der Prozesskostenhilfe

Gemäß Art. 14 Abs. 1 PKH-RL sollen die Mitgliedstaaten die für die Übermittlung des Antrags („Übermittlungsbehörden") bzw. den Empfang des Antrags („Empfangsbehörden") zuständige Behörde benennen. Deutschland und Italien haben hier zwei unterschiedliche Entscheidungen getroffen.

Art. 12 d.lgs. 116/2005 stellt fest, dass der gemäß Art. 124 Abs. 2 d.p.r. 115/2002 zuständige Vorstand der Rechtsanwaltskammer („*Consiglio dell'Ordine degli Avvocati*") über die in Italien anhängigen Verfahren entscheidet. Somit handelt es sich bei der entscheidenden Stelle nicht um ein staatliches Gericht; der Rechtsanwaltskammervorstand ist aber zur Zusammenarbeit mit dem italienischen Justizministerium verpflichtet. Art. 13 Abs. 3 d.lgs. 115/2005 sieht vor, dass die zuständige Übermittlungs- und Empfangsbehörde das italienische Justizministerium ist.[29]

27 *Hess*, Europäisches Zivilprozessrecht (oben N. 10), S. 638.
28 *Halfmeier*, in: Prütting/Gehrlein (oben N. 5), § 1076 Rn. 1.
29 *Sacchettini*, Guida dir. 2005, 25, 25 ff.

Die Entscheidung des italienischen Gesetzgebers, den Rechtsanwaltskammervorstand über den Antrag auf Prozesskostenhilfe entscheiden zu lassen, ist zu begrüßen. Der Rechtsanwaltskammervorstand entscheidet ebenso auch über Anträge nach dem d.p.r. 115/2002.[30] Demgegenüber ist die Beteiligung des Justizministeriums sowohl als übermittelnde als auch als empfangende Behörde negativ zu bewerten. In der Tat könnte die Anwesenheit des Ministeriums das Verfahren möglicherweise verlängern, während es nach Ansicht des Verfassers vorzugswürdig gewesen wäre, ein direktes Verhältnis zwischen den Rechtsanwaltskammervorständen und den zuständigen ausländischen Übermittlungs- bzw. Empfangsbehörden vorzusehen.

In Deutschland sind die Übermittlungs- und Empfangsbehörden in § 1077 bzw. § 1078 ZPO geregelt. Insbesondere stellt § 1077 ZPO fest, dass die Übermittlungsbehörde das Amtsgericht ist, in dessen Bezirk der Antragsteller seinen Wohnsitz oder gewöhnlichen Aufenthalt hat. Die Empfangsbehörde ist gemäß § 1078 Abs. 1 ZPO das Prozessgericht oder das Vollstreckungsgericht.

1. Die Rolle der Übermittlungsstelle

Die Rolle und die Aufgaben der Übermittlungsstelle sind in Deutschland in § 1077 ZPO und in Italien in Artt. 8, 12, 13 und 15 d.lgs. 116/2005 geregelt. Insbesondere verdeutlicht § 1077 präzise die Funktionen der Übermittlungsstelle: (*i*) Bearbeitung eines Antrags, Hinweise auf notwendige Anlage und Fertigung notwendiger Übersetzungen (vgl. § 1077 Abs. 4 ZPO); (*ii*) Entscheidung über die Übermittlung des Ersuchens auf Prozesskostenhilfe (vgl. § 1077 Abs. 3 ZPO – siehe folgendes Kapitel); (*iii*) Übermittlung des Antrags an die zuständige Empfangsstelle (vgl. § 1077 Abs. 5 ZPO); sowie (*iv*) die eventuelle Ausstellung einer Bedürftigkeitsbescheinigung, wenn die Empfangsstelle des anderen Mitgliedstaats das Ersuchen um Prozesskostenhilfe auf Grund der persönlichen und wirtschaftlichen Verhältnisse des Antragstellers abgelehnt oder eine Ablehnung angekündigt hat und der Antragsteller in einem entsprechenden deutschen Verfahren nach § 115 Abs. 1 und 2 als bedürftig anzusehen wäre (vgl. § 1077 Abs. 6 ZPO).[31]

In Italien ist das Verfahren anders geregelt, hier ist die zuständige Übermittlungsstelle gemäß Art. 13 Abs. 3 d.lgs. 116/2005 das Justizministerium. Dementsprechend, falls der Antragsteller seinen Wohnsitz oder ständigen Aufenthalt in Italien hat, ist das Ministerium als übermittelnde Behörde verpflichtet, den Antragsteller (nach einer ersten Prüfung, ob er nicht offensichtlich unbegründet ist) während des gesamten Prozesses der Erstellung der erforderlichen Unterlagen zu unterstützen, indem es die notwendigen Übersetzungsdienste kostenlos zur Verfügung stellt. Das Justizministerium führt die Übermittlung innerhalb von 15 Tagen (in Deutschland 14, vgl. § 1077 Abs. 5 Satz 2 ZPO) ab dem Datum des Eingangs des Antrags durch.

---

30 *Luiso*, Riv. trim. dir. proc. civ. 2012, 623, 626; *Varano/De Luca*, Global Jurist 2007, Bd. 7, Nr. 1 (Advances), Artikel 6, 19-20.

31 *Schütze*, Das internationale Zivilprozessrecht in der ZPO (oben N. 8), S. 343.

a) Die Filterfunktion der Übermittlungsstelle

Die Übermittlungsstelle hat keine rein technische Funktion der Weiterleitung der Prozesskostenhilfeanträge:[32] Gemäß Art. 13 Abs. 3 PKH-RL muss die Übermittlungsstelle auch Anträge ablehnen, die offensichtlich unbegründet sind oder nicht in den Anwendungsbereich der PKH-RL fallen. Dies ist in Art. 13 Abs. 4 d.lgs. 116/2005 bzw. § 1077 Abs. 3 Satz 1 ZPO vorgesehen. Durch diese Filterfunktion soll verhindert werden, dass ein Verfahren zur Bewilligung von Prozesskostenhilfe eingeleitet wird, das dann mit Sicherheit keinen Erfolg haben wird. Darüber hinaus stellt sie eine Versicherung für den Antragsteller dar, dass sein Ersuchen nach der PKH-RL vollständig und ordnungsgemäß ist. [33]

Die Übermittlungsstelle darf jedoch nicht die Einhaltung der wirtschaftlichen Voraussetzungen der Prozesskostenhilfe vonseiten des Antragstellers nach den anwendbaren ausländischen Rechtsvorschriften prüfen.[34] Die Prüfung dieser Behörde ist nämlich nur „oberflächlich" und stellt lediglich eine Vorprüfung dar, da die eigentliche Prüfungskompetenz bei der Empfangsstelle liegt,[35] der die eigentliche Entscheidung, ob Prozesskostenhilfe gewährt wird oder nicht, vorbehalten ist. Mit besonderem Bezug auf die Prüfung des Anwendungsbereichs der PKH-RL kann man beobachten, dass sie häufig eine volle Aufklärung des Sachverhalts erfordert, da sie auf der Bestimmung des Wohnsitzes des Antragstellers und/oder der zivil- oder handelsrechtlichen Natur des Tatbestandes basiert.[36] Wenn das Amtsgericht den Antrag weder als offensichtlich unbegründet noch als offensichtlich nicht in den Anwendungsbereich der PKH-RL fallend beurteilt, übermittelt es ihn antragsgemäß an die zuständige Empfangsstelle; dies geschieht ohne die Notwendigkeit einer ausdrücklichen zusprechenden Entscheidung.[37] Andersherum erfolgt eine Ablehnung durch Beschluss, der zu begründen ist.[38]

Im Gegensatz dazu ist in dem italienischen d.lgs. 116/2005 dieses (Vor-)Verfahren nicht geregelt. Es ist daher nicht klar, nach welchem Verfahren das Justizministerium als Übermittlungsstelle zu einer möglichen Ablehnung des Prozesskostenhilfeantrags kommt. In jedem Fall ist es so, dass der Antragsteller an diesem Verfahren nicht teilnehmen kann, da er nur gegen die Entscheidung des Justizministeriums gegebenenfalls Berufung vor dem *Corte d'Appello* (Oberlandesgericht) einlegen kann, in dessen Bezirk er seinen Wohnsitz oder gewöhnlichen Aufenthalt hat.

Umstritten ist jedoch, ob man gemäß dem d.lgs. 116/2005 hier eine Berufung gegen die Entscheidung des Justizministeriums einlegen oder einen neuen Antrag stellen muss. Art. 13 Abs. 5 d.lgs. 116/2005 sagt wörtlich, dass „*la domanda può essere proposta alla Corte di appello nel cui distretto è domiciliato o soggiorna regolarmente l'interessato*" („Der Antrag kann bei dem Oberlandesgericht eingereicht werden, in dessen Bezirk der Antragsteller seinen Wohnsitz oder gewöhnlichen Aufenthalt hat."). Es ist nicht eindeutig feststellbar, was der Gegenstand des in Art. 13 Abs. 5 d.lgs. 116/2005 geregelten Antrags

32 *Schütze*, Das internationale Zivilprozessrecht in der ZPO (oben N. 8), S. 344.

33 *Jastrow*, MDR 2004, 75, 76.

34 *Thode*, in: Vorwerk/Wolf (oben N. 16), § 1077 Rn. 14.

35 OLG Hamm FamRZ 2010, 1587; *Chasklowicz*, in: Kern/Diehm (oben N. 6), § 1077 Rn. 3.

36 *Schütze*, Das internationale Zivilprozessrecht in der ZPO (oben N. 8), S. 344.

37 *Schütze*, Das internationale Zivilprozessrecht in der ZPO (oben N. 8), S. 344.

38 *Geimer*, in: Zöller, Zivilprozessordnung, 33. Aufl. 2020, § 1077 Rn. 1.

ist. Diese Auslegungsprobleme können nicht durch eine analoge Anwendung der im d.p.r. 115/2002 enthaltenen Vorschriften über die Prozesskostenhilfe in innerstaatlichen Streitigkeiten überwunden werden, da die relevante Entscheidung von zwei verschiedenen Behörden getroffen wird: Im letzteren Fall von dem zuständigen Rechtsanwaltskammervorstand, dagegen im Verfahren über Prozesskostenhilfeanträge in grenzüberschreitenden Streitigkeiten von dem italienischen Justizministerium. Nach Meinung des Verfassers führt der logische Weg über die Berufung, da sie dem entscheidenden Oberlandesgericht ein vollständiges Bild des Verfahrens vermitteln würde. Die italienischen Vorschriften (Art. 13 Abs. 5 d.lgs. 116/2005) sind auch in Bezug auf das Berufungsverfahren äußerst knapp gehalten und besagen lediglich, dass die Berufung mit einem vom Oberlandesgericht erlassenen Dekret abgeschlossen wird und dass dieses von dem Antragsteller an das Justizministerium zuzustellen ist.

In Deutschland sieht § 1077 Abs. 3 Satz 3 demgegenüber vor, dass gegen die Ablehnung die sofortige Beschwerde nach Maßgabe des § 127 Abs. 2 Satz 2 und 3 ZPO vorgesehen ist.

b) Die Übersetzung und die Vollständigkeitsprüfung

Die Übermittlungsstelle muss nach Art. 13 PKH-RL einen entscheidungsreifen Antrag an die Empfangsstelle schicken.[39] In der Folge muss sie (zusätzlich zu der „Filterfunktion") die Vollständigkeit des Antrags prüfen. Dazu gehört auch die Frage, ob und in welche Sprache die Dokumente übersetzt wurden. Dies kann entweder die Amtssprache bzw. eine der Amtssprachen des Mitgliedstaats der zuständigen Empfangsbehörde sein, die zugleich einer der Amtssprachen der Europäischen Gemeinschaft entspricht (vgl. Art. 13 Abs. 3 lit. a PKH-RL), oder eine andere Sprache, mit deren Verwendung sich der Mitgliedstaat der Empfangsstelle gemäß Art. 14 Abs. 3 PKH-RL einverstanden erklärt hat (vgl. Art. 13 Abs. 3 lit. b PKH-RL).

Die deutschen und italienischen Vorschriften haben diese Aufgaben ähnlich geregelt. Insbesondere sieht § 1077 Abs. 4 ZPO vor, dass das zuständige Amtsgericht von Amts wegen Übersetzungen der Eintragungen im Standardformular für Anträge auf Prozesskostenhilfe sowie der beizufügenden Anlagen fertigt, die Vollständigkeit des Antrags prüft und darauf hinwirkt, dass Anlagen, die nach ihrer Kenntnis zur Entscheidung über den Antrag erforderlich sind, beigefügt werden. Diese Übersetzungstätigkeit der Übermittlungsstelle stellt eines der erheblichsten Hilfsmittel zur Überwindung der Sprachbarrieren dar.[40] Diesbezügliche Kosten werden nach Art. 13 Abs. 6 PKH-RL von dem Mitgliedstaat der Übermittlungsstelle getragen. Auch um die Kosten zu begrenzen, erfordern die Übersetzungen keine Beglaubigung, und es ist nicht erforderlich, dass die Übersetzungen von einem vereidigten Übersetzer erstellt werden, deshalb darf auch der Antragsteller selbst die Übersetzungen fertigen. Aber in diesem Fall ist die Übermittlungsstelle nicht gehalten, die Richtigkeit der Übersetzungen zu prüfen.[41]

Demgegenüber werden diese Aufgaben der italienischen Übermittlungsstellen in Artt. 13 und 14 d.lgs. 116/2005 geregelt.

39 *Schütze*, Das internationale Zivilprozessrecht in der ZPO (oben N. 8), S. 345.
40 *Roth*, in: Enzyklopädie Europarecht (oben N. 3), Kap. 28 Rn. 45.
41 *Schütze*, Das internationale Zivilprozessrecht in der ZPO (oben N. 8), S. 346.

Aus Sicht des Verfassers ist die deutsche Methode, wonach alle die Vorschriften mit Bezug zur Übermittlungsstelle übersichtlich in einer einzelnen Norm zusammengefasst sind, besser als die italienischen Vorschriften, die ziemlich umständlich und kompliziert zu konsultieren scheinen. Auf jeden Fall unterstützt auch nach der italienischen Regelung die Übermittlungsstelle (also das Justizministerium) den Antragsteller und stellt sicher, dass dem Antrag alle Unterlagen beigefügt sind, die nach ihrem Wissen für die Bearbeitung des Antrags erforderlich sind, und stellt kostenlos alle erforderlichen Übersetzungen der Antragsunterlagen zur Verfügung.

Es ist jedoch anzumerken, dass die in Art. 13 Abs. 8 d.lgs. 116/2005 enthaltene Bestimmung nicht sehr begrüßenswert scheint, da sie vorsieht, dass der Antragsteller im Falle einer späteren Ablehnung des Prozesskostenhilfeantrags durch die Empfangsstelle die dem Justizministerium entstandenen Übersetzungskosten zu erstatten hat.

Auf deutscher Seite ist eine entsprechende Bestimmung in § 28 Abs. 3 GKG enthalten: Hier ist festgestellt, dass der Antragsteller Schuldner der Auslagen ist, wenn er den Antrag zurückgenommen hat oder die Übermittlung des Antrags von der Übermittlungsstelle bzw. das Ersuchen um Prozesskostenhilfe von der Empfangsstelle abgelehnt wird (§ 28 Abs. 3 Nr. 2 GKG).[42] Das Ersuchen birgt daher ein Kostenrisiko für den Antragsteller.[43]

In jedem Fall scheinen jedoch diese Regelungen dem Sinn der PKH-RL zuwiderzulaufen und könnten den Antragsteller dazu veranlassen, den Prozesskostenhilfeantrag nicht einzureichen, wenn er nicht sicher ist, dass dieser angenommen wird. Dies gilt umso mehr, wenn man bedenkt, dass der Antragsteller höchstwahrscheinlich mit den Vorschriften über die Prozesskostenhilfe des Forumstaates nicht vertraut sein wird und sich damit das Risiko, das er eingehen muss, noch weiter erhöht.

Im Anschluss wird das Amtsgericht bzw. das italienische Justizministerium, wenn der Antrag vollständig ist, diesen mit den entsprechenden Anlagen innerhalb von 14 Tagen gemäß § 1077 Abs. 5 Satz 2 ZPO bzw. innerhalb von 15 Tagen gemäß Art. 13 Abs. 6 d.lgs. 116/2005 an die Empfangsstelle des Gerichtsstandes oder des Vollstreckungsmitgliedstaates übermitteln. In beiden Fällen beginnt die Frist mit der Einreichung des übersetzten Antrags. Allerdings ist weder im italienischen noch im deutschen Recht klar geregelt, welche Frist die Übermittlungsstelle für die Übersetzung der Dokumente einhalten muss, wenn der Antragsteller den Prozesskostenhilfeantrag nur in der Sprache des Wohnsitzstaates oder überhaupt in einer anderen als der von der Empfangsstelle geforderten Sprache einreicht. Wenn der Antragsteller nach Ablehnung des Amtsgerichts über seinen Antrag Beschwerde eingelegt hat und das Landgericht der Beschwerde stattgegeben hat, läuft die Frist ab der Zustellung der Beschwerdeentscheidung.[44]

2. *Die Rolle der Empfangsstelle*

Über die Erfüllung der Voraussetzungen für die Gewährung von Prozesskostenhilfe gemäß der PKH-RL und der diesbezüglichen Umsetzungsgesetze entscheidet das zuständige Gericht oder die zuständige Behörde des Forumstaats (Art. 12 PKH-RL), also des

42 *Kießling*, in: Saenger, Zivilprozessordnung, 9. Aufl. 2021, § 1077 Rn. 5.

43 *Fischer*, in: Musielak/Voit (oben N. 7), § 1077 Rn. 8.

44 *Schütze*, Das internationale Zivilprozessrecht in der ZPO (oben N. 8), S. 346.

Staats, der die Kosten der Hilfe tragen wird.[45] Art. 14 Abs. 1 PKH-RL stellt fest, dass die Mitgliedstaaten die für den Empfang der Anträge von in anderen Staaten ansässigen Bürgern zuständige Behörde oder Behörden bezeichnen.

Der italienische Gesetzgeber hat hier einen komplizierten Mechanismus gewählt: Art. 13 Abs. 3 d.lgs. 116/2005 sieht vor, dass die Empfangsstelle (und die Übermittlungsstelle) das Justizministerium sein soll, aber Art. 12 Abs. 2 d.lgs. 116/2005 stellt fest, dass die Entscheidung über das Ersuchen um grenzüberschreitende Prozesskostenhilfe von dem nach Art. 124 Abs. 2 d.p.r. 115/2002 zuständigen Rechtsanwaltskammervorstand getroffen wird.

Im Kontrast dazu ist in Deutschland nach § 1078 ZPO Abs. 1 Satz 1 das Prozessgericht, bei dem das Verfahren geführt werden soll, oder das Vollstreckungsgericht, das sich mit der beabsichtigten Zwangsvollstreckungsmaßnahme beschäftigen soll, zuständig. Die Zuständigkeit über die Entscheidung über die Gewährung der Prozesskostenhilfe folgt also einfach derjenigen der Hauptsache.[46]

Die Bewilligungsvoraussetzungen werden von der jeweiligen *lex fori* bestimmt, die aber den von der PKH-RL geregelten Mindeststandard respektieren müssen.[47]

Das von dem Gericht zu prüfende Ersuchen um grenzüberschreitende Prozesskostenhilfe muss deshalb die Bedürftigkeit und die hinreichenden Erfolgsaussichten für die beabsichtigte Klage bzw. die Durchführung der Zwangsvollstreckung beweisen. Der wichtigste Unterschied im Vergleich zu den im Inland domizilierten oder sich hier aufhaltenden Antragstellern findet sich bei der Bedürftigkeitsprüfung, wenn höhere Lebenshaltungskosten im Wohnsitz- oder Aufenthaltsstaat des Antragsteller als in Deutschland berechnet werden.[48] In diesem Fall kann der Antragsteller die Prozesskostenhilfe erhalten, wenn er nachweist, dass er wegen höherer Lebenshaltungskosten im Mitgliedstaat seines Wohnsitzes bzw. gewöhnlichen Aufenthalts die Prozesskosten nicht, nur zum Teil oder nur in Raten aufbringen kann (§ 1078 Abs. 3 ZPO bzw. Art. 5 Abs. 4 PKH-RL). Aus der PKH-RL ergibt sich kein Hinweis über den Nachweis dieser Voraussetzungen, daher gelten die Normen der ZPO.[49] Wenn dagegen die Lebenshaltungskosten des Wohnsitzstaats des Antragstellers niedriger als in Deutschland sind, gelten die in den deutschen Normen enthaltenen Freibeträge.[50]

Auch der italienische Gesetzgeber hat Art. 5 Abs. 4 PKH-RL umgesetzt: Ähnlich wie § 1078 Abs. 3 ZPO sieht Art. 4 Abs. 4 d.lgs. 116/2005 vor, dass die wirtschaftliche Grenze für die Gewährung der Prozesskostenhilfe überschritten werden kann, wenn der Antragsteller nachweist, dass er die Verfahrenskosten wegen des Unterschieds der Lebenshaltungskosten zwischen dem Mitgliedstaat des Wohnsitzes bzw. des gewöhnlichen Aufenthalts und dem Mitgliedstaat des Gerichtsstands nicht tragen kann. Auch in Italien

45 *Geimer*, in: Zöller (oben N. 38), § 1076 Rn. 4.

46 *Fischer*, in: Musielak/Voit (oben N. 7), § 1078 Rn. 2.

47 *Schütze*, Das internationale Zivilprozessrecht in der ZPO (oben N. 8), S. 340; *Gottwald*, in: Festschrift für Walter H. Rechberger, 2005, S. 180; *Roth*, in: Enzyklopädie Europarecht (oben N. 3), Kap. 28 Rn. 14.

48 *Schütze*, Das internationale Zivilprozessrecht in der ZPO (oben N. 8), S. 348.

49 *Reichold*, in: Thomas/Putzo, Zivilprozessordnung, 41. Aufl. 2020, § 1078 Rn. 2.

50 BGH NJW-RR 2008, 1453; BFH IStR 2020, 627; *Linke/Hau*, Internationales Zivilverfahrensrecht, 8. Aufl. 2021, Rn. 8.11; *Halfmeier*, in: Prütting/Gehrlein (oben N. 5), § 1078 Rn. 3; *Chasklowicz*, in: Kern/Diehm (oben N. 6), § 1078 Rn. 4.

stellt diese Norm einen sehr relevanten Unterschied zu den Vorschriften für die innerstaatlichen Streitigkeiten dar; die Regelung des d.p.r. 115/2002 lässt nämlich keine Gewährung zu, wenn die Einkommensgrenze überschritten wird.[51]

Nochmals sieht das italienische d.lgs. 116/2005 hier einen – unnötig – komplexeren Mechanismus vor. Denn im d.lgs. 116/2005 gibt es keine Verweisung auf die „allgemeinen" Vorschriften des d.p.r. 115/2002, sondern eine neue, spezifische Regelung für die Prozesskostenhilfeanträge in grenzüberschreitenden Rechtsstreitigkeiten, bei der auf die oben genannten, allgemeinen Regeln nur für die Aspekte verwiesen wird, die nicht von den im d.lgs. 116/2005 enthaltenen Regeln abgedeckt werden. Insbesondere legt Art. 15 d.lgs. 116/2005 fest, dass der Rechtsanwaltskammervorstand innerhalb von zehn Tagen nach Eingang des Prozesskostenhilfeantrags bei der Empfangsstelle prüft, ob die in den Art. 4 (Voraussetzungen für die finanziellen Verhältnisse) und Art. 5 (Voraussetzungen für den Inhalt der Streitsache) d.lgs. 116/2005 festgelegten Voraussetzungen erfüllt sind. Wenn ja, spricht er dem Antragsteller die Hilfe vorläufig zu.

Die Norm sagt aber nichts über eine nachfolgende endgültige Entscheidung. Folglich ist davon auszugehen, dass die Entscheidung des Rechtsanwaltskammervorstands automatisch endgültig wird, wenn später keine Gründe für eine Ablehnung der Prozesskostenhilfe bekannt werden. Außerdem scheint die Frist von zehn Tagen sehr kurz, wenn man bedenkt, wie lange es dauern kann, bis das Ministerium den Antrag an den Rechtsanwaltskammervorstand weiterleitet. In jedem Fall wird eine Kopie der Entscheidung, durch den der Rechtsanwaltskammervorstand den Antrag gewährt, ablehnt oder für unzulässig erklärt, an den Antragsteller und an den Prozessrichter der Streitsache übermittelt (Art. 126 Abs. 2 d.p.r. 115/2002, auf den in Art. 15 Abs. 3 d.lgs. 116/2005 verwiesen wird). Schließlich bestimmt Art. 15 Abs. 2 d.lgs. 116/2005, dass Ablehnungen kurz zu begründen sind.

a) Ablehnung und Rechtsmittel

Art. 15 PKH-RL stellt fest, dass der Antragsteller in vollem Umfang über die Bearbeitung des Antrags von der zuständigen Empfangsstelle informiert werden muss und dass eine eventuelle vollständige oder teilweise Ablehnung der Anträge zu begründen ist. Nach Art. 15 Abs. 3 PKH-RL müssen nämlich die Mitgliedstaaten die Möglichkeit eines Rechtsbehelfs vorsehen, ein einheitliches Verfahren ist jedoch nicht geregelt. Diese Entscheidung des europäischen Gesetzgebers, Spielraum für nationale Gesetzgebung zu lassen, um diesen Aspekt des Verfahrens zu regeln, ist wahrscheinlich auf die Schwierigkeit zurückzuführen, ein einheitliches Beschwerdeverfahren für alle Mitgliedstaaten zu schaffen. Allerdings stellt dies sicherlich eine weitere Schwierigkeit für den Antragsteller dar, da es in der Praxis unwahrscheinlich erscheint, dass ein Bürger mit Wohnsitz in einem Staat die Mittel und Möglichkeiten hat, gegen eine Ablehnungsentscheidung in einem anderen Staat Rechtsmittel einzulegen.

In Deutschland leitet man die Anwendung des § 127 ZPO nicht aus § 1078 ZPO, der nichts über das Beschwerdeverfahren sagt, sondern aus der allgemeinen Verweisung in § 1076 ZPO auf §§ 114-127a ZPO ab. Dementsprechend kann die Ablehnung mit einer

51 *Sacchettini*, Guida dir. 2005, 25, 25 ff.

Beschwerde nach § 127 Abs. 2 Satz 2 ZPO angefochten werden.[52] In Italien verweist Art. 15 Abs. 3 d.lgs. 116/2005 auf Art. 126 Abs. 3 d.p.r. 115/2002, nach dem, falls der Rechtsanwaltskammervorstand den Prozesskostenhilfeantrag ablehnt oder für unzulässig erklärt, derselbe dem Prozessrichter gestellt werden kann und dieser per Dekret entscheiden wird. Daher ist der zweitinstanzliche Richter in Italien unterschiedlich, je nachdem, ob die Ablehnung von der Übermittlungs- oder der Empfangsstelle ausgesprochen wurde: In dem ersten Fall ist es der *Corte d'Appello* (Oberlandesgericht), in dessen Bezirk der Antragsteller seinen Wohnsitz oder gewöhnlichen Aufenthalt hat, in dem zweiten das Prozessgericht der Streitsache.

V. Der Umfang der Prozesskostenhilfe

Einen zentralen Punkt innerhalb der Regelung der Prozesskostenhilfe stellt die konkrete Festlegung dar, welche Kosten für den Prozesskostenhilfeempfänger tatsächlich erstattungsfähig sind. Dies wird ausdrücklich von der PKH-RL in den Artt. 2, 3, 7, 8, 9, 10 und 11 festgestellt.

Zweck dieser Vorschriften ist, dass die geleistete Prozesskostenhilfe die gesamten Kosten der Rechtsverfolgung umfasst[53] und damit einen effektiven Zugang zum Recht gewährleistet. Dementsprechend bezieht sich der Begriff der Prozesskostenhilfe der PKH-RL auf Rechtsverfolgung im weitesten Sinne:[54] Die zu erstattenden Kosten umfassen somit sowohl die Kosten der vorprozessualen Rechtsberatung (Art. 3 Abs. 2 lit. a) als auch die Kosten des Verfahrens (Art. 3 Abs. 2 lit. b), aber auch eines etwaigen Rechtsmittels und der Vollstreckungsphase (Art. 9), auch von öffentlichen Urkunden (Art. 11). Kosten, die speziell mit dem grenzüberschreitenden Charakter des Rechtsstreits zusammenhängen, wie für Dolmetscherleistungen, Übersetzungen und die Reisekosten, sind ebenfalls ausdrücklich eingeschlossen (Art. 7).

1. Die Kosten außergerichtlicher Verfahren

Gemäß Art. 10 PKH-RL ist die Prozesskostenhilfe auch für gesetzlich vorgeschriebene oder vom Gericht aufgetragene außergerichtliche Verfahren zu gewähren. Das heißt, dass, wenn die Parteien zum Beispiel eine Mediation gemäß § 278 Abs. 5 Satz 2 ZPO auf Anordnung des Richters durchführen müssen, auch die diesbezüglichen Kosten dem Empfänger der Prozesskostenhilfe erstattet werden.[55]

Die in Art. 10 enthaltene Bestimmung ist besonders wichtig in Italien (umgesetzt dort in Art. 10 d.lgs. 116/2005), wo gemäß Art. 5 Abs. 1-*bis* d.lgs. 28 vom 4.3.2010 ein in bestimmten Streitsachen Klagewilliger (etwa Sachenrechte, Erbfolgen sowie Versicherungs-, Bank- und Finanzverträge), verpflichtet ist, mit anwaltlicher Unterstützung zunächst das

52 *Dürbeck/Gottschalk*, Prozess- und Verfahrenskostenhilfe, Beratungshilfe, 9. Aufl. 2020, S. 397.

53 *Hess*, Europäisches Zivilprozessrecht (oben N. 10), S. 639; *Roth*, in: Enzyklopädie Europarecht (oben N. 3), Kap. 28 Rn. 28-29. Das ist ebenfalls eines der Ziele der PKH-RL gemäß Erwägungsgrund Nr. 20.

54 *Hau*, in: Gebauer/Wiedmann (oben N. 3), Kap. 33 Rn. 9.

55 *Gottwald*, in: FS Rechberger (oben N. 47), S. 183; *Hess*, Europäisches Zivilprozessrecht (oben N. 10), S. 639.

Mediationsverfahren durchzuführen. In diesem Zusammenhang ist jedoch auch darauf hinzuweisen, dass die italienische Gesetzgebung derzeit durch eine erhebliche Diskrepanz gekennzeichnet ist: Im d.p.r. 115/2002 gibt es nämlich keine dem Art. 10 d.lgs. 116/2005 vergleichbare Bestimmung. Folglich erscheint es nicht logisch und nicht im Einklang mit Art. 24 und Art. 3 Cost. (Gleichheitsgrundsatz), dass dem Bürger die Prozesskostenhilfe für außergerichtliche Verfahren in grenzüberschreitenden, nicht aber für innere Rechtsstreitigkeiten gewährt werden.[56]

2. Die Kosten der Rechtsberatung im Wohnsitzstaat

Besonders wichtig ist die in Art. 8 PKH-RL enthaltene Vorschrift. Nach dieser Norm sind die Mitgliedstaaten verpflichtet, das Umsetzungsgesetz so zu gestalten, dass es das Recht der Person, die Prozesskostenhilfe beantragt, vorsieht, eine Hilfe zu erhalten, die auch die Kosten abdeckt, die für die Unterstützung durch einen Rechtsanwalt seines Wohnsitzstaates bis zu dem Eingang des Antrags auf Prozesskostenhilfe im Mitgliedstaat des Gerichtsstands verbunden sind.[57] Der europäische Gesetzgeber erkennt damit die Notwendigkeit an, bereits vor der Antragstellung eine Rechtsberatung zu gewähren, um sowohl die Sachlage im Vorfeld zu beurteilen als auch den Antrag auf Prozesskostenhilfe selbst zu stellen.

VI. Die Schwachstellen der Richtlinie 2003/8/EG

1. Die von der Richtlinie ausgenommen Subjekte

a) Die juristischen Personen

Sowohl die italienischen als auch die deutschen Rechtsvorschriften grenzen die Möglichkeit der Prozesskostenhilfe in Rahmen der grenzüberschreitenden Streitigkeiten auf natürliche Personen ein.[58] Dies ist somit sowohl in Art. 3 d.lgs. 116/2005 als auch in § 1077 Abs. 1 Satz 1 ausdrücklich festgelegt. Daraus folgt, dass juristische Personen von dem Kreis, der dieses Rechtsinstrument in Anspruch nehmen kann, ausgeschlossen sind, und zwar unabhängig von ihrer wirtschaftlichen Lage und ihrer Fähigkeit, die Kosten eines Verfahrens zur Durchsetzung ihrer Rechte zu tragen. Ebenfalls ausgeschlossen sind Subjekte wie Verbraucherschutzorganisationen oder Parteien kraft Amtes, die an die Stelle juristischer Personen getreten sind.[59]

---

56 *Marinaro*, Riv. Arb. 2020, 531, 531 ff.; *Vaccari*, Ilprocessocivile.it, 9 marzo 2021.
Es ist jedoch zu bemerken, dass es Urteile gibt, welche die Möglichkeit der Gewährung der Prozesskostenhilfe auch auf Fälle des nach Art. 5 Abs. 1-*bis* d.lgs. 28 vom 4.3.2010 verpflichtenden Mediationsverfahren in innerstaatlichen Streitigkeiten ausweiten, siehe z.B. Trib. Firenze, Urteil vom 13.12.2016, DeJure.

57 *Gottwald*, in: FS Rechberger (oben N. 47), S. 177.

58 *Hess*, Europäisches Zivilprozessrecht (oben N. 10), S. 637; *Kreuzer/Wagner/Reder*, in: Dauses/Ludwigs, Handbuch des EU-Wirtschaftsrechts, Q. Europäisches Internationales Zivilverfahrensrecht, 52. Aufl. 2021, Rn. 51. Die Rechtseigenschaft des Gegners spielt hingegen keine Rolle, vgl. *Groß*, Beratungshilfe, Prozesskostenhilfe, Verfahrenskostenhilfe (oben N. 13), S. 359.

59 *Hau*, in: Gebauer/Wiedmann (oben N. 3), Kap. 33 Rn. 13; *Schmidt*, Europäisches Zivilprozessrecht, 2004, Rn. 379.

Der Ausschluss der juristischen Personen ist eine exakte Umsetzung der Bestimmungen der PKH-RL, in deren Art. 3 nur die natürlichen Personen als taugliche Subjekte ausdrücklich genannt werden, und Art. 4, bei deren Angabe der Empfänger der Prozesskostenhilfe nur die „Unionsbürger und Drittstaatsangehörigen" erwähnt werden.

Diese Entscheidung ist jedoch insofern unannehmbar, als *ab initio* beschlossen wurde, juristischen Personen diese Möglichkeit einzuräumen, wodurch sie *de facto* in Vergleich mit den natürlichen Personen diskriminiert werden. Es ist also zu berücksichtigen, dass nach der Rechtsprechung des EuGH auch die juristischen Personen zumindest im Grundsatz einen Anspruch auf Prozesskostenhilfe gemäß Art. 47 Abs. 3 GRCh haben.[60] Dies kann sich auch aus dem genannten Art. 47 GRCh und dem dort verankerten Grundsatz des effektiven Rechtsschutzes ergeben.[61]

b) Die unrechtmäßig aufhältigen Personen

Der Zweck von Art. 4 PKH-RL besteht darin, Diskriminierung der Staaten gegenüber den Prozesskostenhilfeantragstellern zu unterbinden, die Staatsangehörige eines anderen Staates der Europäischen Union oder eines Drittstaates sind und sich rechtmäßig in der Union aufhalten. Während sich in Bezug auf einen europäischen Bürger, der sich in einem anderen Mitgliedstaat aufhält, dank der durch die europäischen Verträge garantierten Freizügigkeit kein besonderes Problem ergibt, ist es angebracht, kurz auf die Position eines Drittstaatsangehörigen einzugehen, der sich in einem europäischen Staat aufhält. Wie für den Wohnsitz enthält die PKH-RL keine spezifische Definition eines „rechtmäßigen Aufenthaltes", dementsprechend muss man nach dem Recht des tatsächlichen Aufenthaltsstaates bestimmen, ob der Aufenthalt gesetzmäßig ist oder nicht.[62]

Es ergeben sich daher zwei Kritikpunkte an dieser Vorschrift: Zunächst ist zu bemängeln, dass die fehlende Absicht eines einheitlichen europäischen Begriffs des rechtmäßigen (oder unrechtmäßigen) Aufenthalts innerhalb der Mitgliedstaaten zu offensichtlichen Unterschieden für Antragsteller führen kann, abhängig von den Regelungen des Staates, in dem sie sich befinden. Ein solcher Unterschied erscheint im Zusammenhang mit der Regelung eines Rechtsinstruments, das allen Bedürftigen zu einem effektiven Zugang zum Recht verhelfen soll, nicht vertretbar.

Die zweite Frage, die sich stellt, ist, ob es überhaupt angemessen ist, das Erfordernis eines rechtmäßigen Aufenthalts für Drittstaatsangehörige vorgesehen zu haben. Der Grund für diese Vorschrift scheint offensichtlich wirtschaftlicher Natur zu sein: Da die Gewährung von Prozesskostenhilfe für die europäischen Staaten einen Kostenfaktor darstellt, sollte sie nur denjenigen gewährt werden, die sich rechtmäßig in den Staaten aufhalten. Wenn man jedoch über die konkreten Fälle der Subjekte nachdenkt, die Prozesskostenhilfe benötigen könnten, stellt sich heraus, dass gerade die Subjekte, die Bürger von Drittstaaten sind und keinen rechtmäßigen Aufenthalt haben, wahrscheinlich diejenigen sind, die dieses Rechtsinstrument am meisten benötigen, um ihre Rechte durchsetzen zu können.

60 EuGH, 22.12.2010, Rs. C-279/09 – *DEB*, BeckRS 2010, 91492; *Junker*, Internationales Zivilprozessrecht, 5. Aufl. 2020, S. 274; *Nagel/Gottwald*, Internationales Zivilprozessrecht, 8. Aufl. 2020, Rn. 5.129; *Jarass/Kment*, EU-Grundrechte, 2. Aufl. 2019, S. 386; *Prechal/Cath*, Uniform Law Review 2014, 179, 192-193.

61 *Halfmeier*, in: Prütting/Gehrlein (oben N. 5), § 1076 Rn. 3.

62 *Schütze*, in: Wieczorek/Schütze (oben N. 9), § 1076 Rn. 10.

Im Grunde genommen hat Art. 4 PKH-RL – wenn auch aus teilweise nachvollziehbaren Gründen – diejenigen aus dem Kreis der möglichen Empfänger von Prozesskostenhilfe ausgeschlossen, die diese potentiell am meisten benötigen. Dieser Ausschluss wirft nicht nur Fragen über die Rationalität der Regel auf, sondern lässt auch einige Zweifel über ihren möglichen diskriminierenden Charakter aufkommen. In Italien könnte dieser Ausschluss darüber hinaus verfassungswidrig sein, weil Art. 24 Abs. 3 Cost. auch für ausländische Staatsangehörige gilt und keinen Bezug auf die Rechtmäßigkeit ihres Aufenthalts nimmt.[63]

2. Der Ausschluss der Prozesskosten des Gegners

Sowohl der italienische als auch der deutsche Gesetzgeber haben sich entschieden, dass die Prozesskostenhilfe gemäß §§ 1076-1078 ZPO bzw. d.lgs. 116/2005 nicht die Kosten der Gegenpartei umfasst. Dies ist eine Ermessensentscheidung des Gesetzgebers, da die PKH-RL in Art. 3 Abs. 2 zu diesem Punkt nicht Stellung nimmt, sondern den Mitgliedstaaten die Entscheidung überlässt, und lediglich einen Grundsatz der Gleichbehandlung in Bezug auf die Vorschriften über die Prozesskostenhilfe bei innerstaatlichen Streitigkeiten vorsieht (Art. 3 Abs. 2 und Erwägungsgrund Nr. 12 der PKH-RL).[64] Dieses Thema hat auch rechtspolitische Merkmale,[65] deshalb hat es der europäische Gesetzgeber vorgezogen, den nationalen Gesetzgebern hier Spielraum zu lassen.

Sowohl das deutsche (§ 123 ZPO)[66] als auch das italienische[67] Prozesskostenhilferecht sehen nicht vor, dass dem Empfänger der Prozesskostenhilfe für eine rein innerstaatliche Streitigkeit die Verfahrenskosten der Gegenpartei erstattet werden, zu deren Zahlung er an die obsiegende Partei verurteilt werden kann; dieser Grundsatz gilt daher auch bei grenzüberschreitenden Rechtsstreitigkeiten. Dies wirft viele Fragen auf, unabhängig davon, ob es sich um einen inneren oder grenzüberschreitenden Rechtsstreit handelt.

---

63 *Giussani*, in: Enciclopedia Giuridica Treccani (oben N. 26), S. 1.

64 *Hess*, Europäisches Zivilprozessrecht (oben N. 10), S. 639.

65 *Gottwald*, in: FS Rechberger (oben N. 47), S. 183.

66 *Breig*, Law Enforcement Review 2020, 105, 105 ff.; *Rosenberg/Schwab/Gottwald*, Zivilprozessrecht, 18. Aufl. 2018, § 87 Rn. 75.

67 In der italienischen Rechtsordnung fehlt eine klare Norm wie § 123 ZPO, aber die Rechtsprechung des italienischen *Corte di Cassazione* hat diesen Grundsatz eindeutig festgestellt. In dem Urteil n. 10053 vom 19.6.2012 hat das Zivilkassationsgericht den folgenden Rechtsgrundsatz verkündet: „*l'ammissione al gratuito patrocinio nel processo civile, la cui istituzione è prevista dal d.p.r. 30 maggio 2002, n. 115, art. 74, comma 2, non comporta che siano a carico dello Stato le spese che l'assistito dal beneficio sia condannato a pagare all'altra parte risultata vittoriosa, perché 'gli onorari e le spese' di cui all'art. 131 d.p.r. cit. sono solo quelli dovuti al difensore della parte ammessa al beneficio, che lo Stato, sostituendosi alla stessa parte – in considerazione delle sue precarie condizioni economiche e della non manifesta infondatezza delle relative pretese – si impegna ad anticipare.*" Übersetzung: „Die Zulassung zur Prozesskostenhilfe in Zivilverfahren, deren Einrichtung in Art. 74 Abs. 2 des d.p.r. Nr. 115 vom 30.5.2002 vorgesehen ist, bedeutet nicht, dass die Kosten, zu deren Zahlung der Empfänger der Hilfe an die andere, obsiegende Partei verurteilt wird, vom Staat zu tragen sind, denn die in Art. 131 des oben genannten d.p.r. genannten 'Honorar[e] und Kosten' sind nur diejenigen, die die für die Hilfe zugelassene Partei ihrem Anwalt schuldet und die der Staat, der an die Stelle derselben Partei – in Anbetracht ihrer prekären wirtschaftlichen Lage und der nicht-offensichtlichen Unbegründetheit – tritt, sich verpflichtet vorzuschießen." (Cass. Civ., Urteil vom 19.6.2012, n. 10053, DeJure); *Gozzi*, Riv. dir. proc. 2013, 494, 494 ff.

Tatsächlich scheint die Möglichkeit, dass das Subjekt die Kosten der Gegenpartei tragen muss, in allen Fällen, in denen die Rechtslage unklar ist, einen erheblichen Abschreckungsfaktor für die Erhebung einer Klage und für die Stellung des Prozesskostenhilfeantrags darzustellen. Anders ausgedrückt: Eine Person wird nur dann Prozesskostenhilfe beantragen und den Rechtsweg beschreiten, wenn sie sicher ist zu gewinnen. Es wird die Auffassung vertreten, dass eine solche Regelung dem Gedanken des effektiven *access to justice* zuwiderläuft, da sie eine Partei mit geringen finanziellen Mitteln stark davon abhält, den Schutz ihrer Rechte weiterzuverfolgen.

VII. Fazit

Es wurde in diesem Beitrag gezeigt, wie die PKH-RL darauf abzielt, die Anwendung der Prozesskostenhilfe in Streitsachen mit grenzüberschreitendem Bezug in Zivil- und Handelssachen zu fördern, damit den natürlichen Personen, die nicht über ausreichende Mittel verfügen, der Zugang zu den Gerichten in Einklang mit Art. 47 Abs. 3 der GRCh wirksam gewährleistet wird. Unzureichende wirtschaftliche Mittel einer Person, die an einer Streitsache als Kläger oder Beklagte beteiligt ist, und die Schwierigkeiten aufgrund des grenzüberschreitenden Bezugs einer Streitsache sollten den effektiven Zugang zum Recht so wenig wie möglich behindern.[68]

Dank der PKH-RL und den jeweiligen Umsetzungsnormen kann eine Person nun in ihrer Muttersprache Prozesskostenhilfe beantragen und die grenzüberschreitende Übermittlung und Bearbeitung von Ersuchen um Prozesskostenhilfe wurde tatsächlich vereinfacht und beschleunigt.[69] Auf diese Weise kann somit europaweit ein effektiverer Rechtsschutz als vorher für wirtschaftlich schwache Personen gewährleistet werden. Weiterhin stellt die PKH-RL ein wichtiges Instrument zur Harmonisierung der staatlichen Rechtsvorschriften in einem so sensiblen und komplexen Bereich wie der Prozesskostenhilfe für grenzüberschreitende Streitigkeiten dar.[70]

Darüber hinaus wurden die Unzulänglichkeiten und die Anwendungsprobleme der PKH-RL sowie des italienischen und deutschen Umsetzungsgesetzes analysiert. Im Vergleich zwischen Italien und Deutschland besteht der größte Unterschied in der Entscheidung des italienischen Gesetzgebers, dem Justizministerium eine zentrale Rolle zuzuweisen, während der deutsche Gesetzgeber es vorzog, eine größere Aufteilung unter Einbeziehung kleinerer und räumlich verteilter Ämter vorzunehmen. Die deutsche Entscheidung erscheint dabei vorzugswürdig, weil sie den Bürgern den Zugang zu Prozesskostenhilfe in jedem Fall erleichtert. Der italienische Mechanismus hingegen scheint besonders komplex zu sein, was in der Praxis dazu führt, dass diejenigen, die Prozesskostenhilfe eigentlich benötigen würden, diese nicht beantragen, weil es ihnen zu kompliziert erscheint oder sie das Rechtsinstitut schlicht nicht kennen. In dieser Hinsicht erscheint es sinnvoller, die Aufgaben des Justizministeriums als Übermittlungs- und Empfangsstelle auf die Rechtsanwaltskammervorstände zu übertragen, die wahrscheinlich über einen „direkteren" Kontakt zu den Bürgern verfügen.

68 EuGH, 26.7.2017, Rs. C-670/15 – *Šalplachta*, BeckRS 2017, 122222.

69 *Geimer*, Internationales Zivilprozessrecht, 8. Aufl. 2020, Rn. 2009 f.

70 *Gazzola*, Dir. Form. 2011, 267, 274.

Die Schlussfolgerung, die aus der in diesem Beitrag durchgeführten Analyse gezogen werden kann, ist daher, dass die Richtlinie sicherlich verbessert werden kann, aber gleichzeitig auch ein hervorragender Ausgangspunkt ist, um eine vollständige und effektive Regelung der Prozesskostenhilfe zu erreichen. In Bezug auf die nationalen Normen ist die Bewertung der deutschen Regelung – ohne die zuvor geäußerte Kritik zu vergessen – positiv, während sie für die italienische Regelung im Wesentlichen negativ ausfällt, und es ist zu hoffen, dass der Gesetzgeber hier korrigierend eingreift. In jedem Fall erscheint es unerlässlich, die Prozesskostenhilfe wieder in den Mittelpunkt sowohl der europäischen als auch der nationalen juristischen Debatte zu rücken. Es besteht nämlich die Gefahr, dass dieses Thema nicht als vorrangig angesehen wird und daher nicht die Bedeutung erhält, die es verdient.

Ein Rechtssystem ist nämlich nur effektiv, wenn es allen das Recht auf *access to justice* auch *de facto* gewährleistet und damit die rechtlichen und wirtschaftlichen Hindernisse beseitigt, die der vollständigen Verwirklichung der vom System selbst anerkannten wesentlichen subjektiven Rechte entgegenstehen.

Behr, Angelina Maria, **Schmerzensgeld und Hinterbliebenengeld im System des Schadensrechts,** Mohr Siebeck, Tübingen 2020, XXXVIII, 323 S.

Wenn sich während eines Aufenthalts in Italien ein Verkehrsunfall ereignet und der Geschädigte seinen gewöhnlichen Aufenthalt in Deutschland hat, kommt es regelmäßig zur Befassung deutscher Gerichte, denn der Geschädigte kann an seinem Wohnsitz in Deutschland Direktklage gegen den Versicherer erheben (Art. 13 Abs. 2 i.V.m. Art. 11 Abs. 1 lit. b EuGVVO). Dabei hat das deutsche Gericht aufgrund der Anknüpfung des anwendbaren Rechts am Schadenseintrittsort gemäß Art. 4 Rom II-VO in aller Regel italienisches Deliktsrecht anzuwenden und sieht sich somit mit einem Recht konfrontiert, das gerade in Bezug auf den Untersuchungsgegenstand der vorliegenden Monographie, nämlich dem Ersatz immaterieller Schäden, in einzelnen wichtigen praktischen Aspekten erheblich vom deutschen Recht abweicht. Die von *Angelina Maria Behr* 2019 in München eingereichte Dissertation liegt nun in der Reihe „Studien zum ausländischen und internationalen Privatrecht" bei Mohr Siebeck als Monographie vor und enthält einen für Wissenschaft und Praxis höchst wertvollen rechtsvergleichenden Beitrag im Bereich des immateriellen Schadensrechts. An zusätzlicher praktischer Bedeutung gewinnt das Buch aufgrund seiner eingehenden Auseinandersetzung mit dem Hinterbliebenengeld, das in Italien auf eine lange Tradition zurückblicken kann, während es in Deutschland erst nach jahrzehntelangen rechtspolitischen Debatten mit Gesetz am 22.7.2017 in § 844 Abs. 3 BGB eingeführt wurde.

Mit beeindruckender Klarheit, Stilsicherheit und Präzision führt die Autorin den interessierten Leser an die komplexe Materie heran, indem sie in der Einleitung nicht nur den Aktualitätsbezug deutlich sichtbar macht, sondern auch die Praxisrelevanz des Themas für den deutsch-italienischen Rechtsverkehr hervorhebt und darüber hinaus ihre rechtsvergleichende Studie als Beitrag zu einer wünschenswerten Rechtsangleichung im Bereich des Schadensrechts nach Verkehrsunfällen in Europa verstanden wissen will. In der Tat stehen die unterschiedlichen Haftungs- und Schadensrechte in den Mitgliedstaaten einer Entfaltung des Versicherungsbinnenmarktes im Weg und verhindern somit, dass sich im Versicherungsbereich ein unionsweiter Markt etablieren kann (S. 18). Indes ist fraglich, inwieweit eine sektorielle Rechtsangleichung im Bereich des Verkehrsunfallrechts nicht zu unüberwindlichen Wertungswidersprüchen auf nationaler Ebene führen würde, sodass es aller Voraussicht nach nicht zu einer Rechtsvereinheitlichung kommen wird und der Versicherungsmarkt folglich national beschränkt bleibt. Die KFZ-Versicherungsprämien werden daher in Italien auch weiterhin im Schnitt um 56 % höher ausfallen als in anderen Mitgliedstaaten der EU.

Der Einleitung folgt ein Kapitel über die Rahmenbedingungen der Straßenverkehrshaftung im Rechtsvergleich, wobei die Autorin nach einer Einführung in das außervertragliche Haftungsrecht der beiden Rechtsordnungen (S. 19 ff.), die Haftung des Fahrzeugführers, des Fahrzeughalters bzw. -eigentümers und die Haftung für Konstruktions- und Instandhaltungsmängel bespricht sowie schließlich auf die Verjährung eingeht. Die Darstellung überzeugt insbesondere dadurch, dass unter Verzicht auf Länderberichte die Rechtslage in beiden Rechtsordnungen sachbezogen detailliert geschildert wird. Besonders aufschlussreich sind dabei die jedem Unterkapitel nachgestellten abschließenden rechtsvergleichenden Abschnitte, in denen wesentliche Unterschiede und Gemeinsamkeiten in der Synopse dargestellt werden.

Das dritte Kapitel ist dem Ersatz des immateriellen Schadens gewidmet und betont in seinem ersten Abschnitt die gleiche Grundkonzeption, wonach sowohl nach deutschem als auch nach italienischem Recht Nichtvermögensschäden nur dann ersetzt werden können, wenn dies gesetzlich angeordnet ist (S. 76). Dies gilt in erster Linie für die außervertragliche Haftung, deren Voraussetzungen in beiden Rechtsordnungen zusätzlich gegeben sein müssen. Dabei zeigt sich indes, dass insbesondere in Italien die mittelbare Drittwirkung der Grundrechte (S. 76) dazu geführt hat, die Fälle ersatzfähiger immaterieller Schäden zu erweitern, um zu verhindern, dass die Verletzung von Grundrechten auf zivilrechtlicher Ebene folgenlos bleibt. In diesem Zusammenhang wäre zu erwähnen gewesen, dass mit der Entwicklung des allgemeinen Persönlichkeitsrechts in Deutschland eine vergleichbare, wenngleich nicht identische Entwicklung stattgefunden hat (Ausführungen zur Entschädigung wegen Verletzung des Allgemeinen Persönlichkeitsrechts folgen auf S. 116 ff.). Sodann geht die Autorin auf die Schadensphänomenologie und die entsprechenden Kategorien des Nichtvermögensschadens in Italien ein, die dem deutschen Recht als separate Schadenstypen fremd sind. Die Nachzeichnung der durchaus verwickelten Entstehungsgeschichte dieser Schadenstypen und ihre vorläufige Konsolidierung durch die „San Martino"-Urteile des Kassationsgerichts von 2008 gelingt hervorragend. Indes muss darauf hingewiesen werden, dass sich die „San Martino"-Urteile des Kassationsgerichts von 2008 im Rückblick nur als vorläufiger Endpunkt dieser Entwicklung erwiesen, denn zuletzt wurde vermehrt wieder für eine begriffliche und konzeptuelle Trennung von *danno biologico* und *danno morale* plädiert (vgl z.B. Cass. 17.01.2018, Nr. 901; Cass. 4.11.2020, Nr. 24473). Dies hat die Bedeutung der „San Martino"-Urteile aus dem Jahr 2008 im italienischen Nichtvermögensschadensrecht erheblich relativiert. Hinsichtlich des von der italienischen Rechtsprechung und Lehre entwickelten Existenzschadens (*danno esistenziale*) weist die Autorin zurecht darauf hin, dass dieser jedenfalls als Folge einer Körperverletzung bzw. der Verletzung eines sonstigen geschützten Rechtsguts in beiden Rechtsordnungen als Beeinträchtigung der Selbstentfaltungsmöglichkeiten der Person ersatzfähig ist (S. 123).

Die Frage der Bemessung des Nichtvermögensschadens ist aufgrund seiner immateriellen Natur eine Herausforderung für jede Rechtsordnung. Dabei zeigt sich, dass Italien und Deutschland unterschiedliche Wege eingeschlagen haben, um diese Herausforderung zu meistern. Während in Italien von den Gerichten und schließlich eingeschränkt auf den Bereich kleiner Verletzungen aus Straßenverkehrsunfällen auch vom Gesetzgeber ein eigenes tabellarisches Berechnungssystem erarbeitet wurde, hat die deutsche Rechtsprechung an den auf Präzedenzfällen aufbauenden Schmerzensgeldtabellen festgehalten. Die Arbeit schildert im Detail die Funktionsweise des italienischen Bemessungssystems und macht damit auch dessen Schwächen sehr deutlich sichtbar. Die Autorin sieht das italienische Tabellensystem sehr kritisch. Gründe dafür sind deren Abhängigkeit von gerichtsmedizinischen Gutachten und deren Starrheit, die nach Ansicht der Autorin die Möglichkeit der Berücksichtigung aller Umstände des Einzelfalls einschränke (S. 168). Dem ersten Einwand bezüglich der Abhängigkeit von gerichtsmedizinischen Gutachten ist jedenfalls zuzustimmen. Man muss sich dabei vergegenwärtigen, dass das italienische Tabellensystem auf Vorarbeiten und Beiträgen italienischer Rechtsmediziner aufbaut. Durch Etablierung dieses Bewertungssystems, das am medizinisch festzustellenden Invaliditätsgrad anknüpft, hat sich diese Berufsgruppe eine bleibende Einkunftsquelle verschafft. Der zweite Kritikpunkt muss wohl relativiert werden, denn das italienische System bindet das Gericht nur relativ und erlaubt jedenfalls eine Abweichung nach oben und nach unten. Es handelt sich eben nicht um ein starres mathematisches System, sondern um Orientierungswerte, an denen die Ermessensentscheidung des Gerichts auszurichten ist. Ob also das deutsche System der Präzedenzfälle eine im Gegensatz dazu „echte Ermessensentscheidung" (S. 168) erlaubt, ist jedenfalls in Zweifel zu ziehen, denn allein schon die Abhängigkeit vom Präzedenzfall mit Sichtbarmachung von Ausreißern führt zu einer sehr konservativen Entwicklung der Entschädigungssummen und gibt dem Gericht im Einzelfall einen ebenfalls engen Bemessungsspielraum vor. Der dritte Kritikpunkt, dass es nicht sachgerecht sei, dass gesetzliche Tabellen nur für kleinere Schäden (sog. *microlesioni*) bei Verkehrsunfällen gelten und diese Schäden daher anders bewertet werden, ist jedenfalls begründet. Diese Inkohärenz kann nur vor dem Hintergrund erklärt werden, dass es dem Gesetzgeber trotz mehrfacher Anläufe bisher nicht gelungen ist, einheitliche Tabellen für alle Schäden aus Verkehrsunfällen einzuführen.

Das vierte Kapitel behandelt die Frage der Übertragung von Schadenersatzansprüchen an die Erben des verstorbenen Unfallopfers. In beiden Rechtsordnungen ist inzwischen die freie Vererblichkeit von Ansprüchen auf Ersatz von Nichtvermögensschäden anerkannt, wenngleich es in Deutschland hierfür einer Gesetzesänderung bedurfte (S. 176). Ob bei zeitnahem Eintritt des Todes des Opfers ebenfalls Ansprüche vererbt werden können ist in beiden Rechtsordnungen an eine gewisse Überlebensdauer gekoppelt, wobei in Deutschland bereits einige Stunden genügen, in Italien dagegen die Meinung vorherrscht, dass jedenfalls mehrere Tage zwischen der Verletzung und dem Tod vergangen sein müssen, damit Körperverletzung und Tod voneinander abgegrenzt werden können und zu Lebzeiten ein eigener Anspruch des Opfers entstehen kann, der auf die Erben übergeht. Der Verlust des Lebens stellt in keiner der beiden Rechtsordnungen einen Schaden des Opfers dar, der im Erbweg auf die Erben übergehen könnte, wenngleich die italienische Rechtsprechung diesbezüglich in der Vergangenheit uneinheitlich war (S. 194 ff.).

Das fünfte Kapitel behandelt Nichtvermögensschäden der Hinterbliebenen bei Tötung oder Schwerstverletzung des Opfers. Während in Italien Nichtvermögensschäden (insb. Trauer) bereits unter dem *Codice civile* von 1865 ersetzt wurden, fand mit dem *Codice civile* 1942 eine Einschränkung auf die gesetzlich vorgesehenen Fälle statt, sodass die Hinterbliebenen im Wesentlichen nur bei Erfüllung eines Straftatbestands einen Anspruch auf Ersatz des *danno morale* geltend machen konnten. Auch der Kreis der Anspruchsberechtigten war sehr eng gezogen. Von diesen Fesseln befreite die Rechtsprechung den Anspruch der Hinterbliebenen erst mit den Zwillingsurteilen im Jahr 2003, was im Ergebnis dazu führte, dass von der Erfüllung eines Straftatbestands abgesehen der Kreis der anspruchsberechtigten Hinterbliebenen stetig ausgedehnt wurde. Dabei wird nicht nur die Trauer, sondern auch die „entgangene Lebensfreude" durch den Verlust des nahen Angehörigen berücksichtigt. Dagegen wird im Rahmen des neu eingeführten Hinterbliebenengelds in Deutschland lediglich die Trauer als Drittschaden ohne Rechtsgutverletzung beim Anspruchsberechtigten ersetzt. Dies hat nach Ansicht der Autorin zur Folge, dass Beeinträchtigungen der Persönlichkeitsentfaltung beim Anspruch auf Hinterbliebenengeld außer Betracht bleiben müssen (S. 229). Indes scheint dieser Schluss nicht zwingend, denn bei der Bemessung des Hinterbliebenengelds könnte unabhängig von einer Rechtsgutverletzung ebenso der Umstand Berücksichtigung finden, dass der Verlust eines nahen Angehörigen eine bleibende Lücke im Leben einer Person hinterlässt. Wenn schon Trauer berücksichtigt wird, dann müssten erst recht solche eher objektivierbaren Nachteile berücksichtigt werden, wie etwa jene, die ein minderjähriges Kind über die Trauer hinaus durch den Verlust eines Elternteils erleidet. Zwar dogmatisch verständlich, aber in der Sache wenig überzeugend ist es, einen Anspruch von gezeugten Ungeborenen gänzlich auszuschließen, weil es noch zu keiner emotionalen Bindung gekommen sei (S. 247). Darin zeigt sich, dass Trauer in einem weiteren Sinne verstanden werden sollte, sodass es auch dann, wenn ein objektivierbarer immaterieller Verlust im Leben eines später Geborenen eintritt, ein entsprechendes Hinterbliebenengeld geben sollte. Dabei muss die Berücksichtigung solcher existenzieller Beeinträchtigungen nicht eine Erhöhung der zugesprochenen Summen zur Folge haben (S. 268), denn die Anspruchshöhe steht in keinem starren Verhältnis zu den berücksichtigten Beeinträchtigungen. Indes fällt auf, dass die in Italien zugesprochenen Summen, jene in Deutschland um ein Vielfaches übersteigen, was wohl insgesamt aufgrund des Niveaus der Mailänder Tabellen wenig überrascht. Dennoch muss man festhalten, dass die in Italien zugesprochenen Summen sich inzwischen in einer Sphäre bewegen (dazu S. 250), die im europäischen Vergleich alles hinter sich lässt und daher ernsthaft zu hinterfragen ist.

In Italien wurde die Rechtsprechung zum Hinterbliebenengeld auch auf Fälle schwerster Verletzung naher Angehöriger ausgedehnt, um dem Wertungswiderspruch zu entgehen, dass die für die nahen Angehörigen teilweise noch belastendere Situation durch die Pflege eines dauerhaft Schwerstverletzten unberücksichtigt bleibt (S. 280 ff.) In Deutschland bleiben diese Fälle beim Hinterbliebenengeld außer Betracht, denn dieses setzt die Tötung voraus und im Rahmen des Schmerzensgelds steht in Ermangelung einer Rechtsgutverletzung kein Ersatz zu. Ob sich diese Strenge des deutschen Rechts in diesen Konstellationen auf Dauer halten lässt, wird die Zukunft weisen. In der Sache wirkt diese Ablehnung jedenfalls nicht überzeugend.

Das letzte Kapitel bringt die rechtsvergleichenden Ergebnisse aus den vorangehenden Kapiteln noch einmal auf den Punkt und hebt Gemeinsamkeiten und Unterschiede zwischen den untersuchten Rechtsordnungen hervor. Der wohl augenfälligste Unterschied betrifft die Bemessung des Schmerzensgelds. Diesbezüglich hält die Autorin zwar fest, dass auch in Deutschland eine stetige Anhebung der Beträge zu verzeichnen ist. Hinzuzufügen wäre aber, dass die italienischen Bemessungskriterien dabei jedoch nicht als Vorbild herangezogen werden sollten.

Der Autorin ist mit der vorliegenden Monographie eine hervorragende rechtsvergleichende Arbeit zum italienischen und deutschen Nichtvermögensschadensrecht gelungen, die nicht nur höchsten wissenschaftlichen Ansprüchen genügt, sondern darüber hinaus auch für die Praxis im Bereich des Haftungsrechts von unschätzbarem Wert sein wird. Allen, die sich mit italienischem Nichtvermögensschadensrecht beschäftigen und dieses wirklich verstehen möchten, ist die Monographie von *Angelina Maria Behr* daher wärmstens zu empfehlen.

Gregor Christandl

Christandl, Gregor/Eccher, Bernhard/Gallmetzer, Evelyn/Laimer, Simon, **Handbuch Italienisches Internationales Privatrecht,** C.H. Beck, München 2019, CXVI, 347 S.

Erstmals liegt ein deutschsprachiges Kompendium zum italienischen IPR vor. Das Autorenteam – allesamt affiliiert mit dem Institut für Italienisches Recht der Universität Innsbruck – schließt damit eine Lücke und ermöglicht der deutschsprachigen Rechtspraxis einen kompakten Zugriff auf diese eminent wichtige Materie. Behandelt wird nicht nur das Kollisionsrecht im eigentlichen Sinne, sondern auch das Internationale Verfahrensrecht. Der Aufbau folgt nicht etwa den unterschiedlichen Rechtsquellen, sondern orientiert sich an traditionellen, sachorientierten Mustern: Vorangestellt sind Ausführungen zum Allgemeinen Teil des IPR (*Christandl*), wo Grundbegriffe wie Qualifikation, renvoi oder die Vorfrage erläutert werden. Es schließt sich eine Darstellung der praktisch ungeheuer bedeutsamen internationalen Zuständigkeit an (*Laimer*). Hier steht naturgemäß die Brüssel Ia-VO im Vordergrund, für das autonome italienische IZVR bleibt nur noch wenig Raum. Auch die Urteilsanerkennung wird knapp erläutert. Es folgen Einzelkapitel zum Besonderen Teil des IPR, die sich mit dem Recht der natürlichen Personen (*Christandl*) und der Gesellschaften (*Schurr*) befassen, was die Anerkennung von ausländischen Trusts mit einschließt. Breiter Raum ist dem Familienrecht gewidmet (*Gallmetzer*), dies unter Einschluss verfahrensrechtlicher Fragen, die in diesem Kontext themenbezogen und nicht separat behandelt werden, was sachlich angemessen erscheint. Hier bestehen noch deutliche Residualbereiche des autonomen italienischen IPR. Anders liegen die Dinge im Bereich des Internationalen Erbrechts (*Eccher*), das heute weitgehend unionalen Ursprungs ist. Auch hier werden Verfahrensfragen mitbehandelt. Wiederum im Gegensatz dazu gibt es im Internationalen Sachenrecht (*Eccher*) bislang kaum Vereinheitlichungstendenzen. Den Abschluss des Werkes bildet das Internationale Schuldrecht, wo ein kurzer Allgemeiner Teil vorangestellt ist (*Schurr*), in dem übergreifende Gesichtspunkte der Verordnungen Rom I und Rom II dargestellt werden. Es folgen Ausführungen zu den vertraglichen Schuldverhältnissen (*Schurr*), wo die Rom I-VO ganz weitgehend das IPRG verdrängt, und zu den außervertraglichen Schuldverhältnissen (*Christandl*), wo dies dank der in der Rom II-VO enthaltenen Bereichsausnahme für Ersatzansprüche wegen der Verletzung von Persönlichkeitsrechten nicht in gleichem Maße der Fall ist.

Der Autorin und den Autoren ist es gelungen, auf vergleichsweise knappem Raum die wesentlichen Aspekte des in Italien geltenden Internationalen Privat- und Verfahrensrechts kompakt und gleichzeitig gut verständlich darzustellen. Diese Leistung ist umso höher einzuschätzen, als gleich mehrere Regelungsebenen aufeinander abgestimmt zu erläutern waren. Das Handbuch erleichtert der deutschsprachigen Wissenschaft den Zugang zum italienischen Kollisionsrecht und bietet ein unverzichtbares Hilfsmittel für den internationalen Rechtsverkehr mit Italien.

Michael Stürner

***Heck, Johannes*, Krisen des fallimento – Eine historisch-rechtsvergleichende Studie zu den Entwicklungsstufen des italienischen Insolvenzrechts ausgehend vom 19. Jahrhundert**, Mohr Siebeck, Tübingen 2021, XXX, 371 S.

Das Insolvenzrecht wird oftmals als „Großbaustelle“ bezeichnet, was sich in den letzten Jahren eindrucksvoll als zutreffende Beschreibung erwiesen hat. 2017 sind in Deutschland Änderungen im Anfechtungsrecht und eine erstmalige Regelung des Konzerninsolvenzrechts in die Insolvenzordnung eingefügt worden, außerdem ist auf europäischer Ebene die Neufassung der Europäischen Insolvenzverordnung in Kraft getreten. 2019 wurde die Europäische Restrukturierungsrichtlinie beschlossen, die zum Erlass des zum 1.1.2021 in Kraft getretenen StaRUG (Unternehmensstabilisierungs- und -restrukturierungsgesetz) geführt hat. Die Jahre 2020 und 2021 waren geprägt durch stetige Änderungen des Insolvenzrechts durch das COVInsAG (COVID-19-Insolvenzaussetzungsgesetz), um die wirtschaftlichen Folgen der Pandemiebekämpfung abzumildern. Indes ist die „Großbaustelle Insolvenzrecht“ kein auf Deutschland beschränktes Phänomen, wie die hier zu besprechende Arbeit eindrucksvoll zeigt, die als Dissertation an der Universität Heidelberg entstanden ist.

Der Autor nimmt den Leser mit auf einen Rundgang durch mehr als 150 Jahre italienische Insolvenzrechtsgeschichte. Nach einem kurzen Rückblick auf das römische Konkursverfahren und das mittelalterliche Statutarrecht bildet die Herstellung der staatlichen Einheit Italiens im Jahr 1861 im Zuge des *Risorgimento* den Ausgangspunkt der Darstellung. Der Autor stellt zunächst den Stand der jeweiligen Konkursgesetzgebungen in den ehemaligen Einzelstaaten des neuen Königreichs Italien dar und beleuchtet deren Beeinflussungen vor allem durch das österreichische und französische Recht. Auf konkursrechtlicher Ebene wurde die Einheit Italiens durch den *Codice di commercio* von 1865 hergestellt, bei dem es sich um nichts anderes als das bereits geltende Handelsgesetzbuch von Sardinien-Piemont handelte. Diese alte Gesetzgebung konnte den Anforderungen des jungen Nationalstaates allerdings nicht lange genügen, sodass 1882 ein neues Handelsgesetzbuch mit neuen konkursrechtlichen Bestimmungen (der sog. *Codice Mancini*) erlassen wurde. Vor allem die fortschreitende Industrialisierung und das Aufkommen einer neuen italienischen Handelsrechtswissenschaft (*giuscommercialistica italiana*) führten zu einer Reihe von Reformbemühungen, deren erfolgreichste wohl die Einführung des konkursabwendenden Vergleichs (*concordato preventivo*) im Jahr 1903 war. Die Eigenständigkeit des italienischen Handelsrechts endete 1942 mit Inkrafttreten eines einheitlichen Zivilgesetzbuches (*Codice civile* 1942). Das Konkursrecht wurde in ein eigenes Spezialgesetz ausgelagert. Diese *legge fallimentare* trat am 21.4.1942 in Kraft. Es folgte nun eine Phase relativer Ruhe. Während der Gesetzgeber sich mit weiteren Reformen zurückhielt, hatte die Rechtswissenschaft ausreichend Gelegenheit, die Konkursordnung im Lichte der neuen republikanischen Verfassung und des *miracolo economico* der Nachkriegszeit auszulegen und neue Reformprojekte zu entwerfen. Im Zuge der Wirtschaftskrise der 1970er Jahre wurde der Gesetzgeber dann wieder aktiv und erließ einige Spezialverordnungen, um die Sanierung industrieller Großunternehmen zu erleichtern. Substantielle Reformen der Konkursordnung erfolgten in mehreren Schritten, allerdings erst beginnend ab dem Jahr 2005. Einer der Höhepunkte dieses Reformprozesses war wohl die Einführung eines Verfahrens zur Restschuldbefreiung für Kleinunternehmer und Verbraucher im Jahr 2012. Über die Konkursfähigkeit dieser Nichtkaufleute (*fallimento civile*) war seit dem 19. Jahrhundert diskutiert worden. Auf diese Reformen, die stets nur punktuelle Änderungen des geltenden Konkursrechts zum Gegenstand hatten, folgte 2019 die *riforma Rordorf*, mit der sich Italien eine neue Insolvenzrechtskodifikation gab. Das Inkrafttreten des neuen *Codice della crisi d'impresa e dell'insolvenza* wurde aufgrund der Coronakrise zunächst auf September 2021 und schließlich auf Mai 2022 verschoben. Dies passt nicht nur zur „Großbaustelle Insolvenzrecht", sondern auch zum Titel der hier zu besprechenden Untersuchung, der seinerseits auf die Lehre *Renouards* anspielt, dass Konkursrechtsgesetzgebung immer auch Krisengesetzgebung sei, der stets der Hauch der Unvollkommenheit anhaften wird. *Quod erat demonstrandum*!

Ein Schwerpunkt des Werks liegt auf den Reformen des 21. Jahrhunderts. Bemerkenswert hierbei ist, wie sehr sich das Reformtempo im neuen Jahrhundert im Vergleich zu den vorangegangenen Jahrzehnten beschleunigt hat. Dies hängt im Wesentlichen wohl damit zusammen, dass (wirtschaftliche und soziale) Krisen bedeutende Reformkatalysatoren des Insolvenzrechts sind, wie bereits der Titel der hiesigen Untersuchung nahelegt. An solchen Krisen mangelt es seit einiger Zeit wahrlich nicht, während die Nachkriegszeit auch in Italien von einer langanhaltenden Phase des wirtschaftlichen Aufschwungs geprägt war, die erst in den 1970er Jahren zu Ende ging. Aus rechtsvergleichender Perspektive ist dabei besonders interessant, dass in der nachfolgenden Phase wirtschaftlicher Krisen sowohl in Deutschland („Konkurs des Konkurses") als auch in Italien („*crisi del fallimento*") von Wissenschaft und Praxis erhebliche Schwächen der geltenden Konkursgesetze konstatiert wurden. Während die daraufhin einsetzenden Reformdiskussionen allerdings in Deutschland bereits in den 1990er Jahre zum Erlass einer neuen Insolvenzrechtskodifikation führten, dauerte dies in Italien bis 2019. Hier wäre nun eine volkswirtschaftliche Untersuchung interessant: Haben die krisenbedingten Insolvenzrechtsreformen einen messbaren Einfluss auf die wirtschaftliche Entwicklung gehabt? Oder handelte es sich dabei nur um Reformaktivismus ohne weiteren (wirtschaftlichen) Nutzen? Auffällig ist jedenfalls, dass Deutschland nach Inkrafttreten der neuen Insolvenzordnung zum 1.1.1999 eine bessere wirtschaftliche Entwicklung nahm als diese in Italien der Fall war. Ob dies auch auf die in Italien zunächst ausgebliebene große Insolvenzrechtsreform zurückzuführen ist, muss im Rahmen einer historisch-rechtsvergleichenden Untersuchung verständlicherweise im Dunkeln bleiben.

Bei seinem Rundgang durch die *esperienza giuridica fallimentare italiana* beschränkt sich der Autor allerdings keineswegs auf die bloße Wiedergabe der Kodifikationsgeschichte des italienischen Insolvenzrechts, sondern legt daneben einen inhaltlichen Schwerpunkt auf die Entwicklung besonders relevanter Rechtsinstitute wie etwa des *concordato preventivo* und der *revocatoria fallimentare*. Er arbeitet zudem die Einflüsse des deutschen, französischen und belgischen Rechts auf die Entwicklung des italienischen Insolvenzrechts heraus. Daneben schildert der Autor umfangreich die zahlreichen Reformprojekte, deren Normvorschläge zudem im Anhang abgedruckt sind, und wissenschaftlichen Debatten zwischen den einzelnen Entwicklungsstufen des italienischen Insolvenzrechts. Diese Schilderungen tragen nicht nur zu einem vertieften Verständnis des heutigen Normbestandes bei, sondern lassen den italophilen Leser unweigerlich an den berühmten Ausspruch im *Gattopardo* von *Giuseppe Tomasi di Lampedusa* denken: „*Se vogliamo che tutto rimanga come è, bisogna che tutto cambi*". Zwar können die vom

Autor herausgearbeiteten Entwicklungslinien des italienischen Insolvenzrechts hier aus Platzgründen nicht auch nur im Überblick wiedergegeben werden, aber im Ergebnis wird deutlich: Wenn das Insolvenzrecht bei sich stetig verändernden wirtschaftlichen und sozialen Rahmenbedingungen seine Grundfunktion, nämlich für einen geregelten Marktaustritt einzelner Wirtschaftsteilnehmer zu sorgen und dabei die Gleichbehandlung und bestmögliche Befriedigung der Gläubiger sicherzustellen, zuverlässig und kontinuierlich erfüllen soll, muss es stetig fortentwickelt und reformiert werden. Der Autor beendet in diesem Sinne sein Werk daher zu Recht mit einem Zitat *Puchtas*, nach dem der neue *Codice della crisi d'impresa e dell'insolvenza* den „Keim [seiner] Hinfälligkeit mit in [sein] kurzes, durch Novellen mühsam gefristetes Daseyn" bringt.

Insgesamt handelt es sich bei dem hier zu besprechenden Werk um eine sehr fundierte Untersuchung der Entwicklungsstufen des modernen italienischen Insolvenzrechts. Der überzeugende, streng chronologische Aufbau trägt zur guten Verständlichkeit des Werks bei. Zwar wäre aus rechtsvergleichender Sicht noch eine nähere Gegenüberstellung zu den Entwicklungsstufen des modernen deutschen Insolvenzrechts wünschenswert gewesen, aus der sich sicherlich einige interessante Erkenntnisse ergeben hätten. Dieses kleine Manko wird aber mehr als kompensiert durch die sehr detaillierte Darstellung der italienischen Entwicklungslinien. Als wahre Fundgrube erweisen sich Literaturverzeichnis und Fußnotenapparat, die deutsche und vor allem italienischsprachige Literatur aller Gattungen zu den großen Entwicklungstendenzen und zahlreichen kleinen Detailfragen des italienischen Insolvenzrechts enthalten. So ist dieses Werk nicht nur rechtshistorisch oder rechtsvergleichend arbeitenden Wissenschaftlern, sondern insbesondere auch Praktikern zu empfehlen, die sich ein vertieftes Verständnis für das geltende und zukünftige italienische Insolvenzrecht erarbeiten wollen.

Fabian Bitzer

III. Entscheidungen

Nr. 1 BGH, Beschluss vom 28.10.2020, Az. XII ZB 187/20

Handelt es sich bei einer Eheauflösung auf der Grundlage von Art. 12 decreto legge Nr. 132/2014 um eine Entscheidung über die Scheidung einer Ehe im Sinne der Brüssel IIa-Verordnung?

Leitsätze

Dem Gerichtshof der Europäischen Union werden zur Auslegung von Art. 1 Abs. 1 lit. a, Art. 2 Nr. 4, Art. 21 Abs. 1, Art. 46 der Verordnung (EG) Nr. 2201/2003 des Rates vom 27. November 2003 über die Zuständigkeit und die Anerkennung und Vollstreckung von Entscheidungen in Ehesachen und in Verfahren betreffend die elterliche Verantwortung und zur Aufhebung der Verordnung (EG) Nr. 1347/2000 (Brüssel IIa-Verordnung) folgende Fragen zur Vorabentscheidung vorgelegt:

1. **Handelt es sich bei einer Eheauflösung auf der Grundlage von Art. 12 des italienischen Gesetzesdekrets (Decreto Legge) Nr. 132 vom 12. September 2014 (DL Nr. 132/2014) um eine Entscheidung über die Scheidung einer Ehe im Sinne der Brüssel IIa-Verordnung?**
2. **Für den Fall der Verneinung von Frage 1: Ist eine Eheauflösung auf der Grundlage von Art. 12 des italienischen Gesetzesdekrets (Decreto Legge) Nr. 132 vom 12. September 2014 (DL Nr. 132/2014) entsprechend der Regelung des Art. 46 der Brüssel IIa-Verordnung zu öffentlichen Urkunden und Vereinbarungen zu behandeln?**

Gründe

I.

Gegenstand des Verfahrens ist die Frage, ob die in Italien durch übereinstimmende Erklärungen der Ehegatten vor dem Zivilstandsbeamten erfolgte Beendigung der Ehe der Beteiligten zu 3 und 4 ohne weiteres Anerkennungsverfahren im deutschen Eheregister zu beurkunden ist.

Die Beteiligte zu 3 hat die deutsche und die italienische Staatsbürgerschaft, der Beteiligte zu 4 ist italienischer Staatsbürger. Die beiden schlossen am 20. September 2013 vor dem Standesamt Mitte von Berlin die Ehe, was im Eheregister beurkundet wurde.

Am 30. März 2017 erschienen die Ehegatten vor dem Standesamt (Ufficio di Stato Civile) in Parma und erklärten, keine minderjährigen, pflegebedürftigen volljährigen, schwerbehinderten volljährigen oder wirtschaftlich unselbständigen volljährigen Kinder zu haben, untereinander keine Vereinbarungen zur Übertragung von Vermögen zu treffen und die einvernehmliche Trennung zu wollen. Diese Erklärung bestätigten sie am 11. Mai 2017 persönlich vor dem Standesamt. Am 15. Februar 2018 erschienen sie dort erneut, nahmen auf ihre Erklärungen vom 30. März 2017 Bezug und erklärten, sie wünschten die Auflösung ihrer Ehe, worüber kein Verfahren anhängig sei. Nachdem sie diese Erklärungen gegenüber dem Standesamt Parma am 26. April 2018 bestätigt hatten, stellte dieses der Beteiligten zu 3 am 2. Juli 2018 eine Bescheinigung gemäß Art. 39 Verordnung (EG) Nr. 2201/2003 aus, in der die Scheidung der Ehe mit Wirkung vom 15. Februar 2018 bestätigt wird.

Die Beteiligte zu 3 hat das Standesamt Mitte von Berlin (Beteiligter zu 1) ersucht, diese Scheidung im deutschen Eheregister zu beurkunden. Das Standesamt hat jedoch Zweifel, ob die Beurkundung zunächst eine Anerkennung nach § 107 FamFG voraussetzt, und hat die Sache über die Standesamtsaufsicht (Beteiligte zu 2) dem Amtsgericht zur Entscheidung vorgelegt. Das Amtsgericht hat das Standesamt mit Beschluss vom 1. Juli 2019 angewiesen, „die am 15.02.2018 erfolgte außergerichtliche Privatscheidung (...) erst nach erfolgter Anerkennung durch die Senatsverwaltung für Justiz, Verbraucherschutz und Antidiskriminierung gemäß § 107 Abs. 1 Satz 1 FamFG dem Eheregistereintrag (...) beizuschreiben." Den daraufhin gestellten Anerkennungsantrag der Beteiligten zu 3 wies die Senatsverwaltung für Justiz, Verbraucherschutz und Antidiskriminierung zurück, weil es sich nicht um eine anerkennungsbedürftige Entscheidung handele. Die dagegen eingelegte Beschwerde der Beteiligten zu 3 ist noch beim Kammergericht anhängig.

Die gegen den Beschluss des Amtsgerichts vom 1. Juli 2019 eingelegte Beschwerde der Beteiligten zu 3 ist erfolgreich gewesen: Das Kammergericht hat den amtsgerichtlichen Beschluss abgeändert und das Standesamt angewiesen, „die Fortführung des Eheregistereintrags (...) nicht von der vorherigen Anerkennung der in Italien erfolgten Scheidung der Ehe der Beteiligten zu 3 und 4 durch die Senatsverwaltung für Justiz, Verbraucherschutz und Antidiskriminierung abhängig zu machen."

Hiergegen richtet sich die zugelassene Rechtsbeschwerde der Beteiligten zu 2 (Standesamtsaufsicht), mit der diese die Wiederherstellung des amtsgerichtlichen Beschlusses erstrebt.

II.

Zur deutschen Rechtslage: Gemäß § 5 Abs. 1 PStG sind Registereinträge fortzuführen, indem sie nach den Vorschriften des Personenstandsgesetzes durch Folgebeurkundungen und Hinweise ergänzt und berichtigt werden. Die Fortführung des Eheregisters als einem der vom Standesamt geführten Personenstandsregister (§ 3 Abs. 1 Satz 1 Nr. 1 PStG) regelt § 16 PStG. Nach § 16 Abs. 1 Satz 1 Nr. 3 PStG werden zum Eheeintrag Folgebeurkundungen über die Aufhebung oder die Scheidung der Ehe aufgenommen. Lehnt das Standesamt die Vornahme einer Amtshandlung ab, so kann es gemäß § 49 Abs. 1 PStG auf Antrag der Beteiligten oder der Aufsichtsbehörde durch das Gericht dazu angewiesen werden; als Ablehnung gilt auch, wenn das Standesamt in Zweifelsfällen von sich aus die Entscheidung des Gerichts darüber herbeiführt, ob eine Amtshandlung vorzunehmen ist (§ 49 Abs. 2 PStG).

Grundlage für eine Folgebeurkundung im Sinne des § 16 Abs. 1 Satz 1 Nr. 3 PStG kann auch eine im Ausland ergangene rechtskräftige Entscheidung sein. Eine Entscheidung, durch die im Ausland eine Ehe für nichtig erklärt, aufgehoben, dem Ehebande nach oder unter Aufrechterhaltung des Ehebandes geschieden oder durch die das Bestehen oder Nichtbestehen einer Ehe zwischen den Beteiligten festgestellt wird, wird nach § 107 Abs. 1 Satz 1 FamFG in Deutschland grundsätzlich allerdings nur anerkannt, wenn die zuständige Landesjustizverwaltung festgestellt hat, dass die Voraussetzungen für die Anerkennung vorliegen (zu den Anerkennungshindernissen vgl. § 109 FamFG). Dieses Anerkennungsverfahren ist jedenfalls dann, wenn – wie vorliegend – eine ausländische Behörde entsprechend den von ihr zu beachtenden Normen in irgendeiner Form, und sei es auch nur registrierend, mitgewirkt hat, auch für sog. Privatscheidungen eröffnet.[1] Zwar sind die im Heimatstaat beider Ehegatten durchgeführten Auslandsscheidungen – auch Privatscheidungen – gemäß § 107 Abs. 1 Satz 2 FamFG vom obligatorischen Anerkennungsverfahren ausgenommen. Die Anwendung dieser Norm ist aber von vornherein ausgeschlossen, wenn – wie hier – wenigstens einer der beiden Ehegatten neben der gemeinsamen Staatsangehörigkeit des ausländischen Entscheidungsstaats auch die deutsche Staatsangehörigkeit besitzt.[2]

Des Anerkennungsverfahrens bedarf es hingegen nicht, wenn die betreffende Auslandsentscheidung in einem Mitgliedstaat der Europäischen Union (außer Dänemark) ergangen ist. Denn gemäß § 97 Abs. 1 Satz 2 FamFG bleiben Regelungen in Rechtsakten der Europäischen Union von den Vorschriften des Gesetzes über das Verfahren in Familiensachen und in den Angelegenheiten der freiwilligen Gerichtsbarkeit (FamFG) unberührt. Liegt daher eine Entscheidung im Sinne von Art. 21 Abs. 1 der Verordnung (EG) Nr. 2201/2003 des Rates vom 27. November 2003 über die Zuständigkeit und die Anerkennung und Vollstreckung von Entscheidungen in Ehesachen und in Verfahren betreffend die elterliche Verantwortung und zur Aufhebung der Verordnung (EG) Nr. 1347/2000 (im Folgenden: Brüssel IIa-Verordnung) vor, wird sie in Deutschland anerkannt, ohne dass es hierfür eines besonderen Verfahrens bedarf. Zur Fortführung des Eheregisters genügt dann die Vorlage der Bescheinigung nach Art. 39 Brüssel IIa-VO.

III.

Zur italienischen Rechtslage: Auf der Grundlage des italienischen Gesetzesdekrets (Decreto Legge) Nr. 132 vom 12. September 2014 (im Folgenden: DL Nr. 132/2014), umgewandelt in das Gesetz Nr. 162 vom 10. November 2014,[3] müssen sich Ehegatten nicht mehr an das Gericht wenden, wenn sie die Scheidung der Ehe wollen, sondern können auch den Weg der Scheidung durch bloße Vereinbarung wählen.[4] Für die Auflösung der Ehe ist insoweit ein Urteil als konstitutiver Akt nicht mehr notwendig.[5]

Nach dem rückwirkend zum 13. September 2014 in Kraft gesetzten Art. 6 DL Nr. 132/2014 können die Ehegatten dabei zum einen die Scheidung in Gegenwart ihrer Anwälte vereinbaren. Sind keine betreuungsbedürftigen Kinder vorhanden, ist die Vereinbarung an den Staatsanwalt bei dem zuständigen Gericht weiterzuleiten. Dieser prüft, ob betreuungsbedürftige Kinder vorhanden sind und die Trennungsfrist des Art. 3 Nr. 2b Abs. 2 des Eheauflösungsgesetzes vom 1. Dezember 1970 (sechs Monate bei einvernehmlicher Scheidung, vgl. Gesetz Nr. 55 vom 6. Mai 2015) eingehalten ist.[6] Liegen keine Unregelmäßigkeiten vor, erklärt er gegenüber den Anwälten sein „bedenkenfrei" („nulla osta"). Die Vereinbarung hat dann die Wirkung und tritt an die Stelle der gerichtlichen Entscheidung. Bei Vorhandensein von betreuungsbedürftigen Kindern ist die Vereinbarung innerhalb von zehn Tagen an den Staatsanwalt bei dem zuständigen Gericht weiter-

1 Vgl. Senatsbeschluss vom 26. August 2020 – XII ZB 158/18, juris Rn. 17 m.w.N.

2 Vgl. Senatsbeschluss vom 26. August 2020 – XII ZB 158/18, juris Rn. 19 f. m.w.N.

3 Vgl. *Scalzini*, StAZ 2016, 129.

4 Vgl. zum Ganzen *Henrich*, in: Bergmann/Ferid, Internationales Ehe- und Kindschaftsrecht Italien, S. 41 f., 135 f. sowie *Cubeddu Wiedemann/Henrich*, FamRZ 2015, 1253 ff.

5 Vgl. *Patti*, in: Dutta/Schwab/Henrich/Gottwald/Löhnig, Scheidung ohne Gericht?, S. 105, 107.

6 Vgl. dazu etwa *Patti*, a.a.O., S. 111 f.

zuleiten. Erachtet dieser die Vereinbarung den Kindesinteressen entsprechend, genehmigt er sie mit der bereits dargestellten Folge der Entscheidungsersetzung. Anderenfalls leitet er sie innerhalb von fünf Tagen an den Gerichtspräsidenten zur Entscheidung weiter.[7]

Zum anderen können die Ehegatten gemäß dem am 12. Dezember 2014 in Kraft getretenen Art. 12 Abs. 1 DL Nr. 132/2014 vor dem örtlich zuständigen Bürgermeister als dem obersten Zivilstandsbeamten – auch ohne anwaltliche Unterstützung – eine Vereinbarung über die Scheidung treffen, sofern nicht (wie Art. 12 Abs. 2 DL Nr. 132/2014 regelt) minderjährige Kinder oder volljährige Kinder, die geschäftsunfähig, schwer behindert oder wirtschaftlich unselbständig sind, vorhanden sind. Der Zivilstandsbeamte nimmt die persönlichen Erklärungen der Ehegatten, in die keine Vermögensübertragungen einbezogen werden können, entgegen und lädt die Ehegatten ein, nicht früher als 30 Tage nach Eingang der Erklärungen vor ihm zu erscheinen, um die Vereinbarung zu bestätigen (Art. 12 Abs. 3 DL Nr. 132/2014). Während des Zeitraums zwischen Abgabe der Erklärungen und Bestätigung kann der Zivilstandsbeamte den Wahrheitsgehalt der Erklärungen der Ehegatten (Nichtvorhandensein von betreuungsbedürftigen Kindern) überprüfen und die Ehegatten haben die Möglichkeit, ihre Entscheidung zu überdenken und es sich eventuell anders zu überlegen.[8] Die bestätigte Vereinbarung tritt wiederum an die Stelle der gerichtlichen Entscheidung.

IV.

Zur Vorlage an den Europäischen Gerichtshof: Die Frage, ob die Scheidung durch übereinstimmende Erklärungen der Ehegatten vor dem Personenstandsbeamten nach italienischem Recht vom Anwendungsbereich der Brüssel IIa-Verordnung erfasst wird, ist für die Entscheidung des Rechtsstreits erheblich. Wenn die Frage zu verneinen ist, wäre die Rechtsbeschwerde der Standesamtsaufsicht begründet und würde zur Wiederherstellung des amtsgerichtlichen Beschlusses führen. Anderenfalls wäre die Rechtsbeschwerde zurückzuweisen.

1. In der deutschsprachigen Literatur ist streitig, ob die Brüssel IIa-Verordnung auf Scheidungen wie diejenige auf der Grundlage von Art. 12 DL Nr. 132/2014 anzuwenden ist, bei denen nicht ein konstitutiver staatlicher Akt die Scheidung bewirkt, sondern die übereinstimmenden Erklärungen der Ehegatten zur Eheauflösung führen.[9]

a) Teilweise wird – wie vom Beschwerdegericht in der angefochtenen Entscheidung – die Anwendbarkeit der Brüssel IIa-Verordnung auf die in Italien gemäß Art. 12 DL Nr. 132/2014 erfolgte Scheidung bejaht[10] oder zumindest für möglich gehalten.[11]

---

7 Vgl. *Cubeddu Wiedemann/Henrich*, FamRZ 2015, 1253, 1255.

8 Vgl. *Cubeddu Wiedemann/Henrich*, FamRZ 2015, 1253, 1257; *Cubeddu Wiedemann/Wiedemann*, in: Süß/Ring, Eherecht in Europa, 3. Aufl., Teil C Rn. 194; *Henrich*, Internationales Scheidungsrecht, 4. Aufl., Rn. 45; *Patti*, in: Dutta/Schwab/Henrich/Gottwald/Löhnig, Scheidung ohne Gericht?, S. 105, 114; *Henrich*, in: Dutta/Schwab/Henrich/Gottwald/Löhnig, Scheidung ohne Gericht?, S. 361, 362; *Mayer*, StAZ 2018, 106, 108.

9 Vgl. etwa die Darstellung bei *Antomo*, StAZ 2020, 33, 41 f. m.w.N.

10 *Dutta*, FamRZ 2020, 1217 f.; *Henrich*, in: Dutta/Schwab/Henrich/Gottwald/Löhnig, Scheidung ohne Gericht?, S. 361, 368; *Scalzini*, StAZ 2016, 129, 131; wohl auch *Mankowski*, NZFam 2020, 453.

11 *Helms*, in: Dutta/Schwab/Henrich/Gottwald/Löhnig, Scheidung ohne Gericht?, S. 337, 347; *Kohler/Pintens*, FamRZ 2016, 1509, 1515 f.; *Schlürmann*, FamRZ 2019, 1035, 1040, allerdings nur für die Scheidung gemäß Art. 6 DL Nr. 132/2014.

Zur Begründung wird angeführt, der Wortlaut der Brüssel IIa-Verordnung und insbesondere deren Entscheidungsbegriff seien weit genug, um neue Formen von behördlich begleiteten Scheidungen in den Mitgliedstaaten zu erfassen,[12] zumal die Standesbeamten als „Gericht" bzw. „Richter" im Sinne der weiten Definition von Art. 2 Nr. 1 und 2 Brüssel IIa-VO zu betrachten seien.[13] In der Sache bedeute es zum einen keinen Unterschied, ob eine Ehe – wie etwa in Portugal – durch einen Standesbeamten bzw. ohne große materiellrechtliche Prüfung durch ein Gericht oder – wie nach Art. 12 DL Nr. 132/2014 – durch die Erklärung der Ehegatten vor dem Standesbeamten geschieden werde.[14] Für die Einbeziehung auch solcher Ehescheidungen in den Anwendungsbereich der Brüssel IIa-Verordnung spreche zudem deren Sinn und Zweck, für eine reibungslose Anerkennung von Ehesachen in der Europäischen Union zu sorgen,[15] zumal auf diese Weise hinkende Statusverhältnisse vermieden werden könnten.[16] Dies gelte umso mehr, als sich der Trend zur „Dejuriditionalisierung" des Scheidungsrechts in den Mitgliedstaaten fortsetze.[17]

Vereinzelt wird zudem vertreten, Art. 46 Brüssel IIa-VO sei auf Scheidungen wie diejenige nach Art. 12 DL Nr. 132/2014 (entsprechend) anwendbar.[18] Nach dieser Bestimmung werden öffentliche Urkunden, die in einem Mitgliedstaat aufgenommen und vollstreckbar sind, sowie Vereinbarungen zwischen den Parteien, die in dem Ursprungsmitgliedstaat vollstreckbar sind, unter denselben Bedingungen wie Entscheidungen anerkannt und für vollstreckbar erklärt, woraus sich letztlich die Anerkennung der Ehescheidung ohne besonderes Verfahren gemäß Art. 21 Abs. 1 Brüssel IIa-VO ergebe.

b) Demgegenüber verneint eine andere Auffassung die Anwendbarkeit der Brüssel IIa-Verordnung auf die italienische Standesamtsscheidung.[19]

Die Vertreter dieser Meinung sehen die konstitutive Mitwirkung eines Gerichts oder einer Behörde an der Ehescheidung als unabdingbare Voraussetzung für das Vorliegen einer Entscheidung im Sinne der Brüssel IIa-Verordnung an; nicht ausreichend sei dagegen eine bloß formelle Kontrollbefugnis oder eine reine Registrierungsfunktion der ausländischen Behörde.[20] Bei dem mit Art. 21 Brüssel IIa-Verordnung geregelten Verzicht auf ein

---

12 *Helms*, in: Dutta/Schwab/Henrich/Gottwald/Löhnig, Scheidung ohne Gericht?, S. 337, 347; *Kohler/Pintens*, FamRZ 2016, 1509, 1515 f.; vgl. auch *Henrich*, in: Dutta/Schwab/Henrich/Gottwald/Löhnig, Scheidung ohne Gericht?, S. 361, 368.

13 *Scalzini*, StAZ 2016, 129, 131.

14 Vgl. *Dutta*, FF 2018, 60, 63; *Henrich*, in: Dutta/Schwab/Henrich/Gottwald/Löhnig, Scheidung ohne Gericht?, S. 361, 368; *Henrich*, Internationales Scheidungsrecht, 4. Aufl., Rn. 46; *Kohler/Pintens*, FamRZ 2016, 1509, 1515 f.

15 *Dutta*, FamRZ 2020, 1217 f.

16 *Helms*, in: Dutta/Schwab/Henrich/Gottwald/Löhnig, Scheidung ohne Gericht?, S. 337, 347.

17 *Dutta*, FamRZ 2020, 1217 f.

18 *Mayer*, StAZ 2018, 106, 112; vgl. auch *Coester-Waltjen*, IPRax 2018, 238, 239.

19 *Andrae*, Internationales Familienrecht, 4. Aufl., § 2 Rn. 20; *Cubeddu Wiedemann/Henrich*, FamRZ 2015, 1253, 1258 f.; *Hausmann*, Internationales und Europäisches Familienrecht, 2. Aufl., K Rn. 18; *Johanson*, jurisPR-FamR 16/2020 Anm. 7; *Krömer*, StAZ 2017, 59; NK-BGB/*Andrae*, 3. Aufl., Art. 21 Brüssel IIa-VO Rn. 9a; vgl. auch *Henrich*, in: Dutta/Schwab/Henrich/Gottwald/Löhnig, Scheidung ohne Gericht?, S. 361, 362; Keidel/*Dimmler*, FamFG, 20. Aufl., § 107 Rn. 7; Zöller/*Geimer*, ZPO, 33. Aufl., Art. 21 EuEheVO Rn. 16.

20 Vgl. etwa *Cubeddu Wiedemann/Henrich*, FamRZ 2015, 1253, 1258 f.; *Johanson*, jurisPR-FamR 16/2020 Anm. 7; *Krömer*, StAZ 2017, 59; NK-BGB/*Andrae*, 3. Aufl., Art. 21 Brüssel IIa-VO Rn. 9a; vgl. auch *Gärtner*, Die Privatscheidung im deutschen und gemeinschaftsrechtlichen Internationalen Privat- und Verfahrensrecht, S. 337.

besonderes Anerkennungsverfahren habe der Unionsgesetzgeber auf die Kompetenz der mitgliedstaatlichen Gerichte und Behörden und ihrer Entscheidungen vertraut, so dass es bei bloßen Rechtsgeschäften der Ehegatten an einem tauglichen Anerkennungsobjekt fehle.[21] Für die Scheidung gemäß Art. 12 DL Nr. 132/2014 seien allein die privatautonomen Erklärungen der Ehegatten konstitutiv, so dass es sich um eine Privatscheidung handele,[22] auf die die Brüssel IIa-Verordnung nicht anwendbar sei.[23] Denn es fehle an einer materiellen Kontrollbefugnis der Behörde, worin einige[24] den wesentlichen Unterschied zur Scheidung nach Art. 6 DL Nr. 132/2014 – die die konstitutive Unbedenklichkeitserklärung bzw. Genehmigung des Staatsanwalts erfordere – sehen. Die von Art. 12 DL Nr. 132/2014 vorgesehene Mitwirkung des italienischen Zivilstandsbeamten sei demgegenüber als allein zur Form gehörend einzustufen.[25]

2. Der Senat neigt der letztgenannten Ansicht zu.

Die Beantwortung der Frage, ob die italienische Standesamtsscheidung in den Anwendungsbereich der Brüssel IIa-Verordnung fällt, hängt davon ab, wie der von der Verordnung verwendete Begriff der „Entscheidung“ zu verstehen ist. Hierfür maßgeblich ist eine verordnungsautonome Auslegung, die unter Berücksichtigung von Wortlaut und Kontext der Vorschrift sowie des mit der fraglichen Regelung verfolgten Ziels gefunden werden muss.[26] Hierzu hat der Senat Folgendes erwogen:

a) Zunächst ist darauf hinzuweisen, dass sich dem Verordnungstext kein zwingendes Kriterium zur Beantwortung der ersten Vorlagefrage entnehmen lässt. Gemäß Art. 2 Nr. 4 Brüssel IIa-VO ist „Entscheidung“ im Sinne der Verordnung jede von einem Gericht eines Mitgliedstaates erlassene Entscheidung über die Ehescheidung, die Trennung ohne Auflösung des Ehebandes oder die Ungültigerklärung einer Ehe sowie jede Entscheidung über die elterliche Verantwortung, ohne Rücksicht auf die Bezeichnung der jeweiligen Entscheidung wie etwa Urteil oder Beschluss. Als „Gericht“ sind nach Art. 2 Nr. 1 Brüssel IIa-VO alle Behörden der Mitgliedstaaten anzusehen, die für in den Anwendungsbereich der Verordnung fallende Rechtssachen zuständig sind. Daraus lässt sich zwar ableiten, dass es des Tätigwerdens einer staatlichen Behörde bedarf, um von einer Entscheidung ausgehen zu können. Es sind aber keine zwingenden Schlüsse darauf möglich, welcher Art dieses Tätigwerden sein muss. Allerdings weist die Formulierung „erlassene Entscheidung“ in die Richtung einer konstitutiven, nicht lediglich registrierenden Mitwirkung der staatlichen Behörde im Zusammenhang mit der Ehescheidung.

Der weitere Verordnungstext, etwa Art. 21 Abs. 1 Brüssel IIa-VO, umschreibt den Entscheidungsbegriff nicht näher, sondern setzt ihn voraus.

21 *Johanson*, jurisPR-FamR 16/2020 Anm. 7.

22 *Mayer*, StAZ 2018, 106, 109.

23 Vgl. etwa *Andrae*, Internationales Familienrecht, 4. Aufl., § 2 Rn. 20; *Hausmann*, Internationales und Europäisches Familienrecht, 2. Aufl., K Rn. 18; *Johanson*, jurisPR-FamR 16/2020 Anm. 7.

24 *Andrae*, Internationales Familienrecht, 4. Aufl., § 2 Rn. 20; NK-BGB/*Andrae*, 3. Aufl., Art. 21 Brüssel IIa-VO Rn. 9a; *Hausmann*, Internationales und Europäisches Familienrecht, 2. Aufl., K Rn. 19.

25 *Johanson*, jurisPR-FamR 16/2020 Anm. 7; NK-BGB/*Andrae*, 3. Aufl., Art. 21 Brüssel IIa-VO Rn. 9a; vgl. auch *Henrich*, in: Dutta/Schwab/Henrich/Gottwald/Löhnig, Scheidung ohne Gericht?, S. 361, 362.

26 Vgl. etwa EuGH, Urteile vom 17. Oktober 2018 – Rs. C-393/18 PPU – FamRZ 2019, 132 Rn. 46 m.w.N. und vom 31. Mai 2018 – Rs. C-335/17 Valcheva./.Babanarakis – FamRZ 2018, 1083 Rn. 19.

b) Der Senat hat berücksichtigt, dass sich der Europäische Gerichtshof in seinem Urteil vom 20. Dezember 2017[27] bereits mittelbar mit der Frage auseinandergesetzt hat, ob Privatscheidungen dem Anwendungsbereich der Brüssel IIa-Verordnung unterfallen.

aa) Gegenstand des dortigen Verfahrens war die Frage, ob die durch die einseitige Erklärung eines Ehegatten vor einem geistlichen Gericht in Syrien bewirkte Ehescheidung in den sachlichen Anwendungsbereich der Verordnung Nr. 1259/2010 (Rom III-Verordnung) fällt. Der Europäische Gerichtshof hat verneint, dass es sich bei einer solchen Privatscheidung um eine „Ehescheidung" im Sinne von Art. 1 Abs. 1 Rom III-VO handelt. Zwar seien Privatscheidungen nicht ausdrücklich vom Anwendungsbereich ausgenommen. Doch Bezugnahmen der Rom III-Verordnung auf das Tätigwerden eines „Gerichts" und das Vorhandensein eines „Verfahrens" machten deutlich, dass ausschließlich solche Ehescheidungen erfasst sein sollten, die entweder von einem staatlichen Gericht oder von einer öffentlichen Behörde bzw. unter deren Kontrolle ausgesprochen werden.[28] Die sachlichen Anwendungsbereiche von Rom III-Verordnung und Brüssel IIa-Verordnung sollten miteinander im Einklang stehen, so dass die Definition des Begriffs der Ehescheidung in beiden Verordnungen übereinstimmen müsse.[29]

Ziel der Rom III-Verordnung sei es, unter den teilnehmenden Mitgliedstaaten eine Verstärkte Zusammenarbeit im Bereich des auf Ehescheidung und Trennung ohne Auflösung des Ehebandes anzuwendenden Rechts zu begründen. Zur Zeit des Erlasses seien es nur öffentliche Organe gewesen, die in den Rechtsordnungen der an der Verstärkten Zusammenarbeit teilnehmenden Mitgliedstaaten in diesem Bereich Entscheidungen mit rechtlicher Bedeutung erlassen konnten. Daher sei davon auszugehen, dass der Unionsgesetzgeber nur Situationen vor Auge hatte, in denen die Ehescheidung entweder von einem staatlichen Gericht oder von einer öffentlichen Behörde bzw. unter deren Kontrolle ausgesprochen wird.[30] Auch wenn seit Erlass der Rom III-Verordnung mehrere Mitgliedstaaten die Möglichkeit eingeführt hätten, Ehescheidungen ohne Tätigwerden einer staatlichen Behörde auszusprechen, wären für die Einbeziehung von Privatscheidungen in den Anwendungsbereich der Rom III-Verordnung Änderungen erforderlich, für die allein der Unionsgesetzgeber zuständig sei. Unter Berücksichtigung der Definition des Begriffs „Ehescheidung" in der Brüssel IIa-Verordnung ergebe sich daher aus den mit der Rom III-Verordnung verfolgten Zielen, dass diese nur Ehescheidungen erfasse, die entweder von einem staatlichen Gericht oder von einer öffentlichen Behörde bzw. unter deren Kontrolle ausgesprochen werden.[31]

bb) Auch wenn der Europäische Gerichtshof damit eine Auslegung des Begriffs der „Ehescheidung" in der Rom III-Verordnung vorgenommen hat, kann nach diesen Ausführungen eine „Entscheidung über die Ehescheidung" im Sinne von Art. 2 Nr. 4 Brüssel IIa-VO nur dann angenommen werden, wenn die Ehescheidung von einem staatlichen Gericht oder einer öffentliche Behörde bzw. unter deren Kontrolle ausgesprochen worden ist. Jedenfalls darüber, welche Intensität und rechtliche Qualität diese Kontrolle haben

27 Rs. C-372/16 Sahyouni./.Mamisch – FamRZ 2018, 169.
28 EuGH a.a.O., Rn. 39.
29 EuGH a.a.O., Rn. 40 ff.
30 EuGH a.a.O., Rn. 44 f.
31 EuGH a.a.O., Rn. 47 f.

muss, ist damit allerdings keine Aussage getroffen.[32] Eine solche war angesichts des vom Europäischen Gerichtshof zu beurteilenden Falls, bei dem es bereits an der Mitwirkung einer staatlichen Stelle fehlte, auch nicht veranlasst.

c) Nach der Rechtsprechung des Senats zum deutschen internationalen Privatrecht liegt eine Privatscheidung vor, wenn die Scheidung nicht durch die konstitutive Entscheidung einer staatlichen Stelle bewirkt, sondern im Wege eines – einseitigen oder beiderseitigen – Rechtsgeschäfts unter den Ehegatten herbeigeführt wird. Der rechtlichen Einordnung als Privatscheidung steht es dabei nicht entgegen, dass die Ordnungsmäßigkeit des rechtsgeschäftlichen Scheidungsakts in einem gerichtsförmigen Verfahren überwacht wird, welches seinerseits formalisierten Verfahrensvorschriften unterliegt.[33] Maßgeblich ist danach, ob ein gerichtlicher oder behördlicher Hoheitsakt vorliegt, durch den die rechtliche Gestaltung bewirkt wird, also ob Rechtsgrund für die Eheauflösung der autoritative Ausspruch des Gerichts oder einer Behörde oder aber der privatautonome rechtsgeschäftliche Wille der Ehegatten ist.[34] Letzteres ist nicht der Fall bei Scheidungen, bei denen sich die staatliche Mitwirkung auf Tätigkeiten beschränkt, die mit Warn-, Klarstellungs-, Beweis- oder Beratungsfunktionen umschrieben werden können.[35]

Nur eine solche konstitutive Mitwirkung einer staatlichen Stelle kann die Gewähr für einen Schutz des „schwächeren" Ehegatten vor Nachteilen im Zusammenhang mit der Ehescheidung bieten, weil nur dann Gericht oder Behörde durch Ablehnung des staatlichen Mitwirkungsakts die Ehescheidung verhindern können.[36] Für den Anwendungsbereich der Brüssel IIa-Verordnung kann aus Sicht des Senats insoweit nichts anderes gelten,[37] weil Art. 21 Abs. 1 Brüssel IIa-VO die Überlegung zugrunde liegt, dass von der in einem Mitgliedstaat ergangenen Entscheidung über die Ehescheidung eben diese Gewähr zu erwarten ist (vgl. auch Erwägungsgrund 21 zur Brüssel IIa-Verordnung). Inwieweit Gerichte und Behörden ihre solcherart begründete Kontrollfunktion in der Praxis dann regelmäßig ausüben, ist eine rechtstatsächliche Frage, die über die rechtliche Einordnung als Privatscheidung nichts besagt.

Diese Erwägungen sprechen dafür, jedenfalls die italienische Standesamtsscheidung gemäß Art. 12 DL Nr. 132/2014 als von der Brüssel IIa-Verordnung nicht erfasste Privatscheidung einzuordnen. Denn nach den vom Beschwerdegericht getroffenen Feststellungen zum italienischen Recht besteht keine Prüfungskompetenz des italienischen Personenstandsbeamten, die diesen Anforderungen gerecht wird.[38] Anders könnte es sich

---

32 Vgl. *Antomo*, StAZ 2020, 33, 42; *Dutta*, FamRZ 2020, 1217, 1218; Prütting/Helms/*Hau*, FamFG, 5. Aufl., § 98 Rn. 7.

33 Vgl. Senatsbeschluss vom 26. August 2020 – XII ZB 158/18, juris Rn. 16; Senatsurteile BGHZ 176, 365 = FamRZ 2008, 1409 Rn. 34 und vom 2. Februar 1994 – XII ZR 148/92, FamRZ 1994, 434, 435.

34 Vgl. *Geimer*, in: Geimer/Schütze, EuZivilVerfR, Art. 21 EuEheVO Rn. 14; vgl. auch *Henrich*, Internationales Scheidungsrecht, 4. Aufl., Rn. 40; Rauscher/*Rauscher*, EuZPR/EuIPR, 4. Aufl., Art. 2 Brüssel IIa-VO Rn. 9; Staudinger/*Spellenberg* [2015], Art. 21 Brüssel IIa-VO Rn. 20; Staudinger/*Spellenberg* [2016], § 109 FamFG Rn. 333; *Wall*, StAZ 2020, 33 f.m.w.N.; Zöller/*Geimer*, ZPO, 33. Aufl., Art. 21 EuEheVO Rn. 16.

35 *Andrae*, Internationales Familienrecht, 4. Aufl., § 2 Rn. 20.

36 Vgl. Staudinger/*Spellenberg* [2015], Art. 21 Brüssel IIa-VO Rn. 20.

37 Vgl. auch Schlussanträge des Generalanwalts Saumandsgaard vom 14. September 2017 – Rs. C-372/16 Sahyouni./. Mamisch, NZFam 2017, 997 Rn. 55 ff.

38 Vgl. auch *Johanson*, jurisPR-FamR 16/2020 Anm. 7, *Majer*, NZFam 2017, 1010; Staudinger/*Spellenberg* [2015], Art. 21 Brüssel IIa-VO Rn. 20.

hingegen aufgrund der mit dem Genehmigungs- bzw. Unbedenklichkeitserfordernis verknüpften Kontrollbefugnis des Staatsanwalts bei der – hier nicht gegebenen – Scheidung gemäß Art. 6 DL Nr. 132/2014 verhalten.

d) Für diese Beurteilung spricht auch der Umstand, dass der Unionsgesetzgeber bei Erlass der Brüssel IIa-Verordnung keine Veranlassung hatte, Vertragsscheidungsformen wie die nun in Italien vorgesehenen in seine Überlegungen und in seinen gesetzgeberischen Willen einzubeziehen, weil sie im Recht der Mitgliedstaaten zum damaligen Zeitpunkt nicht vorgesehen waren.[39] Es kann daher nicht davon ausgegangen werden, dass diese erst weit nach Erlass der Brüssel IIa-Verordnung geschaffene Möglichkeit einer Scheidung ohne konstitutiven staatlichen Mitwirkungsakt – mithin einer Privatscheidung – von der mit Art. 21 Abs. 1 Brüssel IIa-VO verfolgten gesetzgeberischen Zielsetzung einer Entscheidungsanerkennung ohne gesondertes Verfahren gedeckt ist. Die teilweise geforderte weite Auslegung des Tatbestandsmerkmals der Entscheidung würde daher die durch die europäische Kompetenzordnung vorgegebene gesetzgeberische Zuständigkeit missachten.

e) Damit korrespondiert es, dass der Unionsgesetzgeber mit der Verordnung (EU) 2019/1111 des Rates vom 25. Juni 2019 über die Zuständigkeit, die Anerkennung und Vollstreckung von Entscheidungen in Ehesachen und in Verfahren betreffend die elterliche Verantwortung und über internationale Kindesentführungen (ABl. EU Nr. L 178 S. 1; im Folgenden: Brüssel IIb-VO) inzwischen tätig geworden und eine ausdrückliche Regelung derartiger Fallgestaltungen für die Zeit ab dem 1. August 2022 (vgl. zu Einzelheiten insoweit die Übergangsbestimmungen in Art. 100 Brüssel IIb-VO) getroffen hat. Gemäß Art. 65 Abs. 1 Brüssel IIb-VO[40] werden danach öffentliche Urkunden und Vereinbarungen unter anderem über eine Ehescheidung, die im Ursprungsmitgliedstaat rechtsverbindliche Wirkung haben, in den anderen Mitgliedstaaten anerkannt, ohne dass es eines besonderen Verfahrens bedarf.

Wie aus Erwägungsgrund 14 (ABl. EU Nr. L 178 S. 3) hervorgeht, sieht der Unionsgesetzgeber es als Voraussetzung einer Entscheidung an, dass die Billigung durch ein Gericht oder eine Behörde nach einer Prüfung in der Sache erfolgt ist; mit der Neufassung der Verordnung will er nun auch Vorgänge erfassen, an denen Behörden in anderer Weise – etwa nur registrierend – beteiligt sind. Dies lässt den Rückschluss zu, dass sich die Brüssel IIa-Verordnung auch nach Auffassung des Unionsgesetzgebers auf solche nicht erstreckt und daher nicht auf die italienische Standesamtsscheidung anwendbar ist.

3. Der Senat ist der Auffassung, dass eine Anerkennung der auf der Grundlage des Art. 12 DL Nr. 132/2014 erfolgten Scheidung auch nicht nach Maßgabe von Art. 46 Brüssel IIa-VO möglich ist.[41] In dieser Bestimmung wird – anders als in Art. 65 Abs. 1 Brüssel IIb-VO – die Ehescheidung nicht genannt, sondern ist allein von vollstreckbaren öffentlichen Urkunden und Vereinbarungen die Rede. Das kann jedoch Ehescheidungen

39 *Antomo*, StAZ 2020, 33, 42; vgl. auch EuGH Urteil vom 20. Dezember 2017 – Rs. C-372/16 Sahyouni./.Mamisch, FamRZ 2018, 169 Rn. 45 ff.; Schlussanträge des Generalanwalts Saumandsgaard vom 14. September 2017 – Rs. C-372/16 Sahyouni./. Mamisch, NZFam 2017, 997 Rn. 65 f.

40 Vgl. dazu *Dutta*, FamRZ 2020, 1428 ff.

41 Vgl. NK-BGB/*Gruber*, 3. Aufl., Art. 1 Rom III Rn. 90 f. m.w.N.; *Buschbaum*, in: Dutta/Schwab/Henrich/Gottwald/Löhnig, Scheidung ohne Gericht?, S. 353, 357; *Dutta*, FF 2018, 60, 63; *Gärtner*, Die Privatscheidung im deutschen und gemeinschaftsrechtlichen Internationalen Privat- und Verfahrensrecht, S. 348; Rauscher/*Rauscher*, EuZPR/EuIPR, 4. Aufl., Art. 46 Brüssel IIa-VO Rn. 10.

mangels insoweit vollstreckbarer Urkunden und Vereinbarungen nicht betreffen. Vielmehr geht es im Anwendungsbereich der Brüssel IIa-Verordnung um derartige Urkunden und Vereinbarungen allein im Zusammenhang mit Sachen der elterlichen Verantwortung, mit denen sich nun Art. 65 Abs. 2 Brüssel IIb-VO befasst. Im Übrigen ist auch insoweit davon auszugehen, dass der Unionsgesetzgeber bei Erlass der Brüssel IIa-Verordnung keine Regelung zu Scheidungen treffen wollte, die nicht zumindest unter inhaltlicher staatlicher Kontrolle erfolgen.

4. In der Gesamtschau lässt sich die richtige Auslegung indessen weder aus der Brüssel IIa-Verordnung selbst als „acte clair" entnehmen noch – wie das Beschwerdegericht und die Rechtsbeschwerdeerwiderung meinen – als „acte eclaire" aus der bisherigen Rechtsprechung des Europäischen Gerichtshofs eindeutig ableiten. Vielmehr bleiben bei der Auslegung der Vorschriften vernünftige Zweifel, so dass es eines Vorabentscheidungsverfahrens nach Art. 267 Abs. 3 AEUV bedarf.

Nr. 2 OLG Frankfurt am Main, Beschluss v. 15.04.2020 – 6 U 23/19

Zur Rückforderung einer italienischem Recht unterliegenden Schenkung

Leitsätze

1. **Eine Schenkung unterliegt nach Art. 4 Abs. 2 Rom I-VO italienischem Recht, wenn der Zuwendende seinen gewöhnlichen Aufenthalt zum Zeitpunkt des Vertragsschlusses in Italien hat. Der Ort des Vertragsschlusses sowie der Vertragsverhandlungen vermögen für sich genommen keine wesentlich engere Verbindung (Art. 4 Abs. 3 Rom I-VO) herbeizuführen.**
2. **Zur Qualifikation des nach italienischem Recht für die Rückforderung bei Nichterfüllung einer Auflage erforderlichen Vorhandenseins einer Schenkungsurkunde als Formvorschrift i.S.d. Art. 11 Rom I-VO.**

Gründe

I.

Die Parteien streiten um die Rückforderung eines Geldbetrages. Der Kläger wendete unter Umständen, die zwischen den Parteien streitig sind, der Beklagten in deren Beisein in Italien am 15.12.2014 einen Betrag in Höhe von 100.000 € sowie am 16.12.2014 einen Betrag in Höhe von 25.000 € zu. Der Kläger hat behauptet, Zweck der Zahlung von 100.000 € sei gewesen, der Beklagten zu ermöglichen, nach Italien zu ihm zu ziehen und für ihn zu sorgen. Die 25.000 € seien zur Absicherung der Grabpflegekosten in Sizilien gedacht gewesen. Der Beklagte hat widerklagend den Ersatz der für die außergerichtliche Anspruchsabwehr entstandenen Rechtsanwaltskosten verlangt.

Das Landgericht hat durch Urteil vom 9.1.2019, auf das gem. § 540 I ZPO wegen der tatsächlichen Feststellungen Bezug genommen wird, die Klage abgewiesen und den Kläger auf die Widerklage zur Zahlung der Kosten der außergerichtlichen Rechtsverteidigung der Beklagten verurteilt. Zur Begründung hat das Landgericht ausgeführt, nach dem anzuwendenden italienischen Recht bestehe kein Widerrufsgrund wegen groben Undanks. Auch eine Auflösung der Schenkung wegen Nichterfüllung einer Auflage komme nicht in Betracht, da die hierfür notwendige Festlegung in einer Schenkungsurkunde nicht vorliege. Der Schenkungsvertrag sei auch nicht wegen Formmangels nichtig, da nach Art. 11 Rom I-VO das günstigere deutsche Recht anzuwenden sei. Die Beklagte habe einen Anspruch auf Ersatz der vorgerichtlichen Anwaltskosten aus §§ 280 I, 311 BGB. [...]

II.

Die zulässige Berufung des Klägers hat in der Sache nur im Hinblick auf die Widerklage Erfolg. Das Landgericht hat die Zahlungsklage des Klägers indes zu Recht abgewiesen.

1. Das Landgericht ist zunächst zu Recht davon ausgegangen, dass auf den vorliegenden Sachverhalt der Klage italienisches Recht anwendbar ist, da nach Art. 4 II Rom I-VO der Kläger seinen gewöhnlichen Aufenthalt in Italien hatte und auch nach Art. 4 III Rom I-VO der Vertrag keine engere Verbindung zu Deutschland aufwies.

a) Vorauszuschicken ist, dass die Ermittlung des anzuwendenden Rechts nicht nach § 293 ZPO dem Sachverständigenbeweis zugänglich ist. Zwar kann das Gericht bei der Ermittlung anzuwendenden ausländischen Rechts – soweit ihm dieses unbekannt ist – im Wege der Amtsermittlung auch Beweiserhebungen durchführen. Bei der Rom I-VO handelt es sich aber nicht um ausländisches Recht, sondern um Unionsrecht, das als unmittelbar geltendes Recht Teil der deutschen Rechtsordnung geworden ist. Die Zulässigkeit der Beweiserhebung nach § 293 ZPO durch Sachverständigenbeweis beschränkt sich hier daher auf die Auslegung des italienischen Rechts, nicht hingegen auf die Auslegung der Rom I-VO.

b) Das Landgericht ist gleichwohl im Ergebnis zu Recht davon ausgegangen, dass sich das anwendbare Recht nach Art. 4 II Rom I-VO richtet. Da weder eine Rechtswahl zum Zeitpunkt des Vertragsschlusses noch – durch übereinstimmende Bezugnahme auf deutsches Recht – im Prozess getroffen wurde, bestimmt sich das anzuwendende Recht nach der allgemeinen Regelanknüpfung in Art. 4 II Rom I-VO, da einer der in der Sonderanknüpfung in Art. 4 I geregelten Vertragstypen nicht vorliegt. Dem Schenkungsstatut unterliegt nicht nur die Verpflichtung des Schenkers, sondern auch die Aufhebung der Schenkung, das Recht zum Widerruf sowie ein etwaiger Rückforderungsanspruch.[42]

c) Den danach anzuwendenden Anknüpfungsmoment des gewöhnlichen Aufenthaltes der Person, welche die vertragstypische Leistung zu erbringen hat, hat das Landgericht richtig bestimmt. Entscheidend ist dabei der Aufenthalt zum Zeitpunkt des Vertragsschlusses,[43] so dass der Aufenthalt des Klägers zum jetzigen Zeitpunkt entgegen der Auffassung des Klägers keine Relevanz entfaltet. Der – insbesondere von Erwägungsgrund 16 S. 1 geforderten – Berechenbarkeit der kollisionsrechtlichen Anknüpfung lässt sich nur vollumfänglich Rechnung tragen, wenn diese bereits zum Zeitpunkt des Vertragsschlusses für beide Parteien vorhersehbar ist, was jedoch eine Berücksichtigung nach Vertragsschluss auftretender Umstände bei der kollisionsrechtlichen Anwendungsentscheidung ausschließt.

Dass der Kläger zum Zeitpunkt des Vertragsschlusses seinen gewöhnlichen Aufenthalt in Italien hatte, hat das Landgericht ohne Rechtsfehler festgestellt. Der Kläger hat in seiner informatorischen Anhörung erklärt, dass er nach seinem Renteneintritt die meiste Zeit in Italien lebe und nur gelegentlich seine Kinder besucht. Dies hat er auch in seiner Strafanzeige bei der Polizei in Italien erklärt. Der Eintragung des Klägers in das A.I.R.E.-Register hat das Landgericht daher zu Recht keine große Bedeutung zugemessen.

d) Zu Recht hat das Landgericht schließlich auch eine offensichtlich engere Verbindung des Vertrages zu Deutschland im Sinne von Art. 4 III Rom I-VO abgelehnt. Die Ausweichklausel ist eng auszulegen. Sie erfordert eine Gesamtabwägung, die das Landgericht fehlerfrei vorgenommen hat. So ist der Vollzug des Vertrages durch Überweisung von einem italienischen Konto auf ein anderes Konto erfolgt, lebt der Kläger in Italien und sind beide Parteien italienische Staatsbürger. Soweit die Beklagte darauf hingewiesen hat, der Kläger habe – was dieser bestritten hat – die Schenkung in Deutschland versprochen, würde dies nichts ändern. Zwar ist im Rahmen der Gesamtbetrachtung auch der Ort des Vertragsschlusses sowie – wenngleich stets weniger aussagekräftig – der Ort der Ver-

42 MüKoBGB/*Martiny*, 7. Aufl. 2018, Rom I-VO Art. 4 Rn. 209.

43 Staudinger/*Magnus*, 2016, Art. 4 Rom I-VO Rn. 24; MüKoBGB/*Martiny*, Rn. 21, 199, 305, 318; BeckOGK/*Köhler*, 1.8.2018, Rom I-VO Art. 4 Rn. 27.

tragsverhandlungen zu berücksichtigen. Allerdings handelt es sich hierbei regelmäßig um sehr schwache Kriterien, da beide Orte regelmäßig zufällig sind und daher keine enge Verbindung zu einer bestimmten Rechtsordnung begründen können.[44]

2. Nach dem daher anzuwendenden italienischem Recht ist ein Schenkungsvertrag wirksam zustande gekommen, der auch nicht beendet worden ist.

a) Soweit der Kläger mit der Berufung einwendet, das Landgericht sei zu Unrecht von einer Schenkung ausgegangen, da vielmehr eine zweckgerichtete Zuwendung vorliege, hat zwar das Landgericht den tatsächlichen Vortrag des Klägers unter die Regelungen des italienischen Zivilrechts subsumiert und dabei den vorgetragenen Zweck der Schenkung durchaus berücksichtigt, in dem es eine derartige Auflage unterstellt hat, aber wegen der fehlenden Aufnahme in die Schenkungsurkunde eine Auflösung der Schenkung nach Art. 793 IV c.c. abgelehnt hat. Hier ist allerdings unklar, wie sich das aus dem Normtext entnehmen lässt; dies wird im Sachverständigengutachten nicht erläutert.

Für den Senat stellt sich in diesem Zusammenhang zudem die Frage, ob nicht auch das bei der Rückforderung bei Nichterfüllung einer Auflage erforderliche Vorhandensein einer Schenkungsurkunde eine Formvorschrift ist. Hierfür könnte sprechen, dass die Regelung des Art. 793 c.c. im 3. Abschnitt „Form und Wirkungen der Schenkung" verankert ist. Dies könnte zur Anwendung von Art. 11 II Rom I-VO führen mit der Folge, dass auch hier die deutschen Formvorschriften anzuwenden wären, was mangels Formzwang für die Schenkung mit Auflagen zur Wirksamkeit der Schenkung führen würde. Allerdings ist Art. 11 II Rom I-VO autonom auszulegen. Welche gesetzlichen Erfordernisse der von Art. 11 berufenen Rechte zur Form zählen, ist verordnungsautonom und damit europarechtlich zu bestimmen. Im Kern geht es um die Gestaltanforderungen der Verschriftlichung (Schriftform, Textform, notarielle Beurkundung usw.). Nach den typischen Formzwecken (Beweis, Übereilungsschutz, Beratung) gehören aber auch Belehrungspflichten zu den Formerfordernissen. Ferner werden die Regeln erfasst, die die Zuständigkeit und das Verfahren einer Beurkundung betreffen.[45] Eine allgemeingültige und praktisch handhabbare Definition für die Einordnung als eine die „Form" betreffende Regel ist schwer zu finden, wenn es auch typischerweise bei einer Formvorschrift um die Normierung der Art und Weise gerade der Äußerung eines Willens geht.

Es kann nicht ausschlaggebend auf die Übereinstimmung einer fremden Regel mit einer (als Formvorschrift geltenden) Regel aus der lex fori ankommen. Dem steht erstens entgegen, dass schon im eigenen Recht die Einordnung als Formvorschrift nicht klar sein muss, dass es zweitens bei autonomer Interpretation des Europarechts eben keine einheitliche lex fori gibt und dass drittens nicht jede fremde Regelung der „Form" ein funktionales Äquivalent in der lex fori haben muss. Umgekehrt kann auch die Formkollisionsnorm alleine die Antwort nicht liefern; stets ist auch der Zweck der infrage stehenden nationalen Regel einzubeziehen.[46] Daher ist hier – wie auch sonst bei Qualifikationsfragen – der Zweck der infrage stehenden nationalen Regel auch aus der Perspektive der zugehörigen

44 Staudinger/*Magnus*, 2016, Art. 4 Rom I-VO Rn. 157 f.; MüKoBGB/*Martiny*, Rom I-VO Art. 4 Rn. 327; vgl. auch BGH NJW-RR 2011, 130, 132; BeckOGK/*Köhler*, 1.8.2018, Rom I-VO Art. 4 Rn. 207.

45 Ferrari, IntVertragsR/*Schulze*, 3. Aufl. 2018, VO (EG) 593/2008 Art. 11 Rn. 8, 9.

46 Ferrari, IntVertragsR/*Schulze*, a.a.O., Rn. 8, 9.

Rechtsordnung zu betrachten, ohne dann freilich bei der kollisionsrechtlichen Einordnung an diese sachrechtliche Sicht gebunden zu sein.[47]

b) Im Ergebnis kann all dies jedoch dahinstehen: Selbst bei Annahme der Wirksamkeit einer derartigen Auflage hätte die Klage nämlich keinen Erfolg. Der Kläger konnte nämlich nicht beweisen, dass eine derartige Auflage tatsächlich vorgelegen hat. Das Gericht ist nach dem Ergebnis der Beweisaufnahme nicht mit hinreichender Sicherheit davon überzeugt, dass die Schenkung in Höhe von 100.000 € mit einer derartigen Auflage verbunden war.

Die Beklagte hat ausgesagt, dass der Kläger ihr das Geld als Schenkung überlassen habe. Zwar habe der Kläger immer verlangt, dass die Beklagte und ihr Mann zu ihr nach Italien ziehen, sie habe dies jedoch aufgrund ihres kranken Ehemannes immer abgelehnt. Ihr Vater habe ihr gesagt, der Betrag von 100.000 € sei vorgesehen gewesen zur Abgeltung der mit der Hochzeit verbundenen Kosten. Auf die konkrete Frage des Senats, ob der Kläger als Gegenleistung für die Geldzahlung erwartet habe, dass sie nach Italien ziehe, hat die Beklagte ausdrücklich erklärt, dass diese Erwartung nicht geäußert worden sei. Der Kläger habe lediglich gesagt, dass die Beklagte aufgrund des Geldes nunmehr häufiger nach Italien reisen könnte. Er habe auch gewusst, dass schon aufgrund der Krankheit des Ehemannes ein Umzug unmöglich sei.

Der Senat verkennt zwar nicht, dass die Beklagte als Partei des Rechtsstreits ein massives Eigeninteresse am Ausgang des Rechtsstreits hat. Dies führt jedoch nicht dazu, dass gleichsam automatisch bei einer Parteivernehmung des Gegners das Gegenteil als bewiesen anzusehen wäre. Der Senat hat aus seinem persönlichen Eindruck der Beweisaufnahme keine Zweifel an der Glaubhaftigkeit der Aussage. Jedenfalls aber sieht er die Behauptung des Klägers, es habe eine Auflage bei der Schenkung gegeben, als nicht bewiesen an. Hieran ändert auch die Tatsache, dass nach Angaben der Zeugin das Geld zunächst auf ein Konto des Ehemannes eingezahlt werden sollte, nichts.

3. Im Hinblick auf den Betrag in Höhe von 25.000 € ist die Klage bereits unschlüssig. Soweit tatsächlich eine Verwendung für die Grabpflege vereinbart worden wäre, wäre eine Nichterfüllung der Auflage angesichts der Tatsache, dass der Kläger nicht verstorben ist, nicht denkbar. Es fehlt daher an der Nichterfüllung der Auflage.

4. Im Hinblick auf die Widerklage hat die Berufung des Klägers indes Erfolg. Der Beklagten steht der geltend gemachte Anspruch auf Ersatz der durch außergerichtliche Anspruchsabwehr entstandenen Kosten aus keinem rechtlichen Gesichtspunkt zu. Wird jemand unberechtigt als angeblicher Schuldner mit einer Forderung konfrontiert und entstehen ihm bei der Abwehr dieser Forderung Kosten, so gehört es grundsätzlich zum allgemeinen Lebensrisiko, mit derartigen Forderungen konfrontiert zu werden. Ein Kostenerstattungsanspruch kommt daher nur in Betracht, wenn eine Sonderrechtsbeziehung eine Anspruchsgrundlage verschafft, etwa bei culpa in contrahendo oder positiver Vertragsverletzung (§§ 280, 311 BGB).

Ein Kostenerstattungsanspruch aus positiver Vertragsverletzung oder aus culpa in contrahendo setzt voraus, dass der vermeintliche Anspruch im Rahmen einer (vor-) vertraglichen Beziehung der Parteien geltend gemacht wurde; diese hat hier mit dem Schenkungs-

47 BeckOGK/*Gebauer*, 1.10.2019, Rom I-VO Art. 11 Rn. 55-58.

vertrag bestanden. Die unberechtigte Geltendmachung von Forderungen bei einem bestehenden Schuldverhältnis mag eine Pflichtwidrigkeit (§ 241 II BGB) begründen können; für eine Haftung ist jedoch erforderlich, dass der Kläger nach § 280 I 2 BGB fahrlässig gehandelt hat.

Hieran fehlt es. Fahrlässig handelt der Gläubiger nämlich nicht schon dann, wenn er nicht erkennt, dass seine Forderung in der Sache nicht berechtigt ist. Die Berechtigung seiner Forderung kann sicher nur in einem Rechtsstreit geklärt werden. Dessen Ergebnis vorauszusehen, kann von dem Gläubiger im Vorfeld oder außerhalb eines Rechtsstreits nicht verlangt werden. Das würde ihn in diesem Stadium der Auseinandersetzung überfordern und ihm die Durchsetzung seiner Rechte unzumutbar erschweren. Der im Verkehr erforderlichen Sorgfalt (§ 276 II BGB) entspricht der Gläubiger nach der Rechtsprechung des BGH vielmehr schon dann, wenn er prüft, ob die Vertragsstörung auf eine Ursache zurückzuführen ist, die dem eigenen Verantwortungsbereich zuzuordnen, der eigene Rechtsstandpunkt mithin plausibel ist.[48] Mit dieser Plausibilitätskontrolle hat es sein Bewenden. Bleibt dabei ungewiss, ob tatsächlich eine Pflichtverletzung der anderen Vertragspartei vorliegt, darf der Gläubiger die sich aus einer Pflichtverletzung ergebenden Rechte geltend machen, ohne Schadensersatzpflichten wegen einer schuldhaften Vertragsverletzung befürchten zu müssen, auch wenn sich sein Verlangen im Ergebnis als unberechtigt herausstellt.[49] Ein Schadensersatzanspruch kommt daher nur in Betracht, wenn die Inanspruchnahme der Beklagten als nicht vertretbar erscheint.

Hieran fehlt es jedoch ersichtlich. Schon die komplexe Prüfung des anwendbaren Rechts, jedoch auch die unklare Beweislage lassen die Inanspruchnahme der Beklagten nicht als offensichtlich nicht vertretbar erscheinen. [...]

(eingesandt von Rechtsanwalt *Dr. Rodolfo Dolce*, Frankfurt a.M.)

48 BGH NJW 2009, 1262; BGH NJW 2008, 1147, 1148.
49 BGH a.a.O.

Nr. 3 OLG München, Beschluss v. 25.6.2020, Az. 34 Wx 504/19

Zur Eintragung der in Errungenschaftsgemeinschaft nach italienischem Recht verheirateten Ehegatten im Grundbuch als Bruchteilseigentümer

Leitsätze:

1. **Ist in einer Zwischenverfügung des Grundbuchamts nur das Eintragungshindernis, nicht aber das Mittel zu dessen Beseitigung unmissverständlich benannt, ist die Zwischenverfügung aufzuheben.**
2. **Haben die in Errungenschaftsgemeinschaft nach italienischem Recht verheirateten Ehegatten im Zuge des Erwerbs eine Finanzierungsgrundschuld über fast die Hälfte des Kaufpreises einer Immobilie bestellt, steht fest, dass die Ehegatten ihren Anteil an der Immobilie nicht vollständig aus eigenen Mitteln zahlen. Damit können sie nicht als Bruchteilseigentümer der Immobilie eingetragen werden.**

Gründe

I.

Im Grundbuch ist als Eigentümerin von Grundbesitz Frau L. eingetragen. Mit notarieller Urkunde vom 8.5.2019 veräußerte sie diesen zum Kaufpreis von 670.000 € an die Beteiligten zu 1 und 2, ein seit 2014 verheiratetes Ehepaar zu Miteigentum zu gleichen Teilen. Nach der Urkunde verpflichtete sich die Verkäuferin, bei der Bestellung von Grundschulden unter folgenden Voraussetzungen mitzuwirken:

Der Gläubiger darf das Grundpfandrecht nur insoweit als Sicherheit verwerten und/oder behalten, als er tatsächlich Zahlungen mit Tilgungswirkung auf die Kaufpreisschuld geleistet hat. ... Bis zur vollständigen Tilgung des Kaufpreises sind Zahlungen nur gemäß den Vereinbarungen im Kaufvertrag zu leisten.

Ziff. VII. der Urkunde lautet wie folgt:

„Die Erwerber sind ausschließlich italienische Staatsangehörige.

Auf die in dieser Urkunde enthaltenen Erklärungen kann ausländisches Recht zur Anwendung kommen, über dessen Inhalt der Notar keine Auskunft geben kann. ... Die Erwerber erklären, dass ihrem Erwerb zum Miteigentum im angegebenen Verhältnis keine ausländischen Rechtsvorschriften, insbesondere etwaige familienrechtliche Bestimmungen, entgegenstehen.“

Mit Urkunde vom 16.5.2019 bewilligte der Beteiligte zu 1 namens und in Vollmacht der Verkäuferin die Eintragung einer Finanzierungsgrundschuld über 270.000 €, die vom Grundbuchamt eingetragen wurde.

Am 30.7.2019 legte der Notar dem Grundbuchamt die in Anlage 2 zum Vertrag vom 8.5.2019 erklärte Auflassung und Eintragungsbewilligung zum Vollzug vor.

Daraufhin teilte das Grundbuchamt dem Notar mit, dass Bedenken hinsichtlich der Eintragung bestünden. Ehen zwischen Italienern, die bis zum 28.1.2019 geschlossen worden seien, unterlägen, wenn nichts anderes vereinbart sei, dem gemeinsamen nationalen Recht. Der gesetzliche Güterstand sei die Errungenschaftsgemeinschaft, so dass ein Erwerb von Immobilien nach Bruchteilen nicht möglich sei. Die Beteiligten beriefen sich darauf, dass Güter, die ihnen bei Eheschließung gehörten oder sie während der Ehe durch Schenkung oder von Todes wegen erworben haben, samt deren Surrogaten nicht zum Gesamtgut gehörten. Bereits die Möglichkeit, dass jeder Erwerber den Kaufpreis mit solchen Mitteln des Eigenguts begleiche, genüge, um die Eintragung als Bruchteilseigentümer zu rechtfertigen.

Am 8.10.2019 erließ das Grundbuchamt eine fristsetzende Zwischenverfügung, wonach die Eintragung zu Bruchteilen nicht möglich sei, da dadurch das Grundbuch unrichtig werde. Zwar wurde zur Behebung des Hindernisses eine Frist gesetzt, ein Mittel zur Behebung jedoch nicht angegeben.

Hiergegen wenden sich die Beteiligten zu 1 und 2 über den beurkundenden Notar mit der Beschwerde vom 15.10.2019. Dieser hat das Grundbuchamt nicht abgeholfen.

II.

1. Gemäß § 71 Abs. 1 GBO findet gegen eine Zwischenverfügung (§ 18 Abs. 1 Satz 1 GBO) die Beschwerde statt.[50] Es kann dabei für die Frage der Zulässigkeit dahinstehen, ob die Mindestvoraussetzungen für den Erlass einer Zwischenverfügung i.S.v. § 18 Abs. 1 Satz 1 GBO gegeben waren, denn die Entscheidung ist nicht nur als Zwischenverfügung bezeichnet und enthält eine entsprechende Rechtsmittelbelehrung, sondern zeigt auch ein nach Ansicht des Grundbuchamts bestehendes rückwirkend zu beseitigendes Hindernis auf. Damit war die Entscheidung erkennbar nicht nur eine Meinungsäußerung des Grundbuchamts mit dem Ziel einer Antragsrücknahme.

Auch im Übrigen ist die Zulässigkeit der Beschwerde gegeben, §§ 73, 15 Abs. 2 GBO.

2. Die Beschwerde hat in der Sache jedenfalls vorübergehend Erfolg, da die Zwischenverfügung bereits aus formellen Gründen aufzuheben ist.

a) Voraussetzung einer Zwischenverfügung ist dabei, dass ein Eintragungshindernis und unter Setzung einer Frist das Mittel zu dessen Beseitigung unmissverständlich benannt werden.[51] Auf die Angabe, wie das angegebene Hindernis beseitigt werden kann, kann auch dann nicht verzichtet werden, wenn der Adressat anwaltlich oder durch einen Notar vertreten ist und sich daher juristisch über die Möglichkeiten der Beseitigung beraten lassen kann.[52] Schon wegen der (allein) rangwahrenden Funktion der Zwischenverfügung[53] darf es nämlich nicht ins Belieben des Antragstellers gestellt werden, wie er ein Hindernis beseitigt, da er dann unter Umständen ein Mittel wählen kann, das nur ex nunc wirkt.

b) Diesen Voraussetzungen genügt die als Zwischenverfügung bezeichnete Entscheidung vom 8.10.2019 allerdings nur insoweit, als das Grundbuchamt den Beteiligten auf Hindernisse, nämlich den fehlenden Nachweis des Erwerbs nach Bruchteilen hingewiesen und eine Frist zur Behebung gesetzt hat. Der Entscheidung ist aber nicht zu entnehmen, welche Mittel zur Beseitigung der aufgezeigten Hindernisse zu ergreifen sind. Da dies

50 OLG Hamm FGPrax 2010, 177; *Demharter*, GBO, 31. Aufl., § 71 Rn. 1; Hügel/*Kramer*, GBO, 4. Aufl., § 71 Rn. 68.

51 Senat vom 11.4.2011, 34 Wx 160/11, FGPrax 2011, 173; *Wilke*, in: Bauer/Schaub, § 18 Rn. 9 ff.; *Demharter*, § 18 Rn. 29 ff.; Hügel/*Zeiser*, § 18 Rn. 32.

52 Senat vom 23.5.2014, 34 Wx 135/14, NotBZ 2014, 348; Hügel/*Zeiser*, § 18 Rn. 34.

53 Vgl. Anm. *Lorbacher* zu OLG Schleswig FGPrax 2010, 282.

somit unzulässigerweise in das Belieben der Beteiligten gestellt wird, ist die Zwischenverfügung aufzuheben.

Auf die Frage, ob vorliegend überhaupt eine rückwirkende Behebung des Hindernisses in Betracht kommt, kommt es daher nicht an.

2. Ohne Bindungswirkung für das Grundbuchamt weist der Senat auf folgendes hin:

a) Zutreffend geht das Grundbuchamt davon aus, dass italienische Staatsangehörige, die miteinander verheiratet sind, ohne dass im Zuge der Hochzeit oder nach dem 28.1.2019 ein Ehevertrag abgeschlossen oder auf sonstige Weise von einem diesbezüglichen Wahlrecht Gebrauch gemacht worden ist, hinsichtlich der güterrechtlichen Wirkungen der Ehe dem italienischen Recht als Recht des Staates unterliegen, dem beide Ehegatten angehören (Art. 15 Abs. 1 mit Art. 14 Abs. 1 Nr. 1 EGBGB jeweils in der Fassung bis zum 28.1.2019, Art. 229 § 47 Abs. 2 EGBGB[54]). Da die Ehe vor dem 29.1.2019 geschlossen wurde, sind die Vorschriften der EuGüVO nämlich nicht anwendbar.[55] Das italienische Recht kennt seinerseits für in Deutschland lebende und hier ein Grundstück erwerbende Staatsangehörige keine Rückverweisung auf das deutsche Recht, vielmehr bestimmen die einschlägigen Regelungen des italienischen IPR, dass die Ehegatten grundsätzlich dem Heimatrecht unterliegen (Art. 29, 30 des italienischen Gesetzes über die Reform des italienischen Systems des internationalen Privatrechts vom 31. Mai 1995, IPRG). Nach Art. 177 des italienischen Zivilgesetzbuchs (Codice Civile, fortan CC) ist die Errungenschaftsgemeinschaft der gesetzliche Güterstand von Eheleuten, die im Hinblick auf einen Neuerwerb während der Ehe nicht mit einer Bruchteilsgemeinschaft zu vergleichen ist, sondern eher einer Gesamthandsgemeinschaft entspricht.[56] Daher wäre grundsätzlich die „Errungenschaftsgemeinschaft nach italienischem Recht", nicht aber die beantragte Bruchteilsgemeinschaft nach § 47 Abs. 1 GBO in das Grundbuch als das „für die Gemeinschaft maßgebliche Rechtsverhältnis" einzutragen.[57]

Etwas anderes gilt auch nicht in Anbetracht von Art. 179 CC, wonach Gegenstand der Gemeinschaft nicht Vermögensgegenstände sind, an denen der Ehegatte vor der Eheschließung Eigentum oder ein dingliches Nutzungsrecht hatte (Art. 179 Abs. 1 lit. a CC), die nach der Eheschließung aufgrund Schenkung oder Erbschaft erworben wurden (lit. b), die ausschließlich dem persönlichen Gebrauch eines Ehegatten dienen (lit. c), die der Berufsausübung der Ehegatten dienen (lit. d), die als Schadensersatz erlangt wurden sowie die aus dem Erlös der Veräußerung persönlichen Vermögens wie in lit. a bis d aufgeführt oder in deren Austausch erworben wurden (lit. f[58]). Nach Art. 179 Abs. 2 CC ist der Erwerb eines Grundstücks durch die Errungenschaftsgemeinschaft nach Art. 179 Abs. 1 lit. f CC nämlich nur ausgeschlossen, wenn dieser Ausschluss aus dem Erwerbsakt hervorgeht und der andere Ehegatte bei diesem beteiligt war.

Aus dem Vertrag vom 8.5.2019 geht ein Erwerb aus dem Privatvermögen der Beteiligten zu 1 und 2 nicht hervor. Selbst wenn beide Ehegatten am Vertrag mitgewirkt haben,

54 Juris-PK-BGB/*Ludwig*, Art. 15 EGBGB Rn. 8.

55 Palandt/*Thorn*, BGB, 79. Aufl., Anhang zu Art. 14 EGBGB Rn. 1.

56 Bergmann/Ferid/*Henrich*, Internationales Ehe- und Kindschaftsrecht, Stand Februar 2020, Stichwort Italien S. 37 f.

57 OLG Zweibrücken FGPrax 2016, 113/114; Schöner/*Stöber*, Grundbuchrecht, 15. Aufl., Rn. 3422.

58 S. auch *Wiedemann*, in: Süß/Ring, Eherecht in Europa, 3. Aufl., Italien Rn. 57 ff.

ist daher diese Voraussetzung nicht erfüllt. Auch wenn das Grundbuchamt bei bloßen Zweifeln am Erwerb eine Eintragung nicht verweigern darf,[59] steht hier im Gegenteil fest, dass der Erwerb nicht aus privaten Mitteln der Beteiligten zu 1 und 2 erfolgt ist. Die Beteiligten haben nämlich eine am 16.5.2019 errichtete Urkunde zu den Grundakten gegeben, mit der eine Finanzierungsgrundschuld über fast die Hälfte des Kaufpreises aufgenommen wird. Daher bestehen nicht nur Zweifel, sondern es ist offenbar, dass der Kaufpreis nicht (vollständig) aus privatem Vermögen der jeweiligen Ehegatten gezahlt wird. In diesem Fall muss das Grundbuchamt daher zu der Überzeugung kommen, dass das Grundstück – jedenfalls zu einem erheblichen Teil – ins Gesamtgut fällt und bei der beantragten Eintragung das Grundbuch unrichtig würde. Einer solchen Eintragung steht jedoch das Legalitätsprinzip entgegen.[60]

Ob es über den Wortlaut von Art. 179 Abs. 2 CC hinaus den Ehegatten auch ohne Erklärung in der Urkunde nach Art. 179 Abs. 2 CC, dass der Erwerb aus privaten Mitteln erfolgt, freigestellt ist, durch (konkludente) Zustimmung den Erwerb des Grundstücks durch den jeweils anderen zu Bruchteilen zu begründen,[61] kann dahingestellt bleiben. Eine solche Erklärung ist in den Vertrag nicht aufgenommen. Auch eine Auslegung des Vertrags (§ 157 BGB) ergibt nicht, dass die Beteiligten zu 1 und 2 eine solche Zustimmung konkludent erteilt hätten. Sie gingen vielmehr ausweislich der Ziffer VII. des Vertrags davon aus, dass es einer solchen Zustimmung nicht bedürfe. Es kann daher nicht davon ausgegangen werden, dass eine solche dennoch konkludent erklärt worden ist.

III.

Eine Kostenentscheidung ist nicht veranlasst, da die Beschwerde insofern erfolgreich ist, als die Zwischenverfügung aufzuheben war.

---

59 Schöner/*Stöber*, Grundbuchrecht, 15. Aufl., Rn. 3421b.

60 BayObLG Rpfleger 1986, 369; Schöner/*Stöber*, Rn. 3421b.

61 So *Milzer*, FGPrax 2016, 114/115.

IV. Rechtsprechungsübersicht

(im Anschluss an die Übersicht in Band 32,
vornehmlich aus dem Publikationszeitraum 2020 und 2021)

1.1 Art. 2054 Abs. 1 ZGB ITA, Art. 2054 Abs. 2 ZGB ITA, Art. 2054 Abs. 3 ZGB ITA, Art. 2058 ZGB ITA, Art. 2059 ZGB ITA, Art. 32 Verf ITA, Art. 590 StGB ITA, EGV 864/2007 Art. 4 Abs. 1, EGV 864/2007 Art. 15, EGV 864/2007 Art. 18 Abs. 2, EGV 864/2007 Art. 24

1. **Nach Art. 2054 Abs. 2 Codice civile (c.c.), der auch für Motorräder gilt, besteht die gesetzliche Vermutung, dass jeder der Lenker in gleichem Ausmaß zur Verursachung des an den einzelnen Fahrzeugen entstandenen Schadens beigetragen hat.**
2. **Kann keine der beiden unfallbeteiligten Seiten beweisen, alles zur Schadenvermeidung getan zu haben, bleibt es bei der Vermutung.**
3. **Nach italienischem Recht ist der Ersatz eines „biologischen Schadens" berechtigt, der auf der Verletzung des durch Art. 32 der italienischen Verfassung (Costituzione) geschützten Grundrechts auf Gesundheit beruht, wobei für jeden Tag der Gesundheitsschädigung im Jahr 2016 ein Betrag von 46,10 € anzusetzen ist.**

LG Hannover, Urt. v. 1. Juli 2019 – 18 O 49/17, DAR 2020, 568–571.

1.2 Art. 4, 11 Rom I-VO, Art. 793 Codice Civile

1. **Eine Schenkung unterliegt nach Art. 4 Abs. 2 Rom I-VO italienischem Recht, wenn der Zuwendende seinen gewöhnlichen Aufenthalt zum Zeitpunkt des Vertragsschlusses in Italien hat. Der Ort des Vertragsschlusses sowie der Vertragsverhandlungen vermögen für sich genommen keine wesentlich engere Verbindung (Art. 4 Abs. 3 Rom I-VO) herbeizuführen.**
2. **Zur Qualifikation des nach italienischem Recht für die Rückforderung bei Nichterfüllung einer Auflage erforderlichen Vorhandenseins einer Schenkungsurkunde als Formvorschrift i.S.d. Art. 11 Rom I-VO.**

OLG Frankfurt a.M., Urt. v. 15. April 2020 – 6 U 23/19; Volltext abgedruckt in JbItalR 33/34 (2020/21), S. 171 (in diesem Band).

1.3 § 18 Abs. 1 S. 1 GBO, § 71 Abs. 1 GBO, EGBGB Art. 15, 14, CC Art. 177

1. **Ist in einer Zwischenverfügung des Grundbuchamts nur das Eintragungshindernis, nicht aber das Mittel zu dessen Beseitigung unmissverständlich benannt, ist die Zwischenverfügung aufzuheben.**
2. **Haben die in Errungenschaftsgemeinschaft nach italienischem Recht verheirateten Ehegatten im Zuge des Erwerbs eine Finanzierungsgrundschuld über fast die Hälfte des Kaufpreises einer Immobilie bestellt, steht fest, dass die Ehegatten ihren Anteil an der Immobilie nicht vollständig aus eigenen Mitteln zahlen. Damit können sie nicht als Bruchteilseigentümer der Immobilie eingetragen werden.**

OLG München, Beschl. v. 25. Juni 2020 – 34 Wx 504/19, FamRZ 2020, 1470–1472 = FGPrax 2020, 207–208 = Rpfleger 2021, 144–146; Volltext abgedruckt in JbItalR 33/34 (2020/21), S. 176 (in diesem Band).

2. FAMILIEN- UND ERBRECHT

2.1 §§ 59 Abs. 1, 63 Abs. 1, 64 Abs. 1, 64 Abs. 2 FamFG

In einer Ehesache ist auch derjenige beschwerdeberechtigt (§ 59 Abs. 1 FamFG), der sich gegen einen von ihm selbst beantragten Ausspruch wendet, weil er infolge von Verfahrensfehlern befürchtet, dass die Entscheidung in seinem Herkunftsland nicht anerkannt wird (hier: Trennungsausspruch nach italienischem Recht ohne persönliche Anhörung und ohne hinreichende Beteiligung des Gegners).

OLG Zweibrücken, Beschl. v. 10. November 2020 – 2 UF 144/20, FamRZ 2021, 299–300 = NJW-RR 2021, 327.

2.2 EGV 2201/2003 Art. 21 Abs. 1, EGV 2201/2003 Art. 21 Abs. 2, EGV 2201/2003 Art. 39, § 107 Abs. 1 S. 1 FamFG, § 5 Abs. 1 PStG, § 16 Abs. 1 S. 1 Nr. 3 PStG, § 49 Abs. 1 PStG, § 49 Abs. 2 PStG

Eine in Italien erfolgte einvernehmliche Ehescheidung vor dem Standesbeamten unterfällt dem Anwendungsbereich der Brüssel IIa-VO. Die Fortführung eines Eheregistereintrags erfordert deshalb keine vorherige Anerkennung der Scheidung durch die Landesjustizverwaltung. Ausreichend ist eine Bescheinigung nach Art. 39 Brüssel IIa-VO.

KG Berlin, Beschl. v. 30. März 2020 – 1 W 236/19, StAZ 2020, 171–173 = MDR 2020, 931 = FamRZ 2020, 1215–1217 = FamRB 2020, 346-348.

2.3 EGV 2201/2003 Art. 1 Abs. 1 Buchst. a, EGV 2201/2003 Art. 2 Nr. 4, EGV 2201/2003 Art. 21 Abs. 1, EGV 2201/2003 Art. 46, Art. 267 AEUV, § 107 FamFG, § 16 Abs. 1 S. 1 N. 3 PStG

Dem Europäischen Gerichtshof werden folgende Fragen zur Vorabentscheidung vorgelegt:

a. Handelt es sich bei einer Eheauflösung auf der Grundlage von Art. 12 des italienischen Gesetzesdekrets (Decreto Legge) Nr. 132 vom 12. September 2014 (DL Nr. 132/2014) um eine Entscheidung über die Scheidung einer Ehe im Sinne der Brüssel IIa-Verordnung?

b. Für den Fall der Verneinung von Frage a): Ist eine Eheauflösung auf der Grundlage von Art. 12 des italienischen Gesetzesdekrets (Decreto Legge) Nr. 132 vom 12. September 2014 (DL Nr. 132/2014) entsprechend der Regelung des Art. 46 der Brüssel IIa-Verordnung zu öffentlichen Urkunden und Vereinbarungen zu behandeln?

BGH, EuGH-Vorlage v. 28. Oktober 2020 – XII ZB 187/20, StAZ 2021, 13–17 = FamRZ 2021, 119–123 = MDR 2021, 100–101; Volltext abgedruckt in JbItalR 33/34 (2020/21), S. 161 (in diesem Band).

3. ZIVILVERFAHRENS- UND INSOLVENZRECHT

3.1 EUV 1215/2012 Art. 2a Abs. 2 S. 1, EUV 1215/2012 Art. 41 Abs. 1 S. 1, EUV 1215/2012 Art. 41 Abs. 1 S. 2, EUV 1215/2012 Art. 42 Abs. 2b, EUV 1215/2012 Art. 53, § 767 Abs. 1 ZPO, § 890 Abs. 2 ZPO, § 1086 Abs. 1 ZPO, § 1117 ZPO

1. Entspricht eine vom Tribunale die Vicenza ausgestellte Bescheinigung nach Art. 53 Brüssel Ia-VO nicht den Vorgaben des Art. 42 Abs. 2 lit. b Brüssel Ia-VO, ist die Entscheidung in Deutschland nicht vollstreckbar.

2. Art. 42 Abs. 2 Lit. b) i) ist nicht Genüge getan, wenn in der Bescheinigung nicht bestätigt ist, dass das Tribunale di Vicenza auch in der Hauptsache zuständig ist, da nach Art. 2

lit. a Abs. 2 S. 2 Brüssel Ia-VO die Verordnung Entscheidungen über einstweilige Maßnahmen nur erfasst, wenn diese vom auch in der Hauptsache zuständigen Gericht getroffen werden. (Orientierungssatz der juris-Redaktion)

OLG München, Beschl. v. 9. November 2020 – 7 W 1210/20 (juris).

3.2 EuGVVO Art. 4, Rom I-VO Art. 3, Rom II-VO Art. 6, GWB § 1, ZPO §§ 293, 935, UWG § 4

1. **Ist im Eilverfahren der Inhalt des anzuwendenden Rechts aufgrund der Eilbedürftigkeit nicht zuverlässig zu ermitteln, ist weder nach deutschem Recht zu entscheiden noch der Antrag unter Darlegungslastgesichtspunkten zurückzuweisen. Vielmehr ist nach einer lediglich summarischen Schlüssigkeitsprüfung im Rahmen einer Abwägung der Interessen der Parteien zu entscheiden.**
2. **Zur Frage des anwendbaren Rechts bei einem Wettbewerbsverstoß auf einer italienischen Homepage, wenn beide Parteien in Deutschland ansässig sind.**

OLG Frankfurt a.M., Beschl. v. 30. Januar 2020 – 6 W 9/20, GRUR-Prax 2020, 289 = GRUR-RS 2020, 3690 = LSK 2020, 3690 = WRP 2020, 1065.

3.3 §§ 59, 69, 117, 150 FamFG, §§ 113 Abs. 1 S. 2 FamFG, 128 Abs. 1 ZPO

Zwar sieht Art. 21 Abs. 1 der Verordnung (EG) Nr. 2201/2003 (Brüssel IIa-Verordnung) im Grundsatz eine Anerkennung der in einem Mitgliedsstaat getroffenen Entscheidung ohne gesondertes Anerkennungsverfahren vor. Nach. Art. 21 Abs. 3 und Art. 22 lit. a) und b) kommt eine Nichtanerkennung gleichwohl in Betracht, wenn die Anerkennung der öffentlichen Ordnung des Mitgliedsstaates, in dem sie beantragt wird, offensichtlich widerspricht oder wenn dem Antragsgegner, der sich auf das Verfahren nicht eingelassen hat, das verfahrenseinleitende Schriftstück nicht so rechtzeitig und in einer Weise zugestellt wurde, dass er sich verteidigen konnte, es sei denn, dass er mit der Entscheidung eindeutig einverstanden ist. Vorliegend hat das Erstgericht die Beteiligten weder zur Trennung noch zu einer etwaigen Versöhnung persönlich angehört. Auch hatte der Antragsgegner keine hinreichende Verteidigungsmöglichkeit. Ihm wurde das verfahrenseinleitende Schriftstück zwar mit Gelegenheit zur Stellungnahme binnen zwei Wochen zugestellt. Mit einer Entscheidung ohne mündliche Verhandlung musste er wegen §§ 113 Abs. 1 S. 2 FamFG, 128 Abs. 1 ZPO aber nicht rechnen. (Leitsatz der Redaktion)

OLG Zweibrücken, Beschl. v. 10. November 2020 – 2 UF 144/20, FamRZ 2021, 299 = NJW-RR 2021, 327.

4. STEUERRECHT

4.1 § 9 Abs. 1 Nr. 1 ErbStG 1997, § 9 Abs. 1 Nr. 1a ErbStG 1997, § 21 ErbStG 1997

1. **Auch ein nach ausländischem Recht erfolgter vergleichbarer Erwerb von Todes wegen unterliegt der Erbschaftsteuer nach dem ErbStG.**
2. **Das Rechtsinstitut des Annahmeerfordernisses nach italienischem Recht (Art. 459 Codice Civile) ist nicht als Erwerb unter einer aufschiebenden Bedingung im Sinne des § 9 Abs. 1 Nr. 1 Buchst. a ErbStG einzuordnen; es unterfällt dem Regelfall des § 9 Abs. 1 Satz 1 ErbStG. (Orientierungssatz der juris-Redaktion)**

Hessisches Finanzgericht, Urt. v. 22. August 2019 – 10 K 1539/17, EFG 2019, 1848–1850 = IStR 2020, 196–200 = DStRE 2020, 286–288 = ZEV 2020, 238–241.

5. ÖFFENTLICHES RECHT

5.1 § 29 Abs. 1 Nr. 1a AsylVfG 1992, § 34a Abs. 1 S. 1 AsylVfG 1992, Art. 1 GRCh, EURL 33/2013 Art. 18, EURL 33/2013 Art. 20, EUV 604/2013 Art. 3 Abs. 2, Art. 3 MRK, Art. 4 GRCh

1. **Der im italienischen Recht vorgesehene und praktizierte vollständige Entzug materieller staatlicher Leistungen zur Befriedigung der elementaren Bedürfnisse Unterkunft und Nahrung ist nach der aktuellen Rechtsprechung des EuGH mit der in Art. 1 GRCh verbürgten Menschenwürde unvereinbar und führt zu einem beachtlichen systemischen Mangel im italienischen Aufnahmesystem.**
2. **Die beachtliche Wahrscheinlichkeit einer Verletzung von nach Italien rücküberstellten Asylantragstellern in ihren Rechten aus Art. 1 und 4 GRCh aufgrund eines zumindest zeitweisen Vorenthaltens jeglicher staatlich gewährleisteter Unterkunft und Nahrung wird nicht dadurch ausgeschlossen, dass Obdachloseneinrichtungen gemeinnütziger Organisationen grundsätzlich zur Verfügung stehen.**

VG Braunschweig, Urt. v. 2. Juni 2020 – 7 A 359/17 (juris).

5.2 Art. 3 MRK, Art. 4 GRCh, § 29 Abs. 1 Nr. 2 AsylVfG 1992

Es ist unter Berücksichtigung der bereits eingetretenen und zu erwartenden gesundheitlichen, wirtschaftlichen und gesellschaftlichen Auswirkungen der sogenannten Corona-Krise beachtlich wahrscheinlich, dass auch einem gesunden, nicht vulnerablen Betroffenen im Falle einer Rückkehr nach Italien eine unmenschliche und erniedrigende Behandlung droht. (Orientierungssatz der juris-Redaktion)

VG Gelsenkirchen, Gerichtsbescheid v. 25. Mai 2020 – 1a K 9184/17.A (juris).

5.3 § 34a Abs. 1 S. 2 AsylVfG 1992, EUV 604/2013 Art. 5, § 46 VwVfG

§ 46 VwVfG ist auf den Fall eines unterbliebenen persönlichen Gesprächs nach Art. 5 Abs. 1 S. 1 Dublin III-VO nicht anwendbar.

VG Bremen, Beschl. v. 13. November 2020 – 6 V 1316/20 (juris).

6. UNIONSRECHT

6.1 Art. 16, Art. 18 RL (EU) 2012/29; Art. 47, Art. 48 GRCh; Art. 267 AEUV

Die Art. 16 und 18 der Richtlinie 2012/29/EU des Europäischen Parlaments und des Rates vom 25. Oktober 2012 über Mindeststandards für die Rechte, die Unterstützung und den Schutz von Opfern von Straftaten sowie zur Ersetzung des Rahmenbeschlusses 2001/220/JI sind dahin auszulegen, dass sie nationalen Rechtsvorschriften nicht entgegenstehen, nach denen das Opfer einer Straftat, das zum ersten Mal vom Spruchkörper eines erstinstanzlichen Strafgerichts vernommen wurde, bei einer späteren Änderung in der Besetzung dieses Spruchkörpers grundsätzlich von dem neubesetzten Spruchkörper erneut vernommen werden muss, wenn einer der Verfahrensbeteiligten einer Verwertung des Protokolls der ersten Vernehmung des Opfers durch diesen Spruchkörper widerspricht.

EuGH, Urt. v. 29. Juli 2019 – C-38/18; ECLI:EU:C:2019:628, BeckRS 2019, 15968.

6.2 Art. 267 AEUV; Art. 1 Abs. 1, Abs. 3 RL (EWG) 89/665

Art. 1 I UAbs. 3 und Art. 1 III der RL 89/665/EWG des Rates vom 21.12.1989 zur Koordinierung der Rechts- und Verwaltungsvorschriften für die Anwendung der Nachprüfungsverfahren im Rahmen der Vergabe öffentlicher Liefer- und Bauaufträge in der durch die RL 2007/66/EG des Europäischen Parlaments und des Rates vom 11.12.2007 geänderten Fassung ist dahin auszulegen, dass er es verwehrt, die Klage eines Bieters, der ein Interesse an einem bestimmten Auftrag hat und dem durch einen behaupteten Verstoß gegen das Unionsrecht im Bereich des öffentlichen Auftragswesens oder gegen die Vorschriften zu dessen Umsetzung ein Schaden entstanden ist oder zu entstehen droht, auf Ausschluss eines anderen Bieters gemäß den nationalen Verfahrensvorschriften oder der entsprechenden nationalen Rechtsprechung, die sich – ohne dass es auf die Zahl der Teilnehmer am Vergabeverfahren und die Zahl der Teilnehmer, die Klagen erhoben haben, ankäme – auf die Behandlung von wechselseitigen Ausschlussklagen beziehen, für unzulässig zu erklären.

EuGH, Urt. v. 5. September 2019 – C-333/18, NZBau 2019, 734.

6.3 Art. 267 AEUV; Art. 27 EL (EG) 882/2004

1. **Art. 27 der Verordnung (EG) Nr. 882/2004 des Europäischen Parlaments und des Rates vom 29. April 2004 über amtliche Kontrollen zur Überprüfung der Einhaltung des Lebensmittel- und Futtermittelrechts sowie der Bestimmungen über Tiergesundheit und Tierschutz ist dahin auszulegen, dass die Mitgliedstaaten verpflichtet sind, Gebühren für die amtlichen Kontrollen der in Anhang IV Abschnitt A und in Anhang V Abschnitt A der Verordnung genannten Tätigkeiten auch von Lebensmittel- und Futtermittelunternehmern zu erheben, bei denen die Schlacht- und Fleischzerlegungstätigkeiten nachgeordnete Tätigkeiten neben ihrer Haupttätigkeit der Tierhaltung sind.**
2. **Art. 27 der Verordnung Nr. 882/2004 ist dahin auszulegen, dass ein Mitgliedstaat keine niedrigeren als die in Anhang IV Abschnitt B und in Anhang V Abschnitt B der Verordnung Nr. 882/2004 vorgesehenen Mindestgebühren erheben darf.**

EuGH, Urt. v. 12. September 2019 – C-199/18, C-200/18, C-343/18, ECLI:EU:C:2019:718, BeckRS 2019, 20763.

6.4 Art. 49, Art. 52 Abs. 1, Art. 267 AEUV

Art. 49 AEUV ist dahin auszulegen, dass er einer nationalen Maßnahme entgegensteht, die den bei einer kommunalen Apotheke beschäftigten Apothekern bei Übertragung dieser Apotheke im Wege eines Ausschreibungsverfahrens ein uneingeschränktes Vorkaufsrecht gewährt.

EuGH, Urt. v. 19. Dezember 2019 – C-465/18, ECLI:EU:C:2019:1125, BeckRS 2019, 32136.

6.5 Art. 12, Art. 19, Art. 21, Art. 22 RL (EWG) 82/891; Art. 146 Gesellschaftsrechtsrichtlinie 2017; Art. 12, Art. 19 Spaltungsrichtlinie; §§ 133, 125, 20 UmwG

1. **Der Europäische Gerichtshof kann auch dann zuständig sein, wenn Mitgliedstaaten europäische Richtlinien überschießend in nationales Recht umsetzen.**
2. **Art. 12, 19 der sog. Spaltungsrichtlinie stehen nationalen Gläubigerschutzvorschriften, die bei einer Spaltung auch nach ihrer Eintragung dem Gläubiger zusätzlichen Schutz gewähren, nicht entgegen. (Leitsätze des Verfassers)**

EuGH, Urt. v. 30. Januar 2020 – C-394/18, BeckRS 2020, 461 = FD-InsR 2020, 429403 = ZEuP 2021, 145.

6.6 Art. 10 lit. h, Art. 12 Abs. 4 RL (EU) 2014/24

1. **Art. 10 Buchst. h und Art. 12 Abs. 4 der RL 2014/24/EU des Europäischen Parlaments und des Rates vom 26. Februar 2014 über die öffentliche Auftragsvergabe und zur Aufhebung der RL 2004/18/EG sind dahin auszulegen, dass sie regionalen Rechtsvorschriften, die die Vergabe eines öffentlichen Auftrags davon abhängig machen, dass die normale Krankentransportdienstleistung nicht durch eine Partnerschaft zwischen Einrichtungen des öffentlichen Sektors gewährleistet werden kann, nicht entgegenstehen, solange die Wahl zugunsten einer besonderen Art und Weise der Dienstleistungserbringung, die in einem der Vergabe öffentlicher Aufträge vorgelagerten Stadium getroffen wurde, die Grundsätze der Gleichbehandlung, der Nichtdiskriminierung, der gegenseitigen Anerkennung, der Verhältnismäßigkeit und der Transparenz beachtet.**
2. **Art. 10 Buchst. h und Art. 12 Abs. 4 der RL 2014/24 sind dahin auszulegen, dass sie regionalen Rechtsvorschriften, die den öffentlichen Auftraggeber verpflichten, seine Entscheidung, die Vergabe der normalen Krankentransportdienstleistung durch eine Ausschreibung statt durch eine Direktvergabe im Wege eines mit einem anderen öffentlichen Auftraggeber geschlossenen Vertrags vorzunehmen, zu begründen, nicht entgegenstehen.**

EuGH, Beschl. v. 6. Februar 2020 – C-11/19, ECLI:EU:C:2020:88, BeckRS 2020, 3953.

6.7 Art. 93, Art. 107, Art. 108, Art. 263 AEUV; Art. 6, Art. 7, Art. 13 EMRK

1. **Eine staatliche Maßnahme wird nicht von Art. 107 Abs. 1 AEUV erfasst, soweit sie als Ausgleich anzusehen ist, der die Gegenleistung für Leistungen bildet, die von den Unternehmen, denen sie zugutekommt, zur Erfüllung gemeinwirtschaftlicher Verpflichtungen erbracht werden, so dass diese Unternehmen in Wirklichkeit keinen finanziellen Vorteil erhalten und die genannte Maßnahme somit nicht bewirkt, dass sie gegenüber den mit ihnen im Wettbewerb stehenden Unternehmen in eine günstigere Wettbewerbsstellung gelangen. (Rn. 62)**
2. **Ein derartiger Ausgleich ist in einem konkreten Fall nur dann nicht als staatliche Beihilfe einzustufen, wenn die in den Rn. 88 bis 93 des Urteils vom 24. Juli 2003, Altmark Trans und Regierungspräsidium Magdeburg (C-180/00, ECLI:EU:C:2003:415), angeführten Voraussetzungen erfüllt sind. (Rn. 64)**
3. **Nationale Gerichte können im Bereich staatlicher Beihilfen mit Rechtsstreitigkeiten befasst werden, die sie verpflichten, den in Art. 107 Abs. 1 AEUV genannten Begriff „Beihilfe" auszulegen und anzuwenden, insbesondere um zu ermitteln, ob eine staatliche Maßnahme unter Verstoß gegen Art. 108 Abs. 3 AEUV eingeführt wurde. Dagegen sind innerstaatliche Gerichte nicht zuständig, darüber zu befinden, ob eine staatliche Beihilfe mit dem Binnenmarkt vereinbar ist. Für die Beurteilung der Vereinbarkeit von Beihilfemaßnahmen oder einer Beihilferegelung mit dem Binnenmarkt ist nämlich ausschließlich die Kommission zuständig, die dabei der Kontrolle der Unionsgerichte unterliegt. (Rn. 90)**
4. **Die Regel der ausschließlichen Zuständigkeit der Kommission gilt wegen des Grundsatzes des Vorrangs des Unionsrechts in der innerstaatlichen Rechtsordnung. (Rn. 94)**
5. **Nach dem Unionsrecht darf die Anwendung des Grundsatzes der Rechtskraft nicht die Rückforderung einer Beihilfe behindern, die unter Verstoß gegen dieses Recht gewährt wurde und deren Unvereinbarkeit durch einen bestandskräftig gewordenen Beschluss der Kommission festgestellt wurde. Auf den Grundsatz des Vertrauensschutzes kann sich jeder berufen, bei dem ein Unionsorgan durch klare Zusicherungen begründete Erwartungen geweckt hat. (Rn. 95 und 99)**

EuGH, Urt. v. 4. März 2020 – C-587/18 P, CSTOP Azienda della Mobilità SpA / European Commission, Asstra Associazione Trasporti, BeckRS 2020, 2694 = BeckEuRA 2020, 630303.

6.8 Art. 267 AEUV; Art. 3, Art. 6, Art. 11, Art. 22 Abs. 3 EL (EG) 97/13

1. **Art. 22 Abs. 3 der Richtlinie 97/13/EG des Europäischen Parlaments und des Rates vom 10. April 1997 über einen gemeinsamen Rahmen für Allgemein- und Einzelgenehmigungen für Telekommunikationsdienste ist dahin auszulegen, dass er einer nationalen Regelung entgegensteht, mit der die einem Telekommunikationsunternehmen, das Inhaber einer zum Zeitpunkt des Inkrafttretens dieser Richtlinie bestehenden Genehmigung ist, auferlegte Verpflichtung zur Zahlung einer nach dem Umsatz und nicht nur nach den Verwaltungskosten der Ausstellung, Verwaltung, Kontrolle und Durchsetzung der Allgemein- und Einzelgenehmigungen berechneten Abgabe für das Jahr 1998 verlängert wird.**
2. **Das Unionsrecht ist dahin auszulegen, dass es ein nationales Gericht nicht verpflichtet, von der Anwendung innerstaatlicher Verfahrensvorschriften, aufgrund deren eine gerichtliche Entscheidung Rechtskraft erlangt, abzusehen, selbst wenn dadurch ein Verstoß gegen eine Vorschrift des Unionsrechts abgestellt werden könnte, was für die Betroffenen nicht die Möglichkeit ausschließt, den Staat haftbar zu machen, um auf diesem Wege den rechtlichen Schutz ihrer vom Unionsrecht anerkannten Rechte zu erlangen.**

EuGH, Urt. v. 4. März 2020 – C-34/19, ECLI:EU:C:2020:248, BeckRS 2020, 2684.

6.9 § 9a WEG; §§ 305 ff. BGB; Art. 1 Abs. 1, Art. 2 lit. b RL (EWG) 93/13; Art. 169 AEUV

1. **Art. 1 I und Art. 2 Buchst. b der Richtlinie 93/13/EWG des Rates vom 5. April 1993 über missbräuchliche Klauseln in Verbraucherverträgen sind dahin auszulegen, dass sie einer nationalen Rechtsprechung nicht entgegenstehen, wonach die Rechtsvorschriften, mit denen diese Richtlinie in innerstaatliches Recht umgesetzt werden soll, so ausgelegt werden, dass die in ihr enthaltenen Verbraucherschutzvorschriften auch auf einen Vertrag Anwendung finden, den ein Rechtssubjekt, wie das Condominio im italienischen Recht, mit einem Gewerbetreibenden schließt, obwohl dieses Rechtssubjekt nicht in den Anwendungsbereich der Richtlinie fällt.**
2. **Als Verbraucher im Sinne von Art. 2 Buchst. b RL 93/13/EWG kann eine andere als eine natürliche Person, die einen Vertrag mit einem Gewerbetreibenden schließt, nicht angesehen werden. (Rn. 25)**
3. **Beim gegenwärtigen Stand der Entwicklung des Unionsrechts ist der Begriff „Eigentum" auf Ebene der EU nicht harmonisiert. Zwischen den Mitgliedstaaten können Unterschiede fortbestehen. Indem sie sie als „juristische Person" einstufen oder nicht steht es den Mitgliedstaaten, solange der Unionsgesetzgeber diesbezüglich nicht tätig geworden ist, weiterhin frei, den rechtlichen Status der Eigentümergemeinschaft in ihren jeweiligen nationalen Rechtsordnungen zu regeln. (Rn. 27–28)**
4. **Eine Eigentümergemeinschaft wie die Klägerin des Ausgangsverfahrens erfüllt die erste in Art. 2 Buchst. b RL 93/13/EWG genannte Voraussetzung nicht und fällt deshalb nicht unter den Begriff „Verbraucher" im Sinne dieser Bestimmung. Ein Vertrag zwischen einer solchen Eigentümergemeinschaft und einem Gewerbetreibenden ist daher vom Anwendungsbereich der Richtlinie ausgenommen. (Rn. 29)**

EuGH, Urt. v. 2. April 2020 – C-329/19, Condominio di Milano, via Meda / Eurothermo SpA, BeckRS 2020, 4823 = BeckEuRS 2020, 632960 = LMK 2020, 430374.

6.10 Art. 49, Art. 56, Art. 63, Art. 267 AEUV; Art. 15, Art. 16 EL (EG) 2002/21

Art. 49 AEUV ist dahin auszulegen, dass er einer Regelung eines Mitgliedstaats entgegensteht, die bewirkt, dass eine in einem anderen Mitgliedstaat eingetragene Gesellschaft, deren Einnahmen im Sektor der elektronischen Kommunikation, wie er für die Zwecke dieser

Regelung definiert wird, mehr als 40 % der gesamten in diesem Sektor erzielten Einnahmen betragen, daran gehindert ist, im integrierten Kommunikationssystem Einnahmen zu erzielen, die mehr als 10 % der in diesem System erzielten Einnahmen betragen.

EuGH, Urt. v. 3. September 2020 – C-719/18; ECLI:EU:C:2020:627, BeckRS 2020, 21397 = GRUR-Prax 2020, 520.

6.11 Art. 28, Art. 57, Art. 267 AEUV; Art. 2 Nr. 1 Abs. 1 RL (EG) 2000/35

Art. 2 Nr. 1 Abs. 1 der RL 2000/35/EG des Europäischen Parlaments und des Rates vom 29. Juni 2000 zur Bekämpfung von Zahlungsverzug im Geschäftsverkehr ist dahin auszulegen, dass ein öffentlicher Bauauftrag einen Geschäftsvorgang, der zu einer Lieferung von Gütern oder Erbringung von Dienstleistungen führt, im Sinne dieser Bestimmung darstellt und somit in den sachlichen Anwendungsbereich dieser Richtlinie fällt.

EuGH, Urt. v. 18. November 2020 – C-299/19, Techbau SpA / Azienda Sanitatia Locale AL (ASL), BeckRS 2020, 31154 = NJW 2021, 49 = BeckEuRS 2020, 664833 = IBR 2021, 1003.

6.12 Art. 7 Abs. 1 RL (EG) 2003/88; Art. 252 Abs. 2, Art. 267 AEUV

1. **Art. 267 AEUV ist dahin auszulegen, dass der Giudice di pace (Friedensrichter, Italien) unter den Begriff „Gericht eines Mitgliedstaats“ im Sinne dieses Artikels fällt.**
2. **Art. 7 I RL 2003/88/EG des Europäischen Parlaments und des Rates vom 4.11.2003 über bestimmte Aspekte der Arbeitszeitgestaltung und Art. 31 II der Charta der Grundrechte der Europäischen Union sind dahin auszulegen, dass ein Friedensrichter, der im Rahmen seiner Aufgaben tatsächliche und echte Leistungen erbringt, die weder völlig untergeordnet noch unwesentlich sind und für die er Entschädigungen mit Vergütungscharakter erhält, unter den Begriff „Arbeitnehmer“ im Sinne dieser Bestimmungen fallen kann, was zu überprüfen Sache des vorlegenden Gerichts ist.**
3. **Paragraf 2 Nr. 1 der am 18.3.1999 geschlossenen Rahmenvereinbarung über befristete Arbeitsverträge im Anhang RL 1999/70/EG des Rates vom 28.6.1999 zu der EGB-UNICE-CEEP-Rahmenvereinbarung über befristete Arbeitsverträge ist dahin auszulegen, dass der in dieser Bestimmung enthaltene Begriff „befristet beschäftigte Arbeitnehmer“ einen Friedensrichter umfassen kann, der für einen begrenzten Zeitraum ernannt ist und im Rahmen seiner Aufgaben tatsächliche und echte Leistungen erbringt, die weder völlig untergeordnet noch unwesentlich sind und für die er Entschädigungen mit Vergütungscharakter erhält, was zu überprüfen Sache des vorlegenden Gerichts ist.**
4. **Paragraf 4 Nr. 1 der am 18.3.1999 geschlossenen Rahmenvereinbarung über befristete Arbeitsverträge im Anhang RL 1999/70 ist dahin auszulegen, dass er einer nationalen Regelung entgegensteht, die für einen Friedensrichter keinen Anspruch auf bezahlten Jahresurlaub von 30 Tagen, wie er für ordentliche Richter vorgesehen ist, kennt, falls dieser Friedensrichter unter den Begriff „befristet beschäftigte Arbeitnehmer“ im Sinne von Paragraf 2 Nr. 1 dieser Rahmenvereinbarung fallen und sich in einer mit einem ordentlichen Richter vergleichbaren Situation befinden sollte, es sei denn, diese unterschiedliche Behandlung ist durch die Unterschiede in den verlangten Qualifikationen und die Art der in den Verantwortungsbereich der ordentlichen Richter fallenden Aufgaben gerechtfertigt, was zu überprüfen dem vorlegenden Gericht obliegt.**

EuGH, Urt. v. 16. Juli 2020 – C-658/18 – Governo della Repubblica Italiana / UX; BeckRS 2020, 1697 = NZA 2020, 1697 = BeckEuRS 2020, 642497.

6.13 Art. 14 Abs. 3 RL (EG) 2003/6; Art. 30 Abs. 1 lit. b VO (EU) Nr. 596/2014; Art. 47, Art. 48 GRCh; Art. 6 Abs. 1, Abs. 2, Abs. 3 EMRK; Art. 267 AEUV

1. **Art. 14 Abs. 3 der RL 2003/6/EG des Europäischen Parlaments und des Rates vom 28. Januar 2003 über Insider-Geschäfte und Marktmanipulation (Marktmissbrauch) und Art. 30 Abs. 1 Buchst. b der Verordnung (EU) Nr. 596/2014 des Europäischen Parlaments und des Rates vom 16. April 2014 über Marktmissbrauch (Marktmissbrauchsverordnung) und zur Aufhebung der RL 2003/6 und der Richtlinien 2003/124/EG, 2003/125/ EG und 2004/72/EG der Kommission sind im Licht der Art. 47 und 48 der Charta der Grundrechte der Europäischen Union dahin auszulegen, dass sie es den Mitgliedstaaten gestatten, keine Sanktionen gegen eine natürliche Person zu verhängen, die sich im Rahmen sie betreffender, von der zuständigen Behörde gemäß der Richtlinie oder der Verordnung durchgeführter Ermittlungen weigert, der Behörde Antworten zu geben, aus denen sich ihre Verantwortlichkeit für eine mit Verwaltungssanktionen strafrechtlicher Natur bewehrte Zuwiderhandlung oder ihre strafrechtliche Verantwortlichkeit ergeben kann.**

EuGH Urt. v. 2. Februar 2021 – C-481/19, BeckRS 2021, 863 = NZG 2021, 295 = IWRZ 2021, 136 = BeckEuRS 2021, 672210.

6.14 Art. 2 Abs. 1 Nr. 4 lit. a, lit. c RL (EU) 2014/24

1. **Art. 2 Abs. 1 Nr. 4 Buchst. a der RL 2014/24/EU des Europäischen Parlaments und des Rates vom 26. Februar 2014 über die öffentliche Auftragsvergabe und zur Aufhebung der RL 2004/18/EG ist dahin auszulegen, dass bei einer Einrichtung, die mit im nationalen Recht abschließend festgelegten öffentlichen Aufgaben betraut ist, auch dann angenommen werden kann, dass sie im Sinne dieser Bestimmung zu dem besonderen Zweck gegründet wurde, im Allgemeininteresse liegende Aufgaben nicht gewerblicher Art zu erfüllen, wenn sie nicht in der Form einer öffentlichen Verwaltungsstelle, sondern in der Form eines privatrechtlichen Vereins gegründet wurde und bestimmte ihrer Tätigkeiten, hinsichtlich deren sie über Eigenfinanzierungskapazität verfügt, keinen öffentlichen Charakter haben.**
2. **Die zweite der in Art. 2 Abs. 1 Nr. 4 Buchst. c der RL 2014/24 aufgeführten Tatbestandsvarianten ist dahin auszulegen, dass in dem Fall, dass ein nationaler Sportverband nach dem nationalen Recht über Leitungsautonomie verfügt, nur dann anzunehmen ist, dass die Leitung dieses Verbands der Aufsicht einer öffentlichen Einrichtung untersteht, wenn sich aus einer Gesamtwürdigung der Befugnisse dieser Einrichtung gegenüber dem Verband ergibt, dass eine aktive Aufsicht über die Leitung vorliegt, die diese Autonomie faktisch so sehr in Frage stellt, dass sie es der Einrichtung ermöglicht, die Entscheidungen des Verbands im Bereich der Vergabe öffentlicher Aufträge zu beeinflussen. Der Umstand, dass die verschiedenen nationalen Sportverbände die Tätigkeit der betreffenden öffentlichen Einrichtung dadurch beeinflussen, dass sie mehrheitlich an deren wichtigsten beratenden Kollegialorganen beteiligt sind, ist nur dann maßgeblich, wenn sich feststellen lässt, dass jeder dieser Verbände für sich genommen in der Lage ist, einen so erheblichen Einfluss auf die von dieser Einrichtung ihm gegenüber geführte öffentliche Aufsicht auszuüben, dass diese Aufsicht neutralisiert und er damit die Entscheidungshoheit über seine Leitung wiedererlangen würde, und zwar ungeachtet des Einflusses der anderen nationalen Sportverbände, die sich in einer ähnlichen Lage befinden.**

EuGH, Urt. v. 3.2.2021 – C-155/19, BeckRS 2021, 956 = NZBau 2ß21. 191 = ZfBR 2021, 288 = VPR 2021, 41 = IBR 2021, 193 = BeckEuRA 2021, 672186.

6.15 Art. 14, Art. 102, Art. 106, Art. 107 AEUV

Art. 107 AEUV ist dahin auszulegen, dass die nationale Maßnahme, aufgrund deren die mit der Erhebung der Imposta comunale sugli immobili (kommunale Grundsteuer) betrauten Konzessionäre verpflichtet sind, bei Poste Italiane SpA über ein auf ihren Namen lautendes Girokonto zu verfügen, um den Steuerpflichtigen die Zahlung dieser Steuer zu ermöglichen, und eine Gebühr für die Führung dieses Girokontos zu entrichten, eine „staatliche Beihilfe" im Sinne der genannten Bestimmung darstellt, sofern diese Maßnahme dem Staat zugerechnet werden kann, Poste Italiane aus staatlichen Mitteln einen Vorteil verschafft und geeignet ist, den Wettbewerb und den Handel zwischen den Mitgliedstaaten zu verfälschen, was das vorlegende Gericht zu prüfen hat.

EuGH, Urt. v. 3. März 2021 – C-434/19, C-435/19, BeckRS 2021, 3140 = EuZW 2021, 455 = BeckEuRS 2021, 687968.

6.16 Art. 1 Abs. 2 lit. a RL (EG) 98/59; RL (EG) 1999/70; Art. 267 AEUV

1. **Nationale Rechtsvorschriften, die vorsehen, dass in ein und demselben Massenentlassungsverfahren nebeneinander zwei unterschiedliche Regelungen über den Schutz von Dauerbeschäftigten im Fall einer Massenentlassung, bei der gegen die Kriterien für die Auswahl der von diesem Verfahren betroffenen Arbeitnehmer verstoßen wurde, zur Anwendung kommen, fallen nicht in den Anwendungsbereich der RL 98/59/EG des Rates vom 20. Juli 1998 zur Angleichung der Rechtsvorschriften der Mitgliedstaaten über Massenentlassungen und können daher nicht im Hinblick auf die durch die Charta der Grundrechte der Europäischen Union und insbesondere deren Art. 20 und 30 verbürgten Grundrechte geprüft werden.**
2. **Paragraf 4 der Rahmenvereinbarung vom 18. März 1999 über befristete Arbeitsverträge im Anhang der RL 1999/70/EG des Rates vom 28. Juni 1999 zu der EGB-UNICE-CEEP-Rahmenvereinbarung über befristete Arbeitsverträge ist dahin auszulegen, dass er nationalen Rechtsvorschriften nicht entgegensteht, die eine neue Regelung über den Schutz von Dauerbeschäftigten bei einer ungerechtfertigten Massenentlassung auf Arbeitnehmer erstrecken, deren vor dem Inkrafttreten dieser Regelung geschlossener befristeter Vertrag nach diesem Zeitpunkt in einen unbefristeten Vertrag umgewandelt wird.**

EuGH, Urt. v. 17. März 2021 – C-652/19, ECLI:EU:C:2021:208, BeckRS 2021, 4436 = NJW-Spezial 2021, 307.

Erstellt von stud. jur. *Noemie Nowack*, und stud. jur. *Roman Gilberg*, Heidelberg

V. Deutschsprachiges Schrifttum zum italienischen Recht

(im Anschluss an die Übersicht in Band 32,
vornehmlich aus dem Publikationszeitraum 2020 und 2021)

1. Allgemeines

Alpa, Guido: Die Grundzüge der anstehenden Reform des italienischen Zivilgesetzbuches aus Europäischer Perspektive, ZVglRWiss 119 (2020), 373–389

Cornacchia, Luigi: Bindings Einfluss auf die italienische Rechtswissenschaft, in: Kubiciel, Michael/Löhnig, Martin/Pawlik, Michael/Stuckenberg, Carl-Friedrich/Wohlers, Wolfgang (Hrsg.), «Eine gewaltige Erscheinung des positiven Rechts»: Karl Bindings Normen- und Strafrechtstheorie, Tübingen 2020, S. 373–386

Kindler, Peter: Die Anwendung italienischen Zivilrechts durch deutsche Gerichte – ein kollisionsrechtliches Kaleidoskop, in: Kronke, Herbert/Mansel, Heinz-Peter/Weller, Marc-Philippe (Hrsg.), Liber amicorum Giuseppe B. Portale, Baden-Baden 2019, S. 19–54

Prudentino, Mario: Länderreport 2019–2020: Insolvenzrecht, Anti-Korruption, Corona und Gewerkschaften, CB 2020, 476–479

Schurr, Francesco A./Maggiolo, Marcello: Reformaussichten des italienischen Zivilgesetzbuches, ZVglRWiss 119 (2020), 369–372

2. Schuld-, Sachen-, Handels- und Wirtschaftsrecht

Aigner, Philipp: Der Notar im Gesellschaftsrecht Italiens, MittBayNot 2020, 103–106

Aigner, Philipp: Die Form der Vollmacht für Italien – insbesondere im Immobilien-und Gesellschaftsrecht, MittBayNot 2020, 311–313

Behr, Angelina Maria: Schmerzensgeld und Hinterbliebenengeld im System des Schadensrechts: ein deutsch-italienischer Rechtsvergleich unter besonderer Berücksichtigung der Haftung im Straßenverkehr, Tübingen 2020 (siehe die Rezension von *Christandl*, JbItalR 33/34 [2020/21], 151 [in diesem Band])

Bremenkamp, Fernanda Luisa: Rechtliche Governance von Zuliefererverträgen: eine vergleichende Untersuchung in der Automobilindustrie zum deutschen, italienischen und englischen Recht, Tübingen 2020

Burchadi, Sophie: Anlageberatungshaftung in Europa: eine rechtsvergleichende Untersuchung des deutschen, englischen und italienischen Rechts, Berlin 2020

Filippo, Ranieri: Die Rechtskategorie „Juristische Person“ als Schöpfung von Doktrin und Gesetzgebung im 19.–20. Jahrhundert. Zugleich ein Kapitel aus der neueren Geschichte des kontinentalen Zivil- und Handelsrechts, in: Kronke, Herbert/Mansel, Heinz-Peter/Weller, Marc-Philippe (Hrsg.), Liber amicorum Giuseppe B. Portale, Baden-Baden 2019, S. 109–212

Fleischer, Holger (Hrsg.), Personengesellschaften im Rechtsvergleich, München 2021, S. 226–255

Fortini, Orosolina: Deutsche Einflüsse auf den italienischen Codice di Commercio von 1882, Regensburg 2020

Fusaro, Andrea: Aussichten für die Revision des ersten Buches des italienischen Zivilgesetzbuches über gemeinnützige Einrichtungen im Zusammenhang mit der neuen Reform des Dritten Sektors, ZVglRWiss 119 (2020), 438–449

Gesmann-Nuissl, Dagmar: Internationales Franchise-Recht, Frankfurt am Main 2019, S. 86–151

Girolami, Matilde: Die Wirksamkeit der zur Ungültigkeit führenden Rechtsbehelfe: Überlegungen zum Gesetzesentwurf des Ermächtigungsgesetzes Nr. 1151/2019, ZVglRWiss 119 (2020), 450–467

Graeber, Giancarlo Emanuel: Die Steuerungsfunktion der Geschäftsführerhaftung in der Krise der GmbH: ein deutsch-italienischer Rechtsvergleich, Berlin 2019

Kobsik, Perrine: Antizipierte Erklärungen in Gesundheitsangelegenheiten im grenzüberschreitenden Verkehr: eine rechtsvergleichende Analyse der materiell-rechtlichen Regelungen sowie des einschlägigen Kollisionsrechts in Deutschland, Italien, Schottland, England und Wales, Berlin 2020

Maggiolo, Marcello: Entschädigung für nicht-finanzielle Schäden und medizinische Haftung, ZVgl-RWiss 119 (2020), 413–437
di Mieri, Antonio: Die Feuerversicherung im italienischen Codice di commercio von 1882: seeversicherungsrechtliche Tradition, Feuerversicherungspraxis und die Rezeption ausländischen Rechts, Berlin 2021
Pertot, Tereza: Mietrecht in Zeiten des Coronavirus: italienische Perspektive, ZfRV 2020, 131–140
Portale, Giuseppe: Deutsches und italienisches Gesellschaftsrecht im Dialog, in: Kronke, Herbert/ Mansel, Heinz-Peter/Weller, Marc-Philippe (Hrsg.), Liber amicorum Giuseppe B. Portale, Baden-Baden 2019, S. 233–252
Schüßler, Thomas/Ventura, Livia: Hybride Rechtsformen für das soziale Unternehmertum: die italienische Società Benefit und die deutsche Perspektive, RIW 2020, 405–411
Stefer, Dominik: Drittwirkung der Abtretung – Kein Fall für Rom I (zu EuGH, 9.10.2019 – Rs. C-548/18 – BGL BNP Paribas SA ./. Teambank AG Nürnberg), IPRax 2021, 155–159
Zampano, Laura: Die Ursprünge der Versicherungsaufsicht in Deutschland und Italien aus historisch-vergleichender Perspektive, Berlin 2021

3. Familien- und Erbrecht

Bargelli, Elena: Anm. zu BGH, Beschl. v. 28.10.2020 – XII ZB 187/20, FamRZ 2021, 214–215
de Barros Fritz, Raphael: Die kollisionsrechtliche Qualifikation erbrechtlicher Bestimmungen, die die Auswirkungen des Hinzukommens (übergangener) Kinder auf Testamente regeln, ZErb 2020, 358–361 und 393–396
Czubaiko, Achim: Das Verhältnis der Europäischen Erbrechtsverordnung (EuErbVO) zur Europäischen Güterrechtsverordnung (EuGüVO): Die Rs. Mahnkopf als Beitrag zur Kohärenz des Europäischen Kollisionsrechts, in: GPR 2021, 107–115
Enßlin, Reinhart: Entwicklungen im italienischen Familienrecht, NZFam 2020, 93
Gierl, Water/Köhler, Andreas/Kroiß, Ludwig/Wilsch, Harald (Hrsg.), Internationales Erbrecht: EuErbVO, IntErbRVG, DurchfVO, Länderberichte, 3. Auflage, Baden-Baden 2020, S. 514–539
Gruber, Urs Peter: Überlegungen zur Reform des Kollisionsrechts der eingetragenen Lebenspartnerschaft und anderer Lebensgemeinschaften, IPRax 2021, 39–52
Hartner, Michael: Das eheliche Erbrecht in Italien, djbZ 2021, 65–68
Hilpold, Peter/Steinmair, Walter (Hrsg.), Erben in Europa: Deutschland, Österreich, Italien, Wien 2019, S. 83–126
Kindler, Peter: Anrechnungspflichten bei der Erbauseinandersetzung nach italienischem Recht: Statutenabgrenzung, Zuständigkeit, Statthaftigkeit einer Feststellungsklage, Qualifikation von Prozesszinsen, Ermittlung von Auslandsrecht, IPRax 2020, 536–540
Nicolini, Roberto: Läuft ein italienisches Bankkonto mit dem Tod ab?, ZErb 2020, 284–286
Patti, Salvatore: Volljährigenunterhalt und Leihmutterschaft in Italien, in: FamRZ 2021, 1445–1446
Patti, Salvatore: Höchstrichterliche Rechtsprechung in Italien zu Fragen der Leihmutterschaft, FamRZ 2020, 1444–1446
Wachter, Thomas: Deutsches Erbschaftsteuerrecht und italienisches Erbrecht, ErbR 2020, 18–20
Wagner, Rolf: Ehescheidung nach italienischem Recht, NZFam 2020, 937–943

4. Arbeits- und Sozialrecht

Henssler, Martin: Klassenkampf statt Co-Management? – Betriebsverfassung in Italien – Zugleich ein rechtsvergleichend geschärfter Blick auf die Besonderheiten der deutschen Betriebsverfassung, in: Gräfl, Edith/Lunk, Stefan/Oetker, Hartmut/Trebinger, Yvonne (Hrsg.), 100 Jahre Betriebsverfassungsrecht, München 2020, S. 173–189

Schubert, Claudia: Beschäftigung durch Online-Plattformen im Rechtsvergleich – Zur Rechtsstellung von Fahrern bei Fahr- und Kurierdiensten in Europa, ZVglRWiss 118 (2019), 341–374

5. Gewerblicher Rechtsschutz, Wettbewerbsrecht, Medien- und Urheberrecht

Ahrens, Sönke: Rechtserhaltende Benutzung und Irreführungsgefahr bei als Kollektivmarken geschützten Gütezeichen, GRUR 2020, 809–817

Preussler, Pierre-Roger: Das Markenrecht in Italien, in: Ekey, Friedrich L./Bender, Achim/Fuchs-Wissemann, Georg: Markenrecht: MarkenG, UMV und Markenrecht ausgewählter ausländischer Staaten, 4. Auflage, Heidelberg 2020, S. 1515–1536

6. Zivilverfahrens- und Insolvenzrecht

Bitzer, Fabian: Systemfragen der Insolvenzanfechtung – ein deutsch-italienischer Rechtsvergleich vor dem Hintergrund des europäischen internationalen Insolvenzrechts, München 2020

Heck, Johannes: Krisen des fallimento: eine historisch-rechtsvergleichende Studie zu den Entwicklungsstufen des italienischen Insolvenzrechts ausgehend vom 19. Jahrhundert, Tübingen 2021 (siehe die Rezension von *Bitzer*, JbItalR 33/34 [2020/21], 156 [in diesem Band])

Hübler, Jana Julia: Aktuelles europäisches und internationales Insolvenzrecht in Krise und Insolvenz Februar bis Mai 2020 – im Zeichen der COVID-19-Pandemie, NZI 2020, 507–514

Jobst, Simon: Das gesellschaftsrechtliche Schiedsverfahren zwischen Privatautonomie und Verfahrensgarantien: ein deutsch-italienischer Rechtsvergleich über Beschlussmängelstreitigkeiten vor Schiedsgerichten, Tübingen 2020

Kilian, Matthias: Fremdsprachige Beweismittel im niederländischen Zivilprozess, Anmerkung zu Hoge Raad, Urteil vom 15.1.2016, ZEuP 2020, 195–212

7. Steuerrecht

Daragan, Hanspeter: Annahme der Erbschaft und ihre Konsequenzen im Vergleich zum italienischen und österreichischen Recht, ZEV 2020, 241

Ismer, Roland/Artinger, Katharina/Jackl, Quirin: Digitalisierung der Umsatzsteuer – italienische E-Rechnung und Clearance System als Vorbild, MwStR 2021, 370–379

Mayr, Siegfried: Italien: Anpassung der neuen Betriebsstätten-Definition an BEPS, IStR 2020, 653–657

8. Öffentliches Recht

Becker, Malte Johannes: Notverordnung und Decreto-Legge: der Ausnahmezustand in den Verfassungstraditionen Deutschlands und Italiens, Tübingen 2020

Bertò, Elisa: Die Bedeutung der Staatstheorie von Ernst-Wolfgang Böckenförde in Italien, in: Künkler, Miriam/Stein, Tine (Hrsg.), Die Rezeption der Werke Ernst-Wolfgang Böckenfördes in international vergleichender Perspektive, Berlin 2020, S. 31–56

Bifulco, Raffaele: Föderalismus, Autonomiestatus, Regionalismus aus italienischer Sicht, in: Blanke, Hermann-Josef/Magiera, Siegfrid/Pielow, Johann-Christian/Weber, Albrecht (Hrsg.), Verfassungsentwicklungen im Vergleich: Italien 1947 – Deutschland 1949 – Spanien 1978, Berlin 2021, S. 288–305

Blanke, Hermann-Josef: Eckpunkte der Verfassungsordnungen Italiens, Deutschlands und Spaniens im Vergleich, in: Blanke, Hermann-Josef/Magiera, Siegfrid/Pielow, Johann-Christian/Weber, Albrecht (Hrsg.), Verfassungsentwicklungen im Vergleich: Italien 1947 – Deutschland 1949 – Spanien 1978, Berlin 2021, S. 17–52

Disch, Lisa: Schutz vor gefälschten Humanarzneimitteln im Binnenmarktrecht, Baden-Baden 2019, S. 299–344

Fraenkel-Haeberle, Cristina: Verfassung und Verwaltung in Italien, in: Blanke, Hermann-Josef/Magiera, Siegfrid/Pielow, Johann-Christian/Weber, Albrecht (Hrsg.), Verfassungsentwicklungen im Vergleich: Italien 1947 – Deutschland 1949 – Spanien 1978, Berlin 2021, S. 219–230

Galetta, Diana-Urania: Die Entwicklung des EU-Rechts auf die italienische Verfassung, in: Blanke, Hermann-Josef/Magiera, Siegfrid/Pielow, Johann-Christian/Weber, Albrecht (Hrsg.), Verfassungsentwicklungen im Vergleich: Italien 1947 – Deutschland 1949 – Spanien 1978, Berlin 2021, S. 198–210

Haller, Matthias: Südtirols Minderheitenschutzsystem. Grundlagen, Entwicklungen und aktuelle Herausforderungen aus völker- und verfassungsrechtlicher Sicht, Berlin 2021

Kallscheuer, Otto: Folgenlose Lektüre? Zur Böckenförde-Rezeption in Polen und Italien, in: Künkler, Miriam/Stein, Tine (Hrsg.), Die Rezeption der Werke Ernst-Wolfgang Böckenfördes in international vergleichender Perspektive, Berlin 2020, S. 85–94

Luther, Jörg: Aktuelle Grundrechtsfragen der italienischen Verfassungsrechtsprechung, in: Blanke, Hermann-Josef/Magiera, Siegfrid/Pielow, Johann-Christian/Weber, Albrecht (Hrsg.), Verfassungsentwicklungen im Vergleich: Italien 1947 – Deutschland 1949 – Spanien 1978, Berlin 2021, S. 141–152

Nicoletti, Michele: „Aus Liebe zur Freiheit“: über die italienische Rezeption des Werkes von Ernst-Wolfgang Böckenförde, in: Künkler, Miriam/Stein, Tine (Hrsg.), Die Rezeption der Werke Ernst-Wolfgang Böckenfördes in international vergleichender Perspektive, Berlin 2020, S. 57–68

Nissen, Michael: Abgelaufene HU-Plakette – Ahndung im Ausland?, DAR 2020, 551–558

Poli, Maria Daniela: Die Entwicklung der Grundrechte in Italien, Deutschland und Spanien – Eine vergleichende Perspektive – Kommentar, in: Blanke, Hermann-Josef/Magiera, Siegfrid/Pielow, Johann-Christian/Weber, Albrecht (Hrsg.), Verfassungsentwicklungen im Vergleich: Italien 1947 – Deutschland 1949 – Spanien 1978, Berlin 2021, S. 105–114

de Pretis, Daria: Die Entwicklung der Grundrechte in Italien, in: Blanke, Hermann-Josef/Magiera, Siegfrid/Pielow, Johann-Christian/Weber, Albrecht (Hrsg.), Verfassungsentwicklungen im Vergleich: Italien 1947 – Deutschland 1949 – Spanien 1978, Berlin 2021, S. 89–104

Repetto, Giogio: Das Mehrebenensystem im italienischen Regionalismus. Entwicklungslinien und offene Probleme, in: Blanke, Hermann-Josef/Magiera, Siegfrid/Pielow, Johann-Christian/Weber, Albrecht (Hrsg.), Verfassungsentwicklungen im Vergleich: Italien 1947 – Deutschland 1949 – Spanien 1978, Berlin 2021, S. 335–352

Violini, Lorenza: Die Finanzreform von 2021 und die Finanzierung der Ausgaben im italienischen Regionalismus, in: Blanke, Hermann-Josef/Magiera, Siegfrid/Pielow, Johann-Christian/Weber, Albrecht (Hrsg.), Verfassungsentwicklungen im Vergleich: Italien 1947 – Deutschland 1949 – Spanien 1978, Berlin 2021, S. 366–384

9. Strafrecht

Busch, Markus/Hoven, Elisa/Pieth, Markus/Rübenstahl, Markus (Hrsg.): Antikorruptions-Compliance, Heidelberg 2020, S. 398–444

Donelli, Federico: Die strafrechtliche Relevanz der Steuerumgehung in Italien in rechtsvergleichender Perspektive, ZStW 2020, 264–281

Ehlers, Alexander P.F./Bartholomä, Julian/Menghi, Daniel: Rechtliche Regelung der „Triage“ – Gesundheitssysteme an ihren Grenzen, MedR 2021, 416–423

Germeno, Michele: Beginn der Zustellungsfrist eines italienischen Bußgeldbescheids mit Tattag, Anm. z. Entscheidung des Friedensrichters Matera, Urt. v. 12.6.2020 (Nr. 316/2020), DAR 2020, 584–586
Helfer, Margareth: Je unberechenbarer, desto weiter? – zum strafrechtlichen Schutz kollektiver Rechtsgüter von Naturgefahren, ZStW 2020, 502–519
Königer, Stefan: Fahrerbenennungspflicht bei punktebewehrter Straßenverkehrszuwiderhandlung in Italien, Anm. zu Corte Suprema di Cassazione Rom, Beschl. v. 18.4.2018 (9555/2018), DAR 2020, 400–402
Nisco, Attilio: Psychische Integrität als strafrechtlich zu schützendes Rechtsgut: Systematische und rechtsvergleichende Anmerkungen, ZIS 2021, 1
Rübenstahl, Markus/Wittig, Jonathan: Strafrechtliche Geldwäscherisiken in Italien für ausländische Unternehmen, RIW 2020, 190–201

10. Unionsrecht

Confortini, Valeria: Anmerkungen zum Kommissionsvorschlag über den Sekundärmarkt für notleidende Kredite (NPLs) aus italienischer Sicht, RIW 2019, 785–794
Friton, Pascal/Schuchert, Moritz: Vergabe von Autobahnkonzessionen im Rahmen eines Projektfinanzierungsverfahrens, Anmerkung zu EuGH 9. Kammer, Beschluss vom 26.11.2020 – C 835/19, jurisPR-VergR 7/2021 Anm. 1
Friton, Pascal/Dengler, Josefa: Vergabe öffentlicher Aufträge – keine Beschränkung des Bieters bei Vergabe von Unteraufträgen auf 30 Prozent des Auftragsgesamtwerts, Anmerkung zu EuGH 5. Kammer, Urteil vom 26.9.2019 – C-63/18, jurisPR-VergR 7/2020 Anm. 1
Gornig, Gilbert/Piva, Paolo: Freizügigkeit der Hochschullehrer in der EU – Der Problemfall Österreich, EuZW 2020, 469–476
Husemann, Tim: Von Gerichten, Richtern und Arbeitnehmern: Anmerkung zu EuGH v. 16.7.2020 – C-658/18, Governo della Repubblica Italia, GPR 2021, 44–47
Köhler, Ben: Unionsrechtlicher Verbraucherbegriff und Wohnungseigentümergemeinschaft: Anmerkung zu EuGH, Urt. v. 2.4.2020 – C-329/19, Condominio di Milano, via Meda ./. Eurothermo SpA, GPR 2021, 25–28
Kumpan, Christoph/Pauschinger, Philipp: Entwicklung des europäischen Gesellschaftsrechts 2019 und 2020, EuZW 2020, 909–919
Ludwig, Ingo: Italienische einvernehmliche Ehescheidung vor Standesbeamtem unterfällt Brüssel IIa-VO, Anmerkung zu KG, Beschluss vom 30.3.2020 – 1 W 236/19), FamRB 2020, 346–348
Mankowski, Peter: Auslegung der Verbraucherrechte-Richtlinie, Anmerkung zu EuGH, Urteil vom 2.4.2020 – C-329/19, WuB 2020, 322–325
Omodei Salè, Riccardo/Gatti, Stefano: Italienische Rechtsprechung zum Unionsprivatrecht, GPR 2019, 162–164
Omodei Salè, Riccardo/Gatti, Stefano: Italienische Rechtsprechung zum Unionsprivatrecht, GPR 2020, 10–13
Omodei Salè, Riccardo/Gatti, Stefano: Italienische Rechtsprechung zum Unionsprivatrecht, GPR 2020, 176–179
Omodei Salè, Riccardo/Gatti, Stefano: Italienische Rechtsprechung zum Unionsprivatrecht, GPR 2020, 271–274
Omodei Salè, Riccardo/Bonetti, Silvia: Italienische Rechtsprechung zum Unionsprivatrecht, GPR 2021, 98–100
Schmeel, Günter: Die WEG als Verbraucherin? Auswirkungen der WEG-Reform 2020, MDR 2021, R150–R151
Stiegler, Sascha: Gläubigeranfechtung und Spaltungsrecht: zugleich Anmerkung zu EuGH, Urt. v. 30.1.2020 – C-394/18, GmbHR 2020, 405–411

Thole, Christoph: Das Verhältnis der actio pauliana zum unionsrechtlichen Umwandlungsrecht, ZEuP 2021, 149–161

Erstellt von stud. iur. *Julia Poppe* und stud. iur. *Maren Vogel*, Heidelberg

VI. Anhang

Verzeichnis der Organe und der korporativen Mitglieder der Deutsch-italienischen Juristenvereinigung (Vereinigung für den Gedankenaustausch zwischen deutschen und italienischen Juristen e.V.)

(Stand: Oktober 2021)

Die Vereinigung hat derzeit 708 Mitglieder;
ihre Satzung ist abgedruckt in JbItalR 7 (1994), S. 330 ff.

Vorstand:

Prof. Dr. Günter *Hirsch*,
Präsident des Bundesgerichtshofs a.D.
Bundesgerichtshof
76125 Karlsruhe
(Präsident der Vereinigung)

Prof. Dr. Dr. h.c. Peter *Kindler*
Universität München,
Juristische Fakultät
Veterinärstraße 5
80539 München
peter.kindler@jura.uni-muenchen.de
(Generalsekretär der Vereinigung)

Rudolf F. *Kratzer*,
Rechtsanwalt
Bahnhofstr. 32
82143 München-Planegg
kanzlei@kratzerundpartner.de
(Erster Stellvertretender Vorsitzender)

Prof. Dr. Michael *Stürner*, M.Jur. (Oxon)
Universität Konstanz,
Fachbereich Rechtswissenschaft
Universitätsstr. 10
78464 Konstanz
michael.stuerner@uni-konstanz.de

Dr. Stefan *Dangel*,
Rechtsanwalt
Dolce Lauda
Rechtsanwälte – Avvocati
Arndtstraße 34-36
60325 Frankfurt am Main
s.dangel@dolce.de

Ehrenpräsident:

Prof. Dr. Walter *Odersky*, Präsident des
Bundesgerichtshofs a.D.
Tassilostr. 12
82131 Gauting
WOdersky@aol.com

Kuratorium:

Prof. Avv. Gerardo *Broggini* †
Studio Legale Broggini
Via San Vittore, 45
I-20123 Milano

Korporative Mitglieder:

Deutsches Notarinstitut
Gerberstr. 19
97070 Würzburg
dnoti@dnoti.de

Institut für deutsches und internationales Recht des Spar-, Giro- und Kreditwesens an der Johannes-Gutenberg-Universität Mainz
Wallstr. 11
55122 Mainz
info@institut-kreditrecht.de

Villa Vigoni e.V.
Generalsekretärin Dr. Christiane Liermann
Traniello
Via Giulio Vigoni 1
I-22017 Loveno di Menaggio (Co)
segreteria@villavigoni.eu

Sachverzeichnis

(die Ziffern verweisen auf die Seitenzahlen)

Bearbeitet von stud. HK *Sophie Noyer*, Köln